Joachim H. Becker
Helmut Ebert
Sven Pastoors

Praxishandbuch berufliche Schlüsselkompetenzen

50 Handlungskompetenzen für Ausbildung, Studium und Beruf

Mit 19 Abbildungen

Büchereien Wien
Am Gürtel
Magistratsabteilung 13
7, Urban-Loritz-Platz 2a
A-1070 Wien

Springer

Joachim H. Becker
Nettetal
Deutschland

Helmut Ebert
Kommunikationsstrategie und Coaching GmbH
Bochum
Deutschland

Sven Pastoors
IdeenPaten – Netzwerk für Kommunikation und Innovation
Düsseldorf
Deutschland

Zusätzliches Material zu diesem Buch finden Sie auf http://www.lehrbuch-psychologie.de.

ISBN 978-3-662-54924-7   ISBN 978-3-662-54925-4   (eBook)
https://doi.org/10.1007/978-3-662-54925-4

Die Deutsche Nationalbibliothek verzeichnet diese Publikation in der Deutschen Nationalbibliografie; detaillierte bibliografische Daten sind im Internet über http://dnb.d-nb.de abrufbar.

© Springer-Verlag GmbH Deutschland 2018
Das Werk einschließlich aller seiner Teile ist urheberrechtlich geschützt. Jede Verwertung, die nicht ausdrücklich vom Urheberrechtsgesetz zugelassen ist, bedarf der vorherigen Zustimmung des Verlags. Das gilt insbesondere für Vervielfältigungen, Bearbeitungen, Übersetzungen, Mikroverfilmungen und die Einspeicherung und Verarbeitung in elektronischen Systemen.
Die Wiedergabe von Gebrauchsnamen, Handelsnamen, Warenbezeichnungen usw. in diesem Werk berechtigt auch ohne besondere Kennzeichnung nicht zu der Annahme, dass solche Namen im Sinne der Warenzeichen- und Markenschutz-Gesetzgebung als frei zu betrachten wären und daher von jedermann benutzt werden dürften.
Der Verlag, die Autoren und die Herausgeber gehen davon aus, dass die Angaben und Informationen in diesem Werk zum Zeitpunkt der Veröffentlichung vollständig und korrekt sind. Weder der Verlag, noch die Autoren oder die Herausgeber übernehmen, ausdrücklich oder implizit, Gewähr für den Inhalt des Werkes, etwaige Fehler oder Äußerungen. Der Verlag bleibt im Hinblick auf geografische Zuordnungen und Gebietsbezeichnungen in veröffentlichten Karten und Institutionsadressen neutral.

Umschlaggestaltung: deblik Berlin /
Einbandabbildung: © paparazzit / Getty Images / iStock

Gedruckt auf säurefreiem und chlorfrei gebleichtem Papier

Springer ist Teil von Springer Nature
Die eingetragene Gesellschaft ist Springer-Verlag GmbH Deutschland
Die Anschrift der Gesellschaft ist: Heidelberger Platz 3, 14197 Berlin, Germany

Vorwort

- **Warum wir dieses Buch geschrieben haben**

Wer im Internet die Worte „Schule", „Studium" oder „Beruf" sucht, wird schnell auf Seiten mit Diskussionen über die dafür benötigten Fertigkeiten und Fähigkeiten stoßen. Auch auf Bewerbungsportalen und Stellenausschreibungen spielen Soft Skills und Schlüsselkompetenzen eine große Rolle. Als wir vor rund einem Jahr nach einem neuen Buch für das Fach Social and Communication Skills suchten, waren wir deshalb sehr überrascht, dass es derzeit auf dem Markt kein umfassendes Werk zu diesem Thema gibt. Da sich jeder von uns bereits seit Jahren mit diesem Thema befasst und Texte zu einzelnen Kompetenzbereichen verfasst hatte, beschlossen wir kurzerhand, selbst ein Buch zu diesem Thema zu schreiben.

Ziel dieses Buches ist es, Schülern, Auszubildenden und Studenten einen Überblick über die wichtigsten Kompetenzen und Kompetenzbereiche für das Studium oder den Beruf zu geben. Doch nicht nur unser Verhalten, sondern auch die Art und Weise, wie wir kommunizieren, entscheidet über unseren persönlichen Erfolg. Deshalb stellen wir Ihnen in diesem Buch nicht nur die 50 wichtigsten Kompetenzen für den beruflichen Alltag vor, sondern thematisieren auch deren Einsatz und Anwendung: Wie erreiche ich am besten meine persönlichen Ziele? Wie entwickele ich neue Ideen? Oder wie löse ich Konflikte?

Dies sind nur drei Themen, die in diesem Buch besprochen und mithilfe von praktischen Beispielen erläutert werden. Neben Grundlagenwissen steht dabei vor allem die praktische Anwendung der Kompetenzen im Vordergrund. Die Kapitel sind didaktisch optimal für den Einsatz in Ausbildung und Studium aufbereitet. Auf www.lehrbuch-psychologie.de finden sich zahlreiche kostenlose Foliensätze für Dozentinnen und Dozenten zum Download. Registrieren Sie sich dort bitte im Dozentenbereich, dann finden Sie die Materialien durch Klick auf das Buchcover im Bereich „Lehrbücher". Wir freuen uns auf Ihren Besuch.

- **Aufbau des Buches**

Das Handbuch umfasst insgesamt 25 Kapitel, in denen den Lesern ein erster Überblick über die Grundlagen des Zusammenlebens und unterschiedliche Handlungskompetenzen geboten wird. Um Personalentwicklern, Trainern, Dozenten und Lehrern den Einsatz des Buches im Studium, im Unterricht oder in Trainings zu erleichtern, sind die einzelnen Kapitel in vier größere, voneinander unabhängige Themenkomplexen gefasst.

Innerhalb dieser Themenkomplexe bauen die einzelnen Kapitel zwar inhaltlich aufeinander auf, sind aber auch einzeln gut verständlich. Dieses Buch kann somit gleichermaßen als Lehrbuch oder Nachschlagewerk verwendet werden.

- ■ **Soziale und persönliche Kompetenzen**

Der erste Teil des Buches beginnt in ▶ Kapitel 2 mit einem Überblick über die Grundlagen des Zusammenlebens. Hierzu zählen neben der Kooperationsfähigkeit auch Eigenschaften wie Aufmerksamkeit, Vertrauen und emotionale Intelligenz. Diese Eigenschaften sind die Voraussetzung für jede Form des Zusammenlebens und -arbeitens. Sie sichern nicht nur ein friedliches Miteinander, sondern bieten uns auch die Möglichkeit, durch Kooperation mit anderen leichter unsere Ziele zu erreichen und so unsere eigenen Energieressourcen zu schonen.

Im dritten und vierten Kapitel liegt der Fokus auf den Grundlagen der Kommunikation. Auch wenn Kommunikationsratgeber den Eindruck erwecken, wir wüssten alles über Kommunikation, täuscht der Eindruck. Von einer einheitlichen Kommunikationstheorie sind wir weit entfernt. Deshalb haben wir uns entschieden, unterschiedliche Kommunikationsmodelle vorzustellen. Dabei legen wir dar, welche Aspekte der Kommunikation von der jeweiligen Theorie besonders gut erfasst worden sind.

Aufbauend auf ▶ Kapitel 3 und 4 folgt im fünften Kapitel ein Überblick über die unterschiedlichen Formen der Kommunikation. Viele Menschen sind nicht in der Lage, effizient und zielgerichtet zu kommunizieren. Verbale und nonverbale Kommunikation sind jedoch entscheidend für den Erfolg beruflicher und privater sozialer Beziehungen.

Im sechsten Kapitel stehen persönliche Kompetenzen im Mittelpunkt. Wer über persönliche Kompetenzen verfügt, ist in der Lage, Aufgaben selbstständig und selbstverantwortlich zu bewältigen. Bei persönlichen Kompetenzen handelt es sich somit um Fähigkeiten, die nicht nur im Arbeitsprozess, sondern in allen Bereichen des Lebens wichtig sind. Da das Hauptaugenmerk des Buches der beruflichen Handlungskompetenzen und der Teamarbeit gilt, konzentrieren wir uns in diesem Kapitel auf werteorientiertes Handeln, Zielorientierung, Verantwortungsbewusstsein, Selbstreflexion, Flexibilität, Einsatzbereitschaft und Eigeninitiative.

Das siebte Kapitel bietet einen Überblick über die wichtigsten sozial-kommunikativen Kompetenzen. Dabei orientieren wir uns an den beiden Organisationspsychologen Anke von der Heyde und Boris von der Linde. Die beiden haben eine Reihe sozial-kommunikativer Kompetenzen ausgearbeitet, die für eine erfolgreiche Gesprächsführung wichtig sind. Diese Kompetenzen können wir schulen und trainieren. Es geht zunächst aber darum, sich die Merkmale der Kompetenzen bewusst zu machen, die unser Verhalten im Gespräch beschreiben.

Abgerundet wird der erste Teil des Buches mit einem Kapitel zum Thema Präsentieren und Visualisieren. In diesem Kapitel werden praktische Tipps zur Vorbereitung von Vorträgen und Präsentationen gegeben.

■■ Methodenkompetenzen
Den zweiten Schwerpunkt bilden die Methodenkompetenzen. Sie gelten als Querschnittskompetenzen. Neben Fachkompetenzen, sozialen Kompetenzen und persönlichen Kompetenzen gehören sie zu den zentralen Bestandteilen einer umfassenden beruflichen Handlungskompetenz. Methodenkompetenzen helfen uns dabei, Fachkompetenz aufzubauen und diese erfolgreich zu nutzen. Sie gelten deshalb auch als Schlüsselqualifikationen für den beruflichen Erfolg.

Aus diesem Grund wird in ▶ Kapitel 9 ein kurzer Überblick über die unterschiedlichen Methodenkompetenzen gegeben. Der Schwerpunkt liegt dabei auf den hierfür hilfreichen Eigenschaften und Fähigkeiten, wie z. B. auf analytischem Denken, systematisch-methodischem Denken, Organisationsfähigkeit und Planungsfähigkeit. In den darauffolgenden Kapiteln werden einzelne Methodenkompetenzen weiter vertieft. Dabei wird ein erster Einblick in den Themenkomplex der Kreativität (▶ Kapitel 10 und 11), in die Lernkompetenz (▶ Kapitel 12), in das Selbst- und Zeitmanagement (▶ Kapitel 13) sowie in die Medienkompetenz und in den Umgang mit neuen Kommunikationsmedien (▶ Kapitel 14) geboten.

▪▪ Managementkompetenz

Die Managementfähigkeiten seiner Führungskräfte sind ein wichtiger Faktor für den Erfolg eines Unternehmens oder eines Teams. Die Voraussetzung für die erfolgreiche Führung eines Teams oder eines Unternehmens werden in den ▶ Kapiteln 15 (Management Skills) und 16 (Werteorientierte Führung) erläutert.

Ein weiterer Schwerpunkt liegt auf dem Bereich des Teammanagements. In Zukunft werden wir immer mehr zur Teamarbeit aufgefordert werden und Teamfähigkeit ist auch immer wieder eine Forderung der Wirtschaft, die an die potenziellen Mitarbeiter gestellt wird. Doch nicht jede Gruppe in einem Unternehmen ist auch gleichzeitig ein Team. Was genau ein Team kennzeichnet und welche unterschiedlichen Rollen es einem Team gibt, erläutern wir in ▶ Kapitel 17. In ▶ Kapitel 18 (Teammanagement) werden anschließend unterschiedliche Führungsmethoden vorgestellt.

Wenn wir mit anderen Menschen zusammentreffen und kommunizieren, sind Konflikte vorprogrammiert. Welche Konflikte es gibt und wie wir sie erkennen, erläutern wir in ▶ Kapitel 19 (Konflikte). Konflikte sind gut und sinnvoll. Sie müssen jedoch bearbeitet werden, damit sie nicht weiter eskalieren. Wer damit umzugehen weiß, der wird Positives aus Konflikten ziehen können. ▶ Kapitel 20 ist deshalb dem Konfliktmanagement gewidmet.

Unbearbeitete Konflikte können zu Mobbing oder Diskriminierungshandlungen führen. Vor allem das Thema Mobbing ist in der Vergangenheit in der Öffentlichkeit häufig diskutiert worden. Die Schäden, die Mobbing, Diskriminierung und sexuelle Belästigung in Unternehmen verursachen, und was dagegen getan werden kann, sind weitere Bestandteile des Buches (▶ Kapitel 21 und 22).

▪▪ Kulturelle und interkulturelle Kompetenzen

Die letzten drei Kapitel (▶ Kapitel 23 bis 25) sind der interkulturellen Kompetenz gewidmet. Aufgrund der immer engeren Verknüpfung zwischen unterschiedlichen Ländern und Kulturen gewinnt interkulturelle Handlungskompetenz zunehmend an Bedeutung. Jeder Mensch hat seine eigenen Erfahrungen, Erinnerungen und Geschichten und daher auch seinen eigenen kulturellen Hintergrund (einschließlich geografischer, ethnischer, moralischer, ethischer, religiöser, politischer, historischer) bzw. kulturelle Identität. Dies betrifft einerseits Unterschiede zwischen Nationen, Länder und Regionen, andererseits zwischen Unternehmen oder ihren jeweiligen Abteilungen, unterschiedlichen Geschlechtern, Subkulturen oder unterschiedlichen Klassen und sozialen Schichten. Das Verständnis für die Denk- und Handlungsmuster unseres Gegenübers ist ein entscheidender Faktor für das Gelingen von Kommunikation. Deshalb können wir nur dann erfolgreich kommunizieren, wenn wir uns unserer eigenen Kultur und den Unterschieden zur Kultur anderer bewusst sind.

▪ Danksagung

Bei diesem Buch haben uns viele Menschen mit ihren Ideen und Anregungen unterstützt. Unser besonderer Dank gilt dabei zum einen Kristina Laubeck, die uns aktiv bei der Auswahl der Kompetenzen und der Konzeption des Buches behilflich war. Zum anderen stand uns Janet Antonissen beim Verfassen der Kapitel im Bereich kulturelle Kompetenzen jederzeit mit Rat und Tat zur Seite. Darüber hinaus danken wir an dieser Stelle den vielen engagierten Studenten, die mit ihren Anregungen und ihrem Feedback Spuren in diesem Buch hinterlassen haben. Sie alle haben zum Gelingen dieses Buches beigetragen.

Abschließend bedanken wir uns zudem bei unseren Ansprechpartnern beim Springer-Verlag Psychologie, vor allem bei Herrn Joachim Coch, für die gute Zusammenarbeit.

Wir wünschen allen Lesern viel Spaß bei der Lektüre.

Joachim Becker (Venlo), Helmut Ebert (Bonn) und Sven Pastoors (Düsseldorf)
März 2017

Inhaltsverzeichnis

1	Einleitung	1
	Sven Pastoors	
1.1	Was ist eine Kompetenz?	1
1.2	Kategorien beruflicher Handlungskompetenzen	1
1.3	Lassen sich Kompetenzen messen?	4
	Literatur	5

I Sozial-kommunikative Kompetenzen

2	Bedeutung sozialer Kompetenzen	9
	Helmut Ebert	
2.1	Bedeutung sozialer Kompetenzen für den Erfolg von Kommunikation	9
2.2	Kooperation	9
2.3	Vertrauen	11
2.4	Aufmerksamkeit	13
2.5	Emotionale Intelligenz	14
	Literatur	16

3	Kommunikationsmodelle: Grundlagen	19
	Helmut Ebert	
3.1	Kommunikation	19
3.2	Grundlegende Modelle der Kommunikation	20
3.3	Kommunikation als Übermittlung von Informationen	21
3.4	Kommunikation als Übermittlung mehrdeutiger Nachrichten	22
	Literatur	24

4	Kommunikationsmodelle: Umfassendere Erklärungsansätze	25
	Helmut Ebert	
4.1	Kommunikation als Handlung	25
4.2	Kommunikation als Beziehungsarbeit	27
4.3	Kommunikation als Voraussetzung für Kooperation	29
4.4	Kommunikation als Prozess zum Erhalt sozialer Systeme	30
	Literatur	32

5	Formen der Kommunikation	33
	Helmut Ebert, Joachim H. Becker	
5.1	Die Kommunikationspyramide	33
5.2	Verbale Kommunikation	34
5.3	Paraverbale Kommunikation	36
5.4	Nonverbale Kommunikation (Körpersprache)	37
5.5	Extraverbale Kommunikation	40
5.6	Aktives Zuhören	41
	Literatur	42

6	**Persönliche Kompetenzen**	43
	Joachim H. Becker, Sven Pastoors	
6.1	Definition und Begrifflichkeiten	43
6.2	Wertebewusstsein und persönliche Wertekompetenz	44
6.3	Zielorientierung	45
6.4	Verantwortungsbewusstsein	46
6.5	Selbstreflexion und Veränderungsbereitschaft	46
6.6	Flexibilität	47
6.7	Einsatzbereitschaft	48
6.8	Eigeninitiative	48
	Literatur	49

7	**Sozial-kommunikative Kompetenzen**	51
	Joachim H. Becker, Sven Pastoors	
7.1	Definition und Begrifflichkeiten	51
7.2	Empathie	51
7.3	Kommunikationsfähigkeit	52
7.4	Durchsetzungsvermögen	53
7.5	Konfliktfähigkeit	54
7.6	Team- und Integrationsfähigkeit	55
7.7	Anpassungsfähigkeit	55
7.8	Kritikfähigkeit	56
7.9	Fähigkeit, angemessenes Feedback zu geben	57
	Literatur	58

8	**Präsentieren und Visualisieren**	59
	Sven Pastoors	
8.1	Definition und Begrifflichkeiten	59
8.2	Vorbereitung einer Präsentation	60
8.3	Durchführung der Präsentation	62
8.4	Medien zur Visualisierung	65
8.5	Handout und Thesenpapier	67
	Literatur	67

II Methodenkompetenzen

9	**Berufliche Methodenkompetenzen**	71
	Sven Pastoors	
9.1	Begrifflichkeiten	71
9.2	Der Problemlösungsprozess	72
9.3	Analytisches Denken	76
9.4	Systematisch-methodisches Denken	78
9.5	Organisationsfähigkeit	78
	Literatur	79

10 Kreativität ... 81
Sven Pastoors
- 10.1 Begriff der Kreativität ... 81
- 10.2 Kreatives Denken ... 82
- 10.3 Kreativität als Voraussetzung für Innovationen ... 83
- 10.4 Veränderungsbereitschaft ... 85
- 10.5 Veränderungsfähigkeit ... 86
- 10.6 Veränderungsmöglichkeiten ... 86
- Literatur ... 88

11 Kreativitätstechniken ... 89
Joachim H. Becker
- 11.1 Arten der Kreativitätstechniken ... 89
- 11.2 Kreativ-intuitive Methoden ... 90
- 11.3 Systematische-analytische Methoden ... 95
- 11.4 Methoden zur Lösung komplexer Probleme ... 97
- 11.5 Auswahl und Bewertung der Ideen ... 98
- 11.6 Methoden zur Entscheidungsfindung ... 99
- Literatur ... 102

12 Lernkompetenz ... 103
Sven Pastoors
- 12.1 Begrifflichkeiten ... 103
- 12.2 Lernbereitschaft ... 105
- 12.3 Lernfähigkeit ... 106
- 12.4 Lernmöglichkeiten ... 109
- Literatur ... 110

13 Selbst- und Zeitmanagement ... 113
Joachim H. Becker
- 13.1 Abgrenzung der beiden Begriffe ... 113
- 13.2 Selbstmanagement ... 113
- 13.3 Persönliche Veränderungen gestalten ... 115
- 13.4 Zeitmanagement ... 117
- 13.5 Methoden für effizientes Arbeiten ... 121
- Literatur ... 124

14 Medienkompetenz ... 125
Helmut Ebert
- 14.1 Begriff der Medienkompetenz ... 125
- 14.2 Bereiche der Medienkompetenz ... 125
- 14.3 Umgang mit modernen Kommunikationsmedien ... 126
- 14.4 Digitale Kompetenzen ... 129
- Literatur ... 131

III Managementkompetenzen

15 Management Skills 135
Sven Pastoors
- 15.1 Begrifflichkeiten 135
- 15.2 Führung 135
- 15.3 Mitarbeitermotivation 139
- 15.4 Ethik 142
- 15.5 Respekt 144
- Literatur 147

16 Werteorientierte Führung 149
Sven Pastoors
- 16.1 Begriff der wertorientierten Führung 149
- 16.2 Führungskräfte im Sinne einer wertorientierten Führung 150
- 16.3 Vertrauen signalisieren 150
- 16.4 Verantwortung übernehmen 151
- 16.5 Integrität und Zuverlässigkeit 152
- 16.6 Respekt gegenüber den Mitarbeitern 154
- Literatur 155

17 Teams 157
Joachim H. Becker
- 17.1 Teamarbeit 157
- 17.2 Definitionen des Begriffs „Team" 157
- 17.3 Gruppenrollen nach Quinn 159
- 17.4 Belbins Rollenmodell 159
- 17.5 Die vier Teamrollen nach Haeske 161
- Literatur 166

18 Teamführung 167
Joachim H. Becker
- 18.1 Teamführung 167
- 18.2 Teamphasen nach Bruce Tuckman 167
- 18.3 Kommunikationsstrukturen 169
- 18.4 Teamentwicklung 170
- Literatur 171

19 Konflikte 173
Joachim H. Becker
- 19.1 Grundlagen 173
- 19.2 Konfliktarten 174
- 19.3 Konflikteskalation 175
- 19.4 Konfliktkommunikation 179
- Literatur 181

20 Konfliktmanagement 183
Joachim H. Becker
- 20.1 Modelle zur Konfliktbewältigung 183

20.2	Grundmodelle zur Konfliktbewältigung nach Schwarz	183
20.3	Das „Konflikt Modell" von Thomas und Kilmann	186
20.4	Konfliktbewältigung nach Königswieser	188
20.5	Sechs Phasen der Konfliktbewältigung nach Haeske	189
	Literatur	191

21 Umgang mit Mobbing, sexueller Belästigung und Stalking ... 193
Joachim H. Becker

21.1	Grundlagen	193
21.2	Mobbing	193
21.3	Sexuelle Belästigung	197
21.4	Stalking	198
	Literatur	199

22 Umgang mit Diskriminierung und sozialer Ungleichbehandlung ... 201
Joachim H. Becker

22.1	Grundlagen des respektvollen Umgangs	201
22.2	Diskriminierung	201
22.3	Soziale Ungleichbehandlung	205
	Literatur	206

IV Interkulturelle Kompetenz

23 Kulturelle Identität ... 211
Helmut Ebert, Sven Pastoors

23.1	Der Kulturbegriff: Was ist Kultur?	211
23.2	Begriff der kulturellen Identität	212
23.3	Kulturdimensionen nach Hofstede	215
23.4	Kulturelle Dilemmata	217
	Literatur	218

24 Interkulturelle Kompetenz ... 219
Helmut Ebert, Sven Pastoors

24.1	Begriff der interkulturellen Kompetenz	219
24.2	Bedeutung interkultureller Handlungskompetenz	219
24.3	Interkulturelle Kommunikation	221
	Literatur	224

25 Interkulturelles Lernen ... 225
Helmut Ebert, Sven Pastoors

25.1	Definition interkulturelles Lernen	225
25.2	Inhalte des interkulturellen Lernens	226
25.3	Formen des interkulturellen Lernens	226
	Literatur	230

Serviceteil ... 231
Stichwortverzeichnis ... 232

Autorenporträts

Dipl.-Soz.-Wiss. Joachim H. Becker, ist seit 15 Jahren Dozent für Kommunikation, Management und Personalwesen an der Fontys International Business School, Venlo (NL). Zudem ist er als Personalcoach und Berater für mittelständische Unternehmen und Non-Profit-Organisationen tätig. Als gelernter Schlosser und Krankenpfleger kann er sich sowohl in die Bedürfnisse der Mitarbeiter hineinversetzen als auch die Belange der Unternehmen im Fokus haben. Neben dem Studium der Organisationssoziologie war das Studium der Kommunikationspsychologie seiner Profession zuträglich. Seit Jahren begleitet er kreative Projekte wie Business-Modeling und Zeitmanagement sowie persönliches Managementcoaching.

Prof. Dr. Helmut Ebert ist Professor für Sprachwissenschaft an der Universität Bonn. Ferner berät er als Geschäftsführer der „Prof. Ebert - Kommunikationsstrategie und Coaching GmbH" in Bochum Unternehmen und Unternehmer in Fragen der Finanzkommunikation, der sprachlichen Markenführung sowie der Change- und Innovationskommunikation. Als Coach und Trainer entwickelt er zudem Sprach- und Kommunikationskompetenzen für Führungskräfte.

Dr. Sven Pastoors ist Dozent für Social Skills und nachhaltige Innovationen an der Fontys International Business School, Venlo (NL). Zudem ist er als Referent und Kommunikationsberater für den Rednerdienst „Team Europe" der Europäischen Kommission, den Deutschen Bundestag und das IdeenPaten Netzwerk für Kommunikation und Politische Bildung tätig. Im Rahmen seiner Forschungstätigkeit beschäftigt sich der studierte Politikwissenschaftler unter anderem mit den Ursachen von Populismus und dem Thema Respektkommunikation. Neben Themen aus dem Bereich der Politikwissenschaft gilt sein Interesse der Ideenfindung und der Begleitung von Innovationsprojekten.

Einleitung

Sven Pastoors

© Springer-Verlag GmbH Deutschland 2018
J.H. Becker, H. Ebert, S. Pastoors, *Praxishandbuch berufliche Schlüsselkompetenzen*,
https://doi.org/10.1007/978-3-662-54925-4_1

1.1 Was ist eine Kompetenz?

Wer den Begriff „Kompetenz" im Internet sucht oder in einem Lexikon nachschlägt, wird feststellen, dass es sowohl in der Literatur als auch im Internet viele unterschiedliche Definitionen des Begriffes „Kompetenz" existieren. In einem Punkt stimmen aber alle Definitionen überein: Nicht nur unser Wissen, sondern auch unsere Kompetenzen bestimmen über unseren privaten und beruflichen Erfolg. Doch was verbirgt sich hinter dem Begriff „Kompetenz"? Der deutsche Bildungsforscher Eckhard Klieme beschreibt Kompetenzen als „ … bei Individuen verfügbare oder von ihnen erlernbaren kognitiven Fähigkeiten und Fertigkeiten, bestimmte Probleme zu lösen, sowie die damit verbundenen motivationalen [von Motiven geleiteten] und volitionalen [vom eigenen Willen geleiteten] und sozialen Bereitschaften und Fähigkeiten, die Problemlösungen in variablen Situationen erfolgreich und verantwortungsvoll nutzen zu können" (Klieme et al. 2003, S. 72). Für den beruflichen Erfolg spielen dabei vor allem die beruflichen Handlungskompetenzen eine große Rolle (vgl. Jung 2011, S. 256).

1.2 Kategorien beruflicher Handlungskompetenzen

Sowohl in Stellenanzeigen als auch in vielen Bewerbungsratgebern findet sich der Begriff der „beruflichen Handlungskompetenz". Dieser Begriff beschreibt die Fähigkeit einer Person, in entsprechenden Situationen selbstständig und fachgerecht Probleme zu lösen bzw. Aufgaben zu bearbeiten. Berufliche Handlungskompetenz wird dabei in vier Kompetenzgruppen unterteilt:
- fachliche Kompetenzen
- soziale und kommunikative Kompetenzen
- persönliche Kompetenzen
- methodische Kompetenzen (Methodenkompetenz)

Vor allem beim Berufseinstieg spielt berufliche Handlungskompetenz eine wichtige Rolle. Während sich fachliche Kompetenzen von Beruf zu Beruf deutlich unterscheiden, ähneln sich die Anforderungen der Unternehmen im Hinblick auf soziale und kommunikative Kompetenzen.

Da wir in diesem Buch nicht alle fachlichen Kompetenzen abdecken können, konzentrieren wir uns deshalb auf die anderen drei Gruppen.

1.2.1 Fachkompetenz

Fachkompetenz ist die Befähigung zur Lösung fachbezogener Sach- und Arbeitsaufgaben. Diese umfasst neben theoretischen Kenntnissen auch praktisch anwendbares Handlungswissen und erfordert intellektuelle sowie handwerkliche Fähigkeiten und Fertigkeiten. Diese können durch Lernprozesse erworben, antrainiert und verändert werden. Die Hauptvoraussetzungen, um sich zusätzliche Fertigkeiten anzueignen, sind ein umfangreiches Grundwissen und solide Grundfertigkeiten (fachliche Fertigkeiten und Kenntnisse).

Um fachbezogene Aufgabenstellungen lösen zu können, benötigen wir außerdem Fach- und Expertenwissen. Dies wird vor allem durch eine gute Ausbildung, Erfahrung und fachspezifische Weiterbildung erworben. Meistens reicht es jedoch nicht aus, nur in einem Aufgabengebiet kompetent zu sein. Deshalb sind fachübergreifende Kenntnisse ebenfalls hilfreich.

1.2.2 Sozial-kommunikative Kompetenzen

Die sozial-kommunikativen Kompetenzen umfassen alle Kenntnisse und Fähigkeiten, die uns dazu befähigen, in zwischenmenschlichen Beziehungen angemessen zu kommunizieren und zu handeln.

Um mit anderen Menschen erfolgreich zusammenarbeiten zu können, ist es notwendig, deren Bedürfnisse zu erkennen und darauf einzugehen. Dieser Aspekt gewinnt bei Gruppen- und Teamarbeit zunehmend an Bedeutung.

Sozial-kommunikative Kompetenzen umfassen beispielsweise:
- Einfühlungsvermögen/Empathie
- Kommunikations- und Überzeugungskraft
- Konfliktfähigkeit
- Teamfähigkeit
- Verhandlungsgeschick

1.2.3 Persönliche Kompetenzen

Die persönlichen Kompetenzen bzw. Selbst- oder Persönlichkeitskompetenzen beinhalten Fähigkeiten und Einstellungen, in denen sich unsere persönliche Haltung zur Welt und insbesondere zur Arbeit widerspiegelt. Persönlichkeiten sind begabte, entschieden auftretende Personen mit einer starken Ausstrahlung. Sie bewältigen ihre Aufgaben selbstständig und eigenverantwortlich und erbringen Leistungen für sich, ihre Mitmenschen und die Gesellschaft. Zu den persönlichen Kompetenzen gehören:
- werteorientiertes Handeln (ethische Kompetenz, Bewusstsein über eigene Normen und Werte)
- Verantwortungsbewusstsein
- Eigeninitiative
- Kritikfähigkeit (äußern von konstruktiver Kritik, aber auch sachliche Kritik annehmen, akzeptieren und verarbeiten)

1.2.4 Methodenkompetenzen

Die Methodenkompetenzen umfassen alle fachübergreifenden Kenntnisse, Fertigkeiten und Fähigkeiten, die es uns ermöglichen, Aufgaben und Probleme zu bewältigen, indem sie uns die Auswahl, Planung und Umsetzung sinnvoller Lösungsstrategien ermöglichen. Hierzu gehört beispielsweise die Fähigkeit, Sachwissen zielgerichtet aufzuarbeiten und anzuwenden.

Methodenkompetenzen befähigen uns somit, Probleme systematisch zu bearbeiten sowie Informationen und Lösungsansätze kreativ zu kombinieren. Dabei nutzen wir moderne Arbeitsmittel und Methoden, um uns innerhalb kürzester Zeit neues Fachwissen anzueignen (vgl. Rappold 2011, S. 84). Hierzu werden unter anderem folgende Fähigkeiten benötigt:
- Lernkompetenz (Transferfähigkeit)
- Medienkompetenz (Informationsbeschaffungsfähigkeit)
- Ideenmanagement (Kreativität)
- Projektmanagement (lösungsorientiertes Denken, Planungsfähigkeit)

Zusätzlich zu sozialen Kompetenzen, persönlichen Kompetenzen und Methodenkompetenzen werden in diesem Buch noch zwei weitere Kompetenzbereiche definiert und vorgestellt: die Managementkompetenz und die kulturelle bzw. interkulturelle Kompetenz. In beiden Fällen handelt es sich nicht um selbstständige Kompetenzgruppen, sondern um Querschnittskompetenzen, bei denen Kenntnisse und Fähigkeiten aus den vier zuvor genannten Kompetenzbereichen zum Einsatz kommen.

1.2.5 Managementkompetenz

Zur Managementkompetenz zählen alle Fach- und Handlungskompetenzen, die zur Führung eines Unternehmens und/oder der Mitarbeiter benötigt werden (Management Skills):
- werteorientierte Führung
- Teammanagement
- Konfliktmanagement
- Umgang mit Diskriminierung oder Mobbing

Neben den Managements Skills spielen bei der Leitung eines Unternehmens und der Personalführung ethische Grundsätze und Respekt gegenüber allen beteiligten Stakeholdern eine wichtige Rolle. Diese Begriffe werden deshalb in diesem Buch ebenfalls erläutert.

1.2.6 Kulturelle bzw. interkulturelle Kompetenz

Kulturelle Kompetenz beschreibt die Kenntnis und die erfolgreiche Nutzung eines gemeinsamen Systems von Symbolen, Normen und Regeln, die unser Verhalten innerhalb einer Gruppe bestimmen (vgl. Vester 1998, S. 99 ff.). Jedes Mitglied einer kulturellen Gruppe hat sowohl eine persönliche als auch eine Reihe kollektiver kultureller Identitäten, die es ihm ermöglichen, sich in verschiedenen Situationen angemessen zu verhalten. Gleichzeitig bewerten wir das Verhalten anderer – bewusst oder unbewusst – durch unsere eigene „kulturelle Brille".

Wie die kulturelle Kompetenz zählt auch die interkulturelle Kompetenz zu den Querschnittskompetenzen. Der Kulturwissenschaftler Jürgen Bolten definiert interkulturelle Handlungskompetenz deshalb als „übergreifende internationale Handlungskompetenz, die sich aus den

interdependenten Bereichen der individuellen, sozialen, fachlichen und strategischen Kompetenz konstituiert und interkulturelle Kompetenz dabei gleichsam als Bezugsrahmen versteht" (Bolten 2001, S. 915). Zu diesen Fähigkeiten zählen unter anderem:
- Kenntnis der Sprache und Symbole einer Gruppe und die Fähigkeit, sich im sozialen Kontext angemessen auszudrücken (Sprachkompetenz)
- Fähigkeit, sich in andere hineinzuversetzen, die Bedürfnisse anderer zu erkennen sowie adäquat und sensibel darauf zu reagieren (Einfühlungsvermögen/Empathie)
- Kenntnisse und Erfahrungen betreffend anderer Kulturen, Personen, Einstellungen und Verhaltensweisen
- kritischer Umgang mit eigenen Vorurteilen/Stereotypen gegenüber anderen Kulturen, Personen, Einstellungen und Verhaltensweisen (Toleranz und Offenheit)

1.3 Lassen sich Kompetenzen messen?

Die meisten Kompetenzen sind erlern- und trainierbar, aber ist deren Erfolg auch messbar? Um diese Frage beantworten zu können, ist es zunächst erforderlich, sich die Merkmale der Kompetenzen bewusst zu machen, die das Verhalten bei der Arbeit oder im Gespräch beschreiben. Dies gelingt am besten, wenn die jeweiligen Kompetenzen so genau wie möglich beschrieben werden.

Die Definitionen der Kompetenzen implizieren, dass in den Kompetenzen vor allem Persönlichkeitsmerkmale, technische Fertigkeiten und Handlungsfähigkeiten verankert sind. Diese lassen sich zwar mithilfe von Tests und in psychologischen Messverfahren messen. Die Addition der Ergebnisse hilft uns aber nicht weiter. Es gilt daher, andere Kompetenzmessverfahren zu entwickeln. Zur Erfassung sozial-kommunikativer oder persönlicher Kompetenzen eignet sich daher am besten die Beobachtung der betreffenden Person (vgl. Erpenbeck und Rosenstiel 2007).

Um am Ende auch valide Aussagen treffen zu können und Beurteilungsfehler zu minimieren, empfiehlt sich eine Beobachtung zweiter Ordnung. Dabei werden nicht nur die zu bewertenden Personen (z. B. Bewerber) beobachtet, sondern auch deren Beobachter (z. B. Prüfer): „Beobachter zweiter Ordnung ist jeder Beobachter, der einen Beobachter beobachtet. Bei Beobachtung zweiter Ordnung geht es um Wie-Fragen. Hier werden Beobachtungen beobachtet" (Krause 2005, S. 129). Dabei zeigt sich allerdings, dass die Messung der Kompetenzen mit großem personalen und zeitlichen Aufwand verbunden ist. Deshalb ist es ratsam, vor der Kompetenzmessung eine Kosten-Nutzen-Analyse durchzuführen, um zu prüfen, ob sich der entstehende Aufwand im Einzelnen lohnt. Die Leitfrage sollte dabei sein, wie nutzbringend eine Messung der Kompetenzen wirklich ist (vgl. Jung 2011, S. 256).

Andererseits können wir Kompetenzen zwar messen und erlernen, aber das heißt noch lange nicht, dass sie etwas über unsere Persönlichkeit aussagen. Ein starker Charakter macht noch keine Persönlichkeit aus. Eine Persönlichkeit können wir auf Zeit sein, und sie dann wieder verlieren. Persönlichkeiten brauchen keine äußeren Macht- und Druckmittel, um Einfluss auszuüben. Sie üben Einfluss durch ihr Verhalten aus und durch die Faszination, die von ihnen ausgeht (vgl. Lützeler 1978, S. 22–32 und 130 f.).

Mit dem Kompetenzbegriff, wie er heute weithin propagiert wird, ist vornehmlich das verbunden, was quantifizierbar ist, was sich berechnen lässt. Damit nimmt das Leistungsdenken „die ganze Seele in Beschlag", aber „je höher Dinge im Rang stehen, umso weniger lassen sie sich beherrschen und machen" (Lützeler 1978, S. 98).

Literatur

Arbeitskreis Deutscher Qualifikationsrahmen (2011) Deutscher Qualifikationsrahmen für lebenslanges Lernen (DQR), vom 22.03.2011. http://www.dqr.de/media/content/Der_Deutsche_Qualifikationsrahmen_fue_lebenslanges_Lernen.pdf (Zugriff: 23.09.2016)

Bolten J (2001) Interkulturelles Coaching, Mediation, Training und Consulting als Aufgaben des Personalmanagements internationaler Unternehmen. In: Clermont A et al. (Hrsg) Strategisches Personalmanagement in Globalen Unternehmen. München

Erpenbeck J, von Rosenstiel L (2007) Handbuch Kompetenzmessung: Erkennen, verstehen und bewerten von Kompetenzen in der betrieblichen, pädagogischen und psychologischen Praxis. Stuttgart

Jung H (2011) Personalwirtschaft, 9. Aufl. München

Klieme E et al. (2003) Zur Entwicklung nationaler Bildungsstandards. Eine Expertise. BMBF. Berlin

Krause D (2005) Luhmann-Lexikon, 4. Aufl. Stuttgart

von der Linde B, von der Heyde A (2007) Psychologie für Führungskräfte, 2. Aufl. München

Lützeler H (1978) Persönlichkeiten. Freiburg

Mair M (2015) Interaktiver Kompetenzatlas. FH Wien, Institut für Tourismus-Management. http://kompetenzatlas.fh-wien.ac.at/?page_id=500 (Zugriff: 23.09.2016)

Rappold E et al. (2011) Kompetenzmodell für Pflegeberufe in Österreich. Im Auftrag des Österreichischen Gesundheits- und Krankenpflegeverbands (ÖGKV) Landesverband Steiermark, Wien. https://www.oegkv.at/fileadmin/user_upload/Diverses/OEGKV_Handbuch_Abgabeversion.pdf (Zugriff: 23.09.2016)

Vester H-G (1998) Kollektive Identitäten und Mentalitäten – von der Völkerpsychologie zur kulturvergleichenden Soziologie und interkulturellen Kommunikation, 2. Aufl. Frankfurt a. M.

Sozial-kommunikative Kompetenzen

Kapitel 2	Bedeutung sozialer Kompetenzen – 9 *Helmut Ebert*	
Kapitel 3	Kommunikationsmodelle: Grundlagen – 19 *Helmut Ebert*	
Kapitel 4	Kommunikationsmodelle: Umfassendere Erklärungsansätze – 25 *Helmut Ebert*	
Kapitel 5	Formen der Kommunikation – 33 *Helmut Ebert, Joachim H. Becker*	
Kapitel 6	Persönliche Kompetenzen – 43 *Joachim H. Becker, Sven Pastoors*	
Kapitel 7	Sozial-kommunikative Kompetenzen – 51 *Joachim H. Becker, Sven Pastoors*	
Kapitel 8	Präsentieren und Visualisieren – 59 *Sven Pastoors*	

Sozial-kommunikative Kompetenzen (Acryl, © Joachim Becker 2016)

Wenn man schnell vorankommen will, muss man allein gehen.
Wenn man weit kommen will, muss man zusammen gehen.
(Altes indianisches Sprichwort)

Bedeutung sozialer Kompetenzen

Helmut Ebert

© Springer-Verlag GmbH Deutschland 2018
J.H. Becker, H. Ebert, S. Pastoors, *Praxishandbuch berufliche Schlüsselkompetenzen*,
https://doi.org/10.1007/978-3-662-54925-4_2

2.1 Bedeutung sozialer Kompetenzen für den Erfolg von Kommunikation

Soziale und persönliche Kompetenzen sind entscheidend für den Erfolg im Berufs- und Privatleben. Sie sind die zentralen Voraussetzungen für die Kommunikation und Kooperation mit anderen Menschen. So werden Kompetenzen unter anderem
- zum Erwerb und Einsatz neuen Wissens,
- zum Austausch und Erwerb von Informationen,
- zum Aufbau und zur Pflege von Beziehungen,
- zur Lösung von Problemen und
- zum Erreichen persönlicher Ziele benötigt.

Der Kommunikationswissenschaftler Bernd LeMar beschreibt in seinem Buch *Kommunikative Kompetenz* die Bedeutung sozialer Kompetenzen für das Gelingen einer Kommunikation und somit für den langfristigen Erfolg einer Zusammenarbeit. Dabei spielen Vertrauen, Aufmerksamkeit und emotionale Intelligenz eine zentrale Rolle (vgl. LeMar 1997, S. 178–181). Deshalb werden neben dem Begriff der Kooperation kurz diese drei Begriffe erläutert, bevor in den folgenden Kapiteln die unterschiedlichen Modelle und Formen der Kommunikation vertieft werden.

2.2 Kooperation

Die wichtigsten Voraussetzungen, um die eigenen Ziele dauerhaft mit möglichst geringem Ressourceneinsatz zu erreichen, sind die Bereitschaft und die Fähigkeit zur Kooperation. Die US-amerikanische Politikwissenschaftlerin Helen Milner definiert Kooperation als „zielgerichtetes Verhalten, das eine wechselseitige Anpassung der […] Interessen nach sich zieht, sodass am Ende alle Seiten davon profitieren" (Milner 1992, S. 468). Der wechselseitige Vorteil einer vertrauensvollen Beziehung entsteht allerdings nur unter folgenden Bedingungen:
- **Die Kooperation wird langfristig von gemeinsamen Interessen getragen:** Kooperation setzt eine Schnittmenge gemeinsamer Interessen der beteiligten Akteure voraus. Ziele einer längerfristigen Zusammenarbeit sind dabei das Schaffen eines gemeinsamen Nutzens, die Lösung gemeinsamer Probleme und/oder die Steigerung des gemeinsamen Akteurspotenzials (vgl. Meyers 2000, S. 449).

- **Der eigene Einsatz ist überschaubar:** Wenn außergewöhnlich viel auf dem Spiel steht, bringt uns oder unserem Gegenüber das einmalige Übervorteilen der anderen Seite unter Umständen einen größeren Gewinn als eine langfristige Zusammenarbeit. Es ist daher rational, wenn wir uns in solchen Situationen deutlich misstrauischer verhalten als sonst.
- **Es besteht Interesse an einer langfristigen Zusammenarbeit:** Wenn wir mit einer Person nur einmalig zusammenarbeiten, ist es wirtschaftlich betrachtet rational, wenn beide Seiten versuchen, so viel wie möglich für sich selbst herauszuholen (vgl. Trivers 1971, S. 35 f.). Ein Beispiel dafür sind große öffentliche Bauvorhaben. Vor allem wenn es sich um einmalige Projekte handelt, ist die Verlockung für ein Bauunternehmen groß, seine Kunden zu übervorteilen, da ein Folgegeschäft höchstwahrscheinlich nicht zustande kommen wird. Im normalen Wirtschaftsleben hingegen ist das anders. Ein Bäcker hat Interesse daran, am nächsten Tag weitere Brötchen zu verkaufen und geht daher respektvoll mit den Interessen seiner Kunden um.

Der Wissenschaftler Robert Trivers erklärt die aktive Bereitschaft zu einer konstruktiven Zusammenarbeit mithilfe der Theorie des reziproken Altruismus (Trivers 1971, S. 35–37). Nach Trivers sind Menschen dazu bereit, offen mit anderen zusammenzuarbeiten und ihnen zu helfen, wenn sie erwarten können, dass sie in Zukunft selber mit Hilfe rechnen können bzw. dass ihnen ihr Verhalten in Zukunft auf eine gewisse Art vergütet wird (vgl. Trivers 1971, S. 35–37).

2.2.1 Anwendung in der Praxis

In der modernen Ökonomie wurde bereits mehrfach bewiesen, dass auf Dauer nur Kooperationsgewinne wirklich nachhaltig sind (vgl. Rolke 2005). „Als anschauliches Beispiel für die Überlegenheit kooperativen Handelns und Empathie kann eine Horde von ‚homo oeconomicus' angesehen werden, bei der sich die stärksten und schnellsten Mitglieder der steinzeitlichen Horde bei einem Angriff eines Säbelzahntigers erfolgreich auf die Bäume retteten, während die Schwangeren, Mütter und Kinder gefressen wurden. Der ‚homo cooperativus' war in dieser gleichen Situation bereit, gemeinsam den Säbelzahntiger zu töten, wenn sich ausreichend viele Gleichgesinnte daran beteiligten. Offensichtlich war die Horde der ‚homo cooperativi' überlebensfähiger als die der ‚homo oeconomici'" (mit freundlicher Genehmigung von Holger Rogall © Rogall 2012, S. 214).

Wer seine Interessen rücksichtslos durchsetzt, verprellt seine Mitmenschen. Er verbaut sich so die Chance, in Zukunft mit denselben Partnern zusammenzuarbeiten. Kurzfristig kann er seine Mitmenschen möglicherweise übervorteilen, doch auf dieser Basis kann sich keine langfristige Zusammenarbeit entwickeln. Wer derart kurzsichtig und egoistisch handelt, muss sich ständig neue Partner suchen und verliert auf diese Weise Zeit. Deshalb erzielt er am Ende ein schlechteres Ergebnis als jemand, der mit seinen Mitmenschen im Rahmen einer Kooperation vertrauensvolle Beziehungen zum beiderseitigen Vorteil („Win-win-Situation") aufbaut. Wir kooperieren somit mit anderen nicht aus reiner Nächstenliebe, sondern aus rational kalkuliertem Eigeninteresse. Kooperation kann dabei sowohl auf freiwilligen Vereinbarungen zwischen den beteiligten Akteuren als auch auf dem Prinzip der Erwartungsverlässlichkeit künftigen Handelns beruhen.

Die Bereitschaft, miteinander zu kooperieren, wird von unseren Zukunftserwartungen beeinflusst. Je größer die Wahrscheinlichkeit ist, dass sich die Gegenseite in Zukunft kooperativ verhält, desto größer ist die eigene Bereitschaft, in der Gegenwart mit ihr zu kooperieren (vgl. Milner 1992, S. 474 f.).

Gemäß Holger Rogall hat der Mensch „ … gelernt, dass, seinen Nutzen auf Kosten anderer kurzfristig zu maximieren, zu einer suboptimalen Bedürfnisbefriedigung und Überlebenschance führt. Da er erkennt, dass er auf die Bestätigung und die Hilfe anderer angewiesen ist, wird er versuchen, dafür zu sorgen, dass es (in Maßen) auch seinen Mitmenschen gut geht, weil sie dann zu größeren materiellen und immateriellen Gegenleistungen und der Erzeugung von Synergieeffekten bereit sind" (mit freundlicher Genehmigung von Holger Rogall © Rogall 2012, S. 214). Um ein optimales Ergebnis zu erzielen, empfiehlt es sich daher, bei einer langfristig angelegten Zusammenarbeit auf gegenseitiges Vertrauen zu setzen. Dies setzt jedoch „aufmerksames" Vertrauen voraus. Wer sich unabhängig vom Verhalten seiner Mitmenschen immer kooperativ verhält, ermutigt sie dazu, ihn auszunutzen und ihre eigenen Interessen in den Vordergrund zu stellen. Wenn wir eine „Strategie gegenseitigen Vertrauens" verfolgen, verzichten wir nicht auf Kontrolle und Sanktionen, sondern verhalten uns in jeder Hinsicht absolut berechenbar.

2.3 Vertrauen

Eine wichtige Voraussetzung für jede Art von Beziehung ist gegenseitiges Vertrauen. Dabei werden viele unterschiedliche Arten des Vertrauens unterschieden:
- **personales Vertrauen** (als Grundlage für die Zusammenarbeit zwischen Menschen)
- **Vertrauen in Institutionen** (z. B. als Vertrauen in deren Wertintegrität)
- **Vertrauen in Organisationen** (z. B. als Vertrauen der Kunden auf die Kompetenz und Leistung im konkreten Fall)
- **Systemvertrauen** als Grundlage systemischer Sicherheit in Bereichen wie Recht (z. B. als Recht auf eine Gegendarstellung), Versicherungen (z. B. als Schadenersatz) oder Geldwesen (z. B. in Form von Wertbeständigkeit)

Für den Erfolg einer Zusammenarbeit kommt es vor allem auf das personale Vertrauen an, das sowohl Selbstvertrauen als auch Kooperations- und Koordinationsvertrauen umfasst. Nach Hubig (2014, S. 351–370) wird Vertrauen durch folgende Merkmale gekennzeichnet:
- Vertrauen beruht auf einer riskanten Vorentscheidung zugunsten eines erwarteten Nutzens bzw. Kooperationsgewinns.
- Diese Vorentscheidung ist deshalb riskant, weil wir im Fall einer Enttäuschung einen Schaden in Kauf nehmen müssen.

Vertrauen ist ein wichtiger Faktor für das Gelingen einer Kommunikation und den Erfolg unseres Handelns. Gemäß dem Psychologen Martin Dießel bezieht sich Vertrauen „immer auf zukünftige Handlungen oder Entscheidungen und ist gekennzeichnet durch die Erwartung, dass das Gegenüber sich wohlwollend verhalten wird, einen Aspekt der Ungewissheit bzw. das Vorhandensein eines Risikos und den Verzicht auf Kontrolle" (Dießel 2012, S. 12). Ohne ein solches Grundvertrauen wären zwischenmenschliche Beziehungen gar nicht möglich. Die moderne Gesellschaft würde nicht funktionieren, wenn wir jedem Menschen, den wir neu kennenlernen oder der uns auf der Straße begegnet, unterstellen würden, dass er uns möglicherweise ausrauben oder ermorden möchte (vgl. Berner 2011). Jeder von uns wägt genauestens ab, wem er in welcher Situation wie viel Vorschuss gewährt. Wenn uns nachts auf einer dunklen Straße eine zwielichtige Gestalt entgegenkommt, gewähren wir dieser Person einen geringeren Vertrauensvorschuss als tagsüber in der Fußgängerzone.

Unser gesamtes Zusammenleben basiert auf der Erwartung, dass sich unsere Mitmenschen friedvoll und gesittet verhalten. So lässt sich erklären, wieso jemand seinen Sitznachbarn im Café bittet, kurz auf seine Koffer aufzupassen, obwohl er diesem vor einer Stunde zum ersten Mal begegnet ist. Die Wahrscheinlichkeit, dass es sich hierbei um einen Dieb handelt, ist genauso groß wie bei jedem anderen, der gerade vor dem Café vorbeigeht. Je länger wir jemanden kennen, ohne schlechte Erfahrungen mit ihm zu machen, desto größer wird das Vertrauen zu anderen Menschen (vgl. Berner 2011).

Dieses Vertrauen ist jedoch nicht grenzenlos. Jemandem, dem wir für fünf Minuten unser Gepäck anvertrauen, würden wir nicht zwangsläufig unser Portemonnaie überlassen. Wir gehen unbewusst davon aus, dass die Versuchung, unser Vertrauen zu missbrauchen, bei Geld größer ist als bei unserem Gepäck.

2.3.1 Vertrauen ist mehr als die Abwesenheit von Misstrauen

Abgesehen von diesem Grundvertrauen basiert Vertrauen auf der Erwartung, sich in kritischen Situationen auf den anderen verlassen zu können. Viele Vorgesetzte pflegen einen lockeren, kollegialen Umgang mit ihren Mitarbeitern. Sie hoffen, auf diese Weise eine vertrauensvolle und offene Beziehung zu ihren Mitarbeitern aufzubauen. Doch in kritischen Situationen erweist sich das vermeintlich vertrauensvolle Verhältnis oftmals als wenig belastbar: Unter dem Druck drohender Entlassungen oder finanzieller Einschnitte reagieren viele Mitarbeiter misstrauisch. Sie behalten ihre Gedanken für sich und treffen ihre Entscheidungen ohne vorherige Rücksprache mit dem Vorgesetzten. Der Vorgesetzte ist für die Mitarbeiter in erster Linie ein Repräsentant des Unternehmens. Angesichts eines offenkundigen Interessenkonflikts zwischen Unternehmens-, Mitarbeiter- und Eigeninteressen sind die Mitarbeiter erst einmal vorsichtig im Hinblick darauf, was sie ihm mitteilen. In dieser Situation zählt für die Mitarbeiter nicht die offene Art des Vorgesetzten, sondern ausschließlich wie zuverlässig sich dieser in der Vergangenheit verhalten hat. Wenn wir über einen längeren Zeitraum freundlich miteinander umgehen, bildet sich nicht zwangsläufig Vertrauen, sondern in der Regel nur Vertrautheit. Im Gegensatz zur Vertrautheit gibt Vertrauen uns die Gewissheit, sich auch dann auf einen Menschen verlassen zu können, wenn dieser in Versuchung kommt, lieber seine eigenen Interessen zu verfolgen.

2.3.2 Anwendung in der Praxis

Vertrauen spielt eine große Rolle, wenn es darum geht, Menschen zu guten Leistungen zu motivieren. Wie andere über uns denken, wirkt sich erheblich auf unsere Leistung aus. Dieser Effekt spielt sowohl im Beruf oder Studium als auch im Privatleben eine große Rolle. Besitzt ein Vorgesetzter oder Dozent das Vorurteil, ein Mitarbeiter oder Student sei schwächer als andere, wird er diesen anders behandeln, als wenn er davon ausgeht, dass er besonders begabt ist.

Dieser Mechanismus wird als Rosenthal-Effekt bezeichnet. Der amerikanische Psychologe Robert Rosenthal hat diesen Effekt in seinen Studien entdeckt. Erfolg basiert somit nicht nur auf Können, sondern vor allem darauf, was uns andere Personen zutrauen.

Für eine erfolgreiche Zusammenarbeit, ist es wichtig, anderen Menschen Vertrauen zu signalisieren. „Die Erfahrung zeigt, dass Menschen viel eher bereit sind, zu kooperieren, wenn ihnen vertraut wird" (vgl. Stahl 2011, S. 126). Vertrauen entsteht, wenn die Erwartungen an eine zwischenmenschliche Beziehung immer wieder erfüllt werden. Dann „ … wirft die Beziehung im Lauf der Zeit eine ‚Dividende' ab. […] Je höher die Beziehungsqualität, desto größer die Dividende" (vgl. ebda).

Eine hohe Beziehungsqualität ermöglicht es, Managementfehler zu einem gewissen Grad abzumildern. Dies gilt für die unterschiedlichsten Situationen: So wird Mitarbeitern nicht richtig zugehört, auf Grund von Klischees und Vorurteilen entschieden, oder „Rückmeldungen ‚von oben' auf Mitteilungen ‚von unten' erfolgen widersprüchlich oder gar nicht […]. Bei einer hohen Beziehungsqualität bleibt die Leistungsbereitschaft dennoch erhalten, und die individuellen Anspruchsniveaus an die eigene Leistung werden nicht sofort zurückgenommen" (ebda).

2.4 Aufmerksamkeit

Eine wichtige Voraussetzung, um Vertrauen zu schaffen und unsere fachlichen, sozialen und persönlichen Kompetenzen richtig einzusetzen, ist Aufmerksamkeit. Der Psychologe Jochen Müsseler definiert Aufmerksamkeit als die Fähigkeit, „… aus dem vielfältigen Reizangebot der Umwelt einzelne Reize oder Reizaspekte auszuwählen und bevorzugt zu betrachten, andere dagegen zu übergehen und zu unterdrücken" (Müsseler 2000). Wer in Gedanken noch beim gestrigen Abend weilt oder schon überlegt, wie er gleich am besten die Bahn erreichen kann, ist nur halb bei der Sache. Er richtet seine Aufmerksamkeit nicht auf das, was um ihn herum geschieht. Wer sich während eines Gespräches zusätzlich mit seinem Mobiltelefon oder seinem Terminkalender beschäftigt, signalisiert außerdem, dass ihn sein Gegenüber und das Gesagte nicht wirklich interessieren. Wenn uns keine Aufmerksamkeit gewidmet wird, kann das auch in relativ unwichtigen Alltagssituationen zu Verstimmungen führen. Unterhält sich ein Kassierer beispielsweise mit Bekannten und lässt andere Kunden in der Schlange warten, empfinden wir das als unhöflich.

2.4.1 Formen der Aufmerksamkeit

Robert Nideffer unterscheidet verschiedene Formen der Aufmerksamkeit, welche sich zu vier Ausrichtungen der Aufmerksamkeit kombinieren lassen (vgl. Nideffer 1976; Beckmann und Elbe 2008). Dabei differenziert er Aufmerksamkeit über zwei Dimensionen:
- nach innen gerichtete (internale) ⇔ nach außen gerichtete (externale) Aufmerksamkeit
- umfassende (weite) ⇔ fokussierte (enge) Ausrichtung der Aufmerksamkeit

Nach außen gerichtete, fokussierte Aufmerksamkeit (external-eng)

Die external-enge Aufmerksamkeitsform wird benötigt, um bestimmte Sachverhalte genau zu betrachten (vgl. Eberspächer 2007). Die Aufmerksamkeit wird dabei auf Dinge oder Personen außerhalb der eigenen Person gerichtet (external). Während eines Gespräches ist es z. B. notwendig, sich external-eng auf sein Gegenüber und dessen Aktionen zu konzentrieren, um auf eine situative Bedingung entsprechend agieren oder reagieren zu können.

Nach außen gerichtete, umfassende Aufmerksamkeit (external-weit)

Die external-weite Aufmerksamkeitsform ermöglicht es uns, uns ein umfassendes Bild unserer Umgebung zu machen. Diese Aufmerksamkeitsausrichtung erlaubt es, viele Informationen im Umfeld der Person aufzunehmen (vgl. Eberspächer 2007). Die external-weite Form nutzen wir z. B. bei einer Präsentation. Wir konzentrieren uns bei dieser Aufmerksamkeitsausrichtung auf unser Publikum oder unsere Umgebung, um uns einen Überblick über die Rahmenbedingungen für unsere Präsentation zu verschaffen.

Nach innen gerichtete, fokussierte Aufmerksamkeit (internal-eng)

Die internal-enge Aufmerksamkeitsform benötigen wir, um uns auf einen bestimmten Punkt oder Vorgang der eigenen körperlichen und psychischen Prozesse konzentrieren zu können (vgl. Eberspächer 2007). Diese Aufmerksamkeitsausrichtung können wir z. B. in Gesprächen gezielt einsetzen. Durch die Konzentration auf bestimmte Prozesse können wir in uns hineinhören, uns „zentrieren" und gegebenenfalls anforderungsspezifisch regulieren. Auch für die mentale Vorbereitung kann diese Form der Aufmerksamkeit verwendet werden. So können wir kurz vor wichtigen Terminen (z. B. Vorstellungsgespräch, mündliche Prüfung) bestimmte Situationen noch einmal gedanklich durchgehen (vgl. Beckmann und Elbe 2008).

Nach innen gerichtete, umfassende Aufmerksamkeit (internal-weit)

Um sich ein umfassendes Bild vom momentanen, allgemeinen Wohlbefinden zu machen, wird die internal-weite Aufmerksamkeitsform gewählt (vgl. Eberspächer 2007). So können wir unsere Gemütslage und unseren Eigenzustand analysieren und diesen gegebenenfalls regulativ an die entsprechende Anforderungssituation anpassen.

2.4.2 Anwendung in der Praxis

Aufmerksamkeit und Präsenz sind wichtige Grundlagen für eine erfolgreiche Kommunikation. Schenken Sie Ihrem Gegenüber deshalb Ihre volle Aufmerksamkeit. Hören Sie dem Anderen aufmerksam zu und konzentrieren Sie sich dabei voll und ganz auf das Gespräch mit ihm.

Jemand, der anderen seine Aufmerksamkeit signalisiert, hat automatisch einen hohen Status, egal ob er andere dabei lobt oder jemanden verbal „in den Boden rammt". Auch in der Körpersprache gibt es hierfür verschiedene Mittel, etwa ein anerkennendes Nicken oder Lächeln, eine zugewandte Körperhaltung, eine offene Körperhaltung usw. Damit können Sie gut „spielen". Sagt Ihr Gegenüber etwas, was Ihnen gut gefällt, können Sie das mit einem Lächeln und Nicken betonen und Ihren Körper ein wenig mehr zu ihm oder ihr drehen. Umgekehrt können Sie leicht die Stirn kräuseln, sich distanzierend nach hinten lehnen und Ihren Körper etwas wegdrehen. Damit vermitteln Sie Respekt und erhöhen schnell Ihren eigenen Status, besonders in Gruppen. Auch ein fester Blickkontakt ist sehr wichtig. Er signalisiert Ihrem Gegenüber Selbstvertrauen, Aufmerksamkeit und Anerkennung. Außerdem hilft er Ihnen, Gefühle zu vermitteln und den anderen besser einzuschätzen.

2.5 Emotionale Intelligenz

Für den Erfolg einer Kooperation ist es von großer Bedeutung, sowohl eigene als auch die Gefühle anderer korrekt wahrzunehmen. Der Bereich der Gefühle ist lange Zeit von der Organisations- und insbesondere der Führungsforschung vernachlässigt worden. Das hat sich mit dem Konzept der emotionalen Intelligenz geändert, das vom Zusammenspiel von Gefühl und Verstand ausgeht und diese Erkenntnisse in das Berufsleben integriert hat (vgl. Küpers und Weibler 2005, S. 120–162).

Der Begriff „emotionale Intelligenz" wurde im Jahr 1990 von den amerikanischen Wissenschaftlern John Mayer und Peter Salovey geschaffen. Er beschreibt die Fähigkeit, eigene und Gefühle anderer (korrekt) wahrzunehmen, zu verstehen und zu beeinflussen. Emotionale Intelligenz gilt deshalb als einer der Schlüsselfaktoren für Erfolg im Privatleben und im Beruf. Salovey und Mayer (1990, S. 185–211.) verstehen emotionale Intelligenz als Verarbeitung gefühlsmäßiger Informationen und als mentale Fähigkeit (vgl. Küpers und Weibler 2005, S. 120).

2.5.1 Das Modell der emotionalen Intelligenz von Goleman

Daniel Goleman (1997) folgt dagegen einem verhaltenswissenschaftlichen Modell. Er fasst emotionale Intelligenz als eine Kompetenz auf, weshalb sein Modell gut zum traditionellen Managementdenken passt und sich mit den bekannten Instrumenten des Personalmanagements gut umsetzen lässt. Goleman interessiert sich besonders für den Zusammenhang von Emotionen und Leistungserstellung und zielt auf die Verbesserung der persönlichen und organisationalen Leistungsfähigkeit. Goleman unterscheidet dabei zwischen intrapersonaler und interpersonaler Intelligenz bzw. Kompetenz (vgl. Küpers und Weibler 2005, S. 123):

- **Intrapersonale Intelligenz** beschreibt die Fähigkeit, das eigene Erleben realistisch und differenziert erforschen und auswerten zu können. Das beinhaltet auch, ein zutreffendes Bild von sich selbst zu haben. Dies ist der Schlüssel zur Selbstkenntnis. Die eigenen Gefühle, Gedanken und Impulse können leichter reguliert werden.
- **Interpersonale Intelligenz** beschreibt dagegen die Fähigkeit, bedeutsame Unterschiede und Wechselwirkungen zwischen Menschen zu erkennen, zu verstehen und bei der Kommunikation zu nutzen. Sie befähigt uns, uns auf andere Menschen einzustellen, uns in sie einzufühlen und gut mit ihnen zusammenzuarbeiten. Interaktionen und langfristige Beziehungen können so differenzierter und konfliktfreier gestaltet werden (Goleman 1997, S. 65 f.).

Zur intrapersonalen Intelligenz (persönliche Kompetenz) gehören folgende Fähigkeiten:
- **Die eigenen Emotionen kennen (Selbstwahrnehmung):** Diese Fähigkeit ist entscheidend, um das eigene Verhalten und die eigene Motivation verstehen zu können. Viele Menschen fühlen sich ihren Gefühlen ausgeliefert und lehnen sie deshalb ab. Anstatt sich ihrer Emotionen bewusst zu werden, versuchen sie, diese zu bekämpfen oder zu vermeiden. Mit zunehmender Selbstwahrnehmung entwickeln sich Selbstvertrauen und eine zutreffende Selbsteinschätzung (vgl. Küpers und Weibler 2005, S. 123).
- **Emotionen beeinflussen (Selbstregulation):** Dies umfasst die Fähigkeiten, Gefühle so zu leben, wie es der Situation angemessen ist (statt zu dramatisieren oder zu verharmlosen), sich selbst zu beruhigen, negative Gefühle zu verarbeiten (z. B. Angst, Gereiztheit, Enttäuschung oder Kränkung) und positive Gefühle zu verstärken. Dies hilft bei der Überwindung von Rückschlägen oder belastenden Situationen. Menschen, die „Herr" ihrer Gefühle sind, bleiben auch in kritischen Situationen gelassen. Ihre Wahrnehmung ist geschärft. Sie können sich besser auf eine veränderte Situation einstellen sowie Chancen sehen und ergreifen, die über das von ihnen Erwartete hinausgehen (vgl. ebd., S. 123).
- **Emotionen in die Tat umsetzen:** Die Fähigkeit, unsere Emotionen so beeinflussen zu können, dass sie uns dabei helfen, unsere Ziele zu erreichen, ist die Voraussetzung für Selbstmotivation. Dazu ist es erforderlich, dass wir dazu in der Lage sind, kurzfristigen (emotionalen) Vorteilen und Verlockungen zu widerstehen (Belohnungsaufschub) und impulsive Reaktionen zu unterdrücken. Ein solches, nachhaltiges Handeln ist die Grundlage für langfristigen Erfolg. Darüber hinaus fördert diese Fähigkeit unsere Kreativität sowie die Wahrnehmung von Erfolgserlebnissen.

Dagegen zeichnet sich die interpersonale Intelligenz (soziale Kompetenz) durch folgende Eigenschaften aus:

- **Empathie:** Dies ist die Grundlage zwischenmenschlicher Beziehungen. Ein Mensch, der die oftmals versteckten Signale im Verhalten anderer wahrnimmt, erkennt früher, was andere fühlen. Umgekehrt führt ein Mangel an Empathie zu schwerwiegenden Störungen des Miteinanders. Daniel Goleman bringt dieses Phänomen wie folgt auf den Punkt: „Der Mangel an Empathie kann sich darin äußern, dass man auf andere Menschen reagiert, als wären sie Stereotypen und nicht die einzigartigen Individuen, die sie nun einmal sind" (Goleman 1999, S. 165).
- **Umgang mit Beziehungen:** Die Grundlage für die erfolgreiche Pflege von Beziehungen ist der aufmerksame Umgang mit den Gefühlen anderer Menschen. Dies ist die Voraussetzung für eine reibungslose Zusammenarbeit in nahezu allen Lebensbereichen. Dies ist sowohl eine Voraussetzung für Beliebtheit, Wertschätzung und Integration in eine Gemeinschaft als auch für Personalführung. Die Fähigkeit der aktiven Beziehungsgestaltung fördert Teamarbeit und Kooperation, stärkt Bindungen zu Mitarbeitern und hilft, Konflikte oder Veränderungen in der Organisation zu bewältigen (vgl. Küpers und Weibler 2005, S. 123).

2.5.2 Anwendung in der Praxis

Goleman weist darauf hin, dass sich gute Manager durch ein hohes Maß an emotionaler Intelligenz auszeichnen. Sie schätzen Menschen deshalb anhand ihrer Leistungen ein und lassen sich nicht von Vorurteilen blenden (vgl. Goleman 1999, S. 193). Wenn emotionale Intelligenz in Unternehmen richtig eingesetzt und gefördert wird, kann sie das Unternehmen oder die Organisation entscheidend voranbringen.

> **Beispiel**
>
> Da ist das Beispiel einer im öffentlichen Interesse tätigen Anwaltskanzlei im Nordosten der USA. Die Mitarbeiter, allesamt Weiße, machten sich in den achtziger Jahren Sorgen darüber, dass ihre wichtigsten Klienten, Frauen mit arbeitsrechtlichen Klagen, ebenfalls allesamt Weiße waren. Sie glaubten, verpflichtet zu sein, ihren Klientenstamm zu diversifizieren. Man stellte also eine Anwältin hispanischer Herkunft ein in der Hoffnung, sie werde hispanische Klienten einbringen. Sie brachte jedoch mehr als nur das ein, nämlich eine neue Auffassung von den grundlegenden Aufgaben der Kanzlei. Das führte dazu, dass die Kanzlei nicht nur die Klagen von Frauen vertrat, sondern auch Präzedenzfälle schaffende Prozesse führte, in denen gegen Englisch als einzige Unterrichtssprache gefochten wurde. Die Kanzlei nahm weitere nicht-weiße Anwälte auf, und das, so sagte einer ihrer Partner, ‚hatte Einfluss auf unsere Arbeit, denn wir erweiterten unsere Vorstellung über das, was relevante Probleme sind (…)' (Goleman 1999, S. 195).

Literatur

Beckmann J, Elbe A-M (2008) Praxis der Sportpsychologie in Wettkampf- und Leistungssport. Balingen
Berner W (2011) Vertrauen – Der steinige Weg zur Vertrauenskultur. http://www.umsetzungsberatung.de/psychologie/vertrauen.php?layout=druck
Berschneider W (2003) Sinnzentrierte Unternehmensführung. Lindau
Dießel M (2012) Die Wirkung von Vertrauen und Misstrauen auf Entscheidungen in sozialen Interaktionen. Inaugural-Dissertation. Bonn

Literatur

Eberspächer H (2007) Mentales Training. Das Handbuch für Trainer und Sportler. München
Goleman D (1997) EQ. Emotionale Intelligenz. München
Goleman D (1999) EQ2 – Der Erfolgsquotient. München
Hubig C (2014) Vertrauen und Glaubwürdigkeit als konstituierende Elemente der Unternehmenskommunikation. In: Zerfaß A, Piwinger M (Hrsg) Handbuch Unternehmenskommunikation, 2. Aufl. Wiesbaden, S 351–370
Kerres A, Seeberger B (2001) Lehrbuch Pflegemanagement II. Berlin
Küpers W, Weibler J (2005) Emotionen in Organisationen. Stuttgart
Lange L et al. (2016) Schlüsselkompetenzkompass, hrsg. im Rahmen des ePUSH-Projekts der Universität Hamburg, Hamburg. http://mms.uni-hamburg.de/blogs/epush/was-ist-epush/esupport-abk/
LeMar B (1997) Kommunikative Kompetenz. Der Weg zum innovativen Unternehmen. Berlin
Lützeler H (1978) Persönlichkeiten. Freiburg
Meyers R (2000) Theorien internationaler Kooperation und Verflechtung. In: Woyke W (Hrsg) Handwörterbuch internationale Politik, 8. Aufl. Opladen 2000, S 449
Milner H (1992) International Theories of Co-operation among Nations. Strengths and Weaknesses. World Politics 44: 468
Müsseler J (2000) Aufmerksamkeit, in: Lexikon der Psychologie. http://www.spektrum.de/lexikon/psychologie/aufmerksamkeit/1655
Nideffer R (1976) The Inner Athlete: Mind Plus Muscle for Winning. New York
Rogall H (2012) Nachhaltige Ökonomie. Weimar
Rolke L (2005) Wertschöpfende Unternehmenskommunikation nach dem Stakeholder-Kompass. In: Bentele G, Piwinger M, Schönborn G (Hrsg) Kommunikationsmanagement (Losbl. 2001 ff). Neuwied, Art.-Nr. 4.16
Salovey P, Mayer J (1990) Emotional intelligence. Imagination, Cognition and Personality 9(3): 185–211
Stahl H (2011) Leistungsmotivation in Organisationen. Berlin
Trivers R (1971) The evolution of reciprocal altruism. Quarterly Review of Biology 46(1): 35f

Kommunikationsmodelle: Grundlagen

Helmut Ebert

© Springer-Verlag GmbH Deutschland 2018
J.H. Becker, H. Ebert, S. Pastoors, *Praxishandbuch berufliche Schlüsselkompetenzen*,
https://doi.org/10.1007/978-3-662-54925-4_3

3.1 Kommunikation

Miteinander zu kommunizieren – dies ist nicht immer so einfach, wie es im ersten Moment erscheint. Einer sagt etwas, was der andere nicht versteht, oder noch schlimmer, falsch versteht – und schon droht die Kommunikation zu scheitern. Kommunikation ist jedoch erlernbar und bedarf der Übung.

Die Sprachwissenschaftler Günter Bentele und Klaus Beck definieren Kommunikation als „eine symbolisch vermittelte Interaktion bzw. ein Prozess wechselseitiger Bedeutungsvermittlung. Dies geschieht zumeist mit sprachlichen Symbolen, kann aber auch nonverbal erfolgen (z. B. über Blicke und Gesten)" (Bentele und Beck 1994, S. 20). Kommunikation wird somit als soziale Interaktion zwischen zwei oder mehreren Menschen verstanden, die dem Austausch von Informationen, Gedanken, Erfahrungen etc. innerhalb einer aktuellen Situation dient.

Alle Beteiligten, egal ob sie sich gerade in der Sprecher- oder in der Hörerrolle befinden, müssen grundlegende Fähigkeiten in den komplexen Prozess der Kommunikation einbringen, um zu seinem Gelingen beizutragen. Neben dem Interesse am Gelingen der Kommunikation zählen hierzu unter anderem (vgl. Schulz von Thun 1986):
- das Wissen, welche Gedanken, Vorstellungen und Gefühle übermittelt werden sollen
- ein Zeichensystem (z. B. eine gemeinsame Sprache), um die zu übermittelnden Gedanken und Absichten in Signale zu kodieren
- die Fähigkeit der Beteiligten, den empfangenen Signalen Bedeutungen zuzuordnen
- das Wissen, welche Signale welche Wissensbestände beim anderen aufrufen und welche Schlussfolgerungen auf dieser Basis wahrscheinlich sind
- die aufmerksame Beobachtung der verbalen und nonverbalen Symbole

Wir haben die Möglichkeit, Kommunikation willentlich aufzunehmen oder abzubrechen. Dabei können wir bewusst und zielgerecht oder unbewusst und intuitiv handeln. Kommunikation richtig zu verstehen ist sicherlich genauso wichtig wie der Umgang damit. Zunächst einmal ist Kommunikation nichts anderes als die Darbietung von Informationen.

3.1.1 Interaktion und Kommunikation

Ein wichtiges Merkmal der Kommunikation ist die Interdependenz, die wechselseitige Steuerung und Kontrolle auf Seiten des Senders und die Aufnahme und Interpretation auf Seiten des Empfängers. Allerdings liegt nicht jeder Kommunikation eine bewusste Mitteilungsintention zugrunde.

Eine Trennung zwischen Interaktion und Kommunikation ist schwierig, wobei Kommunikation oft als Teil der Interaktion betrachtet wird. Die kommunikative Interaktion wird durch bewusste Erfahrung, Lernniveaus oder unbewusste Komponenten der Verhaltensmuster beeinflusst. Im Alltag zeigt sich, dass das Handeln von unausgesprochenen, unbewussten Erwartungen, Interpretationen des Partnerverhaltens (Sender) und Verhaltensvorschriften bestimmt wird.

3.2 Grundlegende Modelle der Kommunikation

Auch wenn Kommunikationsratgeber den Eindruck erwecken, wir wüssten alles über Kommunikation, täuscht der Eindruck. Von einer einheitlichen Kommunikationstheorie sind wir weit entfernt. Deshalb werden in den folgenden beiden Kapiteln kurz die wichtigsten Ansätze vorgestellt. Hierbei wird dargelegt, welche Aspekte der Kommunikation von der jeweiligen Theorie besonders gut erfasst werden (◘ Abb. 3.1).

In diesem Kapitel werden zuerst die beiden Grundlagenmodelle „Übermittlung von Informationen" („Sender-Empfänger-Modell") von Shannon und Weaver und „Übermittlung mehrdeutiger Nachrichten" („Vier-Ohren-Modell") von Schultz von Thun vorgestellt. Auch wenn

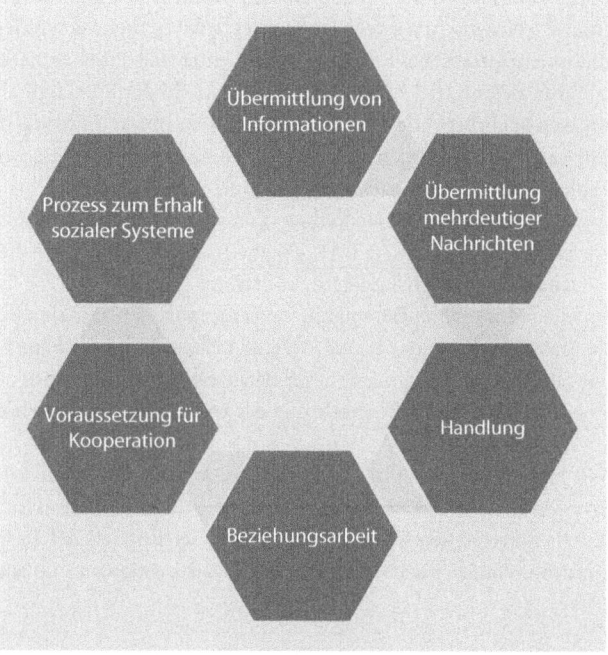

◘ Abb. 3.1 Modelle der Kommunikation (© Helmut Ebert 2015)

diese beiden Modelle nicht alle Aspekte von Kommunikation berücksichtigen, bilden sie trotzdem die Grundlage für das Verständnis der weiterreichenden Modelle, die im nächsten Kapitel vorgestellt werden.

3.3 Kommunikation als Übermittlung von Informationen

Shannon und Weaver betrachten Kommunikation als linearen Prozess. Ihr ursprüngliches Ziel war es, ein Modell für die optimale Kommunikation an die amerikanische Armee zu liefern. Aus technischer Sicht ist Kommunikation nicht mehr und nicht weniger als die Übertragung einer Information von einem Sender A zu einem Empfänger B. Die Information, die übertragen wird, ist von der Nachricht (Botschaft) selbst zu unterscheiden (vgl. Shannon und Weaver 1949). Nach Shannon und Weaver umfasst Kommunikation sechs unterschiedliche Elemente (vgl. Shannon und Weaver 1949; ◘ Abb. 3.2):

- die Informationsquelle/den Sender
- die Verschlüsselung/Kodierung
- die Nachricht/die Mitteilung
- den Übertragungskanal
- die Entschlüsselung/Dekodierung
- den Empfänger

Da die beiden Forscher vor dem praktischen technischen Problem standen, Daten möglichst störungsfrei in elektrische Signale zu verwandeln, diese von A nach B zu versenden, wieder in Daten zurück zu verwandeln und eine Reaktion auszulösen, sieht das Modell von Shannon und Weaver wie ein Schaltplan aus. Wir haben es in dem Modell mit drei unterschiedlichen Problemarten zu tun: einem Technik-, einem Bedeutungs- und einem Reaktionsproblem. Erst später wurde dieses Modell auf die menschliche Kommunikation übertragen.

Jede menschliche Kommunikation hat eine Quelle. Diese Quelle ist der Sender, der seine Nachricht in eine Folge von Symbolen (z. B. Laute) umwandelt bzw. kodiert. Die kodierte Nachricht (Signal) versendet er anschließend über einen Kanal. Dabei ist zu beachten, dass sowohl der Sender als auch der Empfänger einen Kode verwenden, den beide Kommunikationsteilnehmer beherrschen.

Dieses Signal kann auf dem Weg zum Empfänger durch Störungen des Übertragungskanals so verfälscht werden, dass das empfangene Signal nicht mehr mit dem gesendeten identisch ist. Dieser kanalbedingte Unterschied wird als Rauschen bezeichnet. Beispielsweise kann die Entfernung zwischen Sender und Empfänger die Qualität der gesprochenen Übertragung von Lauten stark beeinträchtigen. Der Empfänger (Adressat) funktioniert umgekehrt wie der Sender und verwandelt das Signal zurück in eine Nachricht (Botschaft) (vgl. Auer 1999, S. 9 f.).

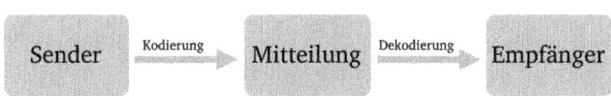

◘ Abb. 3.2 Einfache schematische Darstellung des Kommunikationsmodells (Sender-Empfänger-Modell, Fotolia #31568268 © thingamajiggs / stock.adobe.com)

> **Beispiel**
>
> Bei einem Telefongespräch sind die Impulse, die übertragen werden, der Kode. Das Telefon ist der Kanal. Dabei kann es Störquellen geben. Hat die Nachricht die Störquellen überstanden, wird sie wieder dekodiert und gelangt zum Empfänger. Das Ziel der Kommunikation ist dann erreicht, wenn der Empfänger darauf reagiert und der Prozess durch das Senden einer neuen Nachricht von vorne beginnt.
> Die Übertragung dieses ursprünglich technischen Modells auf den zwischenmenschlichen Kommunikationsprozess bringt viele Probleme mit sich. So ist beispielsweise im ursprünglichen Modell nicht vorgesehen, dass es Kodeunterschiede und Kontextunterschiede zwischen Sender und Empfänger geben kann:
>
> - A spricht Deutsch, B versteht nur Englisch.
> - A und B sprechen Deutsch, aber beide haben einen anderen kulturellen Hintergrund mit anderen Relevanzsetzungen und Ausdrucksgewohnheiten auf der Stilebene.
> - A schreibt in großer Muße, B liest den Brief in einer Stresssituation.

Eine weitere Kritik an dem Modell von Shannon und Weaver fokussiert den Aspekt des Feedbacks, der von dem Modell nicht berücksichtigt wird. Die unmittelbare nonverbale Reaktion (z. B. Mimik und Gestik) des Empfängers ist für den Ablauf eines Gesprächs wichtig. Das Modell wurde erst später um diesen Aspekt erweitert.

> **Tipp**
> Abgesehen von den Schwächen des Sender-Empfänger-Modells der Kommunikation hilft das Modell gut, den technischen Prozess einer Kommunikation zu verstehen. Wir können für unsere Zwecke folgenden Nutzen daraus ziehen:
> - Achten Sie darauf, dass Ihre Botschaft nicht durch Störungen des Kommunikationskanals falsch oder gar nicht ankommt.
> - Achten Sie immer auf Ihre Aussprache und die gewählten Kommunikationskanäle.
> - Erkundigen Sie sich, ob Ihr Partner denselben Kode spricht bzw. erwartet, den Sie verwenden: Standardsprache, Fachsprache, Umgangssprache, Dialekt, Small Talk usw.

3.4 Kommunikation als Übermittlung mehrdeutiger Nachrichten

Doch selbst wenn eine Nachricht störungsfrei übertragen wird, löst sie beim Empfänger nicht immer die gewünschte Reaktion aus. Dies hängt mit den unterschiedlichen Aspekten menschlicher Beziehungen zusammen. Der Psychologe Friedemann Schultz von Thun ist in diesem Zusammenhang durch sein Werk *Miteinander Reden* (Schultz von Thun 1986) bekannt geworden. Darin arbeitet er in seinem „Nachrichtenquadrat" die unterschiedlichen Facetten menschlicher Beziehungen heraus. Dementsprechend kann jede Nachricht einer oder mehrerer unterschiedlicher Aufgaben dienen und entsprechend auch unterschiedlich wahrgenommen werden:
- **Übermittlung von Informationen:** Der Sachinhalt gibt den Inhalt der Information wieder, es geht um die Sache an sich.
- **Offenbarung der eigenen Emotionen:** Die Selbstoffenbarung in der Nachricht gibt mehr oder weniger Auskunft über den Zustand, in dem sich der Sender befindet. Ein trainierter Empfänger kann daraus ableiten, wie sich der Sender fühlt, was ihn psychisch beschäftigt oder wie er sich selber sieht.

3.4 · Kommunikation als Übermittlung mehrdeutiger Nachrichten

- **Aufforderung zum Handeln:** Der Appellaspekt gibt darüber Auskunft, was wir von unserem Gegenüber erwarten. Wir kommunizieren, weil wir mit der Kommunikation etwas erreichen wollen.
- **Beziehungsarbeit:** Die Beziehungsseite gibt an, was wir von dem anderen halten und in welcher Beziehung wir zu ihm stehen.

Schulz von Thun sah sich vor das praktische Problem gestellt, mit der Mehrdeutigkeit von Nachrichten zurechtzukommen (vgl. Schulz von Thun 2007, S. 31). Anders als im informationstheoretischen Modell, das von einer klaren Nachricht ausgeht, die nur korrekt kodiert und dekodiert werden muss, ist bei Schulz von Thun die Nachricht selbst im Alltag oft alles andere als klar und eindeutig. Als Beispiel bringt er die Äußerung eines Beifahrers „Du, es ist grün!". Mithilfe der „kommunikationspsychologischen Brille" wird sichtbar, dass mit dieser Äußerung ganz Unterschiedliches gemeint sein kann. Der Fahrer kann Folgendes verstehen und entsprechend unterschiedlich reagieren (◘ Abb. 3.3):

- Die Ampel ist grün (Sachebene: Die Äußerung wird mit dem „Sachohr" als eine Feststellung gehört).
- Gib Gas! (Appellebene: Die Äußerung wird mit dem „Appellohr" als Aufforderung verstanden).
- Ich habe es eilig (Ausdrucksebene: Die Äußerung wird als Mitteilung über den inneren Zustand, die Ungeduld des Beifahrers, verstanden).
- Du brauchst meine Hilfe (Beziehungsebene: Die Äußerung wird mit dem „Beziehungsohr" als Tipp oder Hinweis verstanden).

Schulz von Thun geht davon aus, dass jede Nachricht wie in dem Beispiel mit der grünen Ampel mit vier Ohren empfangen werden kann. Dabei hat der Empfänger prinzipiell die freie Wahl, auf welcher Seite bzw. mit welchem Ohr er die Nachricht empfängt (vgl. Schulz von Thun 2007, S. 41).

Das „Vier-Ohren-Modell" ist im Kern ein Ausdrucksmodell der Kommunikation. Einerseits hilft es uns dabei, Ursachen für mögliche Missverständnisse zu verstehen. Andererseits übersieht es sowohl den Charakter der Gemeinschaftshandlung als auch den Steuerungscharakter des Sprechens. Dieses Modell berücksichtigt somit nicht die nächstliegende Sache der Welt, nämlich beim Sender nachzufragen, was er denn meint. Stattdessen suggeriert es uns, jede Äußerung hätte einen einzigen wahren Bedeutungskern.

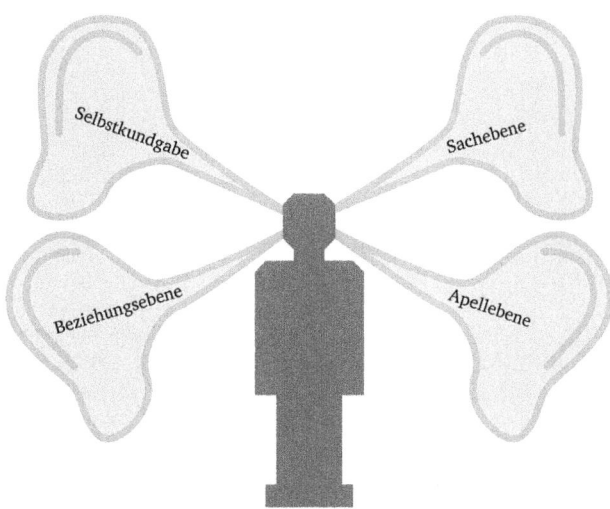

◘ Abb. 3.3 Vier Ohren-Modell nach Schulz von Thun (Vier-Ohren-Modell, Fotolia #40313325 © thingamajiggs / stock.adobe.com)

> **Tipp**
> Das „Vier-Ohren-Modell" zeigt, dass im Kommunikationsprozess „Missverstehen" der Normalfall und „Verstehen" eher die Ausnahme ist. Abgesehen von einzelnen theoretischen Schwächen können wir aus diesem Modell einigen Nutzen für uns ziehen:
> - Schärfen Sie Ihre Aufmerksamkeit und Wahrnehmungsfähigkeit in Bezug auf alle Signale, die einen Hinweis auf die Absicht des Sprechers enthalten.
> - Verschaffen Sie sich Klarheit über sich selbst, Ihre Rolle, Ihre Ziele, wie Sie wahrgenommen werden wollen und wie Sie tatsächlich wahrgenommen werden.
> - Nehmen Sie das, was Ihr Partner sagt, nicht immer wörtlich, sondern bemühen Sie sich, den darin enthaltenen Sinn zu erfassen. Wir antworten ja auf die Frage „Können Sie mir die Uhrzeit sagen?" nicht mit „Ja", sondern helfen mit der entsprechenden Auskunft weiter.
> - Bemühen Sie sich selbst darum, dass Ihr Partner aus dem, was Sie sagen, erkennen kann, was Sie wirklich meinen. Also überlegen Sie sich, was Sie sagen wollen und was Sie sich von Ihrem Partner erhoffen, bevor Sie mit ihm sprechen.
> - Seien Sie sich bewusst, dass Sie selbst gelegentlich dazu neigen (z. B. in einer Krise oder in einer Stresssituation), immer nur auf dem „Beziehungsohr" zu hören.

Literatur

Auer P (1999) Sprachliche Interaktion. Tübingen
Bentele G, Beck K (1994) Information – Kommunikation – Massenkommunikation. Grundbegriffe und Modelle der Publizistik- und Kommunikationswissenschaft. In: Jarren O (Hrsg) Medien und Journalismus 1: Eine Einführung. Opladen
Eichler W, Pankau J (2012) Multimediaprogramm Kommunikation - Nachdenken über Kommunikation und Rhetorik. http://www.germanistik-kommprojekt.uni-oldenburg.de/sites/1/1_06.html
Schulz von Thun F (1986) Miteinander reden 1. Störungen und Klärungen. Psychologie der zwischenmenschlichen Kommunikation. Reinbek bei Hamburg
Schulz von Thun F (2007) Miteinander reden. Störungen und Klärungen. Reinbek bei Hamburg
Seitz P (2012) Kommunikation. https://easylearn.server-speed.net/mod/page/view.php?id=5
Shannon C, Weaver W (1949) The Mathematical Theory of Communication. Urbana
Watzlawick P, Beavin JB, Jackson DD (1969) Menschliche Kommunikation. Formen, Störungen, Paradoxien. Bern

Kommunikationsmodelle: Umfassendere Erklärungsansätze

Helmut Ebert

© Springer-Verlag GmbH Deutschland 2018
J.H. Becker, H. Ebert, S. Pastoors, *Praxishandbuch berufliche Schlüsselkompetenzen*,
https://doi.org/10.1007/978-3-662-54925-4_4

4.1 Kommunikation als Handlung

4.1.1 Kommunikation zur gegenseitigen Steuerung von Handlungen

Beim Sprechen vermitteln wir mehr als nur reine Informationen. Beispielsweise sind auch Verpflichtungen des Sprechers im Spiel. „Wenn ich etwas *verspreche*, dann vollziehe ich mit dem Akt des Versprechens eine Handlung, die mit entsprechenden Konsequenzen verbunden ist, wenn ich mein Versprechen nicht halte. Das gilt ähnlich auch für Akte wie Ernennen, Entschuldigen, Danken, Kündigen, Garantieren oder den Rücktritt erklären etc." (vgl. Austin 1962). Der Sprachphilosoph John Searle hat konstitutive Regeln herausgearbeitet, die eingehalten werden müssen, damit beispielsweise ein Versprechen als Versprechen und ein Rücktritt als Rücktritt gilt. Searles Hypothese lautet: Eine Sprache sprechen bedeutet, Sprechakte in Übereinstimmung mit den Regeln eines bestimmten Systems zu vollziehen (vgl. Searle 1971). Die Grundeinheit der sprachlichen Kommunikation ist nicht das Symbol, das Wort oder der Satz, sondern das Hervorbringen des Symbols oder Satzes im Vollzug einer sprachlichen Handlung (vgl. Stahl und Menz 2014, S. 52).

Die sprachlichen Handlungen hat Searle in fünf Kategorien eingeteilt, wobei er im Wesentlichen zwei Kriterien ansetzt: den Zweck, den ein Sprecher mit seiner Äußerung verfolgt, und ob der Inhalt der Äußerung den Tatsachen entspricht (vgl. Brinker 2005, S. 109 f.). Mit diesen beiden Kriterien lassen sich fünf Arten der Sprechakte unterscheiden:

- **Der Sprecher sagt, was der Fall ist.** Es geht darum, einen Sachverhalt als wahr oder falsch, richtig oder unrichtig darzustellen.
  Beispiele: behaupten, mitteilen, feststellen, vorhersagen, vermuten
- **Der Sprecher sagt, was der Hörer tun oder lassen soll.**
  Beispiele: bitten, auffordern, befehlen, anweisen, warnen, raten, empfehlen
- **Der Sprecher verpflichtet sich selbst, etwas zu tun oder zu lassen.**
  Beispiele: versprechen, geloben, garantieren, drohen, wetten, einen Vertrag schließen
- **Der Sprecher sagt, wie er zu dem geäußerten Sachverhalt steht.** Die Wahrheit des Gesagten wird als selbstverständlich bzw. aufrichtig gemeint vorausgesetzt, etwa bei der Äußerung „Ich gratuliere dir zum Geburtstag".
  Weitere Beispiele: danken, Glück wünschen, entschuldigen, grüßen, Beileid bezeugen, willkommen heißen

- **Der Sprecher verändert durch seine Äußerung die (soziale) Umwelt.** Oft werden deklarative Sprechakte in Form von ritualisierten Wendungen im Rahmen von Institutionen vollzogen.Beispiele: „Sie sind entlassen", „Sie sind hiermit von der Anklage freigesprochen", Hiermit ernenne ich Sie zum Ehrenvorsitzenden des Vereins Glück auf e.V."

4.1.2 Kommunikation, um das Handeln des Anderen zu verstehen

Der Kommunikationswissenschaftler Gerold Ungeheuer stellt sich die grundsätzliche Frage, warum Kommunikation notwendig ist. Dabei verweist er darauf, dass wir als Menschen in einer Innenwelt (Gedanken) und in einer Außenwelt (Realität) leben. Wir handeln nicht nur in der Außenwelt, wenn wir z. B. Auto fahren, Essen kochen oder Schach spielen. Wir vollziehen auch innere Handlungen des Erlebens, Erfahrens und Verstehens. Diese inneren Handlungen kann kein anderer Mensch beobachten. Wir können einander nicht in die Köpfe schauen.

Als Menschen sind wir darauf angewiesen, unser äußeres Handeln zu koordinieren. Doch wie können wir unsere äußeren Handlungen aufeinander abstimmen, wenn wir nicht wissen können, welche inneren Handlungen unser Gegenüber vollzieht? Diese Zweiteilung menschlichen Handelns kann nicht beseitigt oder übersprungen werden. Sie kann nur vermittelt werden. Genau dort hat Kommunikation aus Sicht von Ungeheuer ihren Ursprung (vgl. Ungeheuer 1987/1990, II, S. 307). Kommunikation vermittelt also zwischen den Innen- und Außenwelten von Sprechern: „Allgemein möchte ich die kommunikativen Handlungen des Sprechers als die Anstrengung charakterisieren, den Hörer zu solchen inneren Erfahrungsaktivitäten des Verstehens anzuregen, die ihm zur Produktion derjenigen Wissensinhalte geeignet erscheinen, welche er, der Sprecher, als zu kommunizierende meint" (Ungeheuer 1987/1990, II, S. 316).

Doch wie schaffen wir es, den Partner an unseren inneren Erfahrungen teilhaben zu lassen? Ausdrucksmodelle der Kommunikation wie die besprochenen Modelle von Shannon und Weaver und Schulz von Thun gehen unausgesprochen davon aus, dass die Wörter und Sätze wie ein Gefäß funktionieren, mit dem wir das Gemeinte in den Kopf des Partners transportieren können. Gerold Ungeheuer setzt an die Stelle eines Ausdrucksmodells der Kommunikation seine Vorstellung vom Eindrucksmodell der Kommunikation. Das heißt: Wörter und Sätze sind keine „Behälter", um das Gemeinte in den Kopf des Empfängers zu transportieren. Wörter und Sätze sind vielmehr Anweisungen an den Partner, innere Handlungen des Verstehens zu vollziehen. Verstehen vollzieht sich im Wechselspiel zwischen den Steuerungszeichen des Sprechers und dem Vorwissen. Dabei entsteht neues Wissen, das sich Sprecher und Hörer teilen und das sie verbindet. In den meisten Fällen gehört zum Vorwissen das Wissen über typische Situationen. Das ist der Grund dafür, warum uns der Kassierer an der Kinokasse versteht, wenn wir sagen: „Zwei Erwachsene". Kommunikation ist ein interaktiver Optimierungsprozess, dessen Ziel eine möglichst weitgehende Annäherung von Meinen und Verstehen ist. Indem die Partner Schritt für Schritt das gemeinsame Wissen koordinieren und erweitern, schaffen sie die Bedingungen für ein immer besseres wechselseitiges Verstehen.

> **Tipp**
> Folgenden Nutzen können wir aus dem Eindrucksmodell der Kommunikation ziehen:
> - Alles Sprechen ist auf Ergänzung durch das Vorwissen Ihres Partners angewiesen. Bemühen Sie sich um klare Anweisungen, wie das von Ihnen Gesagte zu verstehen ist.
> - Sinn ist etwas, was in gemeinsamer Anstrengung von Ihnen und Ihrem Partner konstruiert wird. Als Sprecher haben Sie eine rhetorische Bringschuld, als Hörer haben Sie eine Holschuld.

- Der Kommunikationserfolg hängt von einer angemessenen Zeichenauswahl und dem adressatenspezifischen Zuschnitt einer Äußerung ab.

4.2 Kommunikation als Beziehungsarbeit

Der österreichisch-amerikanische Kommunikationswissenschaftler Paul Watzlawick hat aus seiner psychotherapeutischen Beschäftigung mit Kommunikationsstörungen heraus fünf Grundsätze (bzw. Axiome) der Kommunikation entwickelt, die zu den Klassikern der Kommunikationsliteratur gehören (vgl. Watzlawick et al. 1969). Dabei ging es Watzlawick darum, Regeln für eine störungsfreie Kommunikation zu entwickeln.

Um das erste Axiom **„Man kann nicht nicht kommunizieren"** zu verstehen, müssen wir Watzlawicks therapeutischen Hintergrund berücksichtigen. Wir müssen als Sprecher akzeptieren, dass alles, was wir sagen oder nicht sagen, von den Partnern gedeutet wird. Das bedeutet aber noch lange nicht, dass alles, was auf eine bestimmte Weise gedeutet wird, auch so gemeint war. Daraus folgt in Anlehnung an Watzlawick die Regel „Man kann nicht nicht interpretieren".

Das zweite Axiom besagt: **„Die Beziehung bestimmt die inhaltliche Bedeutung."** Dahinter steckt die Unterscheidung von Inhalts- und Beziehungsaspekt der Kommunikation. So werden Sachargumente in einer zerrütteten Paarbeziehung kaum noch anerkannt. Auch neue Ideen werden oft weder wahrgenommen noch akzeptiert, wenn sie von einem Außenseiter kommen. Andererseits ist dieser Grundsatz nicht allgemeingültig, denn es gibt kulturelle Unterschiede. Während in der deutschen Kultur die Sachorientierung hoch geschätzt wird, ist es in anderen Kulturen selbstverständlich, die Beziehung in den Vordergrund zu stellen (z. B. „Wie soll ich mit jemandem einen Vertrag schließen, den ich nicht kenne?").

Der dritte Grundsatz lautet: **„Die Interpunktion bedingt den Kommunikationsablauf."** Mit Interpunktion ist die Reihenfolge der Sprachhandlungen gemeint. Der Grundsatz konzentriert sich auf die Abfolge in einem Kommunikationsprozess. Dadurch, dass die Partner unterschiedliche Vorstellungen von der Reihenfolge haben, in der etwas gesagt wird, entstehen Missverständnisse.

> **Beispiel**
>
> In einer berühmt gewordenen Studie wies Margaret Mead die Ursachen für Missverständnisse beim Flirten zwischen amerikanischen Soldaten und britischen Krankenschwestern nach. In der britischen Kultur kam zur Zeit des Zweiten Weltkriegs das Küssen erst spät in der Flirtsequenz, kurz vor der Einwilligung zum Geschlechtsverkehr. Für Amerikaner hingegen war Küssen eine wenig verpflichtende Handlung am Beziehungsbeginn. Entsprechend gerieten amerikanische Soldaten in den Ruf, draufgängerisch und unsensibel zu sein. Wenn eine britische Frau dem Drängen zum Küssen nachgab, hieß das für sie, auch für den nächsten Schritt bereit zu sein. Diese scheinbar schnelle Bereitwilligkeit zum Sex wiederum verstörte die amerikanischen Männer, die nun britische Frauen aufgrund ihrer Erfahrung als leicht rumzukriegen und schamlos erachteten.

Der vierte Grundsatz bezieht sich auf das Medium der Kommunikation: **„Menschliche Kommunikation vollzieht sich digital und analog."** In der verbalen Kommunikation verwenden wir Wörter, für die wir konkrete Muster der Wahrnehmung besitzen. Verbale Kommunikation ist also digital. In der nonverbalen Kommunikation ist viel mehr im Spiel. Wenn jemand in unserer Kultur lächelt, kann das als freundlich, verlegen, verlogen, wissend oder amüsiert gedeutet werden. Analoge Kommunikation ist also immer vieldeutig.

Der fünfte Grundsatz besagt: **„Kommunikationsabläufe sind entweder symmetrisch oder komplementär."** Dieser Grundsatz betrifft die Beziehungsebene der Kommunikation. In symmetrischer Kommunikation sind die Handlungsmöglichkeiten der Partner gleich verteilt. Beide bemühen sich, keine Ungleichheiten aufkommen zu lassen. In komplementärer Kommunikation ergänzen sich die Handlungsmöglichkeiten der Partner. Dabei kann sich die Asymmetrie in unterschiedlichen Rollen ausdrücken (z. B. Vorgesetzter – Mitarbeiter, Lehrer – Schüler, Eltern – Kind). Oft wird in einer konkreten Situation aus der Komplementarität eine Art Machtspiel, weil sich ein Partner nicht respektiert fühlt. Dies kann zu destruktiven Entwicklungen bis hin zu Misstrauen und Abwertung des Partners führen.

> **Tipp**
> Folgenden Nutzen können wir aus Watzlawicks Axiomen beziehen (vgl. Heringer 2004, S. 18–22):
> - Mache Dir als Sprecher Gedanken darüber, wie Sie verstanden werden könnten. Versuchen Sie darauf einzuwirken, dass der Hörer das versteht, was Sie ihm sagen wollen.
> - Achten Sie darauf, dass Sie nicht unbedacht Dinge so formulieren, dass Sie die Beziehung zum Partner gefährden.
> - Rechnen Sie in interkulturellen Kommunikationssituationen damit, dass Ihr Partner andere Vorstellungen vom Ablauf einer Kommunikation hat.
> - Seien Sie besonders aufmerksam im Gebrauch nonverbaler Kommunikationsmittel, denn diese sind besonders anfällig für Missverständnisse.

4.2.1 Kommunikation als Ausdruck von Emotionen

Der Sozialpsychologe Reinhold Bergler hat untersucht, wie wir in für unsere Beziehung unsicheren Situationen kommunizieren sollten oder müssen, um diese erfolgreich zu bewältigen. Alle Situationen, die durch „persönliche Unbekanntheit, Fremdheit, Anonymität, Neuartigkeit oder auch Nichtwissen und Unverständlichkeit charakterisierbar sind" haben „Orientierungsunsicherheit und Antipathie" zur Folge (vgl. Bergler 1997, S. 131). Jeder kennt Situationen der Unsicherheit aus dem Alltags- und Berufsleben: Wie spreche ich Unbekannte an, um sie von meinem Produkt zu überzeugen? Wie verhalte ich mich in einer Bewerbungssituation? Wie kommuniziere ich professionell mit unsympathischen Kunden? Aus der Beobachtung solcher Situationen heraus gelangt Bergler zu dem Ergebnis, dass Sympathie die Basis aller Kommunikationen ist: „Mit Unsympathischen spricht man nur, wenn man muss" (Bergler 1997, S. 120).

Bergler argumentiert auf der Grundlage von Theorien der sozialen Wahrnehmung und der Psychologie des ersten Eindrucks. Der erste Eindruck, den wir von einem Menschen haben, ist immer mit einem Sympathie- oder einem Antipathieurteil verbunden. Von einem Mechanismus spricht Bergler, weil wir uns dem Urteil nicht entziehen können:
- Erste Eindrücke sind spontan und eigenständig. Wir können uns diesen nicht entziehen.
- Erste Eindrücke entstehen kurzfristig und auf der Basis eines Minimums an Information.
- Erste Eindrücke sind stark emotional verankert und bleiben im Gedächtnis haften.
- Erste Eindrücke beziehen sich auf alle denkbaren Objekte: Menschen, Produkte, Dienstleistungen, Landschaften usw.
- Erste Eindrücke halten wir automatisch für richtige Eindrücke. Wir lassen uns lieber unseren ersten Eindruck bestätigen als widerlegen.

Da der erste Eindruck in kürzester Zeit „Sicherheit des Umweltverhaltens" herbeiführen soll (Bergler 1997, S. 134), ist der Mechanismus so konstruiert, dass er auf eine grobe Positiv-Negativ-Bewertung nach Sympathie oder Antipathie hinausläuft. Auf diese Weise wirkt der Mechanismus der Gefahr der Reizüberflutung entgegen. Die Folgen der ersten Bewertung sind psychologisch und ökonomisch von höchster Bedeutung: Es ist später kaum noch möglich, einen negativen ersten Eindruck zu revidieren, es sei denn unter hohem Aufwand und Kosten.

> **Tipp**
> Aus der Psychologie des ersten Eindrucks können wir folgenden Nutzen ziehen:
> - Erkennen Sie die Wichtigkeit des ersten Eindrucks und tun Sie alles dafür, dass Ihr Partner Sie sympathisch findet.
> - Der erste Eindruck entscheidet über den Fortgang der Kommunikation.
> - Ein negativer erster Eindruck ist so stabil, dass er nur mit hohem Aufwand revidiert werden kann.
> - Wenn Ihr Partner Sie sympathisch findet, achtet er verstärkt auf positive Aspekte Ihres Verhaltens und ist eher geneigt, negative Aspekte zu „übersehen".
> - Nur Sympathie gewährleistet maximalen Kommunikationserfolg bzw. erhöht die Chancen, kommunikativ erfolgreich zu sein.
> - Sympathie macht geduldig, verhindert Frustration und lässt das eigene Ich zugunsten des Dus stärker in den Hintergrund treten.

4.3 Kommunikation als Voraussetzung für Kooperation

Gute Beziehungen sind eine zentrale Voraussetzung für den Erfolg von Kooperation. Vor diesem Hintergrund hat der Kommunikationswissenschaftler Paul Grice neun Kommunikationsmaximen entwickelt, um uns dabei zu helfen, das Funktionieren menschlicher Kommunikation zu verstehen (vgl. Grice 1967). Bei den Maximen handelt es sich um Regeln, die wir in der Kommunikation unbewusst anwenden. Ausgangspunkt seiner Entdeckung war das Ziel, die menschliche Konversation besser zu verstehen und zu erklären. Grice wies nach, dass wir dabei mit einer an der Logik von „wahr" und „falsch" orientierten Bedeutungstheorie nicht weit kommen. Denn es gibt Äußerungstypen, bei denen wir nicht zwischen wahr und falsch unterscheiden können. Beispielsweise ist ein Willkommensgruß nicht wahr oder falsch, sondern aufrichtig oder unaufrichtig, warmherzig oder nüchtern usw. Auch Bitten gehören zu diesem Äußerungstyp.

Daneben zog Grice Schlüsse aus der Beobachtung, dass in vielen Fällen Gesagtes und Gemeintes voneinander abweichen: „Können Sie mir sagen, wie spät es ist?" Die Antwort „ja" wäre die logisch richtige Antwort auf diese Frage. Sie hilft aber demjenigen, der die Frage stellt, nicht weiter, weil er eine Bitte und keine Frage äußert. Der Angesprochene hört die Frage und schlussfolgert, dass sie relevant sein muss, sonst wäre sie nicht gestellt worden. Dieser Schluss führt ihn zu der Erkenntnis, dass die Frage als Bitte gemeint war.

Diesen Maximen ist das Kooperationsprinzip übergeordnet: „Gestalte deine Äußerung so, dass sie dem anerkannten Zweck dient, den du gerade zusammen mit deinem Kommunikationspartner verfolgst" (Grice 1967). Mit der Entdeckung des Prinzips der Kooperation belegte Grice, dass wir selbst dann noch kooperieren müssen, wenn wir miteinander streiten. Zur Kooperation gehört beispielsweise die Maxime, nur Relevantes zu sagen. Im Streit nehmen wir immer noch Bezug auf das, von dem wir glauben, dass es für den Gegner wichtig ist, zu wissen.

Aus dem Grundprinzip der Kooperation leitete Grice folgende Maximen ab und wies nach, dass sie unbewusst die Kommunikation steuern:

> **Maximen nach Grice (1967)**
> **Maximen der Quantität:**
> - Mache deinen Beitrag so informativ wie (für die gegebenen Gesprächszwecke) möglich.
> - Mache deinen Gesprächsbeitrag nicht informativer als nötig.
>
> **Maximen der Qualität:**
> - Sage nichts, was du für falsch hältst.
> - Sage nichts, wofür dir angemessene Gründe fehlen.
>
> **Maxime der Relevanz:**
> - Sei relevant.
>
> **Maximen der Modalität:**
> - Vermeide Unklarheit.
> - Vermeide Mehrdeutigkeit.
> - Vermeide Weitschweifigkeit.
> - Vermeide Ungeordnetheit.

Diese Maximen erklären, wie auf dem Weg von Schlussfolgerungen Sinn konstruiert wird. Bei den Schlüssen, die wir ziehen, gehen wir davon aus, dass diese Maximen gelten. „Oft kommen Schlussfolgerungen durch eine scheinbare Verletzung einer Konversationsmaxime zustande. In dem folgenden Dialog scheint auf den ersten Blick die Relevanz-Maxime verletzt zu sein: A: Wo ist denn das Schnitzel? B: Der Hund sieht so zufrieden aus. Da der Hörer davon ausgehen kann, dass die Relevanz-Maxime eingehalten wurde, kommt er zu dem Schluss, dass B seine Antwort für relevant hält und daher der Meinung ist, dass der Hund etwas mit dem Verschwinden des Schnitzels zu tun haben könnte" (Pittner 2013, S. 139).

> **❶ Tipp**
> Aus den Grice'schen Entdeckungen können wir folgenden Nutzen ziehen:
> - Auch, wenn Ihr Partner etwas sagt, was Sie nicht sofort verstehen (z. B. wenn er einer anderen Kultur als Sie selbst angehört), gelten die Maximen. Nur das Bezugssystem ist ein anderes.
> - Stellen Sie sich Fragen wie: „Warum ist die Äußerung aus der Sicht des Sprechers relevant?"
> - Wenn es unterschiedliche kulturelle Niveaus für Weitschweifigkeit gibt, ist der Sprecher womöglich aus seiner Sicht der Dinge gar nicht weitschweifig, sondern höflich.
> - Sind Ihre eigenen Redebeiträge wirklich informativ, relevant, wahr und klar?

4.4 Kommunikation als Prozess zum Erhalt sozialer Systeme

Unsere Umwelt ist immer eine durch Sprache und somit durch Weltdeutung vermittelte Welt. Ein Wort ist kein wahres Abbild der Dinge, sondern ein Konsens hinsichtlich der Interpretation der Dinge. Die zuvor erläuterten Kommunikationsmodelle haben gemeinsam, dass sie Kommunikation als zwischenmenschliche Interaktion verstehen. Im Gegensatz dazu betrachtet der Soziologe Niklas Luhmann Kommunikation in der von ihm entwickelten Systemtheorie unabhängig von den beteiligten Individuen als endlosen Prozess. Dieser nie endende Prozess sorgt dafür, dass

4.4 · Kommunikation als Prozess zum Erhalt sozialer Systeme

ein soziales System erhalten bleibt (vgl. Luhmann 1991, S. 174; Kneer und Nassehi 1993, S. 95). Luhmann spricht weder von Sendern noch von Sprechern, sondern von Personen. Personen sind aber bei Luhmann nicht als (komplette) Menschen gedacht, sondern als vom System „konstruierte Einheiten, die der Verhaltenserwartung und der Zurechnung" von Kommunikation dienen (vgl. Luhmann 1991, S. 174 f.; Kneer und Nassehi 1993, S. 95). Dies bedeutet, dass wir meistens in einer bestimmten Rolle bzw. Funktion sprechen: So spricht ein Priester eine Taufformel nicht als Privatperson, sondern als Vertreter einer Religion. Die Formulierung ist ihm auch nicht gerade angesichts des Täuflings eingefallen, sondern das religiöse System hat bereits kommunikative Vorentscheidungen getroffen und rechnet sie dem zum Taufen legitimierten Priester zu. Die Taufe selbst bewirkt Mitgliedschaft und führt dem (Glaubens-)System ein neues Mitglied zu, das über die Glaubenspraxis selbst wieder zum Agenten der Glaubensgemeinschaft wird. Erfüllt ein Priester oder Manager beim Kommunizieren nicht die allgemeinen Erwartungen, handelt er nicht entsprechend seiner Rolle und wird vermutlich schnell aus dem Spiel genommen.

An diesem Beispiel ritueller Kommunikation wird deutlich, dass Kommunikation „Personen" zugerechnet wird. Rituale funktionieren somit in einem konstanten Sinnrahmen. Luhmann unterscheidet drei Sinndimensionen (vgl. Kneer und Nassehi 1993, S. 79):

- Die **Sachdimension** definiert, was der Fall ist (Dinge, Meinungen, Theorien etc.).
- Die **Sozialdimension** gibt vor, wer Dinge, Meinungen, Theorien etc. zum Thema eines Diskurses macht.
- Die **Zeitdimension** gibt Auskunft darüber, wann etwas geschieht.

Was geschieht aber, wenn der Sinn nicht vorgegeben ist und tradiert wird, sondern neu erschlossen werden muss? Auch in diesem Fall wird Kommunikation einzelnen „Personen" zugerechnet. Das ist immer dann der Fall, wenn ein System sich auf Veränderungen in der Umwelt neu einstellen muss: Sind die Menschen, die aus Syrien nach Deutschland kommen, „Flüchtlinge", „Einwanderer", „Asylanten" oder ein „Glücksfall für eine überalterte Gesellschaft"? An diesen Benennungsversuchen sehen wir, wie das politische System sich an einer veränderten Wirklichkeit abarbeitet. Wir können an den Diskursen erkennen, wie ein System versucht, mithilfe des neuen Sinns die Komplexität der Umwelt zu reduzieren, um sich selbst wieder zu stabilisieren.

Ein Kommunikationsakt im endlosen Strom der Kommunikation entsteht nach Luhmann (1991, S. 172–176) durch die Verbindung von drei Selektionen. Selektion heißt, dass eine Entscheidung getroffen wird:

- Die erste Auswahl betrifft die **Mitteilung:** Was macht eine Sprecher-Person aus der Vielzahl von Möglichkeiten zu einem Thema? Wofür entscheidet sie sich zu sprechen?
- Die zweite Auswahl trifft der **Adressat:** Er entscheidet, ob die Mitteilung für ihn relevant ist oder nicht. Ist sie relevant, spricht Luhmann von „Information" (aus Sicht des Empfängers).
- Die dritte Selektion betrifft das **Verstehen:** Es resultiert aus dem Unterschied zwischen der Mitteilung („Es regnet") und dem möglichen, vom Adressaten erschlossenen Mitteilungswert („Was meint er damit, wenn er sagt, dass es regnet? Offensichtlich geht er davon aus, dass die Information für mich relevant ist. Aha! Ich soll den Schirm mitnehmen"). Es kann sein, dass die Information nicht verstanden wird oder dass das Verstandene nicht akzeptiert wird („Hält er mich für eine Mimose? Ich brauche keinen Schirm. Das bisschen Regen macht mir nichts aus").

Wenn wir diese einfache Alltagssituation auf komplizierte Entscheidungsprozesse in Teams, Abteilungen oder Organisationen übertragen, wird klar, wie gering die Wahrscheinlichkeit für einen Kommunikationserfolg ist, und wie naiv wir sind, wenn wir davon ausgehen, dass wir erfolgreiches Kommunizieren nicht lernen müssen, weil wir es vermeintlich schon beherrschen.

> **Tipp**
> Aus Luhmanns Kommunikationsmodell können wir folgenden Nutzen ziehen (vgl. Stahl und Menz 2014, S. 31 f.):
> - Vieles, was in einer Organisation als „Information" gedacht ist, bleibt für die Adressaten ein Rauschen. Ob sich Verstehen einstellt oder sich eine Anschlusskommunikation ergibt, bleibt ungewiss.
> - Das Vorwissen Ihrer Adressaten und die immer unterschiedlicher werdenden Rezeptionskontexte entscheiden darüber, was verstanden wird, selbst wenn Sie den Kontext mitkommunizieren.

Literatur

Austin JL (1962) How to Do Things with Words. Oxford
Bergler R (1997) Sympathie und Kommunikation. In: Piwinger M (Hrsg) Stimmungen, Skandale, Vorurteile. Frankfurt a. M.
Brinker K (2005) Linguistische Textanalyse: Eine Einführung in Grundbegriffe und Methoden. Berlin
Bühler K (1934/1965) Sprachtheorie. Stuttgart
Grice P (1967) Logic and Conversation. In: Cole P, Morgan J (Hrsg) Speech Acts, Syntax and Semantics, Vol. 12. New York
Heringer H-J (2004) Interkulturelle Kommunikation. Tübingen
Kneer G, Nassehi A (1993) Niklas Luhmanns Theorie sozialer Systeme. München
Lenke N, Lutz H-D, Sprenger M (1995) Grundlagen sprachlicher Kommunikation. München
Luhmann N (1991) Soziologische Aufklärung 2. Aufsätze zur Theorie der Gesellschaft, 4. Aufl. Opladen
Pittner K (2013) Einführung in die germanistische Linguistik. Darmstadt
Searle J (1971) The philosophy of language. Oxford
Stahl HK, Menz F (2014) Handbuch Stakeholder-Kommunikation. Überzeugende Sprache in der Unternehmenspraxis, 2. Aufl. Berlin
Ungeheuer G (1987/1990) Kommunikationstheoretische Schriften I und II. Aachen
Watzlawick P, Beavin JB, Jackson DD (1969) Menschliche Kommunikation. Formen, Störungen, Paradoxien. Bern

Formen der Kommunikation

Helmut Ebert, Joachim H. Becker

© Springer-Verlag GmbH Deutschland 2018
J.H. Becker, H. Ebert, S. Pastoors, *Praxishandbuch berufliche Schlüsselkompetenzen*,
https://doi.org/10.1007/978-3-662-54925-4_5

> Sie kennen die Redewendung „Das spricht mich nicht an". Wenn Sie einen Menschen wirklich ansprechen, also wirklich erreichen möchten, kommen Sie nicht umhin, sich selbst ansprechend zu kleiden sowie Ihre Botschaft in ansprechende Worte zu hüllen. (Agnes Anna Jarosch, Beraterin für Etikette, Stil- und Kommunikationsfragen; vgl. Jarosch 2014)

5.1 Die Kommunikationspyramide

Wenn wir miteinander kommunizieren, geschieht dies in der Regel auf mehreren Ebenen gleichzeitig. Bei den Ebenen der Kommunikation wird zwischen verbaler, paraverbaler und nonverbaler Kommunikation unterschieden:

- Verbale Informationen ergeben auch gelesen einen Sinn.
- Nonverbale Informationen, die durch Mimik, Gestik und Körpersprache vermittelt werden, können wir nur verstehen, wenn wir unser Gegenüber sehen.
- Paraverbale Informationen, die durch die Betonung, Stimmlage, Pausenlängen etc. vermittelt werden, können nur hörend gedeutet werden.

Wenn wir Kommunikation aus der Perspektive des Kommunikationsmodells von Bergler als Kommunikation zum Ausdruck von Emotionen betrachten, das Sympathie und nonverbaler Kommunikation eine entscheidende Rolle für den Kommunikationserfolg zuschreibt, ist das folgende Schaubild nachvollziehbar (◘ Abb. 5.1).

Der Übersicht wäre noch der (zu berechnende) Anteil der extraverbalen Kommunikation hinzuzufügen, der über Kleidung, Accessoires, Frisur, Sauberkeit/Gepflegtheit sowie die Wahl der Zeit und des Ortes mitsamt seinem Ambiente vermittelt wird. Für die Wahl des Ortes gilt beispielsweise, dass wir Geschäftsverhandlungen nicht zuhause führen, wo wir als Gastgeber kommunikative Pflichten haben, die mit den Pflichten eines Verhandlungsführers in Konflikt stehen könnten (◘ Tab. 5.1).

Abb. 5.1 Die Kommunikationspyramide nach Mehrabian (in Anlehnung an Mehrabian und Ferris 1967)

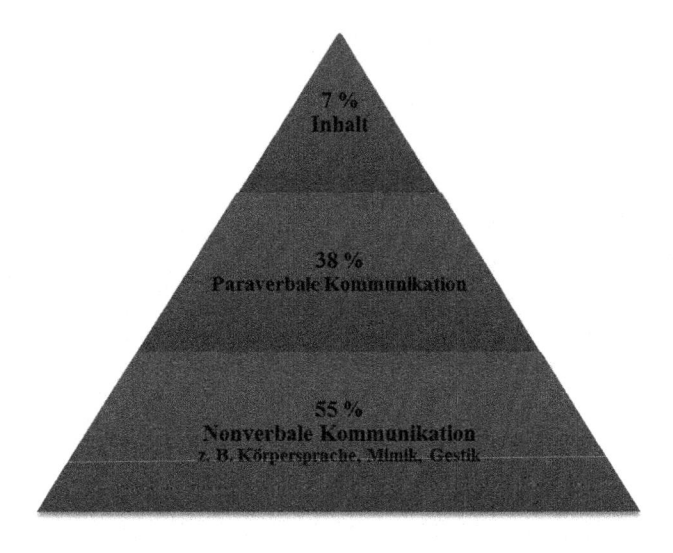

Pyramide:
- 7 % Inhalt
- 38 % Paraverbale Kommunikation
- 55 % Nonverbale Kommunikation z. B. Körpersprache, Mimik, Gestik

Tab. 5.1 Kommunikationsformen im Überblick (nach Hey 2011, S. 259)

Verbale Kommunikation (Schrift, Sprache)	Bildung von Wörtern, Sätzen und Texten (7 % der Kommunikation)	– direkte Kommunikation – indirekte („symbolische") Kommunikation
Paraverbale Kommunikation (Merkmale der Schrift oder Stimme)	Lautstärke, Intonation, Sprechgeschwindigkeit etc. (38 % der Kommunikation)	– sprachliche Anteile – nicht-sprachliche Anteile (Kultur)
Nonverbale Kommunikation (Körpersprache)	Gestik und Mimik (55 % der Kommunikation)	– Raumsprache – Vertragssprache
Extraverbale Kommunikation (äußerliche Merkmale/Positionen im Raum)	Zeit, Ort, Kleidung, Erscheinungsbild, Medienart, Kommunikationsbeziehung	kontextabhängige vs. kontextunabhängige sensuelle Kommunikation

5.2 Verbale Kommunikation

5.2.1 Sprachliche und kommunikative Teilkompetenzen

Wie komplex Kommunikation ist, zeigt sich daran, dass es nicht eine einzige Sprachkompetenz gibt, sondern dass sich Sprachkompetenz aus vielen Teilkompetenzen zusammensetzt. Alle Teilkompetenzen bedingen sich wechselseitig beim Sprechen und Hören, Schreiben und Lesen, Meinen und Verstehen:
- phonologische/graphematische Kompetenz (Fähigkeit, Laute und Buchstaben zu erkennen)
- Schreib- und Lesekompetenz (Alphabetismus)

- lexikalische Kompetenz (aktiver und passiver Wortschatz)
- grammatikalische Kompetenz (Fähigkeit, grammatikalisch korrekte Sätze zu bilden)

Neben der Sprachkompetenz gibt es die kommunikativen Kompetenzen:
- die Fähigkeit, Gespräche führen zu können (z. B. Organisationsgespräche mit Kollegen und Vorgesetzten)
- die Fähigkeit, Dinge zu beschreiben und über Vorgänge zu berichten
- die Fähigkeit des Präsentierens, Moderierens und Argumentierens

Wer alle Sprach- und Kommunikationsteilkompetenzen beherrscht, dem fehlen zur Perfektionierung seiner Ausdrucks- und Überzeugungskunst noch soziale Kompetenzen wie Stilkompetenz (Wie schaffe ich Aufmerksamkeit?) oder Nuancenkompetenz (Verfüge ich über einen differenzierten Wortschatz und über die Flexibilität, Zwischentöne zu kommunizieren?).

5.2.2 Gesprächseröffnung oder die „Kunst der Sympathie"

Wenn wir fremde Menschen kennenlernen, eröffnen wir die Kommunikation in der Regel mit einem Gruß und einem kurzen Smalltalk. Ein Gruß ist eine elementare Konvention zwischen Menschen, die damit signalisieren, dass sie einander (an-)erkennen und wohlgesonnen sind. Ein Gruß verbindet. Er drückt eine - zeitlich begrenzte - Zusammengehörigkeit aus und signalisiert Interaktionsbereitschaft. Wen ich als Verwandten, Freund, Bekannten oder Fremden nicht grüße, dem signalisiere ich, dass ich im Moment mit ihm keinen Kontakt wünsche.

Ebenso wichtig wie der Gruß ist der Smalltalk. Ein wichtiger Zweck des Smalltalks als eine Art „Aufwärm-Kommunikation" besteht darin, herauszufinden, ob wir mit einem anderen auf der gleichen Wellenlänge liegen. In beruflichen und privaten Situationen ist der Smalltalk eine wichtige atmosphärische Vorbereitung für Verhandlungen, Einstellungsgespräche oder Auseinandersetzungen. Im Smalltalk gilt es, Themen wie Geld, Politik und Religion zu meiden und die Erfahrungen und Meinungen des anderen gelten zu lassen und nicht mit den anderen zu konkurrieren („mein Auto, mein Boot, mein Haus"). Entscheidend für den Erfolg sind die Beachtung des gesellschaftlichen Rahmens und die richtige Einschätzung unseres Gegenübers.

5.2.3 Stolpersteine der Kommunikation

Am Sender-Empfänger-Modell der Kommunikation haben wir unter anderem kritisiert, dass Shannon und Weaver übersehen haben, dass Kommunikation eine Gemeinschaftshandlung ist. Damit meinen wir, dass Sprecher und Hörer sich mit ihren äußeren Handlungen (Sprechen) und inneren Handlungen (Hören, Verstehen, Akzeptieren, Schlussfolgern etc.) wechselseitig beeinflussen. Ein gemeinsames Verständnis kommt nicht durch voneinander unabhängig gedachte Redebeiträge (Sprechanteile) zustande, sondern durch unser Feedback, das dem jeweils Sprechenden signalisiert, ob und wenn ja wieweit der Hörer noch „mitzugehen" bereit ist. Das Feedback des Zuhörers ist also ein wesentlicher Bestandteil der Kommunikation und beweist die These von der Gemeinschaftshandlung. Gutes Feedback setzt jedoch voraus, dass wir „bei der Sache" sind. Dies kann durch unterschiedliche Faktoren beeinträchtigt sein. Diese Faktoren werden wir anhand der Kommunikationsmodelle erläutern, die wir in ▶ Kap. 3 vorgestellt haben:

Beeinträchtigende Faktoren
- **Nichterfassen der sachlichen Information** Mögliche Ursachen: Der Empfänger hört nur auf dem Appell- oder Beziehungsohr. Oder der Sender selbst ist nicht im Besitz einer korrekten Vorstellung über den Sachverhalt, so dass der Empfänger zwar das Gesagte dekodieren kann (Satzbedeutungen), nicht aber den Sachverhalt nachvollziehen kann. Beispiel für ein typisches Missverständnis: Wenn es ein Vorgesetzter in einem Beurteilungsgespräch mit einem Mitarbeiter zu tun hat, der zu sehr von sich überzeugt ist, ist die Strategie, die Kritik in ein Lob zu packen, verfehlt, denn der Mitarbeiter hört nur das Lob.
- **keine Konzentration auf das Gespräch** Mögliche Ursachen: Der Empfänger ist empfangsbereit, dekodiert aber entweder nicht oder nur Teile des Gesprächs; der Empfänger ist mit den Gedanken woanders oder kann krank sein; der Sender fühlt sich zum Gespräch verpflichtet, ist aber mit sich selbst beschäftigt, hat Sorgen oder betrachtet das Gespräch als notwendiges Übel; der Sender gebraucht viele „Ähs" und „Öhs" oder bricht seine Sätze ab mit der Folge, dass der Empfänger den Faden verliert; externe Faktoren wie Baulärm erschweren die Konzentration.
- **ungünstige äußere Rahmenbedingungen** Mögliche Ursachen: Der Kanal ist gestört (z. B. schlechte Schrift, schlechte Akustik, schlechte Luft); der Kontext hat sich geändert (z. B. sind Bürger im Kontext der Flüchtlingskrise irritiert über Spitzenpolitiker, die immer noch Selfies posten, auf denen sie sich dem Publikum mit lachendem Gesicht präsentieren) etc.
- **kein Zuhören** Mögliche Ursachen: Der Empfänger ist nicht empfangsbereit. Er kann müde sein oder sich für andere Dinge interessieren oder mit anderen Dingen beschäftigen. Jedenfalls kooperiert er nicht, z. B. weil die Beziehung zum Sprecher gestört ist oder weil der Sprecher stets dasselbe sagt etc.
- **Nichterfassen der emotionalen Information** Mögliche Ursachen: Der Empfänger hört nur auf dem Sachohr; er misst der „digitalen Kommunikation" (Watzlawick et al. 1969) ein zu großes Gewicht bei; er versteht die leisen Signale nicht.
- **assoziatives Zuhören (Abschweifen)** Mögliche Ursachen: Der Empfänger scheitert bei dem Versuch, aus der Mitteilung eine Information zu ziehen, weil er sich nicht sicher ist, was ihm wirklich wichtig ist, z. B. weil er unkonzentriert ist.
- **Gleichgültigkeit gegenüber dem Partner** Mögliche Ursachen: Der Partner wird als Schwätzer angesehen, seine Beiträge als stets irrelevant; fehlende Sympathie.
- **Partner fühlt sich nicht verstanden** Mögliche Ursachen: Missverständnis auf der Beziehungsebene (s. Watzlawick et al. 1969)
- **Partner öffnet sich nicht** Mögliche Ursachen: Mangel an Vertrauen
- **Partner ist nicht bereit, Gründe und wirkliche Zusammenhänge zu suchen** Mögliche Ursachen: Der Partner will nicht kooperieren. Er bezweifelt die Relevanz des Themas. Er versteht nicht, worum es dem Sprecher geht.

5.3 Paraverbale Kommunikation

Wie unser Gesprächspartner das Gesagte deutet, hängt stark von unserer paraverbalen Kommunikation ab. Der paraverbale Bereich der Kommunikation umfasst alle Aspekte rund um unsere Stimme, wie z. B. die Stimmlage, Tonhöhe, Lautstärke, Geschwindigkeit, Pausen und Akzente, Betonung, Sprachmelodie und vieles mehr. Im Zusammenhang mit schriftlicher Kommunikation bezieht sich das Paraverbale auf die Interpunktion (Zeichensetzung),

Schreibweise, Typographie, den Einsatz von Emojis etc. Die Verwendung dieser Aspekte ist stark kulturell geprägt.

Paraverbale Kommunikation beinhaltet folgende Aspekte:
- die Gliederung
- die Akzentuierung (einzelner Wörter oder Satzteile)
- das Sprechtempo (schnell – langsam – Pausen)
- die Artikulation (deutlich – undeutlich)
- die Stimmlage (hoch – tief, tragend – zitternd)
- die Lautstärke (angenehm – unangenehm laut – unangenehm leise)
- die Sprachmelodie (eintönig – moduliert – singend)
- die Sprechspannung (klare und deutliche Aussprache)

Die Stimme eines Menschen ist genauso individuell wie ein Fingerabdruck. Der Klang der Stimme verrät vieles über ihren Besitzer, etwa über die Persönlichkeit, das Alter, das Geschlecht, die Stimmung oder die Identität. Nuscheln, monotones Sprechen und Satzabbrüche beeinträchtigen die Aufmerksamkeit des Zuhörers und machen den Sprecher unsympathisch. Wer seine Mitarbeiter anschreit, verliert deren Achtung und seine Vertrauenswürdigkeit („Wer schreit, hat Unrecht"). Bei paraverbalen Signalen ist besondere Vorsicht bei der Deutung angebracht. Sie werden allzu oft fälschlich als Anzeichen der Gefühlslage und Stimmung gedeutet.

5.4 Nonverbale Kommunikation (Körpersprache)

Kommunikation erfolgt nicht nur über die Sprache. Wesentlich älter als die verbale Sprache ist die „Körpersprache". Dieses Kommunikationsmittel ist auch bei Tieren sehr ausgeprägt vorhanden. Die Körpersprache ist nützlich in der Balz, beim Werben der Tiere oder bei Revierkämpfen und im Rivalitätsverhalten. Wir fassen den Begriff der Körpersprache in diesem Buch weit und zählen dazu sowohl die nonverbale Kommunikation (Gestik, Mimik) als auch die Körpersprache im engeren Sinne (Haltung, Berührung, Auftreten). Unsere Körpersprache verfügt über ein großes Ausdrucksrepertoire und kann das, was wir mit Worten sagen, ergänzen, unterstreichen oder als unwahr entlarven. Körpersprache spielt sich vor allem auf der Beziehungsebene ab, auf der wir unsere Gefühle mitteilen. Sie entscheidet damit über den ersten Eindruck (Sympathie/Antipathie) und ist deshalb wichtig für den weiteren Fortgang der Kommunikation. Mit Menschen, die uns unsympathisch sind, kommunizieren wir nicht gerne.

Körpersprache geschieht bei den meisten Menschen unbewusst. Der Grad der Verbindlichkeit ist im Vergleich zur Wortsprache geringer, weshalb wir uns vor voreiligen Schlüssen hüten müssen. Und wir dürfen uns nicht nur auf ein einziges Signal konzentrieren: Ein wirkliches Lächeln erkennen Sie nicht nur am Mund, sondern auch an den Augen und der dem Gegenstand des Lächelns zugewandten Körperhaltung. Körpersprachliche Signale zu erkennen, ist eine große Hilfe, um Menschen einschätzen zu lernen und um selbst richtig eingeschätzt zu werden.

Ausprägungen der Körpersprache sind stark instinktgeleitet, angeboren oder automatisiert. Überwiegend ist es ein reaktives Verhalten. Beispielsweise tritt beim Zuschlagen eines Boxers automatisch eine Schutzgeste ein. Über diese automatisierten Anteile haben wir wenig Kontrolle. Nützliches Verhalten kann jedoch erlernt und trainiert werden. Ein Beispiel: In Frauenselbstverteidigungskursen wird den Frauen beigebracht, in bedrohlichen Situationen mit gewaltbereiten Männern nicht mit Angst- bzw. Opferverhalten zu reagieren, sondern selbstbewusst aufzutreten. Meistens kommt es dann nicht zur Gewaltanwendung.

Andere körpersprachliche Elemente sind kulturabhängiger und müssen wie Sprache gelernt werden. Kopfnicken und Kopfschütteln haben in unterschiedlichen Kulturen auch eine unterschiedliche Bedeutung. Die Begrüßungsgeste des Händeschüttelns oder der Wangenkuss sind ebenfalls künstlich gesetzte körpersprachliche Zeichen.

5.4.1 Mimik

Der Begriff „Mimik" meint das Spiel der Gesichtsmuskeln. Die Gesichtsmuskeln haben eine entscheidende Rolle in der Ausdrucksform unserer Emotionen inne. Mit dem Gesichtsausdruck kann die sprechende Person ihre Einstellung zum Gesagten oder zu den Gesprächspartnern zeigen. Auch das Interesse oder Desinteresse am besprochenen Gegenstand kann sich im Gesichtsausdruck widerspiegeln. Dabei ist jedoch vor voreiligen Schlüssen zu warnen. Der Kommunikationspartner kann krank oder erschöpft sein. In diesem Fall geht die Deutung, es handele sich um absichtsvolle Signale, ins Leere. Ein Lächeln bewirkt Sympathie: „Der kürzeste Weg zwischen zwei Menschen ist das Lächeln" (s. o.). Allerdings ist auch die Mimik trainierbar, so dass sie nicht immer etwas mit den wirklich empfundenen Gefühlen zu tun hat.

Emotionen wie Furcht, Ärger, Überraschung, Abscheu und Freude werden über die Mimik ausgedrückt und sind feststehende Zeichen, die in allen Kulturen verstanden werden. Risikoeindrücke verbinden sich mit dem Zeigen von Zähnen (Drohgebärde), nach unten gezogenen Mundwinkeln (Enttäuschung, Herablassung, Spott), Naserümpfen (Überheblichkeit) und senkrechten Stirnfalten (Ärger, Zorn – aber auch Konzentration).

5.4.2 Blickkontakt

Blicke verraten viel über die Beziehung zwischen Menschen. Für die Face-to-face-Kommunikation sind Blickkontakt, Häufigkeit des Kontaktes, Dauer und Intensität wichtig. Der Blickkontakt hat hauptsächlich eine steuernde Funktion im Gespräch. Die Gesprächspartner können gezielt angesprochen werden. Mit den Augen können auch Misstrauen, Sympathie, Antipathie, Aufmerksamkeit und Einverständnis signalisiert werden. Normal geöffnete Augen signalisieren Wachheit, Interesse und Aufnahmebereitschaft.

Der Blick hebt außerdem die physische Nähe auf. Bei großer Nähe wird der Blickkontakt reduziert, um zu große Intimität zu vermeiden. Im Gegensatz dazu kann ein starrer Blick in die Augen des anderen als Dominanzmittel eingesetzt werden. Je fremder jemand ist, desto unerlaubter und unerwünschter ist ein langer und intensiver Blickkontakt. „Anstarren" gilt als ein extrem unhöflicher Akt. Zudem kann noch zwischen einseitigem und gegenseitigem Anblicken unterschieden werden, wobei das gegenseitige Ansehen der eigentliche Blickkontakt ist, bei dem der Blick erwidert wird. Mithilfe des Blickkontaktes zeigen wir anderen Menschen, dass sie unsere volle Aufmerksamkeit genießen. Blickzuwendung kann aufmerksames Zuhören signalisieren. Das berühmteste Beispiel ist Kennedy:

> » Das besondere des Kennedy-Blickes aber war die Bewegung, mit der seine Augen den Menschen nachgefolgt sind. In einer Szene sieht man, wie Kennedy eine Reihe von Menschen begrüßt, die ihm bei einer Veranstaltung die Hand schütteln dürfen. Er steht ruhig und fest, während Männer und Frauen, Junge und Alte an ihm vorübergehen, ihm ein paar kurze Worte sagen und ihm die Hand reichen. Kennedys Augen sehen jeden einzelnen offen und direkt an, seine ganze Aufmerksamkeit liegt auf dem Menschen, der ihm in diesem Moment gegenüber tritt. (Lorenzoni und Bernhard 2001, S. 85)

5.4.3 Gestik

Der Begriff „Gestik" umschreibt die Bewegung der Hände, Finger, Arme sowie die Bewegung des Kopfes. Die Position von Armen und Händen und deren Bewegung spielen in der Kommunikation eine entscheidende Rolle. Die Hände zu offen oder die Arme verschränkt zu halten, sich ans Ohr oder an die Nase zu fassen, nahe am Körper oder weit ausladend zu gestikulieren, sind Ausdrucksformen, die mehr oder weniger Raum beanspruchen. Die Gestik verrät einiges über den Gefühlszustand des Gesprächspartners:
- Geöffnete Handflächen signalisieren Offenheit.
- Sind die Unterarme leicht vom Körper abgewinkelt und lassen Sie Ihre Hände locker am Körper herunterfallen, so signalisieren Sie Selbstsicherheit.
- Unsicherheitsgesten wie das Sortieren der Haare oder das Kratzen am Hinterkopf irritieren Ihren Gesprächspartner.
- Eine geballte Faust steht für Zorn, Anspannung oder Aggression.
- Mangelnde Gestik generell kann Unsicherheit oder Desinteresse verraten.
- Ein fester Händedruck wird meist als Herzlichkeit und Souveränität gedeutet, wogegen ein extrem kräftiger und langer Händedruck Dominanz und Rücksichtslosigkeit andeutet.
- Sich berührende Fingerspitzen signalisieren ein Bedürfnis nach Verbindung, Kommunikation und Abwägen gemeinsamer Interessen.
- Der erhobene Zeigefinger steht für Rechthaberei, Ermahnung oder Bitte um Aufmerksamkeit.

Gestik kann auch durch Training einstudiert sein, um ein bestimmtes Ziel zu erreichen. Handbewegungen regeln in Gesprächen oder moderierten Meetings den Sprecherwechsel und den Ablauf der Gespräche im Allgemeinen. Die Gestik ist ein Bestandteil der Kommunikationssteuerung.

Die Gestik und deren Intensität sind im körpersprachlichen Verhalten stark kulturabhängig. Italiener oder Spanier reden beispielsweise mehr mit den Armen und Händen als Deutsche, Engländer oder Niederländer. Grundsätzlich werden drei Arten von Gesten differenziert:
- ergänzende und begleitende Bewegungen
- weniger sozial beeinflussende Bewegungen, die nicht unbedingt mit der Sprache zusammenhängen
- symbolische Handbewegungen

5.4.4 Körperhaltung

Körperhaltung meint die Spannung und Anordnung der einzelnen Körperteile einer Person. Über die Körperhaltung entscheiden die Anspannung und Entspannung der Muskeln. Bei vielen Menschen hat sich die seelische Grundhaltung in ihrer Körperhaltung verfestigt.

Eine Betrachtung der Körperhaltung impliziert, dass ein Interaktionspartner vorhanden ist. So kann eine identische Körperhaltung unterschiedliche Bedeutungen haben, je nachdem, wer der Kommunikationspartner ist. Ein lockeres Sitzen auf dem Stuhl beispielsweise dient der Entspannung in einer Pause, jedoch im Unterricht kann die Haltung als Desinteresse gedeutet werden. Von der Körperhaltung gehen viele Signale aus, die in der Sprache Ausdruck in Redensarten gefunden haben:
- Eine aufrechte Haltung signalisiert „Aufrichtigkeit".
- Eine leicht schräge Kopfhaltung signalisiert Offenheit und Empathie („geneigte Aufmerksamkeit").

- Eine starre Kopfhaltung wird als Ausdruck von Dominanzstreben interpretiert („er hat seinen eigenen Kopf").
- Ein vorgestreckter Kopf kann als Angriffsbereitschaft oder Trotz gedeutet werden.

Auch dem Gang wird eine besondere Wirkung zugeschrieben („Wie du kommst gegangen, so wirst du empfangen"). Der aufrechte Gang mit festen Schritten steht für Selbstsicherheit und Zielbewusstsein. Langsames und ruhiges Gehen vermittelt Würde und Gelassenheit.

Entscheidend für den Verlauf einer Kommunikation ist die Präsenz und Lebendigkeit, die von unseren Körpersignalen ausgeht. Ein zugewandter Oberkörper signalisiert Interesse und Aufgeschlossenheit, ein abgewandter Oberkörper Ablehnung, Desinteresse oder Unsicherheit. Als Erwachsene haben wir gelernt, der Mimik eine Bedeutung zuzuschreiben. Dem Körper wird in der Regel weniger Aufmerksamkeit geschenkt. Die Körperhaltung verrät jedoch unbewusst viel über die Befindlichkeit des Individuums. Die Körperhaltung kann beispielsweise auch Abneigung oder Zuneigung signalisieren, genauso, wie sich in ein Gespräch integriert zu fühlen. Durch die Haltung wird auch kommuniziert, ob jemand präsent ist oder nicht. Dies zeigt sich in einer breiten Sitzhaltung oder einem optischen Dünnmachen. Sie ist ein Ausdruck des Selbstbildes.

Grundsätzlich gilt, dass körperliche Fitness die Präsenz erhöht und Willensstärke und Lebendigkeit vermittelt. Wer seine fünf Sinne auf Empfang gestellt hat und lebendig ist, auf den richtet sich unsere Aufmerksamkeit.

5.5 Extraverbale Kommunikation

Die vierte Art der Kommunikation ist die extraverbale Kommunikation. Im Gegensatz zur nonverbalen Kommunikation (Körpersprache) handelt es sich dabei um die Rahmenbedingungen einer Kommunikation. Darunter können sowohl der Ort und die Zeit als auch die Kleidung der beteiligten Personen fallen. Neben der Bekleidung umfasst extraverbale Kommunikation auch alle anderen äußerlichen Merkmale wie das Make-up, den Geruch und die Frisur der Gesprächspartner. Durch die Wahl der Kleidung, der Zeit und des Ortes lässt sich beispielsweise verdeutlichen (z. B. Mittagessen in der Kantine oder romantisches Candle-light-Dinner am Abend), ob es sich um eine private oder geschäftliche Beziehung handelt (vgl. Hey 2011, S. 249 f.).

Diese Faktoren spielen z. B. in einem Vorstellungsgespräch eine wichtige Rolle.

> **Tipp**
> „Kleider machen Leute, aber ....
> […] Damit Ihr Outfit nicht unseriös wirkt, sollten Sie in jedem Fall beachten, dass
> - Ihr Outfit sauber und gebügelt ist,
> - Ihre Schuhe geputzt sind,
> - Ihr Outfit Ihnen gut passt und Sie sich darin wohl fühlen,
> - Ihr Kleid oder Ihr Rock nicht zu kurz ist,
> - der Ausschnitt Ihrer Bluse nicht zu tief ist.
>
> Berücksichtigen Sie bei Ihrer Kleiderwahl die Konventionen des Unternehmens und der Stelle. Werden Sie das Unternehmen extern auf Kundenveranstaltungen und bei Kundenbesuchen präsentieren? Ist das Unternehmen in einer Branche tätig, in der ein eleganter Kleidungsstil von Bedeutung ist? Beispielsweise sollten Sie für ein Gespräch um eine Stelle im Finanz- oder Vertriebsbereich unbedingt einen Anzug mit Krawatte tragen bzw. als Frau eventuell ein Kostüm oder einen Hosenanzug wählen, während Sie

für ein Interview in einem jungen Start-up-Unternehmen im Bereich IT oder E-commerce sicherlich ein lockeres Outfit wählen können.
Wenn Sie trotz Recherche im Internet über das Unternehmen unsicher bezüglich der Kleidungswahl sind, empfehle ich Ihnen im Zweifelsfall immer die Wahl für ein eleganteres Outfit.
Aber Achtung: Wenn Sie sich um eine Praktikantenstelle oder um einen Ausbildungsplatz bewerben, ist ein etwas lockeres Outfit in jedem Fall passend. Hier reichen eine Stoffhose oder dunkelblaue Jeans mit einem Hemd vollkommen. Gegebenenfalls können Sie das Outfit dann noch mit einem Jackett oder einem Blazer kombinieren" (Pohlmann 2016).

Bei der extraverbalen Kommunikation spielen aber auch alle anderen externen Faktoren eine Rolle, die den Verlauf einer Kommunikation beeinflussen könnten. Das Spektrum reicht dabei von Begrüßungsritualen, der Wahl der Medien bei einem Vortrag bis hin zu den gereichten Getränken (vgl. Hey 2011, S. 249 f.).

Ein weiteres Beispiel für extraverbale Kommunikation ist der Abstand zwischen den beiden Gesprächspartnern. Dabei spielt nicht nur Sympathie, sondern auch der Kontext eine wichtige Rolle. Welchen Abstand jemand als angemessen empfindet, ist dabei sehr unterschiedlich. Wie groß der persönliche Raum ist, hängt unter anderem von kulturellen Faktoren ab. So sind Südeuropa in der Regel sehr auf Nähe bedacht, während die meisten Skandinavier lieber Distanz wahren. Außerdem ist es wichtig, in welchem Verhältnis die Personen untereinanderstehen, die an einer Interaktion beteiligt sind. Gute Freunde dürfen sich in der Regel „näher kommen" als entfernte Bekannte (vgl. Lorenzoni uns Bernhard 2001, S. 135).

Extraverbale Faktoren spielen aber nicht nur im persönlichen Gespräch, sondern auch bei der schriftlichen Kommunikation eine wichtige Rolle. So zählen unter anderem die Gestaltung des Deckblatts, die Qualität des Druckerzeugnisses, die Dicke des Papiers oder das gewählte Dateiformat zu wichtigen Faktoren, die den Verlauf einer schriftlichen Kommunikation beeinflussen können.

5.6 Aktives Zuhören

Eine Möglichkeit, um die Erfolgsaussichten einer Kommunikation zu erhöhen, ist die Strategie des aktiven Zuhörens. Die grundlegenden Methoden und Techniken dieser Strategie fasste erstmalig der Psychologe Carl Rogers zusammen.

Verbale, paraverbale und nonverbale Techniken und Methoden nach Rogers (1942)
Verbale Techniken und Methoden
- Paraphrasieren: Die Aussage des Senders wird mit eigenen Worten wiederholt.
- Verbalisieren: Die Gefühle des Senders werden gespiegelt.
- Nachfragen, z. B. „Reagierte Anton nicht, nachdem Sie dies gesagt hatten?"
- Zusammenfassen: Das Gehörte mit wenigen Worten (kurz) zusammenfassen.
- Unklares klären, z. B. „Sie haben ‚sofort' gesagt – meinten Sie damit am gleichen Tag?"
- Weiterführen, z. B. „Und dann?"
- Abwägen, z. B. „War die Bedrohung schlimmer als die Flucht?"

Paraverbale Techniken und Methoden
Bestätigungslaute/therapeutisches Grunzen („ah", „mhm", „ach so", …)

Tab. 5.2 Dosierung und Wirkung sprachlicher Mittel

Gesprächsmittel	Wirkung bei sparsamem Gebrauch Der Gesprächspartner fühlt sich …	Wirkung bei „Überdosierung" Der Gesprächspartner fühlt sich …
Frage	zur Antwort motiviert	dominiert und verweigert die Antwort
Information	informiert, ernst genommen	erdrückt durch das Überangebot
Minimalantwort	prägnant informiert	verunsichert, vermutet Unlust
Appell	zum Handeln angeregt	fremdbestimmt und zum Widerstand genötigt
Bewertung	wichtig, wenn er um seine Meinung gefragt wird	herabgesetzt und zu Gegenbewertungen herausgefordert
Ich-Botschaft	persönlich und offen angesprochen	wie ein Therapeut
Zuhörzeichen	zum Weitersprechen motiviert	verunsichert, wenn die Zuhörzeichen stereotyp vorgebracht werden
Prozess	einbezogen in den Prozess	abgelenkt vom Inhalt und gestört

Nonverbale Techniken und Methoden
- Nicken
- Augenkontakt
- Hinwendung des Oberkörpers und des Kopfes
- Mimik
- Gestik

Wie in allen anderen Bereichen auch, kommt es beim aktiven Zuhören auf die richtige Dosierung an. Die folgende Übersicht veranschaulicht, welche Wirkung die Dosierung der sprachlichen Mittel auf den Gesprächsverlauf hat (Tab. 5.2):

Literatur

Bühler K (1934/1965) Sprachtheorie. Stuttgart
Hey B (2011) Präsentieren in Wissenschaft und Forschung, 3. Aufl. Mannheim
Jarosch AA (2014) Zitate. online: http://www.zitate.de/autor/Jarosch,+Agnes
Lenke N, Lutz H-D, Sprenger M (1995) Grundlagen sprachlicher Kommunikation. München
Lorenzoni B, Bernhard W (2001) Professional Politeness. Die Anti-Ellbogen-Strategie für Ihren persönlichen Auftritt im Beruf und im Privatleben. Düsseldorf
Mehrabian A, Ferris S (1967) Inference of attitudes from nonverbal communication in two channels. Journal of Consulting Psychology 31(3): 248–252
Pohlmann D (2016) Ihr Vorstellungsgespräch - 10 Tipps zur optimalen Vorbereitung!, Artikel vom 15.02.2016.
    https://www.linkedin.com/pulse/ihr-vorstellungsgespräch-10-tipps-zur-optimalen-daniela-pohlmann
Rogers C (1942) Counseling and Psychotherapy. Hyderabad
Schulz von Thun F (2007) Miteinander reden. Störungen und Klärungen. Reinbek bei Hamburg
Watzlawick P, Beavin JB, Jackson DD (1969) Menschliche Kommunikation. Formen, Störungen, Paradoxien. Bern

Persönliche Kompetenzen

Joachim H. Becker, Sven Pastoors

© Springer-Verlag GmbH Deutschland 2018
J.H. Becker, H. Ebert, S. Pastoors, *Praxishandbuch berufliche Schlüsselkompetenzen*,
https://doi.org/10.1007/978-3-662-54925-4_6

6.1 Definition und Begrifflichkeiten

Persönliche Kompetenzen bzw. Selbst- oder Persönlichkeitskompetenzen umfassen die Bereitschaft sowie alle Fähigkeiten, die wir benötigen, um uns weiterzuentwickeln und das eigene Leben eigenständig im jeweiligen sozialen, kulturellen bzw. beruflichen Kontext zu gestalten. In diesen Fähigkeiten und Einstellungen spiegelt sich unsere persönliche Haltung zu unserer Umwelt und insbesondere zu unserer Arbeit wider.

Wer über persönliche Kompetenzen verfügt, ist in der Lage, Aufgaben selbstständig zu bewältigen und für sich, seine Mitmenschen und die Gesellschaft Leistungen zu erbringen. Bei persönlichen Kompetenzen handelt es sich somit um Fähigkeiten, die nicht nur im Arbeitsprozess, sondern in allen Bereichen des Lebens wichtig sind.

Wenn wir nach dem Nutzen persönlicher Kompetenzen fragen, erscheint es naheliegend, zuerst an den einzelnen Menschen zu denken: Persönlich kompetente Menschen können ihr Leben selbst gestalten. Wir müssen aber auch an die Gruppe denken, an Teams, Abteilungen und Unternehmen. Die Folgen schlechter Persönlichkeits- oder Charaktermerkmale z. B. von Führungskräften können wir uns leicht ausmalen: „Welche Rolle würde dieser aggressive, cholerische und rücksichtslose Finanzchef als Vorstandsvorsitzender spielen? Was würde dieser kleinlich denkende, wankelmütige Mitarbeiter als Leiter der Marketingabteilung machen? Was wäre von einem tüchtigen, jedoch entscheidungsunfähigen Mitarbeiter zu erwarten? Mit welchen Mitarbeitern würde sich ein Geschäftemacher ohne ethische Prinzipien umgeben? In jedem Unternehmen besteht die Gefahr, dass organisierte Minderheiten desorganisierte Mehrheiten beherrschen" (Hinterhuber 2004, S. 140 f.). Auf die Entfaltung von persönlichen Kompetenzen zu achten, liegt also nicht nur im Interesse des Einzelnen, sondern auch in unser aller Interesse als Mitglieder von Arbeits- und anderen Gruppen.

Zu den persönlichen Kompetenzen gehören unter anderem:
- Wertebewusstsein und wertorientiertes Handeln
- Zielorientierung
- Verantwortungsbewusstsein
- Selbstreflexion und Veränderungsbereitschaft
- Flexibilität
- Einsatzbereitschaft
- Eigeninitiative

6.2 Wertebewusstsein und persönliche Wertekompetenz

Nicht immer sind unsere persönlichen Ziele frei von Widersprüchen. So ist uns z. B. die Beziehung sehr wichtig, gleichzeitig möchten wir uns jedoch auch beruflich oder persönlich verwirklichen. In solchen Fällen stellt sich die Frage, was uns wichtiger ist. Was sind unsere Prioritäten und wo setzen wir Grenzen? Die Frage nach dem, was mir persönlich wichtig ist, berührt das persönliche Wertesystem. Dies ist eine zentrale Voraussetzung für ein erfolgreiches Leben (vgl. Berschneider 2003, S. 67).

6.2.1 Wertebewusstsein

Um im Beruf und Privatleben erfolgreich zu sein, ist es wichtig, sich seiner eigenen Werte bewusst zu werden. Diese Werte unterscheiden sich von Person zu Person. Unsere Kernwerte sind uns häufig nicht bewusst, aber sie beeinflussen alles, was wir tun und wie wir an die Arbeit herangehen. Sich selbst und seiner Werte bewusst zu sein, heißt, die eigenen Stärken und Schwächen, die eigenen Vorlieben und Abneigungen zu kennen – also alles das zu kennen, was letztlich auf unseren tieferen (Kern-)Werten beruht (vgl. Welsh und Kersten 2013, S. 114). Es ist somit die Voraussetzung dafür, die richtigen Entscheidungen zu treffen.

Wertebewusste Menschen ...
- haben ein klares Verständnis ihrer persönlichen Werte, ihrer Stärken und Schwächen sowie ihrer Möglichkeiten und Grenzen,
- wissen, in welchen Situationen sie aufblühen und in welchen sie sich gestresst fühlen,
- haben Selbstvertrauen und folgen ihrer Intuition,
- wissen, was sie von anderen unterscheidet, und akzeptieren die Unterschiede,
- wissen, wie sie von anderen wahrgenommen werden,
- nutzen die eigene Zeit und die der anderen für die wirklich wichtigen Dinge und kaum für andere Dinge - was trivial ist, schieben sie zur Seite,
- arbeiten an ihren Schwächen, trainieren und entwickeln sich (vgl. Welsh und Kersten 2013, S. 114).

6.2.2 Persönliche Wertekompetenz

Der Begriff des Wertesystems setzt voraus, dass wir es immer mit mehreren Werten zu tun haben. Zu wenige Werte oder ein einziger Wert sind gefährlich. Bricht dieser Wert weg, sind wir verzweifelt. Oder aber dieser eine Wert wird über alles andere gestellt. Dann laufen wir Gefahr, einsam oder fanatisch zu werden (vgl. Berschneider 2003).

Wertekompetenz ist die Fähigkeit, sich mit unterschiedlichen, zum Teil sogar konkurrierenden Werten auseinanderzusetzen, um ein eigenes individuelles Wertesystem aufzubauen. Dies ist notwendig, um offen für Veränderungen zu bleiben und mit der Wertevielfalt in offenen Gesellschaften umzugehen. Werteorientierte Menschen leben ihre Werte und treten für sie ein: Wer beispielsweise Gerechtigkeit als zentralen Wert erachtet, möchte sich auch selbst als fairen Menschen wahrnehmen. Auch auf der gesellschaftlichen Ebene haben gemeinsam geteilte Werte eine verbindende Funktion. Sie geben uns eine Orientierung für unser Zusammenleben, beispielsweise für das Zusammenleben in einer demokratischen Gesellschaft, in der Freiheit, Gleichheit und die Würde des Menschen zentrale Werte sind, unabhängig davon, durch welche Normen sie jeweils konkretisiert und durch welche Institutionen sie gesichert werden.

Gemeinsam geteilte Werte liefern die Grundlage für die Spielregeln in Gemeinschaften, egal ob in Familien, Vereinen, Parteien oder in der Gesellschaft. Menschen müssen sich also nicht nur ihre persönlichen Werte bewusst machen, sondern sich auch vergewissern, an welche Werte sie sich in einer Gesellschaft gemeinsam binden (vgl. Deutsches Rotes Kreuz, Generalsekretariat 2015).

Werte sind allgemeine Ziele (Freiheit, Frieden, Sicherheit, Unabhängigkeit etc.). Wir können somit nicht direkt von einem Wert auf eine bestimmte Verhaltensweise schließen, sondern müssen unser Verhalten im Lichte eines Wertes durchdenken und dann festlegen. Da Werte allgemeine Ziele (Ideale) sind, müssen wir ihren Gültigkeitsbereich erst festlegen. Spielregeln oder Normen sind wichtig, damit wir wissen, auf welche Bereiche wir einen Wert anwenden und damit wir einen Wert nicht absolut setzen.

> **Meine persönliche Freiheit findet ihre Grenzen in der Wahrung der Freiheit der anderen. Gestaltungsfreiheit bei der Arbeit heißt nicht, dass jeder tun und lassen kann, was er will.**

Gleichzeitig sind Werte ins Verhältnis zu setzen. Das heißt beispielsweise, dass Werte wie Freiheit und Sicherheit ausbalanciert werden müssen. Kommt es zu keiner Balance, ist entweder die Freiheit oder die Sicherheit bedroht. Es geht also darum, für sich selbst ein Werteprofil zwischen „konkurrierenden" Werten wie beispielsweise Loyalität und Selbstbestimmung, Karriere- und Familienorientierung, Ergebnisorientierung und Rücksichtnahme, Leistungsstreben und Work-Life-Balance, Unnachgiebigkeit und Harmonie zu erstellen.

6.3 Zielorientierung

Ziele sind konkrete Vorstellungen darüber, was wir erreichen wollen (oder sollen). Ziele sind immer so zu formulieren, dass wir erkennen können, ob ein Ziel erreicht wurde oder nicht. Werte und Ziele lassen sich recht gut mit dem folgenden Sprachtest erkennen: Wertausdrücke können wir mit dem Ausdruck „sich bekennen zu" kombinieren, Zielausdrücke mit dem Ausdruck „wollen": „Ich bekenne mich zur Menschenwürde" (Wertbegriff), „Ich will im nächsten Jahr mein Abitur machen" (Zielbegriff). Ein Ziel, das andere begeistert und das es wert ist, alle Mittel für seine Erreichbarkeit einzusetzen, wird auch „Vision" genannt.

Die Fähigkeit, sich Ziele zu setzen und diese zu erreichen, wird als „Zielorientierung" bezeichnet. Es geht darum, die eigenen Talente und Mittel so einzusetzen, dass – aus persönlicher Sicht – erstrebenswerte Ziele gesetzt und erreicht werden. Zur Zielorientierung gehört auch die Fähigkeit, zu entscheiden und bei der Entscheidung zu bleiben. Wir müssen schnell und klar für uns festlegen, was wir erreichen möchten und was wir tun werden, um das Ziel zu erreichen. Ziele helfen uns auf diese Weise dabei, unser Leben zu meistern. Wir leben in einer hochkomplexen Welt. Täglich prasseln Unmengen von Informationen auf uns ein. Darunter sind Versuchungen, Verlockungen und Ablenkungen aller Art. Würden wir auch nur den Versuch starten, all diese Information zu verarbeiten, wären wir hoffnungslos überfordert und unfähig, zu handeln. An dieser Stelle kommen die Ziele ins Spiel. Ziele funktionieren wie „innere Scheuklappen". Einmal gesetzt halten sie irritierende Informationen von uns fern. Wer ein Ziel hat, weiß, welche Information für ihn wichtig ist und welche für ihn belanglos ist. Ziele entfalten außerdem eine motivierende Kraft. Sie müssen aber realistisch, erreichbar und ehrgeizig sein, damit sie diese Kraft nicht verlieren.

Zielorientierung kann im Alltag unterschiedliche Ausprägungen haben. Führungskräfte, die zielorientiert handeln, erkennen Sie an einem konsequenten und verbindlichen Handeln.

Zielorientierung kann auch bei einem geringen Anspruchsniveau vorhanden sein. Dann ist die Führungskraft auch zielorientiert, aber es gibt nicht viel zu tun und der Mitarbeiter kann sich unterfordert fühlen.

Zielorientierte Menschen …
- formulieren erreichbare und realistische Ziele und klare Messkriterien,
- stellen die zur Zielerreichung notwendigen Ressourcen sicher,
- formulieren die notwendigen Maßnahmen zur Erreichung ihrer Ziele,
- überprüfen regelmäßig den Grad der Zielerreichung,
- greifen bei Abweichungen aktiv durch Feedback ein,
- geben den eigenen Mitarbeitern kontinuierlich Feedback,
- benennen klare Konsequenzen bei Nichterreichung der definierten Ziele
- (vgl. von der Linde und von der Heyde 2007).

6.4 Verantwortungsbewusstsein

Verantwortung zu übernehmen, ist eine Kompetenz, die in allen Lebensbereichen wichtig ist. Der Begriff „Verantwortung" beschreibt die Bereitschaft und Notwendigkeit, Rechenschaft für die Folgen der eigenen Handlungen oder der Handlungen anderer, die durch einen selbst veranlasst werden, abzulegen. Im Begriff der Verantwortung steckt der Begriff „Antwort": Etwas zu verantworten heißt, eine Antwort auf die Frage geben, warum wir etwas getan oder unterlassen haben. Wer verantwortungsbewusst handelt, hat sich Gedanken über die Folgen seines Tuns gemacht und ist dazu bereit, für diese Folgen einzustehen. Dies beinhaltet die Verpflichtung, dafür Sorge zu tragen, dass sich der eigene Verantwortungsbereich im angestrebten Sinne entwickelt. Außerdem umfasst Verantwortung immer auch eine Person oder Personengruppe, die von den Konsequenzen des eigenen Handelns betroffen ist. Auch das Eingestehen von Misserfolgen und Fehltritten kennzeichnet einen verantwortungsbewussten Menschen, denn er bekennt sich zu seinen Fehlern und ist sich ihrer bewusst.

Verantwortungsbewusste Menschen …
- übernehmen Verantwortung für sich selbst und das eigene Handeln,
- schätzen die Folgen des eigenen Verhaltens für sich und andere ab,
- handeln umsichtig und überlegt,
- bilden sich ein eigenes Urteil,
- halten Vereinbarungen ein.

Personen, die die Übernahme von Verantwortung verweigern, sind leicht daran zu erkennen, dass sie Fehler immer bei anderen suchen und wichtige Entscheidungen lieber anderen überlassen.

6.5 Selbstreflexion und Veränderungsbereitschaft

Selbstreflexion und Veränderungsbereitschaft sind Kompetenzen, die eng miteinander verbunden und in unserer Zeit nicht mehr wegzudenken sind. Wer nicht in der Lage ist, sein Handeln zu reflektieren und sich auf Veränderungen einzustellen, wird kaum in der Lage sein, sich selbst zu verändern. Diese Kompetenzen spielen nicht nur in Bewerbungsverfahren oder im Konzept des Human Resource Managements (HRM) eine bedeutende Rolle, sondern auch in allen anderen Bereichen des Lebens. Sie sind zudem wichtige Voraussetzungen für den Erfolg einer Kooperation oder für ein erfolgreiches Lernen.

Menschen, die über Selbstreflexion und Veränderungsbereitschaft verfügen,
- können die eigene Person und ihre Stärken und Schwächen realistisch einschätzen,
- setzen sich permanent mit ihren eigenen Stärken und Schwächen auseinander,
- freuen sich über Feedback zur eigenen Person,
- analysieren Erfolge und Misserfolge auf Hinweise zur Verbesserung,
- investieren regelmäßig Zeit für die Erweiterung der eigenen Kenntnisse, Fähigkeiten und Fertigkeiten,
- können den eigenen Entwicklungsbedarf realistisch einschätzen und klare Ziele und Strategien zur persönlichen Weiterentwicklung formulieren (vgl. von der Linde und von der Heyde 2007).

6.6 Flexibilität

Der Begriff „Flexibilität" beschreibt die grundsätzliche Bereitschaft, sich mit neuen und ungewohnten Situationen auseinanderzusetzen, auch von einmal eingeschlagenen Pfaden abzuweichen und sich wechselnden Arbeits- bzw. Lebensbedingungen zu stellen. Hierzu ist es wichtig, sich auf geänderte Anforderungen und Gegebenheiten der Umwelt einzustellen, gewohntes Denken und Verhalten hinterfragen und ändern zu können sowie dazu bereit zu sein, Neues auszuprobieren.

Flexible Menschen …
- können sich auf neue Aufgaben einstellen und schnell umdenken,
- können ihre Ziele an neue Situationen anpassen und auf veränderte Anforderungen reagieren,
- sind geistig beweglich,
- kommen gut mit häufig wechselnden Arbeitssituationen zurecht,
- begreifen Veränderungen auch als Chance,
- schätzen Situationen richtig ein,
- setzen situativ neue Prioritäten.

Flexibilität bezieht sich dabei auf unterschiedliche Bereiche des Arbeitslebens. So unterscheiden wir in Bezug auf die Arbeit zwischen räumlicher, zeitlicher und geistiger Flexibilität.
- **Räumliche Flexibilität:** Flexibel zu sein in Bezug auf die Räumlichkeit bedeutet, dass wir bereit und auch dazu in der Lage sind, z. B. längere Wegstrecken zur Arbeit zurückzulegen oder eine Zeit lang im Ausland zu arbeiten.
- **Zeitliche Flexibilität:** Viele Unternehmen erwarten von ihren Arbeitnehmern, dass sie zeitlich flexibel sind und zu unterschiedlichen Zeiten arbeiten können. Dazu zählt auch die Bereitschaft, bei Bedarf Überstunden zu machen oder an Wochenenden und Feiertagen zu arbeiten.
- **Geistige Flexibilität:** Zur geistigen Flexibilität zählen die Fähigkeiten, sich schnell auf neue Arbeitsbedingungen einzustellen, unterschiedliche Tätigkeiten auszuüben und mehrere Sprachen in die Arbeit einfließen zu lassen.

Übung

Wie flexibel sind Sie?
Beantworten Sie folgende Fragen, um festzustellen, wie flexibel Sie sind. Versuchen Sie die Fragen ehrlich zu beantworten. Stellen Sie sich einen typischen Arbeitstag vor:
- Sind Sie bereit, für einige Zeit im Ausland oder Schichtsystem zu arbeiten?
- Würden Sie auch an Wochenenden und an Feiertagen arbeiten?

- Sind Sie bereit, umzuziehen für Ihren Job oder sich eine Zweitwohnung zu besorgen?
- Fällt es Ihnen leicht, mit Planänderungen umzugehen?
- Können Sie sich schnell in neue Sachverhalte hineindenken bzw. einarbeiten?
- Sprechen Sie mehrere Sprachen und können Sie diese auch in der Praxis anwenden?

6.7 Einsatzbereitschaft

Der Begriff „Einsatzbereitschaft" beschreibt den Ehrgeiz, anstehende Aufgaben zu bewältigen und auch außergewöhnlichen Anforderungen gerecht zu werden. Sie bezeichnet somit das Maß, in dem wir bereit sind, unsere Leistungsfähigkeit in Form von Zeit und Arbeit für ein bestimmtes Ziel einzubringen. Das zu erreichende Arbeitsergebnis kann für uns persönlich bedeutend sein, im sozialen Zusammenhang notwendig erscheinen oder im Rahmen eines Arbeitsverhältnisses vertraglich vereinbart sein. Dies wird auf Dauer nur erfolgreich sein, wenn derjenige, der die Leistung erbringen soll bzw. will, dem Ziel oder der Aufgabe entsprechend motiviert ist.

Einsatzbereitschaft bezeichnet somit einerseits die Motivation eines Menschen in einer konkreten Situation, andererseits eine allgemeine Persönlichkeitseigenschaft. Zur Einsatzbereitschaft gehört auch die Leistungsfähigkeit. Diese setzt voraus, dass wir uns physisch in guter Verfassung befinden, unsere Motivation auch bei anhaltend hoher Arbeitsbelastung nicht sinkt und unsere Arbeitsergebnisse auch bei psychischem Druck nicht qualitativ leiden. Belastbar zu sein, beinhaltet, Niederlagen zu verkraften, hohe Arbeitsbelastung zu bewältigen und bei alledem die Fassung nicht zu verlieren.

Einsatzbereitschaft speist sich aus unterschiedlichen Quellen: Selbstdisziplin, Verantwortung für sich selbst und andere, Freude an der Tätigkeit, Begeisterung für ein Ziel oder die Umwandlung bzw. Verarbeitung von schlechten Erfahrungen in positive Energie gemäß der Einstellung „Jetzt erst recht!". Damit ist auch die Bereitschaft verbunden, seine Komfortzone zu verlassen. Die Komfortzone ist der Raum, in dem wir uns ohne Angst und ohne Risiko bewegen und in dem wir stetig und vorhersehbar gute Arbeit leisten. Solange wir uns keine ehrgeizigen Ziele setzen oder uns eine veränderte Situation nicht mehr abverlangt, geht es uns in der Komfortzone gut. Wenn wir aber höhere Ziele erreichen oder ein schweres Schicksal meistern wollen, müssen wir bereit sein, die Komfortzone zu verlassen (vgl. Welsh und Kersten 2013, S. 151).

6.8 Eigeninitiative

Eigeninitiative ist die Bereitschaft, den ersten Schritt zu einer Handlung zu machen. Im weitesten Sinne bezeichnet der Begriff „Eigeninitiative" auch die Fähigkeit, aus eigenem Antrieb zu handeln oder Entscheidungen zu fällen.

Menschen, die gerne Eigeninitiative ergreifen,
- diskutieren nicht lange, sondern handeln rasch,
- nehmen größere Anstrengungen auf sich, um die eigenen Ziele zu verwirklichen,
- können sich selbst motivieren,
- sind dazu bereit, Dinge zu verändern und aktiv mitzugestalten,
- setzen sich für etwas ein und zeigen freiwilliges Engagement.

Ein wichtiger Aspekt der Eigeninitiative ist die Fähigkeit zum selbstständigen Arbeiten. Dies beschreibt das Maß, wie unabhängig von Druck oder fremdem Willen wir arbeiten, entscheiden und lernen. Von selbstständig arbeitenden Menschen wird erwartet, dass sie ohne fremde Hilfe eine zu erledigende Aufgabe erkennen und ausführen, notwendige Entscheidungen treffen oder zumindest herbeiführen und sich unaufgefordert fehlende Qualifikationen aneignen. Selbstständiges Arbeiten beinhaltet auch, Arbeiten unter schwierigen Bedingungen zu Ende zu bringen. Hierfür ist es wichtig, sich auch von Misserfolgen nicht vom Ziel abbringen zu lassen.

Selbstständige Menschen …
- gehen neue Aufgaben selbstständig an,
- treffen selbstständig Entscheidungen,
- kommen bei der Arbeit ohne fremde Hilfe aus,
- realisieren selbstständig Ideen.

Literatur

Berschneider W (2003) Sinnzentrierte Unternehmensführung. Was Viktor E. Frankl den Führungskräften der Wirtschaft zu sagen hat. Lindau

Deutsches Rotes Kreuz, Generalsekretariat (2015) Wertebildung in Familien. http://www.wertebildunginfamilien.de

Hinterhuber HH (2004) Leadership. Strategisches Denken systematisch schulen von Sokrates bis Jack Welch. Frankfurt a. M.

von der Linde B, von der Heyde A (2007) Psychologie für Führungskräfte, 2. Aufl. München

OECD (Hrsg) (2005) Definition und Auswahl von Schlüsselkompetenzen: Zusammenfassung, Projekt Definition and Selection of Competencies: Theoretical and Conceptual Foundations (DeSeCo). Genf, S. 16–17. https://www.oecd.org/pisa/35693281.pdf (Zugriff: 23.09.2016)

Welsh S, Kersten C (2013) Worldly Women. The New Leadership Profile. Bloomington

Sozial-kommunikative Kompetenzen

Joachim H. Becker, Sven Pastoors

© Springer-Verlag GmbH Deutschland 2018
J.H. Becker, H. Ebert, S. Pastoors, *Praxishandbuch berufliche Schlüsselkompetenzen*,
https://doi.org/10.1007/978-3-662-54925-4_7

7.1 Definition und Begrifflichkeiten

In den Kapiteln 3 bis 5 wurden die Grundlagen und unterschiedlichen Formen der Kommunikation vorgestellt. Dabei lag der Fokus vor allem auf den sprachlichen und kognitiven Kompetenzen. Doch wer alle sprachlichen und kognitiven Teilkompetenzen perfekt beherrscht, dem fehlen zur Perfektionierung seiner Ausdrucks- und Überzeugungskunst immer noch sozial-kommunikative Kompetenzen. Die deutschen Wissenschaftler John Erpenbeck und Lutz von Rosenstiel beschreiben sozial-kommunikative Kompetenz „als die Dispositionen, kommunikativ und kooperativ selbstorganisiert zu handeln, das heißt, sich mit anderen kreativ auseinander- und zusammenzusetzen, sich gruppen- und beziehungsorientiert zu verhalten und neue Pläne, Aufgaben und Ziele zu entwickeln" (Erpenbeck und von Rosenstiel 2007, S. XXIV). Die Organisationspsychologen Anke von der Heyde und Boris von der Linde (2007) haben eine Reihe sozial-kommunikativer Kompetenzen benannt, die für eine erfolgreiche Gesprächsführung besonders wichtig sind:

- Empathie (Einfühlungsvermögen)
- Kommunikationsfähigkeit und Überzeugungskraft
- Durchsetzungsvermögen und Verhandlungsgeschick
- Konfliktfähigkeit
- Team- und Integrationsfähigkeit

Die von den beiden Autoren genannten Kompetenzen überschneiden sich teilweise in den Merkmalen und Ausprägungen. Um jedoch die eigenen Fähigkeiten zu verstehen und schwach ausgeprägte Kompetenzen zu trainieren, sind die Überschneidungen sehr nützlich. In diesem Kapitel betrachten wir außerdem folgende sozial-kommunikativen Kompetenzen:

- Anpassungsfähigkeit
- Kritikfähigkeit
- Feedbackfähigkeit

7.2 Empathie

Das Wort „Empathie" steht für Einfühlungsvermögen. Häufig wird es auch mit Mitgefühl oder gar Mitleid gleichgesetzt, wobei Mitleid sicherlich am Sinn der Empathie vorbeigeht. In diesem Buch wird unter Empathie die Fähigkeit verstanden, das Denken, Fühlen und Wollen anderer

Menschen nachzuvollziehen. Jeder Mensch verfügt über Empathie. Die Ausprägung wird jedoch stark durch ihre Sozialisation (Erziehung, das soziale Umfeld) beeinflusst.

Einfühlungsvermögen wird unter anderem für die Zusammenarbeit am Arbeitsplatz und soziales Lernen benötigt. Einige Menschen haben erkannt, dass es für viele soziale Prozesse (wie z. B. interpersonale Konflikte) wichtig ist, die Motive anderer Menschen zu verstehen: „Wer einen empathischen Kontakt zu einem anderen Menschen herstellen will, wird nicht nur die Gefühle und Bedürfnisse des anderen nachvollziehen, sondern auch die damit zusammenhängenden Lebensumstände und Überzeugungen im Blick haben. Es geht nicht darum, wild zu interpretieren, wie es dem anderen geht, sondern sich in seine Situation hineinzuversetzen" (vgl. Philognosie 2015). Wer dies nicht will oder kann, der schottet sich unweigerlich ab.

Einfühlsame Menschen …
- hören aufmerksam zu, beobachten und ziehen daraus ihre Schlüsse,
- sprechen überlegt und stellen sich im Verhalten auf den anderen ein,
- können die Sichtweise des Gesprächspartners einnehmen,
- hinterfragen mögliche Konflikte und Differenzen,
- nehmen auch schwache Signale anderer Menschen bewusst oder unbewusst wahr und reagieren darauf,
- zeigen Interesse an anderen Menschen, an deren Sichtweise und Argumentation,
- sind sich der Wirkung der eigenen verbalen und nonverbalen Signale bewusst (vgl. von der Heyde und von der Linde 2007).

Viele verwenden Phrasen wie „Ich kann Sie gut verstehen … " oder „Ja, das kann ich nachvollziehen … " oder gar „Ich weiß, was Sie meinen … ", um Empathie zum Ausdruck zu bringen. Dem folgt oft ein „Aber". Ziel solcher Phrasen ist es, andere zu überzeugen oder über die eigenen Gedanken zu sprechen. Solche Phrasen haben deshalb nichts mit Verstehen oder Empathie zu tun.

7.3 Kommunikationsfähigkeit

Die Fähigkeit, sich gut ausdrücken zu können, macht die Kommunikationsfähigkeit aus. Dies umfasst eine lebendige Gestik, eine klare Ausdrucksweise, stichhaltige Argumente, Selbstbewusstsein und Hartnäckigkeit. Kommunikationsfähigkeit ist somit die wichtigste Voraussetzung, um andere von seinen Ideen überzeugen zu können. Hierzu sind vor allem zwei Eigenschaften erforderlich: Ausdrucksvermögen und Überzeugungskraft.

7.3.1 Ausdrucksvermögen

Der Begriff „Ausdrucksvermögen" beschreibt die Fähigkeit, unsere Ziele und Interessen sowie Einsichten und Erfahrungen so zu kommunizieren, dass sie von anderen verstanden, akzeptiert und im Arbeitshandeln umgesetzt werden können. Damit umfasst sie nicht nur rhetorische Fähigkeiten, sondern auch nonverbale Kommunikation und ein sicheres Auftreten.

Ausdrucksvermögen kann in Rollenspielen, Diskussionen, Fallstudien, Präsentationen und vielen anderen sozialkommunikativen Situationen trainiert werden. Zunehmend bezieht das Verständnis von Ausdrucksvermögen auch die Fähigkeit mit ein, sich in anderen Sprachen ausdrücken zu können (vgl. Mayr 2015).

Sprachgewandte und ausdrucksstarke Menschen …

- kommunizieren eigene Erfahrungen, Gedanken und Vorschläge klar und deutlich,
- können deutlich und verständlich argumentieren und verwenden dabei gut nachvollziehbare Formulierungen und Argumente,
- stellen sich schnell auf das Sprachniveau ihrer Gesprächspartner ein,
- verwenden unterschiedliche sprachliche (rhetorische) Stilmittel, neben der Wortwahl auch kontextuell gebundene (Ironie, Satire, Humor, Metapher, Anspielungen) und redegebundene Stilmittel (Sprechrhythmus, Satzmelodie, Lautstärke, Betonung, vgl. Mayr 2015),
- schweifen im Gesprächsverlauf nicht ab,
- benutzen W-Fragen (Wer, Wie, Was, Wo, Warum) zur Steuerung des Gesprächs.

7.3.2 Überzeugungskraft

Überzeugungskraft beschreibt die Fähigkeit, sich in sozialen Auseinandersetzungen kommunikativ behaupten zu können, das heißt, durch Argumente, Rhetorik und Ausstrahlung den eigenen Standpunkt so gut wie möglich gegen entgegengesetzte Argumentationen zu behaupten oder durchzusetzen. Überzeugungskraft setzt dabei besonders auf argumentative Fähigkeiten, um den anderen durch Einsatz von Argumentationstechniken, Logik und Dialektik zu überzeugen und nicht zu „überreden". Dabei handelt es sich um eine Basisfähigkeit, die auch in anderen Kompetenzen enthalten ist. Wer nicht kommunizieren und andere überzeugen kann, hat es auch schwer in Verhandlungen.

Menschen mit Kommunikations- und Überzeugungskraft …
- unterstreichen das Gesagte durch lebendige Mimik und Gestik,
- gestalten Gespräche aktiv und gehen auf andere zu,
- können Gesprächspartner durch ihre Ideen mitreißen,
- wirken authentisch,
- wecken durch ihren Gesprächsstil beim Gegenüber eine positive Stimmung,
- unterstreichen ihre Aussagen durch praktische und nachvollziehbare Beispiele(vgl. von der Heyde und von der Linde 2007).

7.4 Durchsetzungsvermögen

Durchsetzungsvermögen beschreibt die Fähigkeit, unsere Interessen gegenüber anderen zu vertreten und durchsetzen zu können. Hierzu benötigen wir außer einem selbstsicheren Auftreten vor allem Verhandlungsgeschick und die Fähigkeit, unsere eigenen Rechte, Interessen und Bedürfnisse wahrzunehmen.

7.4.1 Verhandlungsgeschick

Um erfolgreich unsere Interessen zu vertreten, reicht es nicht aus, gut kommunizieren zu können. Wir müssen auch gut verhandeln können. Verhandeln ist ein sehr komplexer Prozess. Ernsthafte Verhandlungen sind von Taktik und Strategien geprägt. Ein kommunikationsfähiger Mensch zu sein, unterstützt das Verhandlungsgeschick ungemein (vgl. von der Heyde und von der Linde 2007).

Eine Person, die erfolgreich verhandeln kann,
- kann flexibel unterschiedliche Strategien handhaben,
- erkennt die Strategien des Verhandlungspartners,

- verfügt über Empathie und Menschenkenntnis,
- kann Spannungen aushalten,
- ist in der Lage, Manipulationsversuche zu erkennen und darauf zu reagieren,
- stellt den Verhandlungspartner nicht bloß (vgl. von der Heyde und von der Linde 2007).

7.4.2 Fähigkeit zur Wahrnehmung der eigenen Rechte und Interessen

Die OECD erachtet die Fähigkeit zur Wahrnehmung der eigenen Rechte und Interessen als eine zentrale Voraussetzung, um seine eigenen Ziele erreichen und ein selbstbestimmtes Leben führen zu können.

> Diese Kompetenz ist in verschiedenen Kontexten von Bedeutung, von hoch formalisierten Rechtsangelegenheiten bis zur Wahrnehmung der persönlichen Interessen im Alltagsleben. Obwohl viele solche Rechte und Bedürfnisse in Gesetzen oder Verträgen festgeschrieben und geschützt sind, liegt es letztlich an den Menschen, ihre Rechte, Bedürfnisse und Interessen (und diejenigen anderer Menschen) festzustellen, sie aktiv wahrzunehmen und sie zu verteidigen.
> Einerseits bezieht sich diese Kompetenz auf eigenorientierte Rechte und Bedürfnisse, andererseits aber auch auf die Rechte und Erfordernisse des Einzelnen als Mitglied der Gemeinschaft (z. B. aktive Teilnahme an demokratischen Institutionen sowie lokalen und nationalen politischen Prozessen). (OECD 2005, S. 17)

Menschen, die über diese Kompetenz verfügen,
- sind sich ihrer eigenen Interessen bewusst (z. B. bei einer politischen Wahl),
- kennen schriftliche Regeln und allgemeine Grundsätze, mit denen sie ihre Standpunkte begründen können,
- finden Argumente, um ihre Bedürfnisse und Rechte durchzusetzen,
- verfügen über das Selbstbewusstsein, Vereinbarungen oder alternative Lösungen vorzuschlagen (vgl. OECD 2005, S. 16 f.).

7.5 Konfliktfähigkeit

Konfliktfähige Menschen versuchen, Konflikte zu bewältigen, anstatt ihnen einfach nur auszuweichen. Dabei agieren sie nicht zu offensiv oder gar aggressiv. In der Praxis ist ein angemessenes Konfliktverhalten gefordert. Das lässt sich weder durch übertriebene Emotionalität noch durch strikte Sachorientiertheit realisieren.

Konfliktfähige Menschen …
- haben einen hohen ethischen Selbstanspruch,
- verfügen über die Fähigkeit, Konflikte frühzeitig zu erkennen,
- nehmen die eigenen Gefühle und Bedürfnisse wahr und können diese formulieren,
- verwechseln nicht die eigene Wahrnehmung und Interpretation mit der Wahrheit,
- erachten Konfliktlösung und Vermittlung als wichtig,
- kennen Konfliktmechanismen und Techniken, um Konflikte anzusprechen und zu bewältigen,
- gehen auch in Diskussionen Konflikte sachlich und ruhig an,
- sprechen strittige Punkte offen an, ohne dass der Konflikt eskaliert,

- gehen ziel- und lösungsorientiert vor,
- lassen sich von Auseinandersetzungen nicht aus dem Gleichgewicht bringen (vgl. Rosenberg 2003).

7.6 Team- und Integrationsfähigkeit

Als teamfähig gelten Menschen, die dazu bereit und fähig sind, mit anderen zusammenzuarbeiten, Ideen und Gedanken auszutauschen, gemeinsame Lösungen zu erarbeiten und sich gegenseitig zu fördern. Die Förderung der Teamprozesse zählt zu den Hauptaufgaben von Personen in leitenden Positionen.

Eine wichtige Voraussetzung, um erfolgreich im Team zusammenarbeiten zu können, ist Integrationsfähigkeit. Dieser Begriff beschreibt die Fähigkeit, unterschiedliche soziale Bestrebungen, Interessen und Aktionen zu gemeinsamem Handeln zu bündeln und für sich zu nutzen. Integration wird dabei nicht als Ziel, sondern als Prozess aufgefasst. Im Laufe integrativer Prozesse kommen „Einigungen" zwischen gegensätzlichen Sichtweisen, interagierenden Personen und Personengruppen zustande.

Bei Integrationsfähigkeit geht es um die Wahrnehmung und den Ausgleich gegensätzlicher Anschauungen sowie um Probleme der Akzeptanz, unter anderem von Menschen mit einer anderen kulturellen Prägung (vgl. von der Heyde und von der Linde 2007).

Team- und integrationsfähige Menschen …
- verstehen es als Führungskraft, unterschiedliche Charaktere in Teams zu integrieren. Sie bringen ihr Team zu gemeinsamem Handeln, fühlen sich dazu in die zum Teil widersprüchlichen psychischen Bedingungen und Sichtweisen der Teammitglieder ein und wirken dabei als Vorbild.
- bündeln als Teamleiter zielorientiert unterschiedliche soziale Bestrebungen, Interessen und Handlungen. Sie arbeiten aktiv darauf hin, das Team zu stärken und den Austausch zu fördern und stärken das Vertrauen untereinander.
- beziehen schwachen Teammitglieder mit ein und unterstützen diese.
- integrieren sich in die Gruppe, ohne ihre Individualität aufzugeben.
- kommunizieren aktiv mit anderen und tauschen sich mit ihnen aus.
- bestehen nicht auf ihren eigenen Standpunkt, wenn es brauchbare Kompromisse gibt.
- arbeiten auf ein konstruktives und harmonisches Miteinander hin und setzen erfolgreich Methoden ein, um Handlungskonflikte rechtzeitig zu erkennen und sie zu neutralisieren.
- handeln aufgabenorientiert und arbeiten mit anderen zusammen an einem konkreten Ziel.
- verankern die Notwendigkeit und den Nutzen von Integration fest im persönlichen Werte- und Normensystem (vgl. von der Heyde und von der Linde 2007).

7.7 Anpassungsfähigkeit

Anpassungsfähigkeit beschreibt die Fähigkeit, sich auch schwierigen persönlichen und sozialen Situationen – insbesondere im Rahmen der Arbeit mit anderen in Gruppen (Teams), Unternehmen und Organisationen – anzupassen und so einzubringen, dass die gemeinsamen Ziele besser erreicht werden. Anpassungsfähigkeit steht dabei nicht im Widerspruch zur Selbstverwirklichung und Unabhängigkeit.

Zu große berufliche Spezialisierung und Bürokratie widersprechen der vom Markt geforderten Reaktions- und Anpassungsfähigkeit. Die Erkenntnis, dass sich das Unternehmensumfeld nicht im Voraus berechnen lässt, führt wiederum zu hohen Ansprüchen an die Anpassungsfähigkeit und Flexibilität jedes Einzelnen (vgl. Mair 2015).

Anpassungsfähige Menschen …
- bringen sich in schwierigen sozialen Situationen, insbesondere im Rahmen der Arbeit von Teams, Unternehmen, Organisationen, zielorientiert ein,
- passen sich nicht unkritisch an, sondern sehen ihre Anpassung als Teil der eigenen Selbstverwirklichung und realisieren so Unabhängigkeit,
- sind stolz auf gemeinsam Erreichtes,
- verstehen Anforderungen an die Anpassungsfähigkeit und Flexibilität des Teams oder des Unternehmens als Anforderungen an die eigene Anpassungsfähigkeit und setzen sie entsprechend um (vgl. Mair 2015).

7.8 Kritikfähigkeit

Kritikfähigkeit bezeichnet nicht nur die Kompetenz, Kritik annehmen zu können, sondern auch Kritik angemessen auszuüben. Gerade in Bereichen, in denen Teamarbeit gefragt ist und in denen Menschen eng zusammenarbeiten, besteht großes Konfliktpotenzial. Kritikfähigkeit ist deshalb eine zentrale Voraussetzung für ein produktives Arbeitsumfeld. Das Äußern von Kritik ist oft heikel, da niemand gerne in seinem Selbstbild korrigiert wird und viele Menschen Schwierigkeiten damit haben, Verbesserungsvorschläge offen anzusprechen bzw. selber anzunehmen.

Kritikfähigkeit kann erlernt werden. Jeder Konflikt und jede Diskussion bieten uns Möglichkeiten zum Üben. Dazu ist es wichtig, uns gegenseitig zuzuhören und ausreden zu lassen. Außerdem sollten wir erst einmal für uns selbst überprüfen und uns darüber klar werden, ob die Kritik des anderen berechtigt ist und seine Argumente Hand und Fuß haben. Wenn der andere mit seinen Kritikpunkten Recht hat, sollten wir die Kritik annehmen und seine Verbesserungsvorschläge bei ähnlichen Situationen oder Aufgaben umsetzen. Kritikfähigkeit bedeutet jedoch nicht nur, Fehler einzugestehen und daraus zu lernen, sondern auch, ungerechtfertigte Anschuldigungen sachlich zurückweisen zu können. Die Schuld nur bei anderen zu suchen, aber auch Fehler einzugestehen, die wir nicht zu verantworten haben, sind Zeichen schlechter Kritikfähigkeit.

7.8.1 Regeln für das Annehmen von Kritik

Beim Entgegennehmen von Kritik befinden wir uns in einer passiven Rolle. Wir sind der Kritik erst einmal hilflos ausgesetzt. Kritik bzw. kritisches Feedback bietet uns die Chance, zu erfahren, wie wir auf andere wirken. Deshalb sollten Sie …
- den Anderen ausreden lassen: Sie können nicht wissen, was der Andere sagen will, bevor er nicht zu Ende gesprochen hat. Sie können es nur vermuten.
- die Kritik nicht persönlich nehmen: Gerade im Berufsleben ist es wichtig, eine klare Grenze zwischen Beruflichem und Privatem zu ziehen und sich nicht auf eine emotionale Ebene zu begeben. Deswegen sind Sachlichkeit und Diplomatie bei der Kritikfähigkeit besonders gefragt.
- sich nicht rechtfertigen oder verteidigen: Es ist wichtig, zu verstehen, was der Andere meint. Deshalb sollten Sie sich nicht scheuen, Verständnisfragen zu stellen.
- für ein kritisches Feedback dankbar sein: Es hilft Ihnen, sich selbst und Ihre Wirkung auf andere zu verstehen und dadurch sicherer und kompetenter aufzutreten (vgl. Schulé 2014).

7.9 Fähigkeit, angemessenes Feedback zu geben

Feedback ist die beste Möglichkeit, um etwas über die eigene Wirkung auf andere zu erfahren. Sowohl im Beruf als auch im Privatleben ist es manchmal wichtig, andere auf Fehler hinzuweisen bzw. dem anderen mitzuteilen, was uns gut bzw. nicht so gut an seinem Verhalten gefällt. Solche Rückmeldungen werden als Feedback bezeichnet. Wir lernen auf diese Weise, wie wir auf andere wirken, und sehen, was unser Verhalten bei anderen auslöst. Ziel von Feedback ist es, uns unserer Verhaltensweisen, aber auch Stärken und Schwächen bewusst zu werden. Dabei kommt es vor, dass wir kritisiert werden. Die beiden entscheidenden Fragen sind, wie wir mit dieser Kritik umgehen und ob wir dazu in der Lage sind, die Kritik anzunehmen und daraus zu lernen.

Feedback hat zwei Seiten: das Feedback-Geben und das Feedback-Nehmen. Dies sind wichtige Fähigkeiten, um Veränderungsprozesse in Gang zu setzen. Die größte Kunst beim Feedback-Geben ist es, einem anderen Menschen zu sagen, wie wir ihn sehen, ohne ihn dabei zu verletzen. Feedback sollte deshalb zielorientiert sein: Was war gut? Was sollte verbessert werden? Und wie können wir bzw. unser Gegenüber in Zukunft aus diesen Fehlern lernen? Feedback ergibt nur Sinn, wenn es auf diese Fragen eine Antwort gibt. Um dies zu erreichen, müssen einige Grundsätze beachtet werden.

> **Tipp: Feedback-Regeln**
> - Seien Sie konstruktiv: Bieten Sie Lösungs- und Verbesserungsvorschläge für künftige Situationen. Damit tragen Sie produktiv zur Problemlösung bei. Der Kritisierte erhält die Möglichkeit, den Verbesserungsvorschlag aktiv anzunehmen und umzusetzen.
> - Seien Sie konkret: Wenn Sie Dinge verallgemeinern oder pauschale Aussagen treffen, weiß der Betreffende nicht, wie er das Problem lösen kann. Für die Beteiligten ist es einfacher, das Feedback nachzuvollziehen, wenn Sie die Situation konkret beschreiben oder mithilfe eines Beispiels erläutern.
> - Lassen Sie Bewertungen und Interpretationen außen vor. Beschreiben Sie stattdessen, was Sie stört. Der Kritisierte erfährt auf diese Weise, wie er sich verbessern kann. Das folgende Beispiel macht den Unterschied deutlich: „Sie haben das dritte Mal in Folge die Ihnen aufgetragene Arbeit nicht zu Ende gebracht" (Beschreibung), „Sie sind faul" (Bewertung).
> - Äußern Sie Ihre Kritik sachlich: Beschimpfungen und Beleidigungen sind unangebracht und werden von Ihrem Gegenüber nicht als konstruktive Kritik wahrgenommen. Sie bewirken nur, dass der Kritisierte Ihnen nicht mehr zuhört.
> - Formulieren Sie Ihr Feedback subjektiv: Wenn Sie von Ihren eigenen Beobachtungen und Eindrücken sprechen und nicht von denen anderer, fällt es dem Beteiligten leichter, das Feedback anzunehmen (z. B. „Ich finde, dass du …", „Meiner Meinung solltest du …", „Mir gefällt …").
> - Geben Sie nicht nur negatives Feedback: Den Beteiligten fällt es leichter, Verbesserungsvorschläge zu akzeptieren, wenn sie merken, dass Sie sie nicht nur kritisieren, sondern auch ihre positiven Seiten sehen (vgl. Schulé 2014). Berücksichtigen Sie dabei jedoch den Charakter des Feedback-Nehmers. Vermeiden Sie es, Ihre Kritik in Lob zu verpacken, wenn Ihr Gegenüber nur hört, was lobend über ihn gesagt wird. Die Kritik wird dann mit großer Wahrscheinlichkeit überhört.

Literatur

Erpenbeck J, von Rosenstiel L (2007) Handbuch Kompetenzmessung: Erkennen, verstehen und bewerten von Kompetenzen in der betrieblichen, pädagogischen und psychologischen Praxis. Stuttgart

Jung H (2011) Personalwirtschaft, 9. Aufl. München

Krause D (2005) Luhmann-Lexikon, 4. Aufl. Stuttgart

von der Linde B, von der Heyde A (2007) Psychologie für Führungskräfte, 2. Aufl. München

Mair M (Hrsg) (2015) Interaktiver Kompetenzatlas, FH Wien, Institut für Tourismus-Management. http://kompetenz-atlas.fh-wien.ac.at/?page_id=500

OECD (Hrsg) (2005) Definition und Auswahl von Schlüsselkompetenzen: Zusammenfassung. Projekt Definition and Selection of Competencies: Theoretical and Conceptual Foundations (DeSeCo). Genf, S 16–17

Philognosie GbR (2015) Wirkendes Wissen. www.philognosie.net

Rosenberg M (2003) Gewaltfreie Kommunikation. Paderborn

Schulé S (2014) Gutes Feedback - Regeln für eine wirksame Rückmeldung. http://arbeitsblaetter.stangl-taller.at/KOMMUNIKATION/Feedbackgeben.shtml (Zugriff: 23.09.2016)

Präsentieren und Visualisieren

Sven Pastoors

© Springer-Verlag GmbH Deutschland 2018
J.H. Becker, H. Ebert, S. Pastoors, *Praxishandbuch berufliche Schlüsselkompetenzen*,
https://doi.org/10.1007/978-3-662-54925-4_8

8.1 Definition und Begrifflichkeiten

Informationen werden nicht nur über das Ohr, sondern über alle Sinne aufgenommen. Eine besondere Rolle spielt dabei das Auge. Denn wir können uns besser an etwas erinnern, wenn wir es nicht nur hören, sondern gleichzeitig auch sehen. Durch eine gute Präsentation der Inhalte können die Zuhörer das Gesagte besser verstehen und sich einprägen. Zur Visualisierung der Informationen eines Vortrages stehen uns unterschiedliche Präsentations- und Visualisierungstechniken zur Verfügung. Diese helfen uns dabei, einen Vortrag interessanter und ansprechender zu gestalten.

Der Begriff „Präsentationskompetenz" beschreibt die Fähigkeit, Inhalte (bzw. sich selbst) in strukturierter Form erfolgreich zu vermitteln. Je nach Zielstellung bedeutet „erfolgreich", die Zuhörer der Präsentation für ein Thema zu interessieren, über etwas zu informieren, von etwas zu überzeugen oder zu einer Entscheidung bzw. Handlung zu bewegen (vgl. Moritz 2006).

Die wichtigste Form, um ein Publikum von einer Idee zu überzeugen, ist die Rede. Eine Rede ist eine Ansprache, bei der der Referent vor einem Publikum seine Gedanken über ein bestimmtes Thema oder ein Arbeitsgebiet darlegt. Zu den gängigsten Formen zählen neben der klassischen Rede der Vortrag und die Präsentation:

- Die klassische Rede wird entweder zu bestimmten Anlässen (Geburtstag, Festtag oder Jubiläum) oder im Rahmen politischer Veranstaltungen gehalten. Der Einsatz von Medien, wie sie häufig bei Vorträgen oder Präsentationen eingesetzt werden (z. B. Overhead-Projektoren, Flipcharts usw.), sind bei klassischen Reden eher ungewöhnlich.
- Ein Vortrag ist eine Rede über ein bestimmtes (wissenschaftliches) Thema. Bei einem Vortrag stehen Fakten und wissenschaftliche Erkenntnisse im Vordergrund und nicht der unterhaltende Aspekt. Ziel eines Vortrages ist es, die Zuhörer mithilfe von Fakten zu informieren oder zu überzeugen.
- Im Gegensatz zur klassischen Rede greift der Referent bei einer Präsentation auf Hilfsmittel wie Beamer, Notebook, Flipchart oder Whiteboard zurück. Der wirksame Einsatz dieser Mittel erfordert vom Präsentierenden neben rhetorischem Geschick auch Medienkompetenz und die Fähigkeit, Inhalte und Zusammenhänge zu visualisieren.

Die Präsentation ist eine wichtige Form der Rede. Deshalb gewinnt die Fähigkeit, Dinge anschaulich zu visualisieren, als Methodenkompetenz zunehmend an Bedeutung. Präsentationskompetenz wird dabei als Kombination aus unterschiedlichen Kompetenzen betrachtet:

- Rhetorik, Kommunikationsfähigkeit und Überzeugungskraft
- analytisches und strukturiertes Denken
- selbstbewusstes und offenes Auftreten
- Medien- und Visualisierungskompetenz

Die Kombination dieser Fähigkeiten hilft dem Referenten, komplizierte Zusammenhänge inhaltlich und visuell einfach und verständlich zu präsentieren (vgl. Moritz 2006). Der Einsatz von Medien eignet sich deshalb nicht nur zur Unterstützung von Vorträgen. In Diskussionen, bei Gruppenarbeiten oder bei betrieblichen Kommunikationsprozessen haben sie einen ähnlich hohen Stellenwert, um z. B. Arbeitsabläufe zu strukturieren, Ergebnisse festzuhalten oder in Themenkomplexe einzuführen.

8.2 Vorbereitung einer Präsentation

Eine Präsentation kann verschiedene Ziele verfolgen. Zum einen kann die Intention die Information der Zuhörer sein, zum anderen kann eine Präsentation dazu dienen, die Zielgruppe von einer Lösungsalternative oder einer Idee zu überzeugen.

Das Ziel einer Präsentation hat Einfluss auf den Inhalt und Aufbau einer Präsentation, deren Vortragsweise und die eingesetzten Medien. So können für eine Präsentation parallel verschiedene Medien eingesetzt werden (z. B. ein Flipchart, eine Pinnwand und ein Beamer). Bevor eine Präsentation erstellt werden kann, ist deshalb eine Analyse der Vortragssituation erforderlich. Sie hilft dabei, die Informationen zielgerichtet und zielgruppengerecht aufzubereiten. Dabei sind folgende Aspekte zu beachten:

- Adressaten (Wer ist die Zielgruppe der Präsentation? Was wissen die Zuhörer bereits über das Thema? etc.)
- Präsentationsziel (Erfolgt die Präsentation mit dem Ziel der Information? Oder soll die Zielgruppe von einer Idee überzeugt werden?)
- Rahmenbedingungen der Präsentation (Welche Medien und Techniken können zum Einsatz kommen? Welchen zeitlichen Umfang darf die Präsentation haben?)

> **Tipp: Zielgruppe der Präsentation**
> (mit freundlicher Genehmigung von Jochen Mai © Mai 2014)
> Erkundigen Sie sich, wer Ihre Zuhörer sind und was Sie von Ihnen erwarten, bevor Sie eine Präsentation planen und vorbereiten. Klären Sie deshalb vorab folgende Fragen:
> **Wie groß ist das Publikum?**
> Es macht einen Unterschied, ob Sie vor 30 oder 300 Menschen präsentieren. Im ersten Fall ist der Vortrag persönlicher und Sie können mehr dialogische Elemente einsetzen. Im zweiten Fall sollten Sie dagegen die Inhalte stärker visualisieren.
> **Welche Vorkenntnisse haben die Zuhörer?**
> Werfen Sie nicht mit Fremdwörtern um sich, wenn Sie einen Fachvortrag halten. Nichts ist schlimmer, als an seiner Zielgruppe vorbei zu reden. Verwenden Sie deshalb eine einfache und verständliche Sprache.
> **Wofür interessieren sich die Zuhörer?**
> Je weniger sich das Publikum für das Thema des Vortrags interessiert, desto unterhaltsamer muss die Präsentation sein.
> **Wie lange darf bzw. sollte der Vortrag dauern?**

8.2 · Vorbereitung einer Präsentation

Nach 20 Minuten sinkt die Aufmerksamkeit des Publikums rapide ab. Prüfen Sie deshalb im Vorfeld, ob Sie mit Ihrer Präsentation im vorgegebenen Zeitrahmen bleiben.
Wie weit ist die Bühne vom Publikum entfernt?
Je weiter Sie von Ihren Zuhörern entfernt sind, desto mehr müssen Sie den Kontakt zu Ihren Zuhörern pflegen, z. B. durch Zwischenfragen oder direkte Ansprache.

Sind die Rahmenbedingungen der Präsentation geklärt, kann die Erstellung der Präsentation erfolgen. Werden als Medien zur visuellen Unterstützung des Vortrages Flipchart oder Pinnwand gewählt, empfiehlt sich die Erarbeitung eines Manuskripts. Dieses hilft dabei, den Inhalt und Ablauf der Präsentation zu strukturieren, den roten Faden der Präsentation zu behalten und wichtige Informationen nicht zu vergessen. Hierbei sollte darauf geachtet werden, dass das Manuskript nur als Hilfestellung dient und nicht einfach abgelesen wird.

8.2.1 Aufbau und Inhalt der Präsentation

» Vollkommenheit entsteht nicht, wenn man nichts mehr hinzufügen kann, sondern dann, wenn man nichts mehr wegnehmen kann. (de Saint-Exupéry 1939, S. 60)

Eine gute Präsentation zeichnet sich dadurch aus, dass sie einem logischen Aufbau folgt und das Publikum zum Mitdenken anregt. Dabei spielt die Gliederung einer Rede eine große Rolle. Nur mit einer guten Gliederung gelingt es uns, die Zuhörer zum gewünschten Ziel zu führen.

> **Tipp: Die Fünf-Satz Regel**
> (mit freundlichen Genehmigung von Jochen Mai © Mai 2008)
> Eine gute Möglichkeit, einen Vortrag zu strukturieren, ist die so genannte Fünf-Satz-Regel:
> - Verwenden Sie einen spannenden Einstieg.
> - Erläutern Sie kurz die drei wichtigsten Argumente bzw. Aspekte Ihres Themas. Dabei empfiehlt sich folgende Reihenfolge: Beginnen Sie mit dem zweitwichtigsten Argument (aus Sicht des Zuhörers), als nächstes das schwächste Argument und kurz vor dem Ende Ihr stärkstes Argument.
> - Überlegen Sie sich einen Schlusssatz, der die Zuhörer zu einer Handlung bzw. Meinungsänderung auffordert.

Nicht nur bei der freien Rede, sondern auch bei Präsentationen ist es sinnvoll, einen inhaltlichen Spannungsbogen aufzubauen. Wer zu Beginn einer Präsentation Fragen aufwirft und diese am Ende des Vortrages wieder aufgreift, rundet nicht nur seine Präsentation ab, sondern unterstützt beim Publikum auch den Eindruck, eine in sich geschlossenen Präsentation gehört zu haben.

Um Menschen mit einer Präsentation zu einer Meinungsänderung oder einer Handlung zu veranlassen, muss der Vortragende hinter dem stehen, was er sagt und präsentiert. Enthusiasmus wirkt ansteckend, wenn er mit Fakten kombiniert wird. Wer verschiedene Sinne anspricht, das heißt, nicht nur Verstand und Logik, sondern auch die mit menschlichen Handlungen und Interaktionen verbundenen Emotionen einschließt, hat bessere Chancen, das Publikum mitzureißen und zu überzeugen (vgl. Moritz 2006). Dabei darf er auch eigene Emotionen zeigen. Dadurch wirken sowohl er selbst als auch die Präsentation authentischer. Je mehr ein Redner von seinem Thema überzeugt ist, desto eher springt auch der Funke über (vgl. Mai 2014).

8.2.2 Eröffnung und Abschluss

> » Eine gute Rede hat einen guten Anfang und ein gutes Ende – und beide sollten möglichst dicht beieinanderliegen. (Twain, zitiert nach Wöss 2004, S. 157)

Um die Aufmerksamkeit und das Interesse seiner Zuhörer zu gewinnen, muss der Referent deren Neugier wecken. Die meisten Zuhörer merken sich nur den Anfang und die Schlusspointe bzw. den Schlussappell eines Vortrags. Deshalb sollten beide das Publikum überzeugen. Der Einstieg in einen Vortrag oder eine Rede entscheidet darüber, ob das Publikum dem Vortrag gespannt zuhört – oder bereits nach wenigen Sekunden abschaltet. In der Praxis haben sich unter anderem folgende Einstiegsformen bewährt:

Tipp: Einstiegsformen
(mit freundlicher Genehmigung von Jochen Mai © Mai 2008)
- **Interaktiv** – Lassen Sie Ihr Publikum selbst über Ihr Thema sinnieren, indem Sie eine rhetorische Frage, am besten aus der Metaebene stellen: „Was denken Sie: Wie kann ein Redner dafür sorgen, dass ihm sein Publikum zuhört?"
- **Nachrichtlich** – Beginnen Sie mit den Ergebnissen einer aktuellen Studie oder (Branchen-) News: „Sie haben es heute gelesen: Die Konjunktur flaut ab … "
- **Überraschend** – Sie können die Nachricht aber auch bewusst verfälschen und eine Falschaussage treffen, um eine Art Was-wäre-wenn-Szenario aufzubauen: „Die Statistik zeigt: In zehn Jahren ist Deutschland ein Greisenheim."
- **Provokativ** – Überhöhen Sie Ihre Kernthese oder -aussage zum Extrem. Das schafft Reibungsfläche, aber eben auch Aufmerksamkeit: „Wer nicht netzwerkt, findet keinen Job."
- **Vergleichend** – Analogien, Parabeln, Gleichnisse – Geschichten hört jeder gerne: „Vorträge sind wie Stau: Man würde gerne abkürzen, kommt aber nicht raus."
- **Persönlich** – Apropos Geschichten: Erzählen Sie eine eigene, eine Anekdote aus Ihrem Leben: „Sie werden nicht glauben, was mir gerade im Hotel passiert ist … "
- **Humorvoll** – Starten Sie zur Auflockerung mit einem Witz, idealerweise mit einem, der zum Thema passt.

Da der Schluss einer Rede am ehesten in der Erinnerung der Zuhörer haften bleibt, braucht auch er etwas Inspirierendes: einen Appell, einen Ausblick oder eine provokante Frage.

Eine gute Möglichkeit, um einen Vortrag aufzulockern, sind Zitate. Klassisch sind Zitate zu Beginn des Vortrages. Dabei sollte darauf geachtet werden, dass das Zitat möglichst kurz ist und dass maximal eines pro Folie verwendet wird. Auf dieser Folie sollte nichts weiter stehen als ein Zweizeiler in Anführungszeichen - und der Urheber. Leider vergessen viele Referenten, ihre Quellen anzugeben: Wenn jemand eine öffentliche Präsentation hält, muss er die Quellen seiner Zitate sowie des verwendeten Bild- oder Tonmaterials angeben. Zudem müssen die verwendeten Bilder, Film- oder Musikausschnitte autorisiert sein bzw. über eine Creative-Commons-Lizenz verfügen (vgl. Mai 2008).

8.3 Durchführung der Präsentation

Neben dem Inhalt der Präsentation tragen weitere Aspekte zum Erfolg oder Misslingen der Präsentation bei. Ein guter Vortrag alleine sorgt noch lange nicht dafür, dass der Funke beim Publikum überspringt. Die „Verpackung" des Vortrages, wie das Auftreten und die Präsentierweise

8.3 · Durchführung der Präsentation

Abb. 8.1 Wirkung einer Mitteilung über das eigene emotionale Empfinden (in Anlehnung an Mehrabian und Ferris 1967)

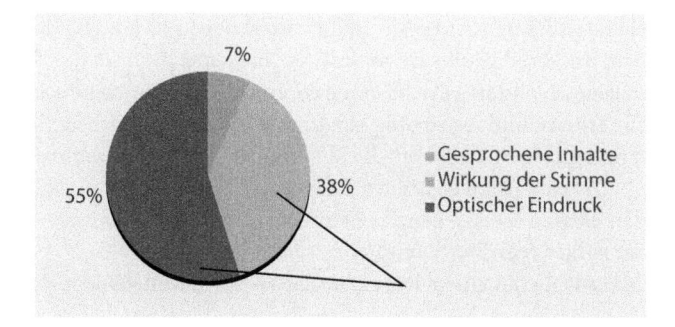

des Referenten oder welche Hilfsmittel, Bilder oder interaktiven Elemente er einsetzt, ist mindestens genauso wichtig. Dabei spielen sowohl sprachliche Elemente (verbale Ebene) und die Stimme (paraverbale Ebene) als auch die Körpersprache (nonverbale Ebene) eine wichtige Rolle.

Auch wenn ein Referent hofft, seine Zuhörer vor allem mit dem Inhalt seiner Rede zu überzeugen, entscheidet vor allem seine Körpersprache darüber, ob das Publikum ihm folgt oder nicht. Der US-amerikanische Psychologe Albert Mehrabian hat in einem Experiment gezeigt, dass die Wirkung einer Mitteilung, die in Bezug auf den Inhalt, die Stimme sowie die Mimik und Gestik widersprüchliche Signale sendet, zu 7 Prozent durch den sprachlichen Inhalt, zu 38 Prozent durch den stimmlichen Ausdruck und zu 55 Prozent durch die Körpersprache bestimmt wird (vgl. Mehrabian und Ferris 1967; Abb. 8.1).

Die Ausstrahlung und das Auftreten des Präsentierenden haben somit einen entscheidenden Einfluss auf den Erfolg einer Präsentation. Ein selbstbewusster, rhetorisch kompetenter und sympathisch wirkender Referent hat deshalb bessere Chancen, seine Zuhörer von seinen Zielen zu überzeugen (vgl. Moritz 2006).

8.3.1 Sprachliche Gestaltung

Die sprachliche Gestaltung der Präsentation beeinflusst maßgeblich deren Verständlichkeit und das Interesse der Zuhörer am Vortrag. Der Referent sollte deshalb möglichst kurze und einfache Sätze verwenden. Je einfacher die Sätze des Vortragenden sind, desto besser kann das Publikum sie behalten. Am besten überzeugt er sein Publikum, wenn er Hauptsätze mit weniger als zehn Wörtern verwendet. Deshalb empfiehlt es sich, für eine Rede möglichst nur Hauptsätze zu verwenden und auf Relativ- und Schachtelsätze zu verzichten.

Um kompliziertere Sachverhalte zu verdeutlichen, eignen sich am besten Beispiele und Bilder. Geschäftszahlen oder technische Daten ohne Beispiele, Metaphern oder Vergleiche darzustellen, ist nahezu unmöglich. Der Referent sollte sich bei der Auswahl der Beispiele und der Wortwahl an seiner Zielgruppe orientieren. Dabei sollte er die verwendete Sprache und den Detailgrad der Informationen an die Vorkenntnisse und Erwartungen der Zuhörer anpassen und sich auf das für das Publikum Wesentliche beschränken. Alles andere lenkt die Zuhörer nur ab (vgl. Mai 2008).

8.3.2 Wirkung der Stimme

Der Vortragende sollte nicht versuchen, gegen eine plaudernde Masse anzureden. Stattdessen sollte er eine kurze Pause machen, bis es wieder ruhig wird. Außerdem empfiehlt es sich, regelmäßig die Melodie und den Klang der Stimme leicht abzuändern, um den Vortrag lebhafter zu gestalten. Auch eine abwechslungsreiche Wortwahl, variierende Lautstärke, Betonung und ein angemessenes Redetempo helfen, die Aufmerksamkeit des Publikums zu erhalten. Selbst kurzes Flüstern ist erlaubt und steigert die Wirkung der Aussagen enorm. Der Referent sollte deshalb darauf achten, seine Stimme zu variieren und regelmäßig kurze Sprechpausen zu machen. Diese bietet sowohl dem Referenten als auch dem Publikum die Möglichkeit, sich kurz zu sammeln und die Gedanken zu ordnen.

Um einen aktiven Eindruck zu vermitteln, ist es wichtig, die Verben zu betonen. Insbesondere aktive Verben regen das Gehirn stärker an als Substantive und lassen den Vortrag spannender wirken (vgl. Mai 2008).

Falls Sie mit einem Redemanuskript, Sprechzetteln oder Karteikarten arbeiten, können Sie darin markieren, wo Sie eine kurze Pause machen, welches Wort Sie betonen, wo Sie eine Reaktion des Publikums erwarten und wie Sie darauf reagieren möchten (vgl. Mai 2014).

8.3.3 Mimik

Eine große Rolle für den Erfolg einer Rede spielt der Blickkontakt. Der Vortragende sollte deshalb mindestens 90 Prozent seiner Redezeit Blickkontakt zum Publikum halten. Dies ermöglicht es ihm, die Reaktionen der Zuhörer zu verfolgen und gegebenenfalls darauf zu reagieren. Tauchen etwa fragende Blicke auf, ist es ratsam, eine Zwischenerklärung einzufügen oder bestimmte Sachverhalte näher zu erläutern.

> **Tipp**
> Schüchterne Menschen können knapp über die Menge hinwegsehen oder sich auf zwei, drei wohlgesonnene Zuhörer konzentrieren. Den Unterschied werden die meisten Zuhörer nicht bemerken. Der Referent muss seinen Blick nur regelmäßig über alle Köpfe schweifen lassen (vgl. Mai 2008).

8.3.4 Gestik

Über verschiedene Gesten können Aussagen unterstrichen und betont werden. Unkoordinierte oder übertriebene Gestikulation sollte vermieden werden, da sie die Autorität und Glaubwürdigkeit des Vortragenden negativ beeinflussen kann.

> **Tipp**
> Bei der Gestik spielen vor allem die Arme und Hände eine große Rolle:
> - Achten Sie darauf, sich möglichst ruhig und langsam zu bewegen.
> - Winkeln Sie Ihre Arme leicht an und achten Sie darauf, dass sich beide Hände möglichst im Bereich zwischen der Gürtellinie und den Schultern befinden.
> - Die Hände in die Hosentaschen zu stecken, wirkt auf viele Menschen unhöflich.

Die Körperhaltung als nonverbale Ausdrucksmöglichkeit verrät viel über die Person des Referenten und beeinflusst unterbewusst die Zuhörer. Eine wichtige Voraussetzung für eine selbstbewusste Außenwirkung ist ein sicherer Stand. Der Vortragende sollte deshalb
- die Beine durchstrecken und leicht geöffnet stehen,
- die Füße leicht versetzen und fest auf dem Boden stehen (Wippen, Ballen- oder Fersenstellung verraten Nervosität, Unsicherheit und Verspannung),
- den Rücken durchstrecken.

Insgesamt sollte eine lockere, aber nicht zu legere Köperhaltung eingenommen werden, die weder Arroganz noch Desinteresse an den Zuhörern widerspiegelt.

8.3.5 Rückfragen und abschließende Diskussion

Bei jedem guten Vortrag gibt es Rückfragen aus dem Publikum. Vor allem inhaltliche Rückfragen sind ein gutes Zeichen, da sie zeigen, dass das Publikum dem Vortragenden noch zuhört. Doch wie sollte ein guter Referent reagieren, wenn Zuhörer mitten im Vortrag Rückfragen stellen möchten, dazwischenrufen oder die Präsentation kritisieren, bevor diese beendet ist? Der Vortragende darf auf keinen Fall seine Souveränität verlieren, die Rückfragen ignorieren oder sich lauthals über die Störung seines Vortrages beschweren. Am besten verweist der Referent einfach auf einen späteren Zeitpunkt, wenn er nicht sofort auf die Rückfragen eingehen möchte (vgl. Mai 2008): „Bitte merken Sie sich Ihre Frage. Am Ende des Vortrags werde ich Ihre Frage gerne beantworten."

8.4 Medien zur Visualisierung

Ziel einer Präsentation ist, den Zuhörer zu informieren, zu überzeugen und zu motivieren. Dabei hilft es, die Aussage mithilfe von Text oder Bildern zu unterstreichen. Ein Bild oder eine Zeichnung hilft den Zuhörern, das Gesagte besser zu verstehen, und dient gleichzeitig als Gedächtnisstütze. Eine optische Darstellung von Botschaften und Inhalten zieht die Zuhörer in den Bann. Bildliche Informationen werden schneller und besser aufgenommen. Zudem bringen sie Abwechslung in einen Vortrag. Die optische Darstellung von Inhalten wird auch als „Visualisierung" bezeichnet.

Als Medien zur Visualisierung eignen sich unter anderem:
- PowerPoint-Präsentationen, Keynote, Prezi (Präsentationsprogramme)
- Bilder, Zeichnungen oder Filme
- Whiteboard oder Tafel
- Flipchart oder Wandplakate
- Metaplan-Wände, Pinnwände, Post-it
- Produkt- oder Hörproben

Diese Werkzeuge lassen sich miteinander kombinieren und während der Rede abwechseln. Die Qualität der eingesetzten Medien beeinflusst den Erfolg einer Präsentation maßgeblich. Deshalb sollten Visualisierungen übersichtlich gestaltet sein und richtig dosiert werden. Die verwendeten Medien sind nur ein Instrument, um die Aussage des Vortrages zu visualisieren und zu unterstützen. Sie dienen dem Referenten als Stichwortgeber und helfen den Zuhörern, den Inhalt der Rede zu behalten und zu verstehen. Die Präsentation sollte deshalb einfach aufgebaut sein und hinter den Vortragenden zurücktreten. Nur so unterstreicht sie den Inhalt der Rede, ohne davon abzulenken.

Dies gilt auch für Folien, Charts und Bilder. Diese dienen einzig zur Verstärkung und zur Illustration des Gesagten. Die Charts enthalten kein Abbild der Rede, sondern unterstreichen das Gesagte mithilfe der Definition wichtiger Begriffe oder einfachen, selbsterklärenden Grafiken. Der Referent sollte sich deshalb bei der Überlegung, was auf einer Folie gezeigt werden soll, von dem Motto leiten lassen: „Weniger ist mehr!". Das bedeutet, dass auf eine Folie nicht mehr als maximal fünf bis sieben Zeilen Text gehören.

Alle technischen Hilfsmittel und Geräte haben ihre Vorzüge und Nachteile. So kann der angestrebte Eindruck technischer Kompetenz und Innovationsfreude schnell wie Technikverliebtheit wirken. Der Vortragende sollte sich deshalb im Vorfeld die Frage stellen, welches technische Hilfsmittel für seine Rede am besten geeignet ist (vgl. Stangl 2003). Die eingesetzten Medien sollten in einem vernünftigen Verhältnis zum Rest der Präsentation stehen. So sollte das eingesetzte Filmmaterial nicht mehr als drei Minuten der Zeit in Anspruch nehmen, wenn die Präsentation insgesamt nur zehn Minuten dauert.

Beim Einsatz elektronischer Medien (Laptop, Beamer) ist außerdem vorab deren Funktionstüchtigkeit zu prüfen, um notfalls auf andere Präsentationstechniken (z. B. Übertragung der Bildschirmpräsentation auf Folien) ausweichen zu können. Es empfiehlt sich, immer einen „Notfallplan" zu haben, da unerwartete Schwierigkeiten verschiedener Art auftreten können (z. B. fehlende Stromanschlüsse, Geräteausfall, Erkrankung des Referenten).

8.4.1 PowerPoint-Präsentationen

> Schätzungen zufolge werden mithilfe von PowerPoint täglich rund 30 Millionen Präsentationen weltweit zusammengeschustert. (Mai 2008)

Die wichtigste Regel beim Verfassen einer Präsentation lautet: *KISS - Keep It Straight and Simple*. Beim Erstellen einer PowerPoint-Präsentation sollte deshalb darauf geachtet werden, dass jede Folie nur eine einzige Botschaft enthält. Die Aufmerksamkeit des Publikums ist begrenzt und sollte dem Vortrag gehören. Zu viele Spiegelstriche, Fußnoten, Grafiken oder Bilder verwirren die Zuhörer. Deshalb sollten maximal fünf Spiegelstriche pro Folie verwendet werden. Je mehr Informationen eine Folie enthält, desto mehr verschwimmt die Kernaussage (vgl. Mai 2008).

Tipp: Die 10-20-30-Regel
(nach Kawasaki und Faltin 2013)
Der US-amerikanische Unternehmer und Investor Guy Kawasaki, ein gefragter Redner aus dem Silicon Valley, hat die so genannte 10-20-30-Regel aufgestellt. Danach sollte eine gute PowerPoint-Präsentation …
- möglichst nicht mehr als 10 Folien umfassen (zuzüglich Deckblatt und Quellenangaben),
- nicht länger als 20 Minuten dauern,
- möglichst eine Schriftgröße von 30 Punkt verwenden (+/- 6 Punkte, also mindestens 24 Punkte und höchstens 36 Punkte).

Die Regel, die ursprünglich für Firmen- und Produktpräsentationen gedacht war, wird mittlerweile auch in vielen anderen Bereichen angewendet. Dabei ist zu beachten, dass die Zuhörer bei Präsentationen erstens beeindruckt, zweitens unterhalten, drittens angeregt und erst an vierter Stelle informiert werden möchten (vgl. Mai 2008; Seifert 2011).

8.4.2 Layout und Design

Seien Sie sparsam mit visuellen Effekten und Stilmitteln:
- Benutzen Sie eine gut leserliche Schriftart (z. B. Arial und Calibri). Eine *einfache, serifenlose Schrift* ist besser als z. B. eine verschnörkelte Kursivschrift.
- Verwenden Sie nicht mehr als zwei Schrifttypen und möglichst wenig unterschiedliche Farben.

- Platzieren Sie den Text oder die Bilder möglichst in der Mitte der Folien und achten Sie darauf, rechts und links einen Rand zu lassen.
- Gliedern Sie die Präsentation klar und schlüssig: Eine gute Gliederung und ein schlüssiger Aufbau des Textes (z. B. durch (Zwischen-) *Überschriften*) vereinfachen das Aufnehmen der Information.
- Beschränken Sie sich bei Folien und Tafelbildern auf das Wesentliche. Verzichten Sie deshalb auf Spielereien wie Sound-Effekte. Das lenkt die Zuhörer nur ab.
- Die Visualisierung sollte möglichst Bilder, Farben und kleine Grafiken enthalten. Text spricht nur eine der beiden Gehirnhälften an.

8.4.3 Grafiken und Diagramme

Neben Text und Bildern kann der Vortragende auch Grafiken und Diagramme nutzen, um das Gesagte zu veranschaulichen. Grafiken und Diagramme helfen, eine Präsentation interessanter zu gestalten. Außerdem bleibt das Gesagte besser in Erinnerung, da durch die Visualisierung verschiedene Bereiche des Gehirns angesprochen werden. Während Grafiken uns helfen, einen Zustand zu visualisieren, veranschaulichen Diagramme die Entwicklung bestimmter Sachverhalte. Sie dienen der Gegenüberstellung von Zahlen, Entwicklungsverläufen, Größenverhältnissen, Abläufen und Strukturen (vgl. Labusch et al. 1994).

8.5 Handout und Thesenpapier

Der Referent sollte nach jedem Vortrag ein Handout mit seinen zentralen Thesen und den dazugehörigen Fakten (Zahlen, Daten und Tabellen) verteilen, beziehungsweise im Internet zur Verfügung stellen. So hinterlässt er bei seinem Publikum einen bleibenden Eindruck. Dies gilt gleichermaßen für Vorträge und Präsentationen im Studium oder Beruf. Wie das Handout aussieht, hängt dabei von der Situation ab, in der eine Präsentation gehalten wird. So werden Handouts im Studium oder der Schule vor allem in folgenden zwei Situationen verwendet:
- Bei einem Referat wird ein Thesenpapier als Handout eingesetzt, damit die Zuhörer die wichtigsten Aspekte des Themas oder des Referats nachvollziehen können und in der anschließenden Diskussion die Orientierung behalten. Der Referent sollte oben auf dem Thesenpapier als erstes die zentrale These seines Vortrages benennen. Eine These ist eine zur Diskussion gestellte Behauptung. Die Richtigkeit dieser These ist nicht von vornherein offensichtlich, sondern wird während der Präsentation durch Argumente und/oder Forschungsergebnisse begründet. Eine These ist somit eine diskussionswürdige Behauptung.
- Bei einer mündlichen Prüfung liefert ein Thesenpapier die Grundlage für das Prüfungsgespräch und grenzt das Prüfungsthema ein. In diesem Fall gehören zum Handout auch Kopien der PowerPoint-Präsentation. Dabei empfiehlt es sich, jeweils drei Folien auf einer Seite auszudrucken. Im Gegensatz zu normalen Vorträgen und Präsentationen wird das Handout bei mündlichen Prüfungen vor Beginn der Präsentation verteilt.

Literatur

Hey B (2011) Präsentieren in Wissenschaft und Forschung, 3. Aufl. Mannheim
Kawasaki G, Faltin G (2013) The Art of the Start: Von der Kunst, ein Unternehmen erfolgreich zu gründen. Palo Alto
Kushner M (2011) Erfolgreich Präsentieren für Dummies. Weinheim

Labusch B, Latza J, Schuppenhauer F (1994) Visualisierungstechniken und -methoden, Hamburg. http://www.labusch.de/vortraege/Visualisierungstechniken/ArbOrgKom.htm (Zugriff: 23.09.2016)
Mai J (2008) Das ABC der Präsentationstipps. http://karrierebibel.de/praesentationstipps/ (Zugriff: 23.09.2016)
Mai J (2014) Präsentationstechniken. http://karrierebibel.de/praesentationstechniken/ (Zugriff: 23.09.2016)
Mehrabian A, Ferris S (1967) Inference of Attitudes from Nonverbal Communication in Two Channels. Journal of Consulting and Clinical Psychology 31(3): 248–252
Moritz A (2006) Präsentationskompetenz als Soft Skill. http://www.soft-skills.com/praesentationskompetenz/ (Zugriff: 23.09.2016)
de Saint-Exupéry A (1939) Wind, Sand und Sterne. Paris
Seifert JW (2011) Visualisieren, Präsentieren, Moderieren (Whitebooks), 36. Aufl. Pörnbach
Stangl W (2003) Präsentations- und Vortragstechnik: Medieneinsatz. http://arbeitsblaetter.stangl-taller.at/PRAESENTATION/medieneinsatz.shtml (Zugriff: 23.09.2016)
Wöss F (2004) Der souveräne Vortrag: Informieren - Überzeugen – Begeistern. Wien

Methodenkompetenzen

Kapitel 9   Berufliche Methodenkompetenzen – 71
               Sven Pastoors

Kapitel 10   Kreativität – 81
               Sven Pastoors

Kapitel 11   Kreativitätstechniken – 89
               Joachim H. Becker

Kapitel 12   Lernkompetenz – 103
               Sven Pastoors

Kapitel 13   Selbst- und Zeitmanagement – 113
               Joachim H. Becker

Kapitel 14   Medienkompetenz – 125
               Helmut Ebert

Methodenkompetenzen (Acryl, © Joachim Becker 2016)

„Für jedes Problem gibt es eine Lösung, die einfach, klar und falsch ist."
Henry Louis Mencken, amerik. Schriftsteller (1880 – 1956)

Berufliche Methodenkompetenzen

Sven Pastoors

© Springer-Verlag GmbH Deutschland 2018
J.H. Becker, H. Ebert, S. Pastoors, *Praxishandbuch berufliche Schlüsselkompetenzen*,
https://doi.org/10.1007/978-3-662-54925-4_9

9.1 Begrifflichkeiten

Für den Einsatz unseres Fachwissens benötigen wir Methodenkompetenzen. Der Begriff „Methodenkompetenzen" umfasst alle Fähigkeiten, mit deren Hilfe wir Wissen beschaffen, Wissen verwerten oder Probleme lösen können. Die Sozialwissenschaftlerin Helen Orth definiert Methodenkompetenzen als „Kenntnisse, Fertigkeiten und Fähigkeiten, die es ermöglichen, Aufgaben und Probleme zu bewältigen, indem sie die Auswahl, Planung und Umsetzung sinnvoller Lösungsstrategien ermöglichen" (Orth 1999, S. 109). Aus Sicht des Schulpädagogen Peter Jäger ermöglichen Methodenkompetenzen somit erst das „strategisch geplante und zielgerichtete Umsetzen der vorhandenen Kenntnisse, Fertigkeiten und Verhaltensweisen bei […] Aufgaben bzw. Problemen" (Jäger 2001, S. 121). Zu den Methodenkompetenzen gehören aus Sicht der deutschen Kultusminister außerdem „die Bereitschaft und Befähigung zu zielgerichtetem planmäßigem Vorgehen bei der Bearbeitung von Aufgaben und Problemen" (Sekretariat der Kultusministerkonferenz 2007, S. 11). Hierbei stehen Techniken zur Lösung von Problemen, analytisches Denken und systematisches Vorgehen im Mittelpunkt. Im weiteren Sinne verstehen wir unter Methodenkompetenzen im Einzelnen:

- die Fähigkeiten zur Anwendung von Kreativitäts- und Problemlösungstechniken sowie zur Gestaltung von Problemlösungsprozessen (Ideen- und Innovations-Management)
- die Fähigkeiten, Wissen zu erwerben (Lernkompetenz) sowie Informationen zu beschaffen, zu strukturieren, zu bearbeiten, zu speichern, zu verwenden, zu interpretieren und in geeigneter Form zu präsentieren (Medienkompetenz)
- die Fähigkeiten zur Selbststeuerung (Selbstmanagement) und zur Organisation der zur Verfügung stehenden Zeit (Zeitmanagement)
- die Fähigkeiten, mit anderen ziel- und aufgabenorientiert zusammenzuarbeiten (Kooperationsfähigkeit, Team- und Konfliktmanagement) oder andere zu führen; diese Fähigkeiten werden auch als Management Skills bezeichnet
- die Planung, Organisation und Durchführung von Projekten (Projektmanagement)

Methodenkompetenzen gelten als Querschnittskompetenzen, die viele unterschiedliche Fähigkeiten umfassen (vgl. Arbeitskreis Deutscher Qualifikationsrahmen 2011, S. 4). Neben Fachkompetenzen, sozialen Kompetenzen und persönlichen Kompetenzen gehören sie zu den zentralen Bestandteilen einer umfassenden beruflichen Handlungskompetenz (vgl. Bartscher 2015).

Methodenkompetenzen helfen uns dabei, Fachkompetenz aufzubauen und diese erfolgreich zu nutzen. Sie gelten deshalb auch als Schlüsselqualifikationen für den beruflichen Erfolg. In diesem Kapitel konzentrieren wir uns auf die Grundlagen der Methodenkompetenzen wie analytisches Denken und Organisationsfähigkeit, bevor in den folgenden Kapiteln die Lernkompetenz, das Zeitmanagement, die Medienkompetenz und der Umgang mit neuen Kommunikationsmedien vertieft wird.

9.2 Der Problemlösungsprozess

Der Begriff „Problem" beschreibt Aufgaben und Herausforderungen, deren Lösung uns Schwierigkeiten bereitet: „Ein Individuum steht einem Problem gegenüber, wenn es sich in einem inneren oder äußeren Zustand befindet, den es aus irgendwelchen Gründen nicht für wünschenswert hält, aber im Moment nicht über die Mittel verfügt, um den unerwünschten Zustand in den wünschenswerten Zielzustand zu überführen" (Dörner 1976, S. 10). Der Prozess, um den gewünschten Zielzustand zu erreichen, wird als „Problemlösen" bezeichnet: „Unter Problemlösen versteht man das Bestreben, einen gegebenen Zustand (Ausgangs- oder Ist-Zustand) in einen anderen, gewünschten Zustand (Ziel- oder Soll-Zustand) zu überführen, wobei es gilt, eine Barriere zu überwinden, die sich zwischen Ausgangs- und Zielzustand befindet" (Hussy 1984, S. 114). Die meisten der Hindernisse (Barrieren), die uns daran hindern, ein Problem zu lösen, sind selbst gemacht:

- Wir sind zu unentschlossen oder zu träge, um uns mit einem Problem auseinanderzusetzen.
- Wir ignorieren bewusst ein Problem, weil wir etwas nicht wahrhaben wollen oder weil uns die Rahmenbedingungen natürlich und selbstverständlich erscheinen.
- Wir tun uns schwer damit, unsichere oder widersprüchliche Information auszuwerten.

Hinzu kommt, dass Menschen dazu neigen, an Gewohntem festzuhalten, auch wenn sich die Rahmenbedingungen geändert haben. Zudem treffen sie oft aus einer Laune heraus Entscheidungen, die anschließend als unwiderruflich gelten (vgl. Eunson 1990, S. 327–376). Um ein Problem lösen zu können, müssen zuerst diese Hindernisse überwunden werden. Zudem treten neben dem ursprünglichen Problem, das gelöst werden soll, bis zu dessen Lösung weitere Probleme und Hindernisse auf, die es zu lösen und überwinden gilt.

Hierzu benötigen wir verschiedene Techniken und Philosophien des Problemlösens und Entscheidens, wobei der Betriebspsychologe Eunson das Entscheiden als Teil des Problemlösens ansieht (vgl. Eunson 1990, S. 337). Der Problemlösungsprozess beschreibt dabei die Abfolge unterschiedlicher Maßnahmen, die uns helfen, entweder einen bestehenden Ist-Zustand zu überwinden oder einen gewünschten Soll-Zustand zu erreichen. Dieser Prozess umfasst folgende Schritte:

- Problemidentifikation: Erkennen und Verstehen eines Problems
- Problemanalyse: Analyse des Problems (Sammeln von Informationen über den aktuellen Ist-Zustand)
- Problembeschreibung: Definition des Problems (Schärfen bzw. Anpassen unseres Fokus auf das Problem) und Formulieren von Zielen
- Ideenfindung: Erarbeiten von Lösungen und Ideen und deren Ausarbeitung
- Ideenauswahl: Auswahl und Bewertung von Ideen zur Problemlösung (Prioritäten setzen oder Rangfolge von Lösungen festlegen), Treffen einer Entscheidung und Planung des weiteren Vorgehens (Reihenfolge der Aufgaben festlegen)

- Realisierung: Ausführung oder Verwirklichung der geplanten Maßnahmen (Projektmanagement), bei Produkten oder Dienstleistungen Vermarktung der Idee
- Auswertung der Ergebnisse: Analyse und Controlling der Ergebnisse

Der Problemlösungsprozess beginnt damit, dass wir ein konkretes Problem wahrnehmen (Problemidentifikation). Er setzt sich mit dessen Analyse (Problemanalyse) und Formulierung (Problembeschreibung) fort. Im Laufe dieser Phasen wird das Problem schrittweise immer weiter konkretisiert. Am Ende dieser Phase des Problemlösungsprozesses sollte eine vollständige und präzise Beschreibung des Problems stehen.

Ziel der nächsten Phase, der Ideenfindung, ist es, Ideen für eine mögliche Lösung des Problems zu suchen. Am Ende dieser Phase sollten mehrere mögliche Lösungsansätze für ein Problem existieren. Diese werden im Rahmen der Ideenauswahl bewertet und detailliert ausgearbeitet. Schließlich werden die Lösungen ausgewählt, die sich am besten zur Lösung eignen bzw. am meisten Erfolg versprechenden (vgl. Jakoby 2013, S. 37). Zur Entwicklung und Auswahl von Ideen zur Problemlösung (Schritte 4–5) gibt es unterschiedliche Techniken. Die wichtigsten dieser Techniken werden in den folgenden beiden Kapiteln zum Thema „Kreativität" weiter vertieft.

Nachdem eine Entscheidung für eine bestimmte Lösung getroffen wurde, ist der kreative Teil des Problemlösungsprozesses abgeschlossen. Die Lösung kann nun geprüft und realisiert werden (Realisierungsphase). Nach der Realisierung sollten noch die Ergebnisse des Projektes ausgewertet werden. Dabei wird überprüft, ob das ursprüngliche Problem tatsächlich gelöst wurde. Darüber hinaus kann in dieser Phase auch der Ablauf des Lösungsprozesses analysiert und bewertet werden: Welche Fehler wurden gemacht? Welche Erfahrungen wurden gewonnen? Was kann noch verbessert werden? Wie können diese Erkenntnisse für vergleichbare Prozesse genutzt werden? (vgl. Jakoby 2013, S. 37). Da die Schritte 6–7 im dritten Teil des Buches „Management Skills" erläutert werden, konzentrieren wir uns hier auf die ersten drei Schritte.

In der Realität verläuft dieser Prozess nicht immer so geradlinig. In jeder Phase kann es zu Hindernissen kommen. In diesem Fall ist es erforderlich, die vorangehende Phase zu wiederholen. So kann es sich z. B. lohnen, nach einer erfolglosen Ideensuche noch einmal zur Problembeschreibung zurückzugehen, um die dort formulierten Ziele und Kriterien zu überprüfen und gegebenenfalls anzupassen. Erst wenn eine Phase erfolgreich abgeschlossen wurde, sollte das Team mit der nächsten Phase beginnen.

9.2.1 Erkennen und Verstehen eines Problems

Der Problemlösungsprozess beginnt damit, sich der Existenz eines Problems bewusst zu werden. Häufig ärgern wir uns über die Symptome eines Problems (z. B. Kopfschmerzen), ohne nach dessen Ursache zu forschen (z. B. falsche Brillenstärke). Der erste wichtige Schritt zur Problemlösung besteht somit darin, zu erkennen, worin das eigentliche Problem besteht. Erst danach kann der Gegenstand des Problems, seine einzelnen Bestandteile, deren Wechselwirkungen und eventuelle Rahmenbedingungen bestimmt werden. Hierzu wird ein Problem in seine Bestandteile zerlegt und deren Wechselwirkungen untersucht. Bevor die Lösung eines Problems angegangen werden kann, müssen somit erst die eigentlichen Problemursachen identifiziert werden.

Dies ist nicht immer so einfach wie es klingt. Häufig blenden wir Probleme bewusst aus, um uns nicht damit beschäftigen zu müssen. Noch schwieriger ist es jedoch, das Problem richtig zu verstehen. Viele Menschen sammeln in dieser Phase alle Informationen, die sie zu dem betreffenden Thema finden können. Sie schauen dabei nur auf die vermeintlichen Fakten und übersehen zwei Dinge: Zum einen ist es gar nicht so einfach, Tatsachen und Meinungen auseinanderzuhalten.

Dies hängt damit zusammen, dass wir Tatsachen immer nur im Licht unserer eigenen Wahrnehmung deuten. Zum anderen kann es sein, dass wir das Problem auf den ersten Blick nicht richtig gedeutet haben. Ein Beispiel: Worin besteht das Problem, wenn ein Kind, statt sich an die regulären Mahlzeiten zu halten, zwischendurch nascht: Ist das Kind vernascht? Schmecken ihm die Mahlzeiten nicht? Verträgt es die Mahlzeiten nicht? Ist es nicht gewohnt, in der Gruppe zu essen? etc. Solange nicht geklärt ist, weshalb sich ein Kind so verhält, verdient jeder dieser Punkte dieselbe Beachtung.

> **Tipp: Die vier Was-Fragen**
> Die einfachste Methode, ein Problem zu erfassen, basiert auf den vier Was-Fragen. Diese Fragen konzentrieren sich auf die wichtigsten Informationen über ein Problem: die Ausgangssituation und den Zielzustand, die Handlungsoptionen sowie mögliche Hindernisse. Sie stellen daher den idealen Einstieg in die Problemidentifikation dar. Bei einfachen Problemen reichen sie eventuell sogar aus, um ein Problem vollständig zu erfassen.
> **Vorgehensweise (nach Jacoby 2013, S. 38)**

Frage	Alternativfragen
Was ist gegeben?	Wo stehen Sie? Was ist Ihre Ausgangssituation?
Was suchen Sie?	Wo wollen Sie hin? Was ist Ihr Zielzustand?
Was können Sie tun?	Was ist möglich? Welche Handlungsmöglichkeiten haben Sie?
Was hindert Sie daran, Ihr Ziel zu erreichen?	Welche Hindernisse gibt es? Was könnte schiefgehen?

9.2.2 Analyse des Problems

Nachdem wir ein Problem erkannt und verstanden haben, können wir mit dessen Analyse beginnen. Dabei gilt es zu beachten, wie kompliziert ein Problem ist (vgl. Gomez und Probst 2004, S. 14 f.):

- Einfache Probleme sind Probleme mit wenigen Einflussgrößen, die kaum miteinander verknüpft sind.
- Komplizierte Probleme zeichnen sich dagegen durch viele verschiedene Einflussgrößen aus, die relativ stark miteinander verknüpft sind bzw. miteinander interagieren.
- Komplexe Probleme „unterscheiden sich von den komplizierten Problemen dadurch, dass zwar auch viele verschiedene, stark verknüpfte Einflussgrößen die Problemsituation auszeichnen, deren Interaktion sich aber laufend verändert. Hauptcharakteristikum komplexer Probleme ist also Dynamik, ein Eigenleben, das Auftreten immer neuer Muster und Konstellationen. Beispiele […] sind die Umweltproblematik, die weltweiten Märkte sowie die neuen Lebensstile" (Gomez und Probst 2004, S. 15).

Außerdem müssen wir uns fragen, ob es für die Lösung des Problems eine Routine gibt, ob unser Handeln wirklich erforderlich ist, oder ob das Problem eventuell unlösbar ist.

Zu Beginn der Problemanalyse sollten möglichst viele Informationen über das Problem gesammelt werden. Um ein Problem möglichst gut erfassen zu können, sollte die Recherche gründlich geplant werden. Kleine Fehler, die zu Beginn der Analyse gemacht werden, können zu gravierenden Fehlern bei der Lösung führen. Dies kann dazu führen, dass ein Problem scheinbar nur unvollständig oder gar nicht gelöst werden kann. Bei anderen Lösungen ist der Aufwand oder der Zeitbedarf größer als nötig.

Um sich einen ersten Überblick über das Thema zu verschaffen, eignen sich ein kurzes Brainstorming oder eine erste Internetrecherche. In dieser Phase kann jede einzelne Information wichtig und hilfreich sein. Daher sollten Informationen nicht voreilig als unwichtig abgestempelt werden. Scheinbar unwichtige Informationen können sich später doch als wichtig erweisen.

Die Suche nach Informationen ist in der Regel ein kreativer und zum Teil chaotischer Vorgang. Je komplexer ein Problem ist, desto mehr Informationen werden benötigt. Diese können zum Beispiel durch geeignete Fragenkataloge erschlossen werden. Dabei werden unter anderem Fragen bezüglich des Gegenstands oder der Ursache des Problems gestellt. Sowohl in der Literatur als auch in der Praxis existiert eine Vielzahl unterschiedlicher Fragenkataloge. Dabei ist es nicht so wichtig, für welchen Katalog wir uns entscheiden. Es kommt vielmehr darauf an, überhaupt einen Fragenkatalog für die Informationsbeschaffung zu verwenden und abzuarbeiten. Selbst wenn auf den ersten Blick nicht alle Fragen zu brauchbaren Antworten führen, ergibt sich fast immer ein erster Überblick über die wichtigsten Aspekte des Problems. Außerdem können die Antworten weitere Fragen provozieren, die zusätzliche Erkenntnisse liefern.

Häufig besteht das Ergebnis der Recherchephase darin, dass die Problemstellung selbst hinterfragt und stärker fokussiert werden muss. Deshalb ist es wichtig, unvoreingenommen und offen an ein Problem heranzugehen. Nur wenn uns das gelingt, können wir uns ein realistisches Bild von einem Problem machen (vgl. Jakoby 2013, S. 38 ff.).

9.2.3 Beschreibung des Problems

Im nächsten Schritt des Problemlösungsprozesses werden die bei der Recherche gesammelten Informationen ausgewertet: Die gefundenen Erkenntnisse werden untersucht und zu einem größeren Bild zusammengesetzt. Den Ausgangspunkt bildet dabei die Suche nach dem konkreten Problem, das gelöst werden soll.

Ziel dieses Prozesses ist es, das Zusammenwirken der unterschiedlichen Einflussfaktoren zu verstehen. Auch hierbei empfiehlt es sich, einen Fragenkatalog zu verwenden (vgl. Jakoby 2013, S. 41). Dabei sollten wir uns auf die Faktoren konzentrieren, die wir zur Lösung des Problems verändern können. Deshalb sollten wir nur Dinge untersuchen, die für das Problem relevant sind und die wir auch beeinflussen können. Da sich die verschiedenen Bestandteile eines Systems häufig gegenseitig beeinflussen, gibt es auch Beziehungen zwischen den Einflussfaktoren. Diese müssen im nächsten Schritt bestimmt und analysiert werden (vgl. Jakoby 2013, S. 41).

Die Problembeschreibung liefert auf diese Weise viele Erkenntnisse über die Art und die Struktur des Problems. Dabei sollte die Problembeschreibung über die auf den ersten Blick vorliegenden Tatsachen hinausgehen. Außerdem sollten weitere Informationsarten berücksichtigt werden: Werte, Meinungen, Vorurteile oder kulturelle Besonderheiten (wie zum Beispiel die Frage, was die Mitglieder einer Gruppe unter Gesundheit und gesunder Ernährung verstehen). Was in der einen Kultur ein Problem ist, wird in einer anderen Kultur nicht zwangsläufig als Problem wahrgenommen. Ferner müssen eventuelle Probleme bei der Informationsbeschaffung klar benannt werden. Hierzu zählen unter anderem:

- widersprüchliche oder ungenaue Informationen
- Informationsüberlastung bzw. mangelnde Informationen (z. B. da die benötigten Informationen nicht zugänglich sind)
- Desinformation wie z. B. gezielt in die Welt gesetzte Gerüchte (z. B. wenn bei der Problemwahrnehmung verborgene Interessen und Kalküle im Spiel sind)

- Verteidigungsmechanismen der Beteiligten (z. B. „psychologische Spielchen" oder irrationales Verhalten, die eine effiziente Problemlösung behindern)
- Paradigmen (Menschen neigen dazu, an etablierten Denkmodellen festzuhalten und alle Fakten, die nicht dazu passen, einfach auszublenden oder umzudeuten)

Auch wenn mithilfe der Problemidentifikation und der Problemanalyse bereits viele Erkenntnisse über das Problem gewonnen werden konnten, ist der Prozess der Problemdefinition erst abgeschlossen, wenn das Problem konkret formuliert wurde. Oft werden bei komplexen Problemstellungen erst durch die schriftliche Formulierung Lücken und Widersprüche aufgedeckt. Zudem sollte das Problem tabellarisch oder grafisch dargestellt werden, um es von möglichst vielen unterschiedlichen Seiten betrachten zu können.

> **Exkurs**
>
> **Aktives Problemlösen versus Aussitzen, intuitiv Entscheiden und Improvisieren**
> Menschen, die Probleme gerne aussitzen, sich intuitiv entscheiden oder improvisieren, halten klare Regeln, die Entwicklung von Modellen oder die Zuhilfenahme von Computern eher für einen Teil des Problems statt für die Lösung. Improvisatoren planen nicht, sie „fahren auf Sicht" oder darauf, was sie für die Sicht halten. Sie verzichten dabei auf die klare Definition von Zielen, Zwecken und Strategien. Ob in einer konkreten Situation analytisches Denken oder „Sich-Durchbeißen" (und somit ein intuitives Vorgehen) besser ist, entscheiden aus Sicht von Golde bestimmte Schlüsselvariablen (vgl. Golde 1976, zit. n. Eunson 1990, S. 362):
> - *Menschen oder Sachen:* Wenn es um Menschen geht, sollten wir lieber intuitiv vorgehen, da Menschen irrational oder a-rational handeln.
> - *Selbst oder andere:* Mit uns selbst müssen wir subjektiver sein, mit den Problemen anderer können wir sachlicher umgehen. Wenn es um uns selbst geht, sollten wir also lieber intuitiv vorgehen und nicht versuchen, große Modelle zu entwickeln.
> - *Größe und Komplexität:* Wenn die Größe oder Komplexität eines Problems klein bis mittel ist, sollten wir analytisch vorgehen, bei großen Problemen eher intuitiv.
> - *Wissen:* Haben wir zu viel oder zu wenig Informationen, sollten wir lieber intuitiv handeln.
> - *Sicherheit:* Ist die Unsicherheit des Wissens groß, sollten wir uns auf unser Bauchgefühl verlassen.
> - *Kontrolle:* Bei viel Kontrolle über eine Situation sollten wir intuitiv handeln, bei wenig Kontrolle rational denken.
> - *Grad der Neuheit:* In ganz neuen Situationen sollten wir improvisieren oder intuitiv entscheiden.

9.3 Analytisches Denken

Eine wichtige Methodenkompetenz zur Lösung von Problemen ist analytisches Denkvermögen. Dies ist erforderlich, um ein Problem möglichst genau zu erfassen und zu erkennen, an welcher Stelle wir bei der Problemlösung ansetzen müssen.

Zum analytischen Denkvermögen zählen alle Fähigkeiten, die wir benötigen, um Sachverhalte und Probleme umfassend zu begreifen und miteinander in Einklang zu bringen. Hierzu zählt das Vermögen, komplexe System in einzelne Subsysteme zu zerlegen und kausale Zusammenhänge zwischen ihnen zu entdecken. Im beruflichen Kontext geht es darum, komplexe Systeme so zu analysieren, bearbeiten und gestalten, dass wir unsere gegebenen Ziele erreichen. Hinzu kommt die Fähigkeit, die wichtigsten aus den verfügbaren Informationen auszuwählen und auf den Punkt zu bringen. Dabei geht es nicht um den Erwerb von „Faktenwissen", sondern vor allem um das Denken in größeren Zusammenhängen. Dies setzt vor allem Fachwissen und konzeptionelle Fähigkeiten voraus (vgl. Mair 2015).

Wer über analytisches Denkvermögen verfügt,
- erfasst schnell Probleme, Zusammenhänge und Sachverhalte und geht sicher mit Zahlen, Daten und Fakten um.
- unterscheidet Wesentliches von Unwesentlichem und entwickelt aus der Informations- und Datenvielfalt ein klar strukturiertes Bild.
- bringt auch komplizierte Sachverhalte schnell auf den Punkt und drückt sich dabei klar aus.
- erkennt Tendenzen und Zusammenhänge und leitet die richtigen Schlüsse und Strategien daraus ab.
- kennt und beherrscht Methoden des abstrakten Denkens (vgl. Mair 2015).

Das Erkennen und Lösen von Problemen vollzieht sich in drei Schritten: Erstens das Problem erfassen, zweitens die einzelnen Elemente und Aspekte des Problems in einen Gesamtkontext integrieren, drittens aus diesem heraus die Lösung herleiten.

Folgende analytische Fähigkeiten sind hierbei nützlich:
- offene Fragen stellen zu können; Lernen beginnt häufig mit offenen Fragen und damit, angemessen auf bestimmte Themen, Fragestellungen, Dilemmata und Probleme einzugehen
- den Gegenstand bzw. das Problem genau zu definieren und auf einem angemessenen Abstraktionsniveau zu bearbeiten (Reduktion der Komplexität)
- Begriffe zu bilden und ein Bewusstsein dafür zu entwickeln, welche Verbindungen zwischen Begriffen für Objekte, Eigenschaften und Prozesse relevant sind; wir wählen dabei unterschiedliche Aspekte aus, um uns einem Thema oder Problem zu nähern
- den Kontext eines Problems oder Problemzusammenhangs zu erweitern bzw. die Komplexität zu erhöhen, indem nach neuen Verbindungen und Verknüpfungen zwischen Elementen gesucht wird; die Erweiterung des Kontextes ermöglicht ein Gesamtverständnis der Problemsituation, indem unterschiedliche Problemsichten zusammengeführt werden
- Perspektiven wechseln zu können bzw. zwischen der Betrachtung des Ganzen und der Betrachtung der relevanten Details hin- und herwechseln zu können; diese Fähigkeit ist wichtig, weil die Details ihre Bedeutung aus dem Kontext beziehen und weil das Ganze notwendig abstrakter ist als die Details
- Schwerpunkte zu setzen und diese auch begründen zu können, um sich nicht zu verzetteln und dabei den Blick auf das Wesentliche zu verlieren
- Muster zu erkennen und begreifen zu können
- Dinge zu identifizieren, zu beschreiben und in eine sinnvolle Reihenfolge zu bringen
- mehrere Gegenstände oder Sachverhalte hinsichtlich bestimmter Merkmale miteinander zu vergleichen, Ähnlichkeiten und Unterschiede zu erkennen und Beziehungen zu veranschaulichen
- Zusammenhänge, Abhängigkeiten und Kausalitäten zu erkennen, d. h. Folgen und ihre Ursachen in Verbindung zu setzen
- Soll- und Ist-Zustände einander gegenüberzustellen, um daraus Probleme, Schwachstellen, Risiken, Chancen, Gefahren etc. abzuleiten; Letzteres bedeutet, die Dinge richtig zu interpretieren und passende Schlüsse ziehen zu können

- auf Basis von Analyseergebnissen zu Schlussfolgerungen, Prognosen, Entscheidungsempfehlungen zu kommen und ggf. Modelle zu entwickeln
- komplizierte Sachverhalte einfach vermitteln zu können, indem wir diese abstrahieren, visualisieren, gliedern und begreifbar machen

9.4 Systematisch-methodisches Denken

Eine weitere wichtige Voraussetzung zur erfolgreichen Lösung von Problemen und zur Organisation von Prozessen ist eine methodische Denk- und Vorgehensweise. Systematisch-methodisches Denkvermögen beschreibt dabei die Fähigkeit, seine Handlungsziele systematisch, gut durchdacht und methodisch zu verfolgen. Es vereint somit ein aktives Zugehen auf Probleme und Aufgaben mit einer planvoll vorgehenden Analyse vor dem Hintergrund eines möglichst umfassenden fachlichen und methodischen Wissens (vgl. Mair 2015).

Im Beruf ist ein solches Vorgehen vor allem für Situationen, in denen es um die Weiterführung und Ausgestaltung bestehender Bedingungen und Arbeitsprozesse oder um die Reorganisation bestehender Organisationsstrukturen geht, von entscheidender Bedeutung.

Wer systematisch und methodisch vorgeht,
- löst Aufgaben und Probleme entschlossen durch Rückgriff auf vorhandenes fachliches und methodisches Wissen.
- fügt sich in bestehende Arbeits- und Unternehmensstrukturen ein und versucht, diese zu optimieren.
- entfaltet auch bei Detaillösungen und Detailverbesserungen eine hohe Leistungsfähigkeit.
- unterteilt komplexe Probleme in bearbeitbare Teilprobleme und -schritte und grenzt so Risiken systematisch ein (vgl. Mair 2015).

9.5 Organisationsfähigkeit

Organisationsfähigkeit beschreibt die Fähigkeit, die gewählte Lösung für ein Problem erfolgreich umzusetzen und organisatorische Aufgaben aktiv zu bewältigen. Das beinhaltet auch die Fähigkeit, Dinge effektiv planen und organisieren zu können. Hierzu ist es notwendig, Ziele zu definieren und Bedürfnisse und Prioritäten zu antizipieren. Dabei vereint sie Fachkompetenz mit der Fähigkeit, dieses Wissen praktisch umzusetzen. Das setzt voraus, die Zusammenhänge und funktionalen Abhängigkeiten von Abläufen gedanklich isolieren und nach Relevanz klassifizieren zu können. Zugleich erfordert es die Kenntnis, welche dieser Parameter sich aktiv verändern und durch persönliche Einflussnahme gestalten lassen.

Ein wichtiger Bestandteil der Organisationsfähigkeit ist die Fähigkeit selbstständig, zu handeln. Nur wer gelernt hat, selbstständig zu arbeiten, verfügt über eine gute Organisationsfähigkeit. Genauso sind Zuverlässigkeit und Sorgfalt Voraussetzungen für eine gute Organisationsfähigkeit. Denn bei schwierigen Vorhaben sind ein gutes Zeitmanagement, eine sorgfältige Aufgabenplanung und vorausschauendes Handeln unabdingbar.

Menschen, die über ein hohes Maß an Organisationsfähigkeit verfügen,
- erkennen und nutzen die beeinflussbaren Parameter organisatorischer Zusammenhänge.
- beeinflussen und gestalten einmal erkannte Zusammenhänge zielorientiert und aktiv.
- führen erfolgreich neue Organisationsformen und -beziehungen in die betriebliche Praxis ein.

Literatur

Albers A, Saak M, Burkardt N (2002) Gezielte Problemlösung bei der Produktentwicklung mit Hilfe der SPALTEN-Methode. In: Technische Universität Ilmenau (Hrsg) Tagungsband zum 47. internationalen wissenschaftlichen Kolloquium Maschinenbau und Nanotechnik. Ilmenau

Arbeitskreis Deutscher Qualifikationsrahmen (2011) Deutscher Qualifikationsrahmen für lebenslanges Lernen (DQR), vom 22.03.2011. http://www.dqr.de/media/content/Der_Deutsche_Qualifikationsrahmen_fue_lebenslanges_Lernen.pdf

Bartscher T (2015) Stichwort: Methodenkompetenz, in: Gabler Wirtschaftslexikon. http://wirtschaftslexikon.gabler.de/Definition/methodenkompetenz.html (Zugriff: 23.09.2016)

de Bono E (1986) Laterales Denken für Führungskräfte. Hamburg

Dörner D (1976) Problemlösen als Informationsverarbeitung. Stuttgart

Dörner D (1989) Die Logik des Misslingens. Strategisches Denken in komplexen Situationen. Reinbek bei Hamburg

Eunson B (1990) Betriebspsychologie. Hamburg

Gomez P, Probst G (2004) Die Praxis des ganzheitlichen Problemlösens. Vernetzt denken. Unternehmerisch handeln. Persönlich überzeugen, 3. Aufl. Bern

Hussy W (1984) Denkpsychologie. Ein Lehrbuch. Band 1: Geschichte, Begriffs- und Problemlöseforschung, Intelligenz. Stuttgart

Jäger P (2001) Der Erwerb von Kompetenzen als Konkretisierung der Schlüsselqualifikationen: eine Herausforderung an Schule und Unterricht. Dissertation, Universität Passau. https://opus4.kobv.de/opus4-uni-passau/frontdoor/index/index/docId/15

Jakoby W (2013) Projektmanagement für Ingenieure. Ein praxisnahes Lehrbuch für den systematischen Projekterfolg. Wiesbaden.

Mair M (Hrsg) (2015) Interaktiver Kompetenzatlas, FH Wien, Institut für Tourismus-Management. http://kompetenzatlas.fh-wien.ac.at/?page_id=500

Orth H (1999) Schlüsselqualifikationen an deutschen Hochschulen. Konzepte, Standpunkte und Perspektiven. Neuwied

PLAKOS (Hrsg) (2016) Organisationsfähigkeit testen – Übungen / Definitionen. https://organisationsfaehigkeit.plakos.de/ (Zugriff: 23.09.2016)

Sekretariat der Kultusministerkonferenz (Hrsg) (2007) Handreichung für die Erarbeitung von Rahmenlehrplänen der Kultusministerkonferenz für den berufsbezogenen Unterricht in der Berufsschule und ihre Abstimmung mit Ausbildungsordnungen des Bundes für anerkannte Ausbildungsberufe. Bonn

Kreativität

Sven Pastoors

© Springer-Verlag GmbH Deutschland 2018
J.H. Becker, H. Ebert, S. Pastoors, *Praxishandbuch berufliche Schlüsselkompetenzen*,
https://doi.org/10.1007/978-3-662-54925-4_10

10.1 Begriff der Kreativität

Viele Menschen denken bei Kreativität zuerst an die geistigen und handwerklichen Werke von Künstlern. Doch Kreativität ist vielmehr als das. Das Wort „Kreativität" stammt vom lateinischen Wort „creare", was übersetzt „erschaffen" bedeutet. Der Schweizer Psychiater und Kreativitätsforscher Gottlieb Guntern definiert Kreativität entsprechend als die Fähigkeit, ein Produkt hervorzubringen, das von einer sachkompetenten Gruppe kritischer Personen als funktionell, originell, einmalig und adäquat beurteilt wird. Ausschlaggebend sei dabei das Zusammenspiel der beiden Gehirnhälften (vgl. Guntern 1991, S. 6).

Der Begriff „Kreativität" ist heutzutage recht abgegriffen – und zum Teil mit falschen Vorstellungen verbunden. Kreativität erschöpft sich nicht in Fantasie, sondern beinhaltet auch die Schaffung neuer Werte. Dabei entsteht Kreativität nicht im luftleeren Raum, sondern baut immer auf neuartigen Kombinationen von bekanntem Wissen zu neuen Ideen und Lösungen auf. Ermöglicht wird dies durch eine Abweichung von der Norm bzw. durch ein Ausbrechen aus verfestigten Denkstrukturen.

Kreativität beschreibt somit unser gestalterisches, schöpferisches Potenzial. Diese Schaffenskraft kann sich in unterschiedlicher Hinsicht äußern – im ästhetisch-künstlerischen Bereich ebenso wie in der Produktentwicklung, beim Spielen mit Ideen und beim Lösen von Problemen. Der Begriff „Kreativität" beschreibt somit die Fähigkeit,
- etwas (Dinge oder Prozesse) zu gestalten,
- Erfahrungen neu zu kombinieren,
- Bestehendes zu verändern,
- neue Ideen zu finden und
- Probleme zu lösen (vgl. Thormann 2010).

10.1.1 Arten der Kreativität

Jeder Mensch besitzt kreative Fähigkeiten, auch wenn wir sie unterschiedlich intensiv nutzen. Unsere eigene Kreativität hängt von einer Vielzahl unterschiedlicher Faktoren ab. Unser kreatives Potenzial lässt sich z. B. durch kreativitätsfördernde Rahmenbedingungen (z. B. ein kreatives Arbeitsumfeld, Musik etc.) steigern. So kann kreative Ideenfindung gezielt durch Kreativitätstechniken und Denkstrategien (wie z. B. Analogien, Analysieren, Umkehren) gefördert werden. Andersherum können Kreativitätsblockaden und Kreativitätskiller kreative Fähigkeiten einschränken oder behindern (vgl. Preiser und Buchholz 2008).

Kreative Menschen …
- erfassen frühzeitig die Notwendigkeit von Veränderungen und verfügen über eine ausgeprägte „Problemsensibilität", mit der sie Unstimmigkeiten und Widersprüche ebenso erkennen wie Chancen und zukünftige Entwicklungen.
- verfügen über ein hohes Potenzial zur Verarbeitung von Informationen und verändern eine Frage so lange, bis sie zum Kern des Problems vordringen und Wesentliches von Unwesentlichem getrennt haben (vgl. Thormann 2010).
- begreifen Probleme eher als Chancen oder Herausforderungen und gehen aktiv gegen Gleichgültigkeit und erstarrte Routine vor.
- suchen aktiv den Erfahrungsaustausch mit anderen (als Quelle für Anregungen und neue Ideen).
- unterstützen die neuartigen und ausgefallenen Ideen anderer und ermutigen sie, diese umzusetzen (vgl. Mair 2015).

Kreativität ist somit weniger eine Eigenschaft, sondern beschreibt vielmehr ein vorhandenes Potenzial. Sie kann erlernt und trainiert werden (vgl. Thormann 2010).

Bei diesem kreativen Potenzial wird unter anderem zwischen der ästhetisch-künstlerischen Kreativität und der angewandten Kreativität unterschieden. Die ästhetisch-künstlerische Kreativität befähigt z. B. einen Künstler dazu, ein Bild zu malen. Die damit verbundenen Eigenschaften und Fähigkeiten fallen vor allem in den Bereich der Fachkompetenzen. Angewandte Kreativität wird dagegen zum Lösen von Problemen oder zur Entwicklung neuer Produkte verwendet. Sie zählt deshalb zu den Methodenkompetenzen.

Innerhalb der angewandten Kreativität können nochmals zwei unterschiedliche Ansätze unterschieden werden: der kreativ-intuitive Ansatz und der analytisch-systematische Ansatz. Auch wenn beide Ausprägungen unterschiedliche Begabungen und Vorgehensweisen widerspiegeln, lassen sie sich in der Praxis nicht immer klar voneinander trennen. Deshalb ist häufig eine Kombination der beiden Ansätze zielführend.

10.2 Kreatives Denken

Kreativität hängt stark mit kreativem Denken zusammen, d. h. mit einer optimalen Kombination aus Logik und Fantasie. Kreatives Denken umschreibt die trainierbare Fähigkeit, kreativ und gestaltend zu handeln. Dazu zählt auch die Bereitschaft, Probleme und Aufgaben auf innovative bzw. ungewohnte Art zu lösen. Kreative Personen stehen Neuem offen gegenüber und suchen selbst nach neuen Mitteln und Wegen. Sie halten einzeln, im Team oder z. B. zusammen mit den Kunden Ausschau nach innovativen Lösungen.

Auch wenn jeder von uns Kreativität erlernen und trainieren kann, existieren eine Reihe von Eigenschaften, die kreatives Handeln und Denken begünstigen. Hierzu sind uns vor allem eine gesunde Neugierde und ein ausgeprägtes Selbstbewusstsein behilflich.

10.2.1 Neugierde

Kreative Menschen sind nicht nur spontan und emotional, sondern auch neugierig. Sie haben vielseitige Interessen und möchten gerne alles ganz genau wissen. Neugierige Menschen nehmen aktiv am Leben in ihrer Umwelt teil und entwickeln ein Bewusstsein für mögliche Probleme und deren Lösung. Ihr interdisziplinäres Denken ermöglicht es ihnen, neue Blickwinkel einzunehmen und ungewöhnliche Schlussfolgerungen zu ziehen (vgl. Thormann 2010).

Neugierige Menschen können …
- verschiedene Blickwinkel einnehmen,
- vorhandenes neu kombinieren und kreative Verbindungen herstellen,
- jederzeit mit dem Trott der Normalität brechen, da sie über einen hohen Einfallsreichtum verfügen.

10.2.2 Selbstbewusstsein

Ein ausgeprägtes Selbstbewusstsein ist unerlässlich, wenn wir eine Idee auch umsetzen wollen. Sich seiner selbst bewusst zu sein ist eine wichtige Voraussetzung dafür, intuitiv die richtigen Entscheidungen zu treffen. Dies setzt voraus, dass wir die eigenen Stärken und Schwächen, die eigenen Vorlieben und Abneigungen kennen (vgl. Welsh und Kersten 2013, S. 114).

Selbstbewusste Menschen sehen in ihren Fehlern eine gute Möglichkeit, zu lernen, und lassen sich von eventuellen Rückschlägen nicht aus der Ruhe bringen. Sie bewahren sich eine eigene Meinung und lassen sich bei ihrem Handeln von ihren eigenen ethischen Maßstäben leiten. Dabei ist es ihnen egal, was andere von ihnen denken (vgl. Thormann 2010).

Selbstbewusste Menschen …
- haben ein klares Verständnis ihrer persönlichen Werte, ihrer Stärken und Schwächen sowie ihrer Möglichkeiten und Grenzen,
- wissen, in welchen Situationen sie aufblühen und in welchen sie sich gestresst fühlen,
- haben Selbstvertrauen und folgen ihrer Intuition,
- wissen, was sie von anderen unterscheidet, und akzeptieren die Unterschiede,
- wissen, wie sie von anderen wahrgenommen werden,
- arbeiten an ihren Schwächen, trainieren und entwickeln sich (vgl. Welsh und Kersten 2013, S. 114).

10.3 Kreativität als Voraussetzung für Innovationen

Die Fähigkeit, kreativ denken zu können, ist eine wichtige Voraussetzung für die Entwicklung von Innovationen. Das Wort „Innovation" leitet sich aus dem lateinischen Wort „novus" für „neu" ab. Dies bedeutet in seinem ursprünglichen Wortsinn „(Er-)Neuerung" (Debus 2002, S. 91). „Neu" kann in diesem Sinne eine echte Weltneuheit oder aus Sicht eines einzelnen Unternehmens eine subjektive Neuheit bedeuten.

Es gibt eine große Anzahl von Definitionen. Beispielhaft werden hier die Definitionen nach Vahs und Burmeister bzw. Hauschild angeführt. Vahs und Burmeister definieren eine Innovation als eine zielgerichtete Durchsetzung von neuen technischen, wirtschaftlichen, organisatorischen oder sozialen Problemlösungen, die darauf gerichtet sind, die Unternehmensziele auf eine neuartige Weise zu erreichen (vgl. Vahs und Burmeister 2005, S. 15).

Unternehmen streben durch Innovationen insbesondere folgende Ziele an:
- Wettbewerbsfähigkeit und Vorteile gegenüber den Mitwettbewerbern zu sichern
- Umsatz und Gewinn zu steigern und damit ihre finanzielle Unabhängigkeit zu sichern
- Marktanteile zu erhöhen sowie Kunden langfristig zu binden
- Image des Unternehmens zu verbessern.
- langfristiges Wachstum zu fördern, Arbeitsplätze zu sichern und neue zu schaffen

Aktuelle Einflussfaktoren, die Unternehmen veranlassen, in Innovationen zu investieren, sind insbesondere der erhöhte Trend zur Internationalisierung und Globalisierung. Dieser Trend drückt sich durch einen verstärkten Wettbewerb der Unternehmen aus, indem diese sich an neue Märkte und weltweite Standorte anpassen. Dazu kommt eine klare Individualisierung der Kundenbedürfnisse, eine stärkere Fokussierung der Kunden auf das Thema Nachhaltigkeit und eine Verkürzung der Produktlebenszyklen. Unternehmen werden durch diese steigende Innovationsgeschwindigkeit zunehmend unter Erfolgsdruck gesetzt.

10.3.1 Kreativ- und Innovationsfähigkeit

Benno van Aerssen und Christian Buchholz haben in der Literatur drei Kernvoraussetzungen für den Erfolg von Kreativ- bzw. Innovationsprozessen identifiziert. Diese drei Voraussetzungen bilden die Säulen des Kräftedreiecks der Innovationsfähigkeit (◘ Abb. 10.1).

Egal, ob bei der Betrachtung eher der Innovations- oder der Kreativprozess im Vordergrund steht, muss ein Unternehmen seine Mitarbeiter in folgenden drei Bereichen fördern:
- Veränderungsbereitschaft („Wille" und „Bereitschaft" aller Beteiligten, sich auf neue Dinge einzulassen)
- Veränderungskompetenz („Methodenwissen", z. B. in Form von Problemlösungs- oder Kreativitätstechniken)
- Veränderungsmöglichkeiten („Können", z. B. im Rahmen einer geeigneten Innovationskultur oder kreativitätsfördernder Rahmenbedingungen)

Ist eine der drei Säulen nicht gegeben, bleibt der Innovationserfolg aus. Nur wenn ein Unternehmen alle drei Bereiche gleichermaßen fördert, wird eine nachhaltige Steigerung der Kreativität und der Innovationsfähigkeit gelingen (vgl. van Aerssen und Buchholz 2015, S. 31).

In den folgenden drei Unterkapiteln werden wir kurz die erste Säule „Veränderungsbereitschaft" (Förderung des Willens und der Bereitschaft der Beteiligten), die zweite Säule „Veränderungsfähigkeit" (Methodenwissen) sowie die dritte Säule „Veränderungsmöglichkeiten" (Schaffung einer kreativen Arbeitsumgebung) vertiefen. Der zweiten Säule „Veränderungsfähigkeit" wird im ▶ Kap. 11 („Kreativitätstechniken") weiter vertieft.

◘ Abb. 10.1 Kräftedreieck der Kreativ- und Innovationsfähigkeit (© van Aerssen und Buchholz 2015, S. 30)

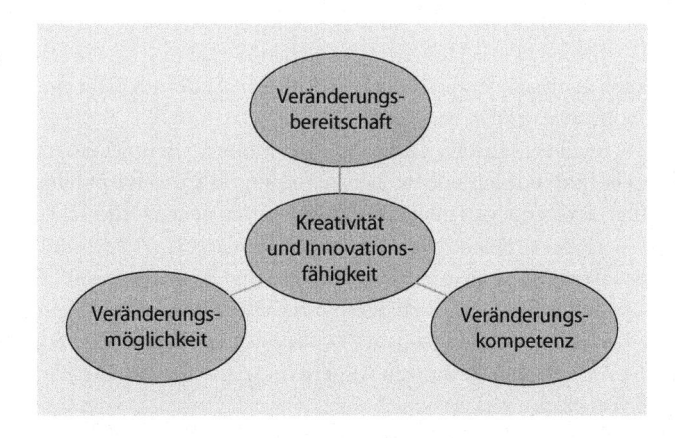

10.4 Veränderungsbereitschaft

Veränderungsbereitschaft bezeichnet die Bereitschaft, Neuerungen unvoreingenommen und gerne anzugehen. Dies beinhaltet eine positive Grundeinstellung und die Bereitschaft, aktiv neue Lösungen zu suchen und zu realisieren. Die Neuerungen können sich dabei z. B. auf neue Produkte, neue Produktions- und Organisationsmethoden, neue Marktbeziehungen und neue arbeitsgruppen- oder unternehmensübergreifende Vernetzungen beziehen. Hierzu ist es erforderlich, ungewöhnliche Problemlösungswege im Rahmen der Tätigkeit zu erkennen und richtig anzuwenden sowie Alternativen herauszuarbeiten, um realistische zielgerichtete Entscheidungen zu treffen. Voraussetzung für Veränderungsbereitschaft ist eine aktive und intensive Erkundung der Umwelt. Sie umfasst mehr als nur spezifische Wissensanteile und setzt eine systematische Informationsbeschaffung und -verarbeitung voraus, die das Wissen um wichtige Meinungsbildner und Multiplikatoren für die Arbeit des Unternehmens einschließt sowie Aufbau und Pflege entsprechender sozialer Beziehungen aktiv betreibt.

Veränderungsbereite Menschen …
- suchen und realisieren aktiv positive Veränderungen von Produkten, Produktions- und Organisationsmethoden, Marktbeziehungen und übergreifenden Vernetzungen.
- unterstützen Neues auch außerhalb der Arbeitssphäre, im sozialen Umfeld, in der Freizeit und der Privatsphäre.
- setzen Neuerungen gern aktiv um (vgl. Mair 2015).

10.4.1 Offenheit

Offen für Neues zu sein, beschreibt die Fähigkeit, Veränderungen als Lernsituationen zu verstehen und entsprechend zu handeln. Jede neue Handlungssituation ist mit Stress und Unsicherheit verbunden. Nur bei entsprechender Offenheit ist sie positiv im Sinne eines Handlungserfolgs und kreativer Leistungen zu nutzen (vgl. Mair 2015).

Offene Menschen vertrauen nicht nur ihrer Intuition, sondern sind auch bereit, sich auf Neues einzulassen. Falls nötig, stoßen sie ihre Pläne um und passen ihre Ziele den neuen Umständen an. Dabei wirken sich vor allem die Unvoreingenommenheit und Offenheit, mit der sie die Dinge angehen, die Aufmerksamkeit, mit der sie Menschen und Situationen wahrnehmen sowie die Sensibilität für ihre eigenen Chancen und Möglichkeiten kreativitätsfördernd aus (vgl. Thormann 2010).

Offene Menschen …
- stellen sich bewusst und gern Problem- und Handlungssituationen mit offenem Ausgang.
- lernen informell und entwickeln die eigene Persönlichkeit unter Nutzung von äußeren Veränderungen und neuen Anforderungen weiter.
- entwickeln in Situationen, die für Veränderungen offen sind, oft die besten und kreativsten Leistungen.
- verarbeiten auftretenden Stress positiv (vgl. Mair 2015).
- sind ihren eigenen Gefühlen gegenüber aufgeschlossen und reagieren sensibel auf ihre Umwelt.
- verfügen in Verbindung mit künstlerischen Interessen oft über einen ausgeprägten Sinn für Ästhetik (vgl. Thormann 2010).

10.4.2 Experimentierfreudigkeit

Experimentierfreudigkeit bezeichnet die Bereitschaft, sich selbst und andere gerne neuen Situationen (neue Arbeitsaufgaben, Mitarbeiter, Arbeitsgruppen, Unternehmen, Länder und kulturelle Umgebungen) auszusetzen. Dabei werden auch Widerstände und Konflikte in Kauf genommen und aktiv überwunden. Experimentierfreude kommt auf, wenn die eigene Umgebung als veränderbar und zukunftsoffen begriffen werden kann. Voraussetzung für dieses Begreifen sind soziale Neugier, Gestaltungsfreude und -fähigkeit sowie eine ausgeprägte, konstruktive Fantasie (vgl. Mair 2015).

Experimentierfreudige Menschen …
- erproben neue Möglichkeiten mit großer Fantasie.
- setzen sich selbst gerne neuen, auch konfliktträchtigen Problemsituationen aus.
- probieren immer neue Möglichkeiten zur Lösung von Problemen aus.
- lösen soziale Spannungen und Konflikte gern mithilfe „spielerischer" Möglichkeiten (Training, Probehandeln).

10.5 Veränderungsfähigkeit

Neben der Bereitschaft zur Veränderung benötigen Unternehmen die passenden Techniken, um Innovationen und Veränderungsprozesse erfolgreich gestalten zu können. Zur Veränderungskompetenz, also der Fähigkeit, Probleme zu lösen und Dinge aktiv zu verändern, gehören somit Kenntnisse über Problemlösungs- und Kreativitätstechniken.

Es gibt viele Möglichkeiten, Lösungen für ein Problem zu finden. Am Anfang steht dabei die Suche nach Ideen, was generell möglich wäre. Beim Ideenfindungsprozess trägt der Mensch die Lösung in sich, oft ohne es zu wissen. Alle Ideenfindungsprozesse basieren auf dem Phänomen, dass nur dann neue Ideen entstehen können, wenn die Gedanken gekreuzt werden ähnlich wie bei der Rosenzucht: Durch Kreuzungen werden neue Sorten entwickelt (vgl. Guntern 1991, S. 12 f.). Deshalb ist es wichtig, eine möglichst große Anzahl von Ideen zusammenzutragen. Eine Studie des Beratungsunternehmens Kienbaum zeigt, dass von rund 1.900 fixierten Erstideen in einem ersten Bewertungsschritt 75 Prozent aller Ideen gleich verworfen wurden. Gut 520 Ideen wurden in kleineren und größeren Projekten weiter verfolgt. Aus diesen Projekten entstanden 180 Produkte, die im Markt platziert wurden. Circa 50 Produkte konnten sich länger auf dem Markt halten, jedoch nur elf Produkte waren wirklich erfolgreich. Die Restlichen waren verlustbringend oder wenig erfolgreich (vgl. Berth 1990, S. 4).

Wenn diese Studie als Maß genommen wird, bedeutet dies, dass für jedes erfolgreiche Produkt oder jede erfolgreiche Dienstleistung durchschnittlich rund 170 Erstideen generiert werden müssen. Wie ein Unternehmen möglichst viele Ideen generieren kann und welche unterschiedlichen Arten der Kreativitätstechniken es gibt, wird im ▶ Kap. 11 erläutert.

10.6 Veränderungsmöglichkeiten

Ein professionelles Innovationsmanagement alleine reicht nicht aus, um die Innovationsfreude und Kreativität der Mitarbeiter in einem Unternehmen zu steigern. Neben der Veränderungsbereitschaft des Managements und der Mitarbeiter bedarf es auch einer entsprechenden Innovationskultur (Veränderungsmöglichkeiten), die kreatives Denken fördert.

Die Innovationskultur einer Organisation oder eines Unternehmens umfasst alle Normen, Werte und Denkhaltungen, die das Verhalten der Mitglieder einer Organisation prägen und an denen diese sich orientieren. Hierzu zählen vor allem der vorhandene Spielraum für Veränderungen sowie kreativitätsfördernde Rahmenbedingungen. Der Begriff „Innovationskultur" beschreibt somit einen wichtigen Aspekt der Organisationskultur, der dem Unternehmen dabei hilft, die Kreativität und die Generierung von Innovationen im Unternehmen zu fördern. „Unternehmen mit Innovationskultur sind schneller und zielführender in ihren Aktionen und verfügen über die marktentscheidende Wirkung, weil sie Produkte, Dienstleistungen und Prozesse, die die Kunden begeistern, mit bester Performance in kürzester Zeit entwickeln können. Innovationskultur beschreibt quasi einen Zustand der Fülle - Fülle an Vertrauen und Kreativität, sowie an Freundschaft und Herzlichkeit - Fülle an Zukunft, an Kraft und Aufbruchsenergie" (vgl. van Aerssen 2015).

> **Kreativität am Arbeitsplatz**
> Die Innovationsforscher Dietmar Vahs und Heiko Trautwein benennen fünf wesentliche Faktoren für die Kreativität am Arbeitsplatz:
> - *Vertrauen in die Mitarbeiter*: „Innovative Unternehmen versuchen, eine Vertrauenskultur zu etablieren, in der die Mitarbeiter eigenverantwortlich handeln können und kreative Freiräume haben" (Vahs und Trautwein 2005, S. 3).
> - *Hoher Stellenwert von Innovation und Kreativität*: „Dies setzt eine Verankerung im Symbol- und Wertesystem voraus (z. B. in den Unternehmensgrundsätzen und durch ein glaubwürdiges „Vorleben" durch das Top-Management)" (Vahs und Trautwein 2005, S. 3).
> - *Gezielte Förderung innovativer Mitarbeiter*, „wie dies beispielsweise bei 3 M geschieht, wo besonders innovative Mitarbeiter mit einem „Innovator Award" ausgezeichnet und zu Vorträgen und Veröffentlichungen ermutigt werden" (Vahs und Trautwein 2005, S. 3).
> - *Hohe Toleranz gegenüber Fehlern und Misserfolgen*: „Fehler werden nicht sanktioniert, sondern als eine Chance gesehen, um für die Zukunft zu lernen" (Vahs und Trautwein 2005, S. 3 f.).
> - *Offenes Informations- und Kommunikationsverhalten des Managements*: Wichtige Informationen werden nicht zurückgehalten, sondern allen am Innovationsprozess beteiligten Personen rechtzeitig und in einem ausreichenden Maß zur Verfügung gestellt (vgl. Vahs und Trautwein 2005, S. 4).

Neben den genannten Faktoren entscheiden vor allem die zur Verfügung stehende Zeit und das persönliche Arbeitsumfeld über die Kreativität der Mitarbeiter. Der erste Schritt auf dem Weg zu einer erfolgreichen Innovationskultur besteht deshalb darin, den Mitarbeitern „Raum" für kreatives Denken zu geben.

10.6.1 Ideenmanagement

Eine weitere Möglichkeit, die Kreativität der Mitarbeiter zu fördern und für das eigene Unternehmen zu nutzen, ist ein professionelles „Ideenmanagement". Das Deutsche Institut für Betriebswirtschaft in Frankfurt definiert Ideenmanagement als „die systematische Förderung von Ideen und Initiative der Mitarbeiter – bezogen auf Einzelleistungen und/oder Teamleistungen – zum Wohle des Unternehmens und der Mitarbeiter" (Deutsches Institut für Betriebswirtschaft 2003, S. 22). Der Begriff „Ideenmanagement" beschreibt somit ein System, das mithilfe von individuellen Freiräumen und klarer Regeln die Ideen der Mitarbeiter fördert. Dies geschieht im Idealfall durch die Führungskräfte des Unternehmens, die die Mitarbeiter aktiv dazu anhalten, Ideen und Vorschläge einzubringen. Hierbei ist es egal, ob diese durch einzelne Mitarbeiter oder durch ein ganzes Team eingebracht werden. Für den Erfolg des Ideenmanagements ist es wichtig, die Mitarbeiter für den Veränderungsprozess zu gewinnen und zu begeistern. Der persönliche Einsatz und die kreativen Lösungsansätze müssen deshalb vom Management stets ernst genommen werden (vgl. Krug 2002, S. 7).

Literatur

van Aerssen B (2015) Innovationskultur. http://www.ideenfindung.de/Innovationskultur-Ideenfindung.html
van Aerssen B, Buchholz C (2015) Handbuch zum Innovation Practitioner. Düsseldorf, S 30
Berth R (1990) Visionäres Management. Die Philosophie der Innovation. Düsseldorf
Burr W (2007) Erscheinungsformen, Bedeutung und betriebswirtschaftliche Potenziale von Dienstleistungsunternehmen. In: Schmidt K, Gleich R, Richter A (Hrsg) Innovationsmanagement in der Serviceindustrie: Grundlagen, Praxisbeispiele und Perspektiven. Freiburg i. Br., S 73–92
Debus C (2002) Routine und Innovation: Management langfristigen Wachstums etablierter Unternehmungen. Marburg
Deutsches Institut für Betriebswirtschaft (Hrsg) (2003) Erfolgsfaktor Ideenmanagement: Kreativität im Vorschlagswesen. Frankfurt a. M.
Guntern G (1991) Der kreative Weg: Kreativität in Wirtschaft, Kunst und Wissenschaft. Zürich
Howaldt J, Jacobsen H (Hrsg) (2010) Soziale Innovation. Auf dem Weg zu einem postindustriellen Innovationsparadigma. Dortmunder Beiträge zur Sozialforschung. Dortmund/Wiesbaden
Krug R (2002) Aufbau eines Ideenmanagements: Mitarbeiterbeteiligung am Veränderungsprozess. Kassel
Mair M (Hrsg) (2015) Interaktiver Kompetenzatlas. FH Wien, Institut für Tourismus-Management. http://kompetenz-atlas.fh-wien.ac.at/?page_id=500
Preiser S, Buchholz N (2008) Kreativität: Ein Trainingsprogramm für Alltag und Beruf. Kröning
Reichwald R, Piller FT (2009) Interaktive Wertschöpfung. Open Innovation, Individualisierung und neue Formen der Arbeitsteilung. Wiesbaden
Schumpeter J (1939) Business Cycles: A Theoretical, Historical, and Statistical Analysis of the Capitalist Process. New York
Thormann H (2010) Kreatives Denken: schreiben, denken, leben. http://www.kreativesdenken.com
Vahs D, Burmeister R (2005) Innovationsmanagement – Von der Idee zur erfolgreichen Vermarktung, 3. Aufl. Stuttgart.
Vahs D, Trautwein H (2005) Innovationskultur als Erfolgsfaktor des Innovationsmanagements. Esslingen
Welsh S, Kersten C (2013) Worldly Women - the New Leadership Profile: How to Expatriate with Excellence. Bonn

Kreativitätstechniken

Joachim H. Becker

© Springer-Verlag GmbH Deutschland 2018
J.H. Becker, H. Ebert, S. Pastoors, *Praxishandbuch berufliche Schlüsselkompetenzen*,
https://doi.org/10.1007/978-3-662-54925-4_11

11.1 Arten der Kreativitätstechniken

Kreativitätstechniken sind Denkwerkzeuge, die dem Hirn bei der Ideenfindung helfen. Dabei funktionieren sie alle nach dem gleichen Prinzip: Kreativitätstechniken lassen das Denken chaotisch werden. Das ist gut so! Wenn sich immer auf dem herkömmlichen Weg, also durch rationales, strukturiertes Denken, eine Lösung finden ließe, bräuchten die Menschen keine Kreativität und somit auch keine Kreativitätstechniken (vgl. van Aerssen 2015).

Einige Menschen denken chaotisch, andere können schnell zwischen rationalem und chaotischem Denken umschalten (vgl. Stekeler-Weithofer 2012, S. 42). Die meisten Menschen sind es gewohnt, rational und linear zu denken. Probleme werden gelöst wie eine mathematische Gleichung. Kreativitätstechniken unterstützen dagegen chaotisches Denken. Ziel der Kreativitätstechniken ist es, unsere Gedanken auf neue Art zu verknüpfen und dabei aus von gewohnten Denkmustern auszubrechen. Wir entwickeln kreative Ideen, indem wir vorhandenes Wissen und Erfahrungen in einer neuen, vorher unbekannten Weise kombinieren und ordnen. Kreativitätstechniken schaffen folglich keine Kreativität, sondern sie unterstützen Kreativität.

> **Die wichtigsten Erfolgsfaktoren für Kreativität sind: Spaß! Motivation! Offenheit!**
> Kreativität kann nicht erzwungen werden. Ideenfindung sollte deshalb Spaß machen und die Anwendung von Kreativitätstechniken ein Erlebnis sein. Dies setzt aber auch eine kreative Atmosphäre voraus.

In ◘ Tab. 11.1 werden die Gruppen der Kreativitätstechniken vorgestellt. Dabei werden die Kreativitätstechniken anhand von Durchführungsansätzen eingeteilt. Um die Übersichtlichkeit zu erhöhen und eine zügige Auswahl zu ermöglichen, werden die Techniken tabellarisch aufgeführt.

Die unterschiedlichen Methoden werden im Folgenden so beschrieben, dass sie sofort durchgeführt werden können.

Tab. 11.1 Gruppen der Kreativitätstechniken (Nöllke 2010, S. 8)

Kreativ-intuitive Methoden	Analytisch-systematische Methoden
Assoziationstechniken:	Morphologischer Kasten
klassisches Brainstorming	Morphologische Matrix
Brainwriting (Pool)	Problemlösungsbaum
Methode 635	Sequentielle Morphologie
Analogietechniken	Osborn-Checkliste
(schöpferische Konfrontation):	Funktionsanalyse
Synektik	TRIZ
Semantische Intuition	
TILMAG-Methode	
Umkehrtechnik	
Bionik	

Regeln für die Durchführung

Kreativität entfaltet sich zwanglos leichter. Es ist allerdings wichtig, dass kein Stau entsteht und Kreativität durch Langeweile, Hektik, unnötige Geräusche etc. blockiert wird. Deshalb lohnt es sich, bei der Durchführung der Kreativitätstechniken folgende allgemeine Regeln zu beachten:

- Schätzen Sie jeden Teilnehmer als gleichwertig.
- Bringen Sie sich vorbehaltlos ein und bieten Sie dem Team Ihr ganzes Wissen an.
- Zeigen Sie sich nicht als Vorgesetzter oder führender Experte.
- Vermeiden Sie jegliche Wertung der hervorgebrachten Ideen. Trennen Sie die schöpferische Phase konsequent von der Phase der Bewertung.
- Suchen Sie das Positive in den Ideen der anderen. Greifen Sie es auf und versuchen Sie, es weiterzudenken.
- Befreien Sie sich vom Zwang, nur gute, sofort brauchbare Ideen finden zu müssen. Lassen Sie sich von Ihrer Spontanität tragen.
- Fassen Sie sich in Ihren Beiträgen kurz.
- Visualisieren Sie Ihre Gedanken, wann immer dies nötig erscheint.
- Drücken Sie sich so einfach und verständlich wie möglich aus. Vermeiden Sie weniger geläufige Fachbegriffe.
- Signalisieren Sie Lockerheit und bewahren Sie Ihren Sinn für Humor.

11.2 Kreativ-intuitive Methoden

Die kreativ-intuitiven Methoden basieren auf Assoziationen. Der Begriff „Assoziation" beschreibt automatische Denkvorgänge, bei denen entweder unterschiedliche Informationen oder gelernte Beziehungen zwischen zwei kognitiven Elementen, meist einem Reiz und einer Reaktion, miteinander verknüpft werden.

11.2.1 Assoziationstechniken

Bei den Assoziationstechniken geht es darum, seinen Gedanken freien Lauf zu lassen und in alle Richtungen zu denken. Durch die Verknüpfung von Gedanken und Vorstellungen zu neuen Kombinationen erhalten Sie eine Vielzahl von Begriffen, die zu Lösungsmöglichkeiten ausgearbeitet werden können. Dabei wird zwischen Brainstorming und Brainwriting unterschieden.

Brainstorming

Brainstorming wurde von dem Amerikaner Alex Osborn entwickelt. Es ist die bekannteste aller Kreativitätsmethoden. Sie ist leicht zu erlernen, einfach anzuwenden und hat eine relativ hohe Erfolgsquote guter Ideen. Beim Brainstorming kommt es vor allem auf die Menge der neuen Ideen an. Es geht hauptsächlich um Quantität und nicht um Qualität (vgl. Osborn 1953).

> **Vorgehensweise**
> - Das Problem wird klar definiert.
> - Die Teilnehmer generieren möglichst schnell und ungehemmt so viele Ideen wie möglich. Die Beurteilung einer geäußerten Idee ist streng untersagt.
> - Ein Moderator sorgt dafür, dass alle Ideen aufgeschrieben werden.
> - Gruppe: zwischen sechs und acht Teilnehmer mit unterschiedlichen Vorkenntnissen bzw. Fachkenntnissen
> - Dauer: ca. 20–30 Minuten

Brainwriting

Brainwriting baut auf der Idee des Brainstormings auf (vgl. Brem und Brem 2013, S. 64). Bei dieser Technik schreibt jeder Teilnehmer vier Ideen auf ein Blatt Papier, das er danach in der Mitte des Tisches ablegt. Es gibt aber keinen Zwang, sein Papier den anderen zu offenbaren. Gehen einem Teilnehmer die Ideen aus, so hat er die Möglichkeit, seine Gedanken gegen Entwürfe aus der Mitte auszutauschen. Gegen Ende sollte jeder Teilnehmer mindestens einmal sein eigenes Papier gegen eines aus der Mitte getauscht haben. Für die Dauer einer Sitzung sind wie beim Brainstorming ca. 30 Minuten bei sechs bis acht Personen vorgesehen.

Sinn und Zweck dieser Technik ist ein Gedankenaustausch zwischen den Teilnehmern, wenn diese mit ihren eigenen Ideen und Lösungsvorschlägen nicht mehr weiterkommen. Durch die Anregungen aus der Mitte, das heißt die Ideen von anderen, ergeben sich neue Anregungen oder Kombinationsmöglichkeiten. Somit können in aller Ruhe eigene Ideen durch die Ressourcen der anderen Teilnehmer erweitert werden.

Crawford-Slip-Technik

Eine Vielzahl empirischer Studien belegt, dass Brainstorming nur in kleinen Gruppen zu brauchbaren Ergebnissen führt. Je größer die Zahl der Teilnehmer, desto geringer ist die Qualität der Ideen. Auch der deutsche Sozialpsychologe Wolfgang Stroebe steht Brainstorming kritisch gegenüber: „Gruppen generieren im Brainstorming insgesamt weniger und auch weniger erfolgreiche Ideen, als würden sich die Teilnehmer allein Gedanken machen" (Diehl und Stroebe 1991). In

Gruppen entstehen eher konventionelle Ideen. Viele Teilnehmer sind gehemmt, weil sie Angst haben, sich vor anderen zu blamieren. Gleichzeitig sind die meisten Menschen nicht gewillt, originelle Idee mit anderen zu teilen. Sie haben Angst, in diesem Fall das „Copyright" daran zu verlieren. Eine Methode, die diese Dilemmata aufgreift, ist die Crawford-Slip-Technik.

> **Vorgehensweise**
> - Jeder Teilnehmer erhält einen Stapel mit rund 30 Karteikarten. Weitere Karteikarten werden in die Mitte des Tisches gelegt.
> - Zu Beginn erhalten alle Teilnehmer fünf Minuten Zeit, Ideen zu generieren. Hierzu schreibt jeder Teilnehmer eine Idee auf eine Karte und legt sie in Griffweite für den Nachbarn rechts ab. Dabei arbeitet jeder für sich, die Karten werden noch nicht aufgenommen.
> - Nach fünf Minuten beginnen die Teilnehmer, die Karten des Nachbarn aufgreifen und lassen sich dadurch anregen. Neue Ideen werden auf neue Karten geschrieben und in der vereinbarten Umlaufrichtung weitergereicht. (Die beschriebenen Karten werden nicht ergänzt oder kommentiert.)
> - Die Ideenfindungsphase wird beendet, wenn der Ideenfluss zum Erliegen kommt (nach ca. zehn Minuten). Die Karten werden vom Moderator eingesammelt.

Methode 6-3-5

Die Methode 6-3-5 dient der Ideenfindung. Dazu wird das Kreativitätspotenzial aus einer Gruppe von Fachleuten eines bestimmten Gebietes genutzt. Die Brainstorming-Methode 6-3-5 stellt an die Teamfähigkeit aller Teilnehmer große Anforderungen. Es wird versucht, die Nachteile des Brainstormings (viele abwegige Ideen etc.) zu vermeiden, indem die Ideen schriftlich fixiert werden. Ähnlich wie beim Brainstorming wird bei der Methode 6-3-5 der Zeitdruck genutzt. Die ersten drei Ideen werden in nur drei bis vier Minuten entwickelt. Bei den folgenden Runden werden ein bis zwei Minuten hinzugegeben, da mehr zu lesen ist und die Ideen oft stärker ins Detail gehen. Die Geschwindigkeit ist ein Faktor, der dazu beiträgt, das Gehirn, insbesondere das Kurzzeitgedächtnis, besser zu nutzen.

> **Vorgehensweise**
> Sechs Personen definieren am Anfang ein exaktes Problem und entwickeln drei Ideen, die jeweils fünfmal weitergegeben werden.

11.2.2 Analogietechniken (Methoden der schöpferischen Konfrontation)

Die Methoden der schöpferischen Konfrontation basieren auf der Beobachtung, dass originelle Ideen oftmals nicht aus einer bewussten Auseinandersetzung mit einem Problem entstehen, sondern als eine Reaktion auf problemfremde Beobachtungen (Ereignisse, Strukturen, etc.). So soll Newton beim Betrachten des Fallens eines Apfels der Grundsatz der Gravitation klar geworden sein. Dieser natürliche, kreative Prozess wird mit den Methoden der schöpferischen Konfrontation nachgeahmt.

Die Übertragung eines Begriffs oder eines Problems in einen anderen Kontext bedient sich so genannter Analogien. Der Begriff „Analogie" beschreibt Ähnlichkeiten (ähnliche Strukturen, ähnliche Merkmale oder eventuelle Zusammenhänge) zwischen zwei unterschiedlichen Dingen (oder Problemen). Selbst Dinge, die im ersten Moment vielleicht nicht zum Problem passen, können dennoch eine Lösung beinhalten.

Synektik

Synektik gehört zu den anspruchsvolleren Kreativitätstechniken und eignet sich vor allem für komplexe Problemstellungen – allein schon wegen des Schwierigkeitsgrades und Aufwandes. Wesentliches Element der Synektik ist die Übertragung des Problems in einen anderen Kontext (Verfremdung). Dabei wird eine Idee oder ein Produkt schrittweise entfremdet, um Lösungsansätze zu entwickeln.

> **Vorgehensweise**
> Synektik wird in Gruppen durchgeführt. Die Dauer kann zwischen zwei bis drei Stunden und bis zu mehreren Tagen betragen. Einige der folgenden elf Schritte können auch wiederholt oder übersprungen werden:
> 1. Der Auftraggeber definiert kurz das Ziel des Prozesses.
> 2. Anschließend präsentiert der Auftraggeber das Problem (Analyse und Erläuterung des Problems durch Diskussion der Teilnehmer mit dem Auftraggeber).
> 3. Alle spontanen Lösungsvorschläge (Brainstorming) werden notiert und zur Seite gelegt, um den nachfolgenden Prozess der Synektik nicht zu beeinflussen.
> 4. Das Problem wird mithilfe aller Teilnehmer neu definiert und visuell für alle sichtbar dargestellt.
> 5. Suche nach einer ersten, direkten Analogie mit Brainstorming: So wird z. B. der Kontext eines Problems in die Natur verlagert, wenn eine Lösung für ein technisches Problem gesucht wird. Wichtig ist, dass der Kontext des Problems vollständig verfremdet wird.
> 6. Bildung persönlicher Analogien: Die Teilnehmer wählen aus den in Schritt 5 gefundenen direkten Analogien die erfolgversprechendste aus und bilden hierzu dann persönliche Analogien. Jeder einzelne Teilnehmer schreibt 10–20 Zeilen beginnend mit „Wie fühle ich mich als …", um die direkte Analogie zu ergründen und zu verstehen. Anschließend wählen die Teilnehmer gemeinsam ein Gefühl aus, das mit dem Begriff aus Schritt 5 eine sinnvolle Einheit bildet.
> 7. Bildung symbolischer Analogien auf Basis der persönlichen Analogien aus Schritt 6: Die Teilnehmer formulieren so genannte „Buchtitel", die aus einem Substantiv und einem Adjektiv bestehen (z. B. wird aus „umschlingen" dann „bewegliche Begrenzung" oder „begrenzte Beweglichkeit").
> 8. Bildung einer zweiten, direkten Analogie: Vorgehen wie in Schritt 5, aber aus einem anderen Bereich (z. B. statt „Natur" jetzt „Kunst").
> 9. Jeder Teilnehmer wählt nun eine zweite, direkte Analogie aus und beschreibt diese so einfach, aber umfassend wie möglich. Die Beschreibung sollte so formuliert werden, dass auch ein sechsjähriges Kind sie versteht.
> 10. Präsentation der Ergebnisse: Anschließend versuchen die Teilnehmer, die Beschreibung auf die Problemstellung (Schritt 4) zu übertragen. Diese Gedanken werden diskutiert. Auf diese Weise sollen wiederum neue Lösungsansätze entwickelt werden.
> 11. Bewertung der Lösungsansätze.

Semantische Intuition

Semantik ist die Lehre von der Bedeutung einzelner Begriffe und Worte. So erzeugt das Wort „Schnee" bei jedem Leser automatisch bestimmte Bilder im Kopf, die mit konkreten persönlichen Erfahrungen verbunden sind. Beim Hören oder Lesen eines Begriffs entsteht somit intuitiv eine bildhafte Vorstellung. Dies gilt auch für vollkommen neue Begriffe: Aus Zufallskombinationen von Begriffen ergeben sich neue Bedeutungen, die zu konkreten Ideen ausgebaut werden können.

Die Techniken der semantischen Intuition kehren den Kreativprozess um: Anstelle einer konkreten Idee wird nach dem Namen für eine mögliche Idee gesucht. Dabei werden beliebige Namen gebildet, die als Reizwort für eine Intuition zu einer möglichen Erfindung dienen sollen. Dabei werden Substantive, Verben und Adjektive beliebig miteinander kombiniert.

Beispielsweise werden bei der Suche nach einem neuen Küchengerät aus einer Liste zufällig aufgezählter Begriffe wie Topf, Löffel, Rühren und Ofen die Begriffe „Topf" und „Rühren" ausgewählt und so das Wort „Rührtopf" gebildet. Daraus wird dann die Idee entwickelt, dass der Inhalt eines Topfes während des Kochens automatisch gerührt werden könnte, z. B. durch einen elektronisch angetriebenen Quirl im Deckel.

TILMAG-Methode

Die Methode TILMAG ersetzt die mehrfache Übertragung eines Problems in einen anderen Kontext der Synektik durch ein „rationales" Verfahren. Dabei werden mithilfe sinnvoller Verbindungen Reizwörter für die Ideenfindung entwickelt und bereitgestellt.

> **Vorgehensweise**
> TILMAG sollte möglichst in folgenden Schritten praktiziert werden:
> - Analyse und Definition der Problemstellung
> - Bestimmung aller Anforderungen, die eine Lösung erfüllen sollte; sie werden aus dem Problemlösungsziel hergeleitet
> - Verdichtung dieser Anforderungen in möglichst prägnante Begriffe
> - Bildung von Assoziationen aus der Verbindung der unterschiedlichen Begriffe und Darstellung in Matrixform (◘ Tab. 11.2)
> - Ableitung von Lösungen aus den assoziierten Reizwörtern
> - paarweise Konfrontation der assoziierten Reizwörter, Bestimmung der gemeinsamen Elemente der Begriffe aus jeder Paarung und Darstellung in Matrixform
> - Die gefundenen Gemeinsamkeiten stellen Reizwörter einer zweiten Ideenfindungsphase dar; Ableitung weiterer Lösungen

◘ Tab. 11.2 TILMAG-Matrix (in Anlehnung an Schlicksupp 1999, S. 136 ff.)

X	langlebig	ökologisch	farbig	recycelt	„
langlebig	X				
ökologisch		X			
farbig			X		
recycelt				X	
„					X

11.3 Systematische-analytische Methoden

Bei der systematischen Ideensuche geht es mehr um Struktur und Systematisierung. Anhand verschiedener Checklisten wird das Problem unter verschiedenen Gesichtspunkten beleuchtet. Grundlage der systematischen Ansätze zur Problemlösung ist eine methodische Analyse des bestehenden Problems. Ein solches Vorgehen ist vor allem für Situationen, in denen es um die Lösung technischer Probleme, die Optimierung von Arbeitsprozessen oder die Reorganisation bestehender Organisationsstrukturen geht, von entscheidender Bedeutung. Alle Modelle zur systematischen Problemlösung (z. B. Design Thinking) haben eine dreistufige Struktur gemeinsam:
1. Analyse des Problems und Formulierung der Arbeitsaufträge
2. Analyse der möglichen Lösungen und Eingrenzung auf eine aussichtsreiche Lösungsstrategie
3. Umsetzung der ausgewählten Lösungen mit anschließendem Controlling

Auch komplexe Ansätze zur Problemlösung wie TRIZ (Theorie des erfinderischen Problemlösens) folgen dieser Struktur. So sinnvoll systematische Ansätze für die Lösung technischer und komplizierter Probleme sind, so wenig taugen sie bei der Lösung alltäglicher Probleme. Einfache Probleme (z. B. suchen eines Parkplatzes) erfordern meist kein aufwändiges, strukturiertes Vorgehen. Komplexe Probleme (z. B. Verteilung von Flüchtlingen innerhalb der Europäischen Union) lassen sich nicht in ihrer Gänze erfassen. In solchen Fällen ist der Problemlösungsprozess selbst Teil der Lösung. Strukturierte Prozesse eignen sich somit vor allem für komplizierte Probleme.

11.3.1 Osborn-Methode

Für diese Methode entwarf Osborn einen Fragenkatalog zur Problemanalyse, der sowohl im Berufs- als auch im Privatleben eingesetzt werden kann und neun Fragenkomplexe umfasst (vgl. Nöllke 2010, S. 87):
- Wofür kann ich es noch verwenden? Kann ich es anders einsetzen?
- Weist das Problem auf andere Ideen hin? Ist es etwas Anderem ähnlich?
- Was lässt sich ändern? Welche Eigenschaften lassen sich umgestalten?
- Lässt sich etwas vergrößern, hinzufügen, vervielfältigen?
- Lässt sich etwas verkleinern, wegnehmen, verkürzen?
- Was kann ersetzt werden? Welche Bedingungen können geändert werden?
- Kann die Reihenfolge oder Struktur geändert werden?
- Kann die Idee ins Gegenteil gekehrt werden? Kann der Ablauf umgekehrt werden?
- Können Ideen kombiniert oder Personen verbunden werden?

11.3.2 Morphologische Methoden

Die Ideensuche erfolgt bei den morphologischen Methoden nicht nach einem Zufallsprinzip, sondern indem die Intuition durch eine systematische Kreativitätsmethode angeregt und unterstützt wird. Morphologische Methoden können mit kreativitätsfördernden Methoden anderer Phasen kombiniert werden. Sie eignen sich dazu, komplexe Probleme vollständig zu erfassen und alle möglichen Lösungen vorurteilslos zu betrachten (Untersuchen vorhandener Strukturen).

Diese Methoden haben viel mit analytischem Denken zu tun. Sie werden z. B. verwendet, um einen Gegenstand neu zu gestalten. Ziel ist es, das Herumprobieren zu systematisieren. So werden z. B. mithilfe von Rechnern komplizierte Durchläufe gemacht, um einen Gegenstand in mehr als zwei Dimensionen gleichzeitig neu zu gestalten. Morphologische Kreativität eignet sich eher für technische, quantitative Probleme als für schwierige menschliche Probleme (vgl. Eunson 1990).

Ein spezielles Training zum Erlernen dieser Methoden ist nicht erforderlich. Es ist aber hilfreich, wenn jeder Mitarbeiter über ein umfangreiches Fachwissen verfügt (vgl. Nöllke 2010, S. 98).

Morphologischer Kasten

Die bekannteste morphologische Technik ist der 1925 von dem Schweizer Physiker F. Zwicky entwickelte morphologische Kasten. Er kann entweder zwei- oder dreidimensional sein. Beim morphologischen Kasten werden Lösungen zu unterschiedlichen Problemen gesucht und in einer Matrix miteinander kombiniert. Anschließend wird die geeignetste Kombination gesucht.

Die Methode kann in Einzelarbeit oder in Kleingruppen durchgeführt werden. Da zur Bestimmung der wesentlichen Parameter ein tieferes Verständnis des Problemgebietes erforderlich ist, sollte die Gruppe überwiegend aus Experten bestehen. Die Dauer der Methode variiert zwischen mehreren Stunden und mehreren Tagen (vgl. Nöllke 2010, S. 101 f.; ◘ Tab. 11.3).

Vorgehensweise
- Umschreibung, Definition und ggf. zweckmäßige Verallgemeinerung des Problems (Funktionen und erwartete Eigenschaften von der Lösung)
- Zerlegung des Problems in seine wesentlichen und voneinander unabhängigen Bestandteile (Parameter) und Anordnung der Parameter/Merkmale in der Vorspalte der Matrix
- Ermittlung aller denkbaren Ausprägungen für die einzelnen Parameter/Merkmale und Anordnung in der zum jeweiligen Merkmal gehörenden Zeile
- Analyse der Alternativen, die sich durch die Kombination der einzelnen Merkmale ergeben = Lösungsmenge: jede mögliche Kombination je einer Ausprägung aus jeder Zeile stellt eine Lösung im morphologischen Kasten dar
- Verbinden der Funktionsalternativen und Auswahl der geeignetsten Lösungen durch Markierungen in Form von Linienzügen - Ergebnis: Lösungsvorschlag

◘ Tab. 11.3 Beispiel: Verpackung für Waschmittel (nach Zell 2017)

Merkmal	Ausprägung 1	Ausprägung 2	Ausprägung 3	Ausprägung 4
Form	Quader	Zylinder	Tetraeder	Kugel
Material	Pappe	Kunststoff	Folie	Holz
Farbe	Bunt	S/W	Gold	Regenbogen
Tragehilfe	Henkel	Griffmulde	Schlaufen	Gurt
Verschluss	Deckel	Korken	Gießer	Ventil
Portionieren	Becher	Waage	Löffel	Tabletten
Zusatznutzen	Spielzeug	Schatzkiste	Container	Eimer

11.4 Methoden zur Lösung komplexer Probleme

Die hier aufgeführten Kreativitätstechniken sind einfach durchzuführende Techniken, die schnell zu einem zufriedenstellenden Ergebnis führen. Zu den komplexeren Ansätzen zählen unter anderem die Szenarien-Technik, die Entwicklung von Modellen und laterales Denken. Diese Techniken werden aus Platzgründen jedoch nur kurz erläutert.

11.4.1 Szenarien-Technik

Eine Technik zur Lösung von Problemen ist die Analogiebildung, bei der Elemente der Lösung eines bekannten Problems auf das aktuelle Problem (Szenario) übertragen wird. Szenarien sind Versuche, aus den Fehlern anderer zu lernen. Dazu wird eine Reihe unterschiedlicher Szenarien entwickelt, die alle vom selben Punkt ausgehen, aber zu ganz verschiedenen Ergebnissen führen. Die Szenarien-Technik macht die gegenseitige Beziehung von Ereignissen bewusst und schärft den Sinn dafür, dass Ereignisse auch immer ganz anders als geplant oder vermutet ablaufen können. „Im besten Fall können Szenarien neue Perspektiven von vergangenen Erfahrungen und zukünftigen Trends liefern. Verfasser von Szenarien können ihre Phantasie spielen lassen, müssen aber de Bonos Beobachtung im Kopf behalten, dass zur Technik die Einsicht gehört, dass es Gesetze der Organisation gibt, die sicherstellen, dass Trends sich zu bestimmten Mustern verdichten, und dass es zwar nie Gewissheit über die Zukunft geben kann, es aber doch nur eine beschränkte Zahl von Ereignis-Mustern gibt" (Eunson 1990, S. 360).

11.4.2 Modellentwicklung

Die bisher vorgestellten Techniken gingen davon aus, dass wir die Wirklichkeit begreifen können. Eine Gruppe von Denkern jedoch fragt sich, ob wir überhaupt dazu in der Lage sind. Sie greift deshalb auf die Hilfe moderner Technik zurück. Die Gruppe der so genannten Modellierer setzt ihr ganzes Vertrauen in mathematische und symbolische Modelle, die in Großrechnern durchgerechnet werden. Ein Beispiel hierfür sind die Berechnungen zur Erderwärmung und die möglichen Lösungen für dieses Problem (vgl. Eunson 1990).

11.4.3 Laterales Denken

Laterales Denken ist ein Gegengewicht zum vertikalen Denken, das von einer groben Ja-nein-Logik ausgeht und von Techniken wie Flussdiagramm und Systemanalyse Gebrauch macht. Laterales Denken nutzt die Abschweifung oder die Umkehrung der Fragestellung, um neue Ideen zu entwickeln und vermeidet die strikte Logik. Dabei dürfen auch bestehende Grundsätze angezweifelt werden. Wer z. B. die Geschwindigkeit von Fahrzeugen kontrollieren muss, kann das mit den bekannten Radargeräten tun und diese weiter verbessern. Er kann aber auch z. B. mithilfe eines Leitstrahls dafür sorgen, dass alle Fahrzeuge automatisch die Richtgeschwindigkeit nicht überschreiten. Wichtig ist die Regel, dass beim Problemlösen laterales Denken „nur in rund 5 Prozent der Zeit angewandt werden sollte" (Eunson 1990, S. 359). Es kommt also auf die richtige Mischung von lateralem und vertikalem Denken an (vgl. Eunson 1990).

11.5 Auswahl und Bewertung der Ideen

Im Rahmen der Ideenauswahl muss die Denkrichtung geändert werden. Nicht mehr die schöpferische Tätigkeit steht im Vordergrund, sondern die Ideen werden nun kritisch betrachtet. „Wenn Sie unter Termindruck arbeiten, sollten Sie ausreichend Zeit für die Ausarbeitung einplanen. Vermutlich werden Sie Ihren Auftraggeber mit einem nur halb genialen, aber sauber ausgearbeiteten Vorschlag eher überzeugen als mit einem halb genialen Geniestreich" (Nöllke 2010, S. 38). Die Durchführung der Kreativitätstechnik nimmt einen relativ geringen Teil im Kreativprozess ein. Die Vor- und Nachbereitung dürfen nicht unterschätzt werden. Dies gilt insbesondere bei Durchführung eines Innovationsworkshops.

11.5.1 Bündelung der Ideen (Affinity Grouping)

Um die besten der Ideen aus der Vielzahl der Vorschläge auswählen und bewerten zu können, müssen die Ideen zuerst sortiert und Doppelnennungen aussortiert werden. Die einfachste Methode ist das so genannte „Affinity Grouping" (Gleiches zu Gleichem).

Vorgehensweise
- Die Karten werden von der Gruppe sortiert. Hierzu werden alle Ideen auf einer großen Fläche ausgebreitet.
- Doppelnennungen werden aussortiert und nahezu identische Ideen gebündelt. Wichtig ist, dass nur Doppelnennungen aussortiert werden.
- Die Teilnehmer sortieren und bündeln die Ideen nach Themenkomplexen.
- Nach Abschluss des Bündelns werden Oberbegriffe für die Lösungsrichtungen festgelegt.
- Alle Teilnehmer sind gleichberechtigt an dem Prozess beteiligt. Erst wenn sich alle in der Gruppe geeinigt haben, ist der Prozess beendet.

11.5.2 Punktebewertung

Für die erste grobe Ideenauswahl empfiehlt es sich, die Ideen zu visualisieren, indem sie an einer Pinnwand, einem Flipchart oder der Wand angebracht werden. Anschließend bekommt jeder Teilnehmer eine gewisse Anzahl von Punkten, die auf die zu bewertenden Ideen verteilt werden sollen. Hartschen empfiehlt bei einer Gruppe von acht bis zwölf Personen je vier Punkte zu vergeben (Hartschen et al. 2009). Anhand vorab definierter Auswahlkriterien können die Punkte verteilt werden, wie z. B. Umsetzbarkeit, Marktgröße, Kosten (vgl. Hartschen et al. 2009, S. 39 f.).

Im nächsten Schritt werden die Ideen in drei Gruppen unterteilt: TOP, GUT, SCHLECHT. Ziel ist es, ca. fünf Top-Ideen herauszufinden, die anschließend weiter ausgearbeitet werden. Mit diesen Ideen lässt sich nun effizienter weiterarbeiten.

- TOP: Ideen mit drei oder mehr Punkten. Diese Ideen werden weiter verfeinert und dokumentiert (ca. 5-15 Prozent aller Ideen).
- GUT: Diese Ideen haben nur ein oder zwei Punkte erhalten. Je nach Bedarf können diese Ideen mit anderen kombiniert werden. Sie können für spätere Verwendung aufbewahrt werden (ca. 30 Prozent aller Ideen).

– SCHLECHT: Keine Punkte, keine Verwendung. Diese Ideen werden in der Regel verworfen (ca. 60 Prozent aller Ideen).

11.6 Methoden zur Entscheidungsfindung

Mitunter sind die Ideensammler nicht die Entscheidungsträger, also diejenigen, die entschieden werden, welche Idee zur Marktreife gelangt. Im Folgenden werden einige Methoden zur Entscheidungsfindung vorgestellt.

11.6.1 Plus-Minus-Liste

Die einfachste Methode, um zu entscheiden, welche Idee umgesetzt wird, ist die Plus-Minus-Liste, eine einfache Auflistung der Vor- und Nachteile einer Idee (◘ Tab. 11.4).

Je nachdem, auf welcher Seite mehr Argumente stehen, wird die Idee verworfen oder nicht. Ein großer Nachteil dieser Methode ist, dass die Vor- und Nachteile nicht gewichtet werden.

11.6.2 Plus-Minus-Interesting (PMI)

Edward de Bono bietet mit der von ihm entwickelten Methode des Plus-Minus-Interesting (PMI) eine Möglichkeit, eine Gewichtung vorzunehmen. Diese Methode dient der Gewichtung aller Vor- und Nachteile und hilft dabei, die Konsequenzen der Alternativen einzuschätzen. Zudem zeigt sich, ob noch weitere Informationen eingeholt werden müssen (vgl. Birkenbihl 2005, S. 25 f.).

> **Vorgehensweise**
> – Die Teilnehmer listen erst alle Vorteile und anschließend alle Nachteile der einzelnen Alternativen auf (jeweils zwei bis drei Minuten).
> – Punkte, die sowohl positiv als auch negativ sind, werden in die Positiv- und in die Negativspalte aufgenommen.
>
> Alle Punkte, die noch geklärt werden müssen oder die noch der weiteren Informationen bedürfen, werden unter Interesting aufgenommen. Sobald diese Punkte geklärt sind, können sie der entsprechenden Positiv- oder Negativspalte zugeordnet werden.

◘ Tab. 11.4 Einfache Plus-Minus-Liste

Vorteile	Nachteile
1.	1.
2.	2.
3.	3.
4.	4.
5.	5.
6.	6.

Tab. 11.5 PMI-Methode

Positiv	W	Negativ	W	Interesting

Gewichtung (W): 1= weniger wichtig; 6 = besonders wichtig

Das ungewichtete PMI hilft Ihnen, sich sowohl über die Folgen einer Entscheidung klar zu werden als auch Informationslücken zu schließen bzw. noch zu klärende Punkte sichtbar zu machen (Tab. 11.5).

Die Gewichtung des PMI ermöglicht es, zu einer eindeutigen Ja-nein-Entscheidung zu kommen, auch zwischen mehreren Alternativen:

- Alle in der Tabelle aufgeführten Aspekte bzw. Ideen werden bewertet. Die Bewertung reicht hierbei von 1 = unwichtig bis hin zu 6 = besonders wichtig.
- Die Tabelle wird durch die einfache Addition aller Werte der Plus- bzw. Minusspalte ausgewertet. Anschließend wird der Minus-Wert vom Plus-Wert abgezogen. Ist das Ergebnis positiv, dann ist die Antwort „ja". Bei negativem Ergebnis lautet die Antwort „nein".
- Zur Auswertung mehrerer Ideenalternativen wird für jede Idee eine Bewertung durchgeführt. Die Entscheidung fällt dann für die Variante mit der höchsten Endpunktzahl.

11.6.3 Entscheidungsmatrix

Die Entscheidungsmatrix unterstützt die Entscheidung zwischen mehreren Alternativen durch rationale Kriterien. Die Bewertung der einzelnen Alternativen wird durch vorabdefinierte Kriterien vorgenommen. Die Alternative mit den meisten Punkten wird genommen.

Vorgehensweise
- Die Alternativen werden definiert.
- Anschließend werden die Kriterien definiert, nach denen die Bewertung vorgenommen werden soll. Wichtig ist, dass die Kriterien positiv formuliert werden.
- Für alle Kriterien werden den Alternativen Punkte zuweisen (6 = optimale Erfüllung; 1= marginale Erfüllung des Kriteriums).
- Die Alternative mit den meisten Punkten wird ausgewählt.

Tab. 11.6 Entscheidungsmatrix Vorlage 1

	Alternative A	Alternative B	Alternative C
Kriterium 1			
Kriterium 2			
Kriterium 3			
Kriterium 4			
Summe			

Tab. 11.7 Entscheidungsmatrix Vorlage 2

	Gewichtung der Kriterien mit Faktor	Alternative A		Alternative B		Alternative C	
		Bewertung	gewichteter Wert	Bewertung	gewichteter Wert	Bewertung	gewichteter Wert
Kriterium 1							
Kriterium 2							
Kriterium 3							
Kriterium 4							
Kriterium 5							
Summe							

Die Kriterien werden bei dieser Methode nicht bewertet (Tab. 11.6). Sind die Kriterien jedoch nicht gleich wichtig, dann sollte die gewichtete Entscheidungsmatrix (Tab. 11.7) Anwendung finden. Den Kriterien wird dabei eine Gewichtung entweder durch ein Ranking oder durch Prozentzahlen zugewiesen. Mit dieser Gewichtung werden die einzelnen Bewertungen multipliziert, so dass der Einfluss der wichtigen Kriterien erhöht und bei der Entscheidung berücksichtigt wird.

11.6.4 Entscheidungsbaum

Die einfache Entscheidungsbaum-Methode ist zunächst auf eine einfache Ja-nein-Klassifikation der einzelnen Entscheidungsaspekte gerichtet. Mit der streng hierarchischen Struktur kommt der Anwender systematisch zu einer Entscheidung. Ein Baum enthält dabei Regeln zur Beantwortung von genau einer Fragestellung.

Vorgehensweise
- Frage definieren.
- Stück für Stück wird der Baum nach unten hin abgearbeitet.
- An jeder Gabelung wird ein Kriterium abgefragt und eine Entscheidung über die Auswahl der folgenden Gabelung getroffen.
- Dies wird so lange fortgesetzt, bis das Ende des Astes erreicht ist.

Literatur

van Aerssen B (2015) Innovationskultur. http://www.ideenfindung.de/Innovationskultur-Ideenfindung.html
van Aerssen B, Buchholz C (2015) Handbuch zum Innovation Practitioner. Düsseldorf, S 30
Berth R (1990) Visionäres Management. Die Philosophie der Innovation. Düsseldorf
Birkenbihl V (2005) De Bonos neue Denkschule: Kreativer Denken, effektiver arbeiten, mehr erreichen. Stuttgart
Brem A, Brem S (2013) Kreativität und Innovation im Unternehmen: Methoden und Workshops zur Sammlung und Generierung von Ideen. Stuttgart
Diehl M, Stroebe W (1991) Productivity loss in idea-generating groups: Tracking down the blocking effect. Journal of Personality and Social Psychology 61: 392–403
Eunson B (1990) Betriebspsychologie. Hamburg
Guntern G (Hrsg) (1991) Der kreative Weg. Zürich
Hartschen M, Scherer J, Brügger C (2009) Innovationsmanagement: Die 6 Phasen von der Idee zur Umsetzung. Offenbach
Nöllke M (2010) Kreativitätstechniken. München
Osborn AF (1953) Applied imagination. Oxford
Schlicksupp H (1999) Ideenfindung. Würzburg
Stangl W (2016) Kreativitätstechniken: Die Osborn Methode. http://arbeitsblaetter.stangl-taller.at/PRAESENTATION/ideenfindung-Osborn-Methode.shtml
Stekeler-Weithofer P (2012) Denken: Wege und Abwege in der Philosophie des Geistes. Thüringen
Zell H (2017) Projektmanagement – Techniken. 3.3 Morphologischer Kasten / Matrix. http://www.ibim.de/techniken/fset-techniken.htm

Lernkompetenz

Sven Pastoors

© Springer-Verlag GmbH Deutschland 2018
J.H. Becker, H. Ebert, S. Pastoors, *Praxishandbuch berufliche Schlüsselkompetenzen*,
https://doi.org/10.1007/978-3-662-54925-4_12

12.1 Begrifflichkeiten

Lernkompetenz gilt als eine der wichtigsten beruflichen Methodenkompetenzen. Der Begriff „Lernkompetenz" beschreibt „die Bereitschaft und Befähigung, Informationen über Sachverhalte und Zusammenhänge selbstständig und gemeinsam mit anderen zu verstehen, auszuwerten und in gedankliche Strukturen einzuordnen. Zur Lernkompetenz gehört insbesondere auch die Fähigkeit und Bereitschaft, im Beruf und über den Berufsbereich hinaus Lerntechniken und Lernstrategien zu entwickeln und diese für lebenslanges Lernen zu nutzen" (Sekretariat der Kultusministerkonferenz 2007, S. 11).

In der Literatur existiert keine einheitliche Definition des Begriffs „Lernen". Insgesamt lassen sich die unterschiedlichen Lernbegriffe aber drei großen Denkrichtungen zuordnen. Dabei steht entweder eine nachhaltige Veränderung des Verhaltens (Behaviorismus), der Prozess des Verstehens (Kognitivismus) oder das Verarbeiten von Informationen (Konstruktivismus) im Mittelpunkt. So definiert der US-amerikanische Psychologe Philip Zimbardo Lernen „als einen Prozess, der zu relativ stabilen Veränderungen im Verhalten oder im Verhaltenspotential führt und auf Erfahrung aufbaut" (Zimbardo 1992, S. 227). Sein Erfolg lasse sich am besten an den Verbesserungen der Leistungen ablesen (vgl. Zimbardo 1992, S. 227). Bei dem deutschen Sozialpädagogen Johannes Schilling stehen dagegen der Erwerb und die Verarbeitung von Informationen im Vordergrund: „Lernen ist das Aufnehmen, Verarbeiten und Umsetzen von Informationen. Lernen ist ein lebenslanger Prozess" (Schilling 1997, S. 159).

12.1.1 Voraussetzungen für erfolgreiches Lernen

In den modernen westlichen Gesellschaften werden der Erwerb und Austausch von Wissen zunehmend zur entscheidenden Grundlage für die Zusammenarbeit mit anderen und den persönlichen Erfolg. Dabei spielt Lernkompetenz eine entscheidende Rolle.

Der Erfolg des Lernprozesses hängt aus Sicht der Europäischen Kommission entscheidend von einer Reihe unterschiedlicher Kenntnisse, Fähigkeiten und Einstellungen ab:

» Wenn Lernen auf bestimmte Berufs- oder Karriereziele ausgerichtet ist, sollte der Einzelne die hierfür erforderlichen Kompetenzen, Kenntnisse, Fähigkeiten und Qualifikationen **kennen**. Lernkompetenz erfordert vom Einzelnen stets, seine bevorzugten Lernstrategien, die Stärken und Schwächen seiner Fähigkeiten und Qualifikationen zu kennen und zu verstehen, und in der Lage zu sein, die für ihn verfügbaren Bildungs- und Berufsbildungsmöglichkeiten und die entsprechende Beratung zu finden.

Lernkompetenz erfordert zunächst die **Fähigkeit**, wesentliche, für das weitere Lernen notwendige Grundfertigkeiten wie Lesen und Schreiben, Rechnen und IKT [Informations- und Kommunikationstechnologie bzw. Umgang mit elektronischen Kommunikationsmedien] zu erwerben. Aufbauend darauf sollte der Einzelne in der Lage sein, neue Kenntnisse und Fähigkeiten zu erschließen, zu erwerben, zu verarbeiten und aufzunehmen. Dies erfordert die effiziente Organisation der eigenen Lern-, Karriere- und Arbeitsmodelle, insbesondere die Fähigkeit, fortlaufend zu lernen, sich auf längere Zeiträume zu konzentrieren und kritisch Lernzweck und Lernziele zu reflektieren. Der Einzelne sollte in der Lage sein, Zeit für das autonome Lernen aufzuwenden und dabei Selbstdisziplin unter Beweis stellen, aber auch im Rahmen des Lernprozesses mit anderen gemeinsam zu lernen, die Vorteile einer heterogenen Gruppe zu nutzen und die Lernergebnisse zu teilen. Er sollte in der Lage sein, seine eigene Arbeit zu beurteilen und gegebenenfalls Rat, Information und Unterstützung zu suchen.

Eine **positive Einstellung** beinhaltet Motivation und Selbstvertrauen, ein ganzes Leben lang erfolgreich weiter zu lernen. Eine problemlösungsorientierte Einstellung kommt sowohl dem Lernen als auch der Fähigkeit des Einzelnen zugute, mit Hindernissen und Veränderungen umzugehen. Der Wunsch, auf früheren Lern- und Lebenserfahrungen aufzubauen, und die Neugier, neue Lernmöglichkeiten zu suchen und Lernen in zahlreichen Lebensbereichen anzuwenden, sind wesentliche Elemente einer positiven Einstellung. (Europäische Kommission 2005).

Für erfolgreiches Lernen sind somit folgende Fähigkeiten, Kenntnisse und Eigenschaften von großer Bedeutung:

- Kenntnis der eigenen Stärken und Schwächen
- der grundsätzliche Wille zu Lernen (Lernbereitschaft), Wissbegierde und Faktenorientierung
- Fähigkeit zur Steuerung des Lernprozesses (Selbstmanagement)
- Fähigkeit zur Kooperation (Kooperationsfähigkeit)
- Grundfertigkeiten wie Lesen, Schreiben und Rechnen
- Fähigkeit, Medien und ihre Inhalte zielgerecht zu nutzen (Medienkompetenz; diese Fähigkeit wird im ▶ Kap. 14 vorgestellt und vertieft)
- Fähigkeiten zur Planung des Lernprozesses, Organisation der zur Verfügung stehenden Zeit und der optimalen Gestaltung der eigenen Lernumgebung

Diese Fähigkeiten und Eigenschaften beeinflussen sich gegenseitig und lassen sich zu vier Bereichen zusammenfassen (◘ Abb. 12.1):

1. **Lernbereitschaft:** Eine wichtige Voraussetzung für den beruflichen Erfolg ist die Bereitschaft, in der Schule oder im Studium, aber auch durch Weiterbildungsmaßnahmen, Praktika oder auf andere Weise fehlendes Wissen oder Qualifikationen zu erwerben.
2. **Lernfähigkeit:** Lernen erfordert aktives, selbstgesteuertes Handeln. Zudem ist Lernen ein sozialer, interaktiver Prozess. Deshalb ist es für den Lernerfolg entscheidend, wie gut wir mit anderen zusammenarbeiten können.
3. **Lernmöglichkeiten:** Weitere wichtige Faktoren für den Erfolg des Lernens sind die Rahmenbedingungen des Lernprozesses, wie z. B. ein gutes Zeitmanagement und eine geeignete Lernumgebung.
4. **Grundfertigkeiten und Medienkompetenz:** Um uns überhaupt neues Wissen aneignen zu können, benötigen wir Grundfertigkeiten wie Lesen und Schreiben sowie die Fähigkeit zur Auswahl und Bewertung der angebotenen Informationen (Medienkompetenz).

Abb. 12.1 Kernbereiche der Lernkompetenz

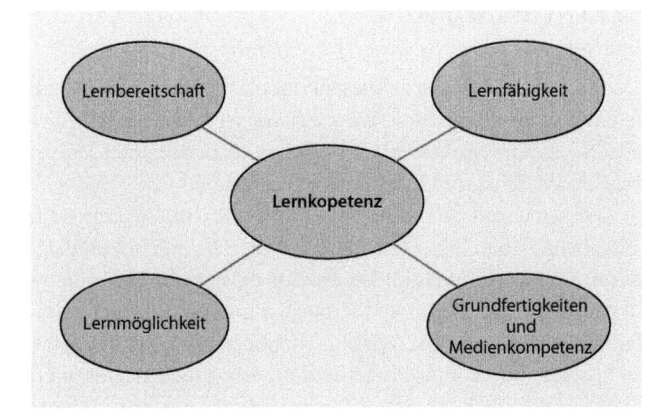

Sowohl bei der Medienkompetenz als auch bei den Grundfertigkeiten (Punkt 4) handelt es sich um Fähigkeiten, die auch in anderen Bereichen des Lebens eine entscheidende Rolle spielen. Da wir uns in diesem Kapitel auf die für den Lernprozess spezifischen Fähigkeiten und Eigenschaften konzentrieren, werden wir diese beiden Kompetenzen in diesem Kapitel nicht weiter vertiefen.

> **Übung**
>
> Tauschen Sie sich mit anderen Studierenden, Auszubildenden oder Kollegen darüber aus, wie Sie am besten lernen können:
> - Wie sieht Ihre Lernumgebung aus? (Büro, Küche oder Café? Benötigen Sie absolute Stille oder hören Sie beim Lernen Musik?)
> - Wie bereiten Sie sich auf das Lernen vor?
> - Wie überprüfen Sie am Ende den Erfolg?

12.2 Lernbereitschaft

Der Begriff „Lernbereitschaft" beschreibt den grundsätzlichen Willen, zu lernen. Dies beinhaltet die Bereitwilligkeit, fehlendes fachliches und methodisches Wissen, tätigkeitsspezifische Qualifikationen und Erfahrungen durch entsprechende Weiterbildungsmaßnahmen zu erwerben. Ein wichtiger Teil der Lernbereitschaft ist dabei die Weiterbildungsbereitschaft. Diese ist darauf gerichtet, vorhandene Qualifikationen im Rahmen von Weiterbildungsmaßnahmen an die sich ständig ändernden Anforderungen der Tätigkeit anzupassen. Lernbereitschaft schließt aber auch den Erwerb praktischer Erfahrungen und das Lernen im sozialen Umfeld (Familie, Verein, Freizeit etc.) mit ein (vgl. Mair 2015). Zudem wird es zu einem zunehmend wichtigen Kriterium für den beruflichen Erfolg, offen für informelles Lernen zu sein.

Lernbereite Menschen …
- interessieren sich aktiv für Erfahrungen anderer und sind Neuem gegenüber offen.
- sind höchst motiviert, sich durch Lernen weiterzuentwickeln.
- lernen unaufgefordert und selbstorganisiert mit einem hohen freiwilligen Engagement.
- nehmen gern an sinnvollen Weiterbildungsmaßnahmen teil.
- lernen informell im Prozess der Arbeit, im sozialen Umfeld und im Freizeitbereich (vgl. Mair 2015).

12.2.1 Wissbegierde

Der Begriff „Wissbegierde" beschreibt das Verlangen, bekannte Dinge zu hinterfragen und sich neues Wissen anzueignen. Wissbegierde ist somit ein Teilaspekt der Neugier, also dem Verlangen, Neues zu erfahren und Verborgenes kennenzulernen. Sie zeichnet sich dabei durch ein hohes Maß an Wissens- und Faktenorientierung aus.

Wissens- und Faktenorientierung beschreibt die Eigenschaft, vom neuesten Wissensstand ausgehend zu handeln. Dies beinhaltet die persönliche Fähigkeit, das für unsere Tätigkeit (z. B. in der Arbeitsgruppe oder im Unternehmen) notwendige Faktenwissen sowie die Kenntnisse über die notwendigen Methoden, Strategien und Fertigkeiten kontinuierlich auf dem Laufenden zu halten und zu erweitern. Wissensorientierung richtet sich dabei nicht nur auf das explizite, klar zu fassende und kommunizierbare Wissen, sondern auch auf das „implizite" Wissen, das beim Handeln als Erfahrung zur Verfügung steht. Dieses schließt Normen- und Wertekenntnis mit ein. Es geht somit nicht nur um den Erwerb von Sachwissen, sondern auch von normativem Wissen, also Handlungswissen, das die Steuerung von Handlungen und Tätigkeiten erst ermöglicht.

Wissens- und faktenorientierte Menschen …
- erweitern und vervollkommnen kontinuierlich das Wissen über die eigenen Tätigkeiten in der Lern- oder Arbeitsgruppe bzw. dem Unternehmen.
- setzen eine gefestigte Normen- und Wertekenntnis ein.
- stehen zu dem nach außen hin vertretenen Wissen und setzen die daraus abgeleiteten Handlungsvorschläge um (vgl. Mair 2015).

12.3 Lernfähigkeit

Der Bereich der Lernfähigkeit umfasst alle Kenntnisse, Eigenschaften und Fähigkeiten, die wir zur erfolgreichen Steuerung und Durchführung des Lernprozesses benötigen. Dazu zählen unter anderem die Fähigkeit zur Planung und Steuerung des Lernprozesses, Selbstdisziplin, Wissbegierde und Kooperationsfähigkeit.

12.3.1 Planung des Lernprozesses

Die Planung des Lernprozesses umfasst mehrere Schritte: Wir müssen Lernziele formulieren, Prioritäten setzen, Lernzeiten planen sowie Pausen und wechselnde Arbeitsformen einplanen (vgl. Simons 1992). Zur Planung des Lernprozesses existieren unterschiedliche Methoden. Sie helfen uns dabei, den Lernprozess sowie anstehende Aufgaben und Termine innerhalb des uns zur Verfügung stehenden Zeitraums zu organisieren, abzuarbeiten oder gegebenenfalls unnötige Dinge auszusortieren. Eine wichtige Bedeutung kommt dabei einem guten Zeitmanagement zu. Zeitmanagement beinhaltet systematisches und diszipliniertes Planen der eigenen Zeit, um auf diese Weise Zeit und Kosten zu sparen. Zeitmanagement hilft uns somit, uns auf die wesentlichen Dinge zu konzentrieren.

12.3.2 Steuerung des Lernprozesses

Um den Lernprozess erfolgreich steuern zu können, müssen wir dazu in der Lage sein, das eigene Handeln kontinuierlich neuen Erfordernissen anzupassen. Da jeder von uns auf eine andere Art und Weise lernt, ist der Erwerb von Wissen und Fertigkeiten ohne Selbststeuerung nicht möglich (vgl. Reinmann-Rothmeier und Mandl 1998). Diese Fähigkeit ermöglicht es, flexibel auf neue Anforderungen zu reagieren und uns entsprechend weiterzuentwickeln. Nach Weinert gilt Lernen als selbstgesteuert, wenn „der Handelnde die wesentlichen Entscheidungen, ob, was, wann, wie und woraufhin er lernt, gravierend und folgenreich beeinflussen kann" (Weinert 1982, S. 102). Hierzu müssen wir folgende Fähigkeiten beherrschen:

- **Entwicklung einer Lernstrategie:** Die Vorbereitung des eigenen Lernprozesses umfasst mehrere Schritte: Wir müssen Lernziele formulieren, diese in Zwischenziele unterteilen und Prioritäten setzen (vgl. Simons 1992). Zudem gilt es, den eigenen Lernprozess zu überwachen und sich selbst beim Lernen über die „Schulter zu schauen" (Monitoring). Hierzu müssen wir geeignete Lerntechniken wählen, unsere Aufmerksamkeit kontrollieren, Fehler erkennen und korrigieren, Schwierigkeiten und deren Ursachen diagnostizieren und unsere Lernaktivitäten entsprechend anpassen.
- **Kenntnis und Anwendung von Lerntechniken:** Um erfolgreich lernen zu können, benötigen wir Techniken zur Verarbeitung der relevanten Informationen. Wir müssen hierzu in der Lage sein, Informationen zu Wissen zu verarbeiten, d. h. sie mit unserem Vorwissen und Erfahrungshintergrund zu verknüpfen und damit in individuelles Wissen umzuwandeln. Dies kann z. B. durch das Suchen nach konkreten Beispielen geschehen (vgl. Steiner 2001). Weiterhin müssen wir unser neu erworbenes Wissen auf das Wesentliche reduzieren und sinnvoll strukturieren können.
- **Bewertung des eigenen Lernerfolgs:** Für die Bewertung unseres Lernerfolgs müssen wir in der Lage sein, unsere Leistung mit unseren Lernzielen zu vergleichen (vgl. Simons 1992). Um eventuelle Wissenslücken zu entdecken, können wir unterschiedliche Techniken nutzen, wie z. B. das Bearbeiten von Testaufgaben oder die Abfrage des Gelernten.

12.3.3 Selbstdisziplin

Neben geistigen und organisatorischen Fähigkeiten spielt Motivation eine zentrale Rolle bei der Steuerung des Lernprozesses. Um unsere Motivation während des Lernprozesses aufrecht zu halten, müssen wir unsere Gefühle kontrollieren, Erfolge und Misserfolge richtig beurteilen und außerhalb des Lernprozesses liegende Wünsche und Bedürfnisse zurückstellen (vgl. Simons 1992). Dies erfordert ein hohes Maß an Selbstdisziplin. Der Begriff „Selbstdisziplin" beschreibt das an sozialen Normen und Werten orientierte persönliche Verhalten eines Menschen. Die Normen, Werte und Erfordernisse können sich an den allgemeinen sozialen Bedingungen, den Anforderungen des Lernprozesses, den Erwartungen eines Unternehmens oder aber einem aktuellen Arbeitsauftrag orientieren. Disziplin ist während des Lernprozesses nur sinnvoll und handlungsförderlich, wenn die Zusammenhänge wirklich verstanden, die Normen und Werte verinnerlicht und zur Basis freiwilligen, selbst verantworteten Entscheidens geworden sind. Nur eine bewusste, freiwillig eingehaltene Disziplin ist lern- und arbeitsfördernd.

Disziplinierte Menschen …
- handeln und lernen freiwillig und selbstverantwortlich gemäß einmal akzeptierter und persönlich angeeigneter Werte und Normen.
- folgen unbeirrt fachlich-methodisch gewonnenen Einsichten, auch wenn sich unbequeme persönliche Konsequenzen ergeben.
- sorgen in der Lern- oder Arbeitsgruppe dafür, dass sich eine verbindliche Werthaltung ausbildet.
- Helfen mit, einmal erarbeitete Werthaltungen und Normen praktisch umzusetzen (vgl. Mair 2015).

12.3.4 Beharrlichkeit

Beharrlichkeit beschreibt das aktive, konsequente und dauerhafte Verfolgen eines Ziels trotz gegensätzlicher Wünsche und Bedürfnisse, unterschiedlicher methodischer Möglichkeiten und widersprüchlicher Handlungsbedingungen. Dabei wirken fachlich-methodisches Wissen, Willensstärke und Motivation eng zusammen. Beharrlichkeit ist eine wichtige Voraussetzung, um sprunghaftes und unbeständiges Vorgehen zu vermeiden und so unsere Lernziele besser zu erreichen.

Beharrliche Menschen …
- analysieren Widersprüche tiefgründig und erkunden eigene Handlungsmöglichkeiten.
- überwinden auftretende Widerstände, Belastungen und Hindernisse standhaft und hartnäckig.
- realisieren beim Lernen konsequent fremd- oder selbstgesetzte, konkrete Lern- und Handlungsziele.
- verfolgen ausdauernd selbstgesetzte Ziele (vgl. Mair 2015).

12.3.5 Kooperation mit anderen Lernenden

Der Erfolg des Lernprozesses hängt zudem von der Fähigkeit zur Kooperation mit den Kollegen, Kommilitonen oder Mitschülern ab. Kooperationsfähigkeit beschreibt in diesem Zusammenhang die Fähigkeit und Bereitschaft, mit anderen ziel- und aufgabenorientiert zusammenzuarbeiten. Die Zusammenarbeit bei einer gemeinsamen Aufgabe erfordert verschiedene Fähigkeiten und Verhaltensweisen. Dazu gehören Kommunikation, Teamfähigkeit und Hilfsbereitschaft.

Auch für das Lernen spielt Kooperationsfähigkeit eine wichtige Rolle. Lernen wird nicht nur als Erwerb und Befähigung zum Einsatz von Faktenwissen und Fertigkeiten erachtet, sondern auch als Zugangsvoraussetzung zu einer Experten- oder Berufsgruppe („community of practice"; vgl. Lave und Wenger 1991). Dies erfordert unter anderem Kenntnisse über von Generation zu Generation überlieferte Vorgehensweisen, spezifische Denkmuster und ethische Standards der jeweiligen Expertengruppe. Diese können nur im Rahmen von Kooperation, z. B. durch gegenseitigen Austausch, erworben werden. Aufgrund der steigenden Bedeutung von Expertenwissen steigt in unserer Gesellschaft auch der Bedarf an Teamarbeit: Wissen wird immer spezifischer und die zu bewältigenden Aufgaben immer komplexer. Die Bearbeitung aktueller Problemstellungen erfordert deshalb immer häufiger die Zusammenarbeit von Experten unterschiedlicher Berufsgruppen (vgl. Spada et al. 2000).

Für den Lernerfolg benötigen wir den Willen und die Fähigkeit zur Zusammenarbeit, unterschiedliche Kommunikationstechniken, eine teamorientierte Grundeinstellung und Strategien zum Umgang mit Konflikten:
- Strategien zur erfolgreichen Zusammenarbeit umfassen z. B. das Formulieren von Spielregeln und Strategien zur gemeinsamen Problemanalyse oder für die Zusammenarbeit im Team (▶ Kap. 2 sowie Kap. 18).
- Zu den erforderlichen Kommunikationstechniken gehören unter anderem Paraphrasieren, gezieltes Nachfragen, Feedback geben, aktives Zuhören sowie die Fähigkeit zum Dekodieren verbaler und nonverbaler Botschaften (vgl. Schulz von Thun 1986; ▶ Kap. 5).
- Voraussetzungen für eine teamorientierte Grundeinstellung und eine konstruktive Arbeitsweise sind ein wertschätzender und respektvoller Umgang mit anderen sowie

Verantwortungsbewusstsein, Toleranz und Zuverlässigkeit im Rahmen der gemeinsamen Lernaktivität (▶ Kap. 18).
- Zu den Strategien zum Umgang mit Konflikten gehören unter anderem Maßnahmen zur Bildung von Vertrauen, eine offene Kommunikation zwischen den Beteiligten und Strategien zur Problemlösung. Ansätze zur Konfliktvermeidung sind z. B. das Klären von Wahrnehmungsunterschieden oder Strategien zur gemeinsamen Konsensfindung (vgl. Glasl 1994; ▶ Kap. 20).

12.4 Lernmöglichkeiten

Der Bereich der Lernmöglichkeiten umfasst alle Rahmenbedingungen, die erfüllt sein müssen, damit wir überhaupt erfolgreich lernen können. Hierzu zählen klare Lernziele, ein gutes Zeitmanagement und eine geeignete Lernumgebung.

12.4.1 Effektives Lernen

Der Grund für Zeitdruck in der Schule, dem Studium oder der Ausbildung ist häufig eine mangelnde Organisation der zur Verfügung stehenden Arbeits- und Lernzeit. Dabei lassen sich drei Symptome unterscheiden:
- **Zeitverschwendung:** Viele Schüler, Studenten oder Auszubildende versuchen, zu viel auf einmal zu erledigen. Was sie tun, geschieht jedoch nicht mit der erforderlichen Ausdauer und intensiv genug, um brauchbare Resultate zu erzielen. Dadurch erreichen sie letztlich wenig und die eingesetzte Zeit wurde verschwendet.
- **Motivationsprobleme:** Die Überwindung, mit dem Lernen anzufangen, fällt vielen Menschen schwer. Sie lassen sich von jeder Kleinigkeit ablenken oder verzetteln sich in überflüssigen oder vorgeschobenen Tätigkeiten (Spülen, Aufräumen etc.), die sie als Alibi benutzen.
- **schlechtes Gewissen:** Viele haben das Gefühl, nicht genug zu leisten bzw. mehr leisten zu können. Dieses Gefühl quält sie auch dann, wenn sie sich gerne entspannen möchten und hindert sie deshalb daran, sich zu entspannen (vgl. Stangl 2015).

❶ Überprüfen Sie, ob eines der drei Symptome auch auf Sie zutrifft. Falls dies der Fall ist, sollten Sie künftig für jeden Tag klare Lernziele definieren und Prioritäten setzen. Überprüfen Sie jeden Abend, ob Sie Ihre Ziele auch erreicht haben.

12.4.2 Gestaltung der eigenen Lernumgebung

Ein wichtiger Faktor für den Erfolg des Lernens ist die passende Lernumgebung. Diese umfasst nicht nur den realen bzw. digitalen Arbeitsplatz, sondern das „Gesamtarrangement, das zur Unterstützung des Lernens sinnvoll und planvoll eingesetzt wird" (Möller 1999, S. 142). Im Bereich des formellen Lernens in institutionalisierten Einrichtungen wie der Schule oder der Hochschule sind die Möglichkeiten zur Gestaltung der Lernumgebung für den Einzelnen sehr begrenzt. Anders sieht es jedoch für den Bereich des Selbststudiums aus. Hier bestehen viele Möglichkeiten, den Lernort unseren Bedürfnissen entsprechend zu gestalten. Dabei ist es wichtig, dass wir uns an unserem persönlichen Lernort wohlfühlen und gut konzentrieren können (vgl. Gollub 2014).

Hierzu ist es z. B. hilfreich, vor Beginn des Lernens ordentlich aufzuräumen und sich alle wichtigen Dinge zurechtzulegen. Dies klingt vielleicht wie eine Hinhaltetaktik, aber unser Gehirn kann effektiver arbeiten, wenn die Lernumgebung geordnet ist. Die Konzentration richtet sich allein auf den Lernstoff. Außerdem sollte alles, was wir zum Lernen brauchen, in Griffweite liegen. Der Pädagoge Christoph Gollub hat eine Reihe von Ratschlägen zusammengestellt, die wir bei der Gestaltung unserer Lernumgebung sonst noch beachten sollten.

> **Tipp: Ratschläge zur Gestaltung der Lernumgebung (nach Gollub 2014)**
> - Sorgen Sie für Helligkeit: Schaffen Sie sich einen hellen Lernort, denn gerade bei Tageslicht fällt es den meisten Menschen am leichtesten zu lernen. Wenn Sie abends oder nachts lernen, kann es hilfreich sein, eine Tageslichtlampe am Arbeitsplatz zu verwenden.
> - Ruhe hilft beim Lernen: Sorgen Sie für eine entspannte Lernatmosphäre - je weniger Ablenkung durch äußere Geräusche Sie ausgesetzt sind, desto besser. Laute Musik, Fernsehen und zu viele Außengeräusche lenken nur unnötig ab. Wenn Sie an Ihrem Lernort beispielsweise störendem Straßen- oder Baustellenlärm ausgesetzt sind, können Ohrstöpsel sehr hilfreich sein. Vereinbaren Sie mit Ihrer Familie, dass Sie zum Lernen Ruhe benötigen und nicht unnötig gestört werden möchten. Wenn Sie möchten, können Sie auch entspannende Musik in maßvoller Lautstärke hören - dies kann sich ebenfalls positiv auf Ihre Stimmung auswirken.
> - Vermeiden Sie Ablenkung: Alles, was Sie beim Lernen ablenken könnte, sollten Sie ebenfalls von Ihrem Lernort fernhalten (z. B. Handy, Zeitschriften, Terminkalender etc.). [...]
> - Schaffen Sie sich Raum zum Lernen: Der Platz, an dem Sie lernen, sollte möglichst geräumig sein und alle Lernmittel sollten stets griffbereit liegen - Stifte, Notiz- und Wörterbücher sollten also immer schon bereitliegen, um unnötiges Aufstehen und Suchen zu vermeiden.
> - Frische Luft ist wichtig: Sorgen Sie für eine gute Belüftung Ihres Lernortes - frischer Sauerstoff ist ein zentraler „Treibstoff" für das Gehirn und verhindert vorzeitiges Ermüden. [...]

Literatur

Arbeitskreis Deutscher Qualifikationsrahmen (AK DQR) (2011) Deutscher Qualifikationsrahmen für lebenslanges Lernen (DQR), vom 22.032011. http://www.dqr.de/media/content/Der_Deutsche_Qualifikationsrahmen_fue_lebenslanges_Lernen.pdf

Bundesministerium für Bildung und Forschung BMBF (Hrsg) (2010) Kompetenzen in einer digital geprägten Kultur, Bonn. http://www.dlr.de/pt/Portaldata/45/Resources/a_dokumente/bildungsforschung/Medienbildung_Broschuere_2010.pdf

Deutsches Institut für Erwachsenenbildung (Hrsg) (1999) Lernen für die Zukunft. Nationales Confintea V Follow-up Deutschland. Bonn

Europäische Kommission (2005) Vorschlag für eine Empfehlung des Europäischen Parlaments und des Rates zu Schlüsselkompetenzen für lebenslanges Lernen, vom 10.11.2005. KOM (2005) 548. Brüssel

Glasl F (1994) Konfliktmanagement. Ein Handbuch zur Diagnose und Behandlung von Konflikten für Organisationen und ihre Berater, Bd. 2: Organisationsentwicklung in der Praxis, 4. Aufl. Stuttgart

Literatur

Gollub C (2014) Der rechte Ort zum Lernen. http://www.sprachenlernen24-blog.de/der-richtige-ort-zum-lernen-lernort/

Lave J, Wenger E (1991) Situated learning: Legitimate peripheral participation. Cambridge

Mair M (Hrsg) (2015) Interaktiver Kompetenzatlas. FH Wien, Institut für Tourismus-Management. http://kompetenz-atlas.fh-wien.ac.at/?page_id=500

Möller R (1999) Lernumgebungen und selbstgesteuertes Lernen. In: Meister D, Sander U (Hrsg) Multimedia. Chancen für die Schule. Neuwied, S 140–154

Reinmann-Rothmeier G, Mandl H (1998) Wissensvermittlung: Ansätze zur Förderung des Wissenserwerbs. In: Klix F, Spada H (Hrsg) Enzyklopädie der Psychologie: Themenbereich C Theorie und Forschung, Serie II Kognition, Band 6 Wissen. Göttingen, S 457–500

Schilling J (1997) Soziale Arbeit. Entwicklungslinien der Sozialpädagogik/Sozialarbeit. Berlin

Schulz von Thun F (1986) Miteinander reden 1. Störungen und Klärungen. Psychologie der zwischenmenschlichen Kommunikation. Reinbek bei Hamburg

Sekretariat der Kultusministerkonferenz (Hrsg) (2007) Handreichung für die Erarbeitung von Rahmenlehrplänen der Kultusministerkonferenz für den berufsbezogenen Unterricht in der Berufsschule und ihre Abstimmung mit Ausbildungsordnungen des Bundes für anerkannte Ausbildungsberufe. Bonn

Simons RJ (1992) Lernen, selbständig zu lernen – ein Rahmenmodell. In: Mandl H, Friedrich HF (Hrsg) Lern- und Denkstrategien. Analyse und Intervention. Göttingen, S 251–264

Spada H, Caspar F, Rummel N (2000) Netzbasiertes kooperatives Lernen mit Musterfällen und Fallaufgaben bei komplementärer Expertise (Research Report 141). Freiburg

Stangl W (2015) Arbeitszeit, Zeitplanung und Zeitmanagement. http://arbeitsblaetter.stangl-taller.at/LERNTECHNIK/Zeitplanung.shtml

Steiner G (2001) Lernen und Wissenserwerb. In: Krapp A, Weidenmann B (Hrsg) Pädagogische Psychologie, 4. Aufl. Weinheim, S 137–205

Weinert FE (1982) Selbstgesteuertes Lernen als Voraussetzung, Methode und Ziel des Unterrichts. Unterrichtswissenschaft 10: 99–110

Weinert FE (1999) Concepts of competence. Contribution within the OECD project Definition and Selection of Competencies: Theoretical and Conceptual Foundations (DeSeCo). München

Zimbardo P (1995) Psychologie. 6. Aufl. Berlin u. Heidelberg

Selbst- und Zeitmanagement

Joachim H. Becker

© Springer-Verlag GmbH Deutschland 2018
J.H. Becker, H. Ebert, S. Pastoors, *Praxishandbuch berufliche Schlüsselkompetenzen*,
https://doi.org/10.1007/978-3-662-54925-4_13

13.1 Abgrenzung der beiden Begriffe

Ebenso wie die Lernfähigkeit gehören sowohl das Selbst- als auch das Zeitmanagement zu den Methodenkompetenzen. Außerdem werden alle drei als Metakompetenzen bezeichnet, da sie uns dazu befähigen, auf andere (persönliche und soziale) Kompetenzen zurückzugreifen, diese zu nutzen und damit zielorientiert umzugehen.

In der Literatur werden beide Begriffe häufig als Synonyme verwendet. Andere Quellen gehen noch einen Schritt weiter und sprechen beiden ihre Existenz ab. Die Begründung lautet, dass wir weder uns selbst noch die Zeit managen können (vgl. z. B. Geißler 2001). Ein Grund für diese Diskussion sind unterschiedliche Deutungen des Begriffs „Management". Da es zu weit führen würde, diese alle vorzustellen und zu erläutern, definieren wir in diesem Buch „Management" als sämtliche Tätigkeiten und Maßnahmen zur Planung, Organisation und Kontrolle bestimmter Prozesse bzw. zur Erreichung vorher festgelegter Ziele.

Dementsprechend beschäftigt sich Selbstmanagement mit dem optimalen Einsatz der eigenen Fähigkeiten und Kenntnisse einer Person oder eines Systems (vgl. Baumeister und Vohs 2004, S. 2). Neben Selbststeuerung und Selbstregulierung zählt eigenverantwortliches Handeln zu den wichtigsten Aspekten von Selbstmanagement. Im Rahmen des Selbstmanagements wird dabei auf Techniken aus dem Management, der Psychologie und der persönlichen Führung zurückgegriffen, um die eigene Motivation zu erhöhen, eigene Ziele zu klären und diese besser zu erreichen (vgl. Allen 2002, S. 24–33).

Im Gegensatz dazu beschäftigt sich das Zeitmanagement mit dem optimalen Einsatz der einer Person oder Organisation zur Verfügung stehenden Zeit. Dazu gehören Tätigkeiten wie das Formulieren von Zielen, das Setzen von Prioritäten sowie das (zeitliche) Planen von Prozessen und Aufgaben.

13.2 Selbstmanagement

Der Begriff „Selbstmanagement" bezeichnet die Gesamtheit aller Tätigkeiten einer Person oder einer Organisation, um die eigene Entwicklung soweit wie möglich selbstständig zu gestalten. Dazu benötigen wir Fähigkeiten wie z. B. Selbstmotivation, zielorientiertes Handeln, Organisationfähigkeit und Erfolgskontrolle durch Feedback.

Selbstmanagement baut auf Selbstständigkeit und Eigenaktivität des Handelnden sowie auf Selbsterfahrung, Selbstkontrolle und der notwendigen Selbstkritik auf.

Menschen mit einem guten Selbstmanagement …

- handeln gemäß den erkannten eigenen Möglichkeiten und Begrenzungen.
- schöpfen die gegebenen Handlungsmöglichkeiten aktiv aus und versuchen bewusst, diese auszuweiten.
- handeln planvoll und überlegt, ohne durch Vorsicht den eigenen Wirkungsrahmen einzuengen.
- erweitern unaufgefordert die eigenen Erfahrungen und das eigene Wissen.

13.2.1 Eigenständiges Handeln

Ein wichtiger Aspekt des Selbstmanagements ist die Fähigkeit, eigenständig handeln zu können. Eigenständiges Handeln erfordert Sensibilität für unsere Umgebung und gesellschaftliche Prozesse sowie ein ausgeprägtes Bewusstsein für die Rollen, die wir in einer Gruppe oder Organisation spielen und spielen möchten. Eigenständiges Handeln setzt zudem voraus, dass wir fähig und gewillt sind, Einfluss auf unsere Lebens- und Arbeitsbedingungen zu nehmen.

Die Fähigkeit, eigenständig zu handeln („autonome Handlungsfähigkeit"), ermöglicht uns erst die aktive Teilnahme an gesellschaftlichen Prozessen und die Integration in verschiedenen Lebensbereichen wie z. B. am Arbeitsplatz, in der Familie und im Gesellschaftsleben. Sie beinhaltet und fördert zudem die Entwicklung einer eigenen Persönlichkeit sowie die Fähigkeit, unsere Handlungen mithilfe der eigenen Werte zu reflektieren, das eigene Verhalten im sozialen Kontext zu verstehen und eigenständig Entscheidungen zu fällen.

Die Organisation für wirtschaftliche Zusammenarbeit und Entwicklung (OECD) benennt eine Reihe von Fähigkeiten, die Menschen benötigen, um eigenständig handeln zu können, und die durch eine persönliche Wertekompetenz gefördert werden. Hierzu zählt unter anderem die Fähigkeit, Entscheidungen in einem größeren Kontext treffen zu können (vgl. OECD 2005, S. 16 f.). Dies „erfordert von den Menschen, dem Kontext ihrer Handlungen und Entscheidungen Rechnung zu tragen. Das heißt beispielsweise, dass diese in Bezug zu gesellschaftlichen Normen, zum sozialen und wirtschaftlichen Umfeld oder zu Ereignissen in der Vergangenheit gesetzt werden. Man muss erkennen, wie sich das eigene Verhalten in den sozialen Kontext einbettet" (OECD 2005, S. 16).

Eigenständige Menschen …

- erkennen Muster (wer sich mehrfach nicht an Verabredungen hält, handelt unzuverlässig; wer nie verlieren kann, wird als Spielverderber wahrgenommen etc.).
- verfügen über die Fähigkeit, soziale Prozesse zu erkennen (z. B. die Eskalation von Konflikten).
- haben ein Verständnis für das System, in dem sie sich bewegen und das ihren Verhaltensspielraum eingrenzt (z. B. kulturelle Normen und Praktiken, formelle und informelle Regeln, Rollenerwartungen und die Kenntnis von Gesetzen und Vorschriften sowie moralische Regeln z. B. des Anstands und guten Benehmens).
- schätzen die direkten und indirekten Folgen ihres Handelns ab.
- verfügen über die Fähigkeit, zwischen verschiedenen Handlungsweisen zu wählen unter Berücksichtigung möglicher Folgen und im Hinblick auf individuelle und gemeinsame Normen und Ziele.

13.2.2 Eigenverantwortliches Handeln

Ein anderer wichtiger Aspekt des Selbstmanagements ist das eigenverantwortliche Handeln. Dies beinhaltet die Ausnutzung des eigenen Handlungsspielraums und des damit verbundenen Verantwortungsbewusstseins.

Eigenverantwortliche Menschen …
- identifizieren sich mit wichtigen, rein ökonomischen Zielen und Wertvorstellungen für die eigene Arbeit und das Unternehmen.
- messen das eigene Handeln an eigenen klaren Wertvorstellungen und Maßstäben.
- nehmen Verantwortung für das Unternehmen und die Mitarbeiter aus freier Entscheidung wahr.
- handeln gewissenhaft, gründlich und umsichtig.

13.3 Persönliche Veränderungen gestalten

Der ständige Wechsel von Aufgaben und Prozessen am Arbeitsplatz setzt voraus, dass jeder Mensch flexibel ist und sich auf die entsprechenden Situationen einlassen kann. Egal, ob im Berufs- oder im Privatleben, um diese Veränderungen meistern zu können, benötigen wir klare Ziele und Prioritäten.

Der Autor Werner „Tiki" Küstenmacher weist darauf hin, dass die meisten Menschen überschätzen, was sie in einem oder zwei Monaten leisten können, aber unterschätzen, was in zwei Jahren möglich ist. „Es gibt keine zu hohen Ziele, nur zu kurze Fristen" (Küstenmacher und Seiwert 2004, S. 116). Deshalb ist es ratsam, sich kurzfristige Ziele (Meilensteine) zu setzen, die auf langfristige Ziele ausgerichtet sind. Franz Janka (1999, S. 52) empfiehlt, sich persönliche Ziele zu setzen, um folgende Fragen zu klären.
- Wo will ich hin?
- Wie will ich dies schaffen?
- Wann will ich das erreicht haben?

Diese Ziele sollten niedergeschrieben und möglichst positiv formuliert werden. Anschließend werden die Ziele in Teilziele zerlegt. Ein einfaches Beispiel ist die Verbesserung der Sprachkompetenz in Englisch. Ein Teilziel könnte es sein, bis zum Ende des Jahres 2.500 neue Vokabeln zu beherrschen und anwenden zu können.

> **Übung**
>
> **Teilziele formulieren**
> Nehmen Sie sich Zeit, um sich ein Ziel zu überlegen. Machen Sie sich deutlich, bis wann Sie Ihr Ziel erreicht haben wollen, und schreiben Sie Ihr Ziel anschließend auf. Versuchen Sie das Ziel in Teilziele zu zerlegen, wenn Sie sich sicher sind, dieses auch erreichen zu können. Schreiben Sie so viele Teilziele auf, wie Sie für nötig halten. Beachten Sie dabei die Zeit, die Sie sich bis zur Erreichung des Ziels zugestehen wollen.

Unsere Ziele sollten sich ergänzen und nicht gegenseitig ausschließen. Manchmal können zu den Zielen aber auch Vorgaben gehören, die nicht so viel mit der eigenen Persönlichkeit zu tun haben. Dies kann es zu inneren Widerständen führen. In diesem Fall ist es fraglich, ob wir unsere Ziele erreichen werden. Deshalb sind die Ziele auf mögliche Zielkonflikte zu überprüfen:

- Stehe ich hinter dem Ziel?
- Passt das Ziel zu mir?
- Ist das Ziel von anderen beeinflusst?
- Steht das Ziel mit anderen Zielen in Konflikt?
- Haben ich mir zu viele Ziele gesetzt?

> **Exkurs**
>
> **Die SMART-Methode**
> Die SMART-Methode hilft uns, erreichbare Ziele zu formulieren. Hierzu müssen wir unsere Ziele zunächst möglichst realistisch einschätzen und danach sinnvolle Fristen setzen. Außerdem ist es wichtig, erreichbare Ziele zu formulieren. Alles andere erzeugt nur unnötig Stress und Frust. Die Silbe SMART ist eine Abkürzung. Sie steht für:
> - S = Spezifisch: Ziele sollen so spezifisch wie möglich beschrieben werden.
> - M = Messbar: Orientieren Sie sich dabei an messbaren Fakten.
> - A = Attraktiv: Planen Sie so, dass Sie auch Lust haben, Ihre Ziele umzusetzen.
> - R = Realistisch: Was Sie sich vornehmen, muss auch machbar sein.
> - T = Termingerecht: Das bedeutet, die Aufgaben zeitlich bindend zu planen.

Egal, ob es um die Erreichung von Zielen oder Veränderungen geht, sollte man nicht alles auf einmal ändern wollen. Dabei ist es wichtig, mit sich selbst und dem Umfeld geduldig zu sein. Mit der Zeit werden Regeln zur Gewohnheit und somit zur Routine. Wenn die Veränderung zur Routine wird, bedarf sie keiner Planung mehr. Dann werden wieder Kapazitäten für neue Ziele frei.

> **Tipp, um Ihre Ziele im Alltag leichter zu erreichen**
> Heften Sie ein Beispiel für Ihre Lebens- oder Veränderungsziele an den Spiegel, ins Büro oder ins Auto, damit Sie regelmäßig an Ihre Ziele erinnert werden.

Um unsere Ziele zu erreichen, sollten wir diese auch im Alltag nicht aus den Augen verlieren und unser Tun kontinuierlich darauf ausrichten. Dies sollte auch in der Zeitplanung mit einbezogen werden. Zudem sollten kontinuierlich der Erfolg und die Durchführung unserer Zeitplanung überprüft werden.

Um Veränderungen herbeizuführen, müssen wir uns selbst motivieren können. Dafür müssen wir jedoch zuerst alte Gewohnheiten ändern. Gewohnheiten sind etwas Antrainiertes und sind daher auch veränderbar. Gewohnheiten zu verändern ist allerdings schwierig und bedarf der kontinuierlichen Übung. Dabei kann es schnell zu Rückfällen in alte Gewohnheiten kommen. Das ist nicht tragisch, solange die Rückfälle registriert werden und es bei einer Ausnahme bleibt. Das Gehirn registriert alles, was wir denken und wahrnehmen (vergleichbar mit einem Computer). Alle Erfahrungen mit den Sinnesorganen werden in der Regel unbewusst registriert (sehen, tasten, schmecken, hören, riechen). Das, was wir wahrnehmen und denken, bestimmt unser Handeln. Dabei sollte der Blick darauf ausgerichtet sein, was uns guttut und was uns weiterbringt. Das weiß jeder für sich selbst am besten.

> **Tipp: Aktionspläne**
> Nutzen Sie Aktionspläne, um Ihr Verhalten zu ändern. Machen Sie sich klar, dass Sie nicht alles alleine machen müssen, sondern dass Sie auch die Hilfe Ihrer Mitmenschen oder Kollegen in Anspruch nehmen können. Zuvor sollten Sie jedoch folgende Fragen

klären: Wann wollen Sie beginnen? Wie lange wollen Sie zunächst durchhalten bis eine Veränderung stattgefunden hat? Geben Sie genau an, welche Veränderung Sie vornehmen wollen (z. B. jeden Tag durchzustrukturieren).
Der letzte Punkt ist die Belohnung, wenn Sie die Veränderung erfolgreich vollzogen haben. Die Belohnung sollte möglichst schnell nach Erreichen Ihres Zieles erfolgen. Achten Sie dabei darauf, dass die Belohnung der Veränderung angemessen ist.

13.4 Zeitmanagement

» Der Mensch kann Unglaubliches leisten, wenn er die Zeit einzuteilen und recht zu benutzen weiß. (Johann Wolfgang von Goethe: Gespräche mit Joseph Sebastian Grüner, 29. Juni 1823)

Wenn wir uns mit dem Thema Zeit auseinandersetzen, ist die Ausgangssituation für alle Menschen identisch: Der Tag hat 24 Stunden und somit stehen jedem Menschen pro Tag 24 Stunden zur Verfügung.

Warum haben einige Menschen nie Zeit, während sich andere langweilen? „Keine Zeit zu haben" heißt nicht, dass wir weniger Zeit zur Verfügung haben als andere, sondern dass wir unsere Zeit falsch einteilen. Im Jahr 1999 ergab eine Umfrage der Gesellschaft für Konsum-, Markt- und Absatzforschung (Gfk Marktforschung), dass nahezu zwei Drittel der Befragten das Gefühl hatten, ihr Leben werde von der Uhr diktiert, „ … dass ihre Gesundheit ‚manchmal' oder sogar ‚oft' darunter leidet". Einen Grund dafür sieht der Zeitforscher Karlheinz Geißler in den neuen Medien und der damit verbundenen ständigen Erreichbarkeit: „Die Verkörperung der neuen Zeit ist das Mobiltelefon. Wenn ich heute zu spät zu einer Verabredung komme, lautet der Vorwurf nicht ‚du bist zu spät', sondern ‚hättest du doch angerufen'. Ebenso ist auch die klassische Sekundärtugend der Pünktlichkeit ein Auslaufmodell. Statt pünktlich zu sein, muss ich heute ‚am Punkt' sein, das heißt flexibel auf eine Situation oder Aufgabe reagieren. Pünktlichkeit steht Flexibilität eher im Wege. In Zukunft werden die Flexiblen Karriere machen und nicht die Pünktlichen" (Geißler 2001).

Vor allem im Job scheint sich die Zeit zu verdichten: Fast 40 Prozent der befragten Berufstätigen träumen deshalb von einem Tag, der 30 oder noch mehr Stunden hat – nur um dann endlich „ausreichend Zeit" für alles zu haben (vgl. Focus 2000).

Übung

Wie nehmen Sie Zeit wahr?
Folgende Übung verdeutlichet Ihnen, ob Sie die Zeit über- bzw. unterschätzen. Nehmen Sie ein Din A 4 Blatt und versuchen Sie zu schätzen, wie viel Zeit Sie für alle Aktivitäten in einer bestimmten Woche benötigen. Beginnen Sie mit dem Aufstehen und der Körperhygiene. Schätzen Sie die Zeit, die Sie insgesamt für die morgendliche Körperpflege in sieben Tagen in Stunden brauchen. Gehen Sie weiterhin in Gedanken Ihre Tätigkeiten in der Woche durch. Tätigkeiten, die Sie täglich machen, sollten Sie auch „täglich" notieren. Enden Sie mit dem Schlafen und schätzen Sie, wie lange Sie pro Woche schlafen. Vergessen Sie aber nicht Zeiten, die Sie beispielsweise als Fahrzeiten brauchen. Dabei ist es wichtig zu schätzen und nicht zu rechnen. Zählen Sie am Ende die Stunden zusammen.

> **Auflösung:**
> Die Woche hat 168 Stunden. Die Summe der Stunden ergibt einen Wert, der zeigt, wie Sie den Umgang mit Zeit empfinden. Wenn Sie weniger als 168 Stunden haben, dann haben Sie eventuell nicht alle Tätigkeiten aufgeschrieben oder Sie machen viele Tätigkeiten, die Sie als angenehm empfinden. Haben Sie deutlich mehr als 168 Stunden, könnte es sein, dass Sie Stress empfinden.

Eine Möglichkeit, um wieder Kontrolle über unsere Zeit zu erlangen, ist Zeitmanagement. Der Begriff „Zeitmanagement" beschreibt systematisches und diszipliniertes Planen der eigenen Zeit, so dass mehr Zeit für die „wichtigen" Dinge in Beruf und Freizeit bleibt. Zeitmanagement hilft uns dabei, uns auf die wesentlichen Dinge zu konzentrieren. Es geht nicht darum, „Zeit zu sparen", sondern richtig mit der Zeit und den zu erledigen Aufgaben umzugehen. Die Autoren Seiwert, Müller und Labaeck-Nöller (2005, S. 16 f.) benennen die Eigenschaften von Personen, die nicht zeiteffizient arbeiten, sowie die häufigsten Fehler, die bei der Bearbeitung von Aufgaben gemacht werden:

- gleichzeitiges Arbeiten an mehreren Projekten
- Hang, Dinge aufzuschieben
- Zettelwirtschaft
- ungenaue Ziele
- sie lieben Unterbrechungen
- vieles wird als gleichwertig erachtet
- häufiges Arbeiten unter Zeitdruck
- Hang zum Sammeln und Aufbewahren
- Schwierigkeiten damit, „Nein" zu sagen

> **Übung**
>
> Fertigen Sie eine Woche lang ein Zeitprotokoll an und notieren Sie, wie viel Zeit Sie für welche Tätigkeiten verwenden – vom Aufstehen bis zum Schlafengehen. Achten Sie dabei auf Ihre Aufgaben während der Arbeit, aber auch auf die Aufgaben in Ihrer Freizeit. Je konkreter die Planung, um so besser sind die Erkenntnisse aus der Planung. Nachdem Sie die Woche geplant haben, führen Sie Buch für die geplante Woche. Notieren Sie Ihren Tagesablauf so detailliert wie möglich. Legen Sie anschließend die beiden Blätter nebeneinander und schauen Sie, wie weit Wunsch und Wirklichkeit differieren. Dies scheint zunächst einmal sehr aufwändig zu sein, aber nur, wenn Sie es schriftlich vor sich haben, kann Ihnen bewusst werden, mit welchen Aktivitäten Sie Ihren Tag verbringen und wo Sie Ansätze für Veränderungen finden können.

13.4.1 Erstellen einer Monatsplanung

Nachdem wir uns einen Überblick über unsere Aufgaben und Ziele verschafft haben, können wir mit der konkreten Zeitplanung beginnen. Die Zeit, die wir für das Planen benötigen, lohnt sich. Planen erspart uns viel Aufwand und verbessert unsere Arbeitsergebnisse. Wir sollten

13.4 · Zeitmanagement

uns deshalb pro Tag 5-15 Minuten Zeit nehmen, um den aktuellen oder den kommenden Tag zu planen. Dabei sortieren wir die Aufgaben nach Wichtigkeit und Dringlichkeit. Dringende Aufgaben sind möglichst schnell zu erledigen. Wichtige Aufgaben sind dagegen meistens langfristiger und strategischer Natur. Ihre Auswirkungen und Folgen sind jedoch von großer Bedeutung.

Aufgaben, die nicht länger als fünf Minuten beanspruchen, sollten wir möglichst sofort erledigen. Alles, was wir nicht sofort abarbeiten, belastet uns unnötig. Dagegen motiviert es uns, wenn wir Dinge schnell erledigen können, und verschafft uns wieder den Überblick (vgl. Stangl 2015).

Übung

Monatsplanung

Nachdem Sie Ihre Ziele gesetzt und strukturiert haben, können Sie den nächsten Monat planen. Setzten Sie sich für jeden Monat ein eigenes Motto. In diesem Motto sollten sich auch Ihre Ziele wiederfinden. Setzen Sie zudem Prioritäten. Was ist Ihnen für diesen Monat besonders wichtig? Verzichten Sie dabei auf einzelne Details. Diese finden sich im Wochenplan wieder. Der Monatsplan hilft dabei, den Gesamtüberblick zu behalten (◘ Abb. 13.1).

Monatsplan

1	2	3	4	5	6	7
8	9	10	11	12	13	14
15	16	17	18	19	20	21
22	23	24	25	26	27	28
29	30	31				

Prioritäten für diesen Monat:	Motto des Monats

◘ Abb. 13.1 Vorlage Monatsplan

Wochenplan LW. Datum: von: bis:

Ziel:	Montag	Dienstag	Mittwoch	Donnerstag	Freitag	Samstag	Sonntag

- ☐ wochenziele festgelegt?
- ☐ Alle Aufgaben notiert?
- ☐ max. 60% verplant?
- ☐ Wichtige Aufgaben markiert?
- ☐ Alle Aufgaben vorbereitet?

Notizen: Reflexion. Was hat geklappt, was sollte verbessert werden.

Abb. 13.2 Vorlage Wochenplan

Übung

Wochenplanung

Auf Basis des Monatsplanes können Sie anschließend die Wochenpläne gestalten. Planen Sie am besten zu Beginn jeder Woche etwas Zeit ein, um die folgende Woche zu planen. Setzen Sie sich dabei Wochenziele. Was will ich in der Woche erreichen? Was ist realistisch? Ist noch etwas aus der letzten Woche zu erledigen?

Am Ende der Woche reflektieren Sie, was Sie in dieser Woche geschafft haben. Haben Sie Ihre Wochenziele erreicht? Haben Sie Ihre Aufgaben in der von Ihnen geplanten Zeit erledigt? Sollten Sie etwas ändern? Woran lag es, dass Sie eine Aufgabe nicht erledigt oder das Wochenziel nicht erreicht haben? Notieren Sie die Antworten und planen Sie die Folgewoche auf Basis Ihrer neu gewonnenen Kenntnisse (Abb. 13.2).

Die Woche zu planen und nachher zu reflektieren hat viele Vorteile, denn der berufliche und private Alltag werden strukturiert. Es sollten maximal 60 Prozent der Zeit verplant werden, denn die verbleibenden 40 Prozent werden für unvorhersehbare Tätigkeiten oder Aufgaben benötigt.

13.4.2 Voraussetzungen für erfolgreiches Zeitmanagement

Den bewussten Umgang mit Zeit zu erlernen ist ein langwieriger Prozess. Dies wird Ihnen nur gelingen, wenn Sie dies wirklich wollen. Einige Gewohnheiten sind schwerer zu verändern als andere, weil sie mit liebgewonnen Angewohnheiten oder mit weitreichenden Konsequenzen verbunden sind. Die meisten Verhaltensweisen im Arbeitsbereich lassen sich jedoch ohne Probleme ändern. Hierzu müssen Sie folgende Punkte beachten:

> **Tipp**
> - Setzen Sie sich Ziele: Entscheidend für den beruflichen Erfolg ist nicht, wie viel wir arbeiten, sondern was wir in dieser Zeit erreichen. Deshalb ist es wichtig, klare Ziele zu formulieren und sich auf die Aktivitäten zu konzentrieren, die uns unseren Zielen näher bringen. Klare Ziele müssen konkret formuliert, planbar, erreichbar und überprüfbar sein.
> - Planen Sie Ihren Tagesablauf: Eine tägliche Aufgabenliste ist die am häufigsten verwendete Planungsform. Die Planung der Aufgaben nimmt vielleicht fünf Minuten in Anspruch, hilft Ihnen aber erfahrungsgemäß, jeden Tag etwa eine Stunde Zeit einzusparen.
> - Setzen Sie Prioritäten: Prioritäten setzen klare Ziele voraus. Höchste Priorität haben jene Aktivitäten, durch die Sie diesen Zielen näher kommen. Viele von uns arbeiten jedoch oft an Aufgaben, die sie lieber mögen oder interessanter finden – obwohl sie wissen, dass sie im Hinblick auf ihre Ziele andere Dinge tun sollten.
> - Erledigen Sie wichtige Dinge sofort: Kämpfen Sie gegen die Versuchung an, wichtige Aufgaben auf den letzten Drücker zu erledigen und stattdessen Nebensächliches in den Vordergrund zu rücken.
> - Delegieren Sie an andere: Falls die Möglichkeit besteht, sollte über die eigenen Tätigkeiten entschieden werden, ob diese so wichtig sind, dass sie von Ihnen selbst durchgeführt werden müssen oder ob diese genauso gut durch Mitarbeiter ausgeführt werden können.

Jeder ist für sich und seine Zeitplanung selbst verantwortlich. Häufig erfinden wir Ausreden, wenn wir unsere persönlichen Ziele nicht erreicht haben. Damit wird unnötig Zeit vergeudet, um Erklärungen zu finden, warum Angelegenheiten noch nicht erledigt sind. Hierzu gibt es eine einfache, aber erfolgreiche und wichtige Regel: Nicht wer so viel Zeit wie möglich mit seiner Arbeit verbringt und wöchentlich 50 Stunden oder mehr arbeitet, sondern wer sein Arbeitspensum konzentriert und in einer bestimmten Zeit erledigt, arbeitet effektiv (vgl. Senftleben 2015).

13.5 Methoden für effizientes Arbeiten

Eine Methode, die uns dabei helfen kann, Prioritäten zu setzen, ist die so genannte Eisenhower-Methode (◘ Abb. 13.3). Sie geht auf den amerikanischen General und US-Präsidenten Dwight D. Eisenhower zurück. Eisenhower empfiehlt, unsere Aufgaben in zwei Kategorien „Bedeutung" (Sind sie wichtig oder unwichtig?) und „Dringlichkeit" (Sind sie eilig oder nicht?) zu unterteilen. Aufgaben, die hohe Wichtigkeit und hohe Dringlichkeit besitzen, haben eine hohe Priorität. Diese Aufgaben sollen sofort und selbst erledigt werden. Das andere Extrem sind Aufgaben, die weder wichtig noch dringlich sind. Das sind Aufgaben, die ignoriert werden können bzw. im Papierkorb landen können.

Abb. 13.3 Das Eisenhower-Prinzip (Fotolia #38987774 © thingamajiggs / stock.adobe.com)

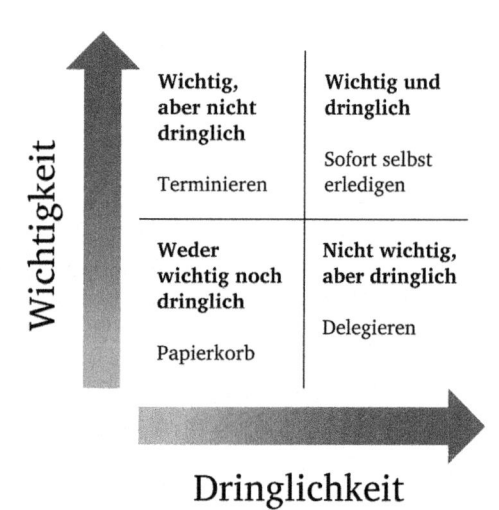

	Wichtig, aber nicht dringlich	Wichtig und dringlich
	Terminieren	Sofort selbst erledigen
	Weder wichtig noch dringlich	Nicht wichtig, aber dringlich
	Papierkorb	Delegieren

Wichtigkeit ↑   Dringlichkeit →

13.5.1 Pausen und Belohnungen

Pausen sind für den Arbeits- und Lernerfolg genauso wichtig wie das Arbeiten an konkreten Zielen. Die psychologische Wirkung einer Pause wird oftmals unterschätzt. Wer von einer Aktivität zur nächsten hastet, verliert schnell das Gefühl für Anfang und Ende. Warum gönnen wir uns nicht ganz bewusst nach Erledigung einer schwierigen Aufgabe eine Tasse Tee? Warum legen wir nicht einfach nach einer anstrengenden Aufgabe im beruflichen Alltag ganz bewusst eine kurze Pause ein? Eine kurze Pause einzulegen und sich somit zu belohnen dient als Ansporn, um eine Aufgabe zielgerichtet fertig zu stellen.

Mit Kollegen oder einem Team einen gemeinsamen Erfolg zu feiern fördert das Miteinander und motiviert uns, Neues anzupacken. Im Alltag sollten regelmäßig Dinge eingebaut werden, die Spaß machen. Bei Belohnungen sollte allerdings einiges beachtet werden. Die Belohnung sollte unmittelbar nach Erreichung eines (Teil-)Ziels gewährt werden. Daraus ergibt sich, dass Belohnungen personenunabhängig sein sollten. Wenn eine Reise für zwei Personen als Belohnung erdacht wurde und nur eine Person zum vorgegebenen Zeitpunkt teilnehmen kann, verpufft die Wirkung der Belohnung.

Wichtig ist, sich nach der erfolgreichen Beendigung einer Tätigkeit Zeit für etwas Schönes zu gönnen. Sich direkt wieder in die nächste Aktivität zu stürzen ist dagegen weniger produktiv. Stattdessen sollte auf eine gesunde Balance zwischen Entspannung und Anspannung geachtet werden. Pausen erhöhen die Produktivität. Trotzdem versuchen die meisten, ohne Pause durchzuarbeiten, um nicht als faul zu gelten. Dabei lässt nach etwa 90 Minuten die Konzentration nach und es kommt zur Ermüdung und Unproduktivität. Das bedeutet, zu einem effektiven Zeitmanagement gehören Pausen. Diese sollten regelmäßig eingelegt werden, dabei reichen meist zehn Minuten. Während der Pause sollte der Arbeitsplatz verlassen werden, die Fenster geöffnet werden oder einfach ein paar Minuten an die frische Luft gegangen und ein paar Fitness-Übungen gemacht werden.

13.5.2 Störungen beseitigen

Im täglichen Arbeitsablauf ergeben sich immer wieder Störungen, die den zuvor geplanten Ablauf unterbrechen und viel Zeit in Anspruch nehmen können. Diese Störungen müssen lokalisiert

13.5 · Methoden für effizientes Arbeiten

werden. Punkte, die dabei in Betracht gezogen werden sollten, sind die Tageszeit, an welcher die häufigsten Störungen vorkommen, die Personen, die am häufigsten stören, sowie die häufigsten Gründe für Störungen.

> **Tipp: Entlarven Sie Störungen**
> Notieren Sie an einem beliebigen Tag, noch besser in einer Arbeitswoche, jede Störung. Vielleicht stellen Sie dann fest, welche Störungen Sie unterbinden können, wer am häufigsten stört und zu welchen Themen. Somit haben Sie die Möglichkeit, der eigenen Ineffizienz entgegenzuwirken.

Für ein optimales Zeitmanagement ist es außerdem wichtig, die zur Verfügung stehende Zeit optimal zu nutzen. Das Einbauen von festen Zeiten in den persönlichen Tagesablauf für Erledigungen wichtiger Dinge ist dabei von großer Bedeutung. Der Zeitpunkt sollte nach dem persönlichen Biorhythmus ausgewählt werden. Außerdem sollte dieser Zeitpunkt an Kollegen und Mitarbeiter kommuniziert werden mit dem Hinweis, dass zu dieser Zeit keine Störungen gewünscht sind. In dringenden Fällen kann außerdem die Anfertigung eines Hinweisschildes sinnvoll sein. Es hat sich im Selbstversuch als hilfreich erwiesen, wenn in dieser Zeit beispielsweise ein orangenes Schild am Monitor befestigt wurde. Die Kollegen wussten dann, dass keine Störung geduldet wurde. Das setzt allerdings voraus, dass Kollegen und Vorgesetzten vorher darüber informiert werden. Zudem sollte der Anrufbeantworter eingeschaltet sein, um Störungen durch Telefonanrufe im Vorhinein zu umgehen.

13.5.3 Das Pareto-Prinzip

Der italienische Volkswirt Vilfredo Pareto (1848–1923) beschrieb erstmals das Phänomen, dass in einem System die produktiven Elemente meist in der Minderzahl sind. Im Laufe der Jahre wurde dieser Ansatz weiterentwickelt und als Pareto-Prinzip bzw. als 80:20-Regel bekannt: 80 Prozent einer erwünschten Wertschöpfung werden durch nur 20 Prozent des Einsatzes erzielt, während die restlichen 20 Prozent der Wertschöpfung 80 Prozent des Einsatzes verschlingen (◘ Abb. 13.4).

◘ Abb. 13.4 Das Pareto-Prinzip (Fotolia 97557611 © thingamajiggs / stock.adobe.com)

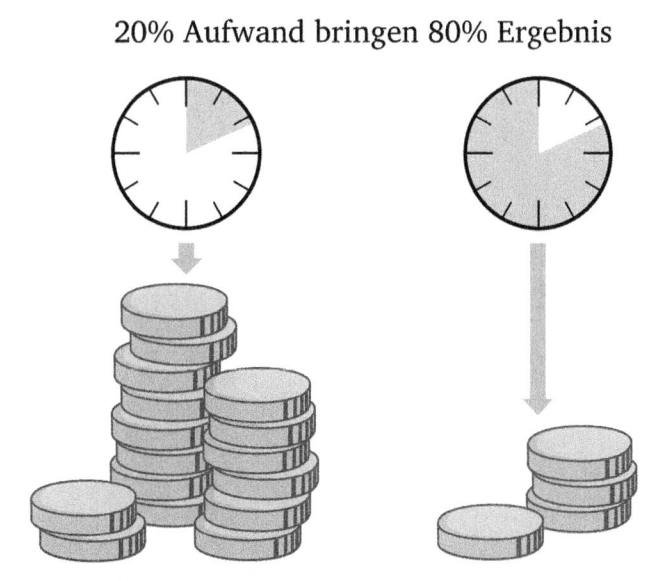

20% Aufwand bringen 80% Ergebnis

Diese Grundregel lässt sich auch auf das Verhältnis von „wichtig" zu „dringlich" übertragen. Eines der Grundprinzipien für erfolgreiches Zeitmanagement lautet daher, mehr Zeit für das Wesentliche einzuplanen und nicht den Tag mit unwichtigen Dingen zu verplanen.

Wenn uns Informationen fehlen, sollten wir erst einmal das erledigen, was mit den vorhandenen Informationen ausgearbeitet werden kann. Fehlende Informationen können nachgetragen werden. Das Vergeuden von Energie, indem unwichtigen Dingen hinterhergelaufen wird, sollte vermieden werden. Sinnvoller ist es, Entscheidungen zu treffen, ohne dass alle Informationen vorliegen.

Literatur

Allen D (2002) Getting Things Done. The Art of Stress-Free Productivity. New York, S 24–33
Baumeister RF, Vohs K (2004) Handbook of Self-Regulation. Research, Theory, and Applications. New York, S 2
Focus (2000). Der Uhr-Knall. http://www.focus.de/finanzen/karriere/ management/zeitmanagement/zeitmanagement-der-uhr-knall_aid_181590.html (Zugriff: 23.09.2016)
Geißler K (2001) Zeit lässt sich nicht managen, Interview vom 10.07.2001. http://www.faz.net/aktuell/sport/interview-karlheinz-geissler-zeit-laesst-sich-nicht-managen-131030.html (Zugriff: 23.09.2016)
Goethe JW (1823) Gespräche. Mit Joseph Sebastian Grüner am 29. Juni 1823. In: Sämtliche Werke (Über 1000 Titel in einem Buch - Vollständige Ausgaben). eBook
Janka F (1999) Das Coaching-Programm für Ihre Karriere. Niederhausen
Krems B (2016) 80–20-Regel. http://www.olev.de/0/80–20-r.htm (Zugriff: 23.09.2016)
Krengel M (2016) Das Eisenhower-Prinzip. http://www.studienstrategie.de/ zeitmanagement/eisenhower-prinzip/ (Zugriff: 02.03.2016)
Krusche H (2001) Frei wie der Sonnenadler. Paderborn
Küstenmacher WT, Seiwert LJ (2004) Simplify your life. Frankfurt
Mohl A (1993) Der Zauberlehrling. Das NLP Lern- und Übungsbuch. Paderborn
OECD - Organisation für wirtschaftliche Entwicklung und Zusammenarbeit (2005) Definition und Auswahl von Schlüsselkompetenzen. Zusammenfassung. Paris. https://www.oecd.org/pisa/35693281.pdf
Seiwert LJ, Müller H, Labaeck-Nöller A (2005) Zeitmanagement für Chaoten. Offenbach
Senftleben R (2015) Ein Monatsplan für Zeitmanagement. http://www.zeitzuleben.de/ein-monatsplan-fur-dein-zeitmanagement/ (Zugriff: 23.09.2016)
Stangl W (2015) Arbeitszeit, Zeitplanung und Zeitmanagement. http://arbeitsblaetter.stangl-taller.at/LERNTECHNIK/Zeitplanung.shtml (Zugriff: 23.09.2016)

Medienkompetenz

Helmut Ebert

© Springer-Verlag GmbH Deutschland 2018
J.H. Becker, H. Ebert, S. Pastoors, *Praxishandbuch berufliche Schlüsselkompetenzen*,
https://doi.org/10.1007/978-3-662-54925-4_14

14.1 Begriff der Medienkompetenz

Medienkompetenz bezeichnet die Fähigkeit, Medien und ihre Inhalte zielgerecht zu nutzen. Um erfolgreich lernen und arbeiten zu können, benötigen wir Fähigkeiten zum Umgang sowohl mit klassischen Informations- und Kommunikationstechnologien (z. B. Bücher, Zeitungen, Telefone etc.) als auch mit den neuen Medien (z. B. Smartphone, Internet etc.). Vor allem neue Medien wie das Internet erzeugen eine Informationsflut, die die Fähigkeit zur Auswahl und Bewertung der angebotenen Informationen erfordert (vgl. Hamm 2001). Medienkompetenz setzt jedoch nicht nur die Fähigkeit zur Bedienung von Geräten voraus, sondern umfasst zudem die Fähigkeiten, Medien zu bewerten, Informationen zu selektieren und kritisch zu reflektieren sowie Medien (Bücher, Zeitschriften, Internet etc.) nach Bedarf zu wechseln (vgl. Glotz 2001).

Zurzeit wird vor allem den neuen Medien viel Aufmerksamkeit zuteil. In den meisten Berufen spielen jedoch klassische Medien immer noch eine zentrale Rolle. Um erfolgreich lernen und arbeiten zu können, sind deshalb nach wie vor Lese- und Schreibfertigkeiten erforderlich (vgl. Aufenanger 1997).

Medienkompetenz ist nicht nur für den Einzelnen von Bedeutung, sondern hat auch eine soziale und gesellschaftspolitische Dimension: „Medienkompetenz muss […] zu einem selbstbestimmten Umgang mit Medien und zu medienpolitischen Aktivitäten im Sinne von Partizipation befähigen, ohne dass dabei die Perspektive der anderen (Solidarität), die noch nicht so weit sind, vergessen wird" (Aufenanger 1997, S. 20 f.). Medienkompetenz bezieht sich zudem auf die Entwicklung sozialer Kompetenzen beim Arbeiten mit Medien sowie auf die Auseinandersetzung mit ihren ethischen und gesellschaftlichen Dimensionen (vgl. Deutsches Institut für Erwachsenenbildung 1999).

14.2 Bereiche der Medienkompetenz

Der Erziehungswissenschaftler Dieter Baacke gliederte die Medienkompetenz in vier Bereiche: Medienkritik, Medienkunde, Mediennutzung und Mediengestaltung (vgl. Baacke 1997, S. 98 f.; Tab. 14.1).

- **Medienkritik:** Ein wesentlicher Bestandteil der Medienkritik ist die Informationsbewertung, wie z. B. die Fähigkeit, medienvermittelte Informationen zu selektieren, zu reflektieren und zu bewerten. Außerdem gehört zur Medienkritik auch die Fähigkeit

Tab. 14.1 Operationalisierung von Medienkompetenz (nach Baacke 1997, S. 98)

Medienkompetenz			
Vermittlung		**Zielorientierung**	
Medien-Kritik	Medien-Kunde	Medien-Nutzung	Medien-Gestaltung
analytisch reflexiv ethisch	informativ instrumentell-qualifikatorisch	rezeptiv (anwenden) interaktiv (anbieten)	innovativ kreativ

zum verantwortungsvollen Umgang und zur kritischen Auseinandersetzung mit Medien und ihrem Einfluss auf soziale und politische Prozesse. Medienkritik ermöglicht es uns, gesellschaftliche Prozesse analytisch zu erfassen und das analytische Wissen in der Praxis anzuwenden (vgl. Mandl und Krause 2001).

- **Medienkunde**: Medienkunde umfasst das Wissen über die heutigen Mediensysteme. Hierzu gehört sowohl die Kenntnis über die Nutzung klassischer Wissensbestände als auch das Wissen, wie wir neue Geräte bedienen und benutzen können.
- **Mediennutzung**: Mediennutzung beschreibt die Fähigkeit zur Bedienung und Nutzung von klassischen und neuen Medien, sowohl passiv (Programmnutzungskompetenz wie z. B. das Lesen von Texten oder das Anschauen eines Filmes) als auch aktiv (z. B. mithilfe interaktiver Angebote).
- **Mediengestaltung**: In den Bereich Mediengestaltung fallen innovative Veränderungen und Entwicklungen des Mediensystems (wie z. B. die Erstellung eines neuen Facebook-Accounts), die über die Grenzen der alltäglichen Kommunikationsroutinen hinausgehen (vgl. Baacke 1997, S. 98 f.).

Durch aktive (Be-)Nutzung der Medien entsteht im Idealfall eine Kritikfähigkeit, die wir bei der Auswahl unterschiedlicher Medienangebote nutzen können. Die aktive Arbeit mit einem Medium ermöglicht uns dessen kritische Nutzung im beruflichen und privaten Alltag (vgl. Baacke 1997).

> **Übung**
>
> Vergleichen Sie Artikel zum selben Thema vom gleichen Tag aus unterschiedlichen Zeitungen bzw. von unterschiedlichen Nachrichtenportalen. Was fällt Ihnen auf hinsichtlich der beschriebenen Ereignisse, der handelnden Akteure und der vermuteten Hintergründe?

14.3 Umgang mit modernen Kommunikationsmedien

Der Begriff der Medienkompetenz wird für viele verschiedene Kompetenzen verwendet. Dabei spielen die „Kompetenzen in einer digital geprägten Gesellschaft" wie z. B. der Umgang mit modernen Kommunikationsmedien eine wichtige Rolle (vgl. BMBF 2010).

Die Europäische Kommission misst dem Umgang mit den neuen Medien eine zentrale Bedeutung zu. Sie fasst alle Kenntnisse und Fähigkeiten, die wir zur Nutzung der neuen Medien benötigen, zur Computerkompetenz zusammen: „Computerkompetenz umfasst die sichere und kritische Anwendung der Technologien für die Informationsgesellschaft (TIG) für Arbeit, Freizeit und

Kommunikation. Sie wird unterstützt durch Grundkenntnisse der Informations- und Kommunikationstechnologien (IKT): Benutzung von Computern, um Informationen abzufragen, zu bewerten, zu speichern, zu produzieren, zu präsentieren und auszutauschen, über Internet zu kommunizieren und an Kooperationsnetzen teilzunehmen" (Europäische Kommission 2005, S. 18).

Der erfolgreiche Umgang mit den neuen Medien erfordert dabei aus Sicht der Europäischen Kommission eine Reihe unterschiedlicher Kenntnisse, Fähigkeiten und Einstellungen:

» Computerkompetenz erfordert ein solides Verständnis und Kenntnisse der Art, Aufgaben und Möglichkeiten der Technologien für die Informationsgesellschaft im Alltag: im privaten und gesellschaftlichen Leben sowie am Arbeitsplatz. Hierzu zählen die wichtigsten Computeranwendungen wie Textverarbeitung, Tabellenkalkulation, Datenbanken, Informationsspeicherung und -management sowie das Verständnis der Chancen, die Internet und Kommunikation über elektronische Medien (E-Mail, Netzanwendungen) für Freizeit, Informationsaustausch und Kooperationsnetze, Lernen und Forschung bieten. Der Einzelne sollte auch verstehen, wie die TIG Kreativität und Innovation fördern können, und sich der Problematik in Bezug auf Gültigkeit und Verlässlichkeit der verfügbaren Informationen sowie der ethischen Grundsätze für die interaktive Anwendung der TIG bewusst sein.
Die Fähigkeiten umfassen die Fähigkeit, Informationen zu recherchieren, zu sammeln und zu verarbeiten und diese kritisch und systematisch zu verwenden, ihre Relevanz zu beurteilen und beim Erkennen der Links Reales von Virtuellem zu unterscheiden. Der Einzelne sollte in der Lage sein, Hilfsmittel zu benutzen, um komplexe Informationen zu produzieren, zu präsentieren und zu verstehen, und internetbasierte Dienste aufzurufen, zu durchsuchen und zu nutzen; er sollte ferner fähig sein, TIG zu nutzen, um kritisches Denken, Kreativität und Innovation zu fördern.
Die Nutzung der TIG erfordert eine kritische und reflektierende Einstellung gegenüber den verfügbaren Informationen und eine verantwortungsvolle Nutzung der interaktiven Medien sowie Interesse daran, sich in Gemeinschaften und Netzen für kulturelle, soziale und/oder berufliche Zwecke zu engagieren. (Europäische Kommission 2005, S. 18 f.)

Obwohl das Internet und die Entwicklung des Smartphones unser Zusammenleben in den letzten Jahren grundlegend verändert haben, existiert zum Thema „Umgang mit neuen Medien" bisher kaum Literatur. Wir haben deshalb aus unterschiedlichen Blogs, Online-Portalen und Internetforen Informationen zu diesem Thema zusammengestellt.

14.3.1 Mobiltelefone

In den westlichen Industrienationen besitzt heutzutage fast jeder Jugendliche und Erwachsene ein Mobiltelefon. Nach Angaben des Instituts für Jugendforschung in München besitzen 99 Prozent der Jugendlichen in Deutschland ein eigenes Mobiltelefon oder ein Smartphone (vgl. Botica 2011). Für viele von uns ist ein Leben ohne Mobiltelefon nicht mehr denkbar: Wir chatten in der Bahn mit unserem besten Freund bzw. unserer besten Freundin und tauschen den neuesten Tratsch aus, verabreden uns per Facebook zum Feiern und laden bei iTunes den neuesten Hit herunter.

Die Vorteile eines Mobiltelefons sind enorm: Soziale und berufliche Kontakte werden mit dem Mobiltelefon gepflegt. Keiner von uns ist mehr dazu gezwungen, zu Hause auf einen wichtigen Anruf zu warten. Sowohl im Geschäftsleben als auch im gesellschaftlichen und privaten Bereich sind Mobiltelefone allgegenwärtig. Doch diese Freiheit kollidiert manchmal mit den Bedürfnissen anderer Menschen. Beachten Sie daher beim Gebrauch von Mobiltelefonen folgende Regeln, um sich nicht bei anderen Menschen unbeliebt zu machen:

> **Tipp: Acht Regeln für den Gebrauch von Mobiltelefonen**
> 1. Widmen Sie Ihre Aufmerksamkeit voll und ganz Ihrem Gegenüber: Schalten Sie Ihr Smartphone aus, wenn Sie mit anderen Menschen zusammensitzen. Bei einem Treffen zu telefonieren oder SMS zu schreiben signalisiert Desinteresse und drückt geringe Wertschätzung für Ihr Gegenüber aus. Das Gleiche gilt für eine Feier bei Verwandten oder ein Treffen mit Freunden. Ihr Gegenüber wird sich künftig zweimal überlegen, ob es noch einmal mit Ihnen Essen geht oder Ihnen erneut einen Auftrag erteilt (vgl. Prohaska 2014).
> 2. Legen Sie das Mobiltelefon nicht offen auf den Tisch, wenn Sie einen wichtigen Anruf erwarten: Das erweckt den Eindruck, der Anruf sei wichtiger als Ihr Gegenüber. Legen Sie Ihr Mobiltelefon mit dem Display nach unten auf den Tisch oder stecken Sie es in die Jackentasche. Bei beruflichen Terminen ist die Akten- oder Handtasche ein passender Aufbewahrungsort. Das Mobiltelefon sollte immer leicht zu finden sein (vgl. Cassandra 2014).
> 3. Vermeiden Sie es, alle paar Minuten auf Ihr Mobiltelefon zu schauen: Schalten Sie die E-Mail Push-Funktion und weitere Push-Funktionen von sozialen Netzwerken einfach ab und stellen Sie Ihr Mobiltelefon auf lautlos (ohne Vibration). Dies fördert nicht nur Ihre zwischenmenschlichen Kontakte, sondern auch konzentriertes Arbeiten (vgl. Prohaska 2014).
> 4. Stellen Sie Ihr Mobiltelefon auf Vibrationsalarm: Entschuldigen Sie sich kurz, wenn das Telefon vibriert, und sagen Sie Ihrem Gesprächspartner, dass der Anruf wichtig sei. Verlassen Sie den Raum und nehmen Sie das Gespräch vor der Tür an. Allerdings sollte das Telefonat nicht länger als einen Toilettengang dauern, um Ihr Gegenüber nicht unnötig lange warten zu lassen (vgl. Botica 2011).
> 5. Schalten Sie in Meetings, Seminaren oder Lehrveranstaltungen Ihr Mobiltelefon aus: In Meetings oder Seminaren beschäftigen sich viele gerne mit Ihrem Smartphone. Dies wird vom Rest der Gruppe als störend empfunden und signalisiert Desinteresse am Moderator (bzw. Dozenten) und an den anderen Teilnehmern der Veranstaltung. Hinterfragen Sie den Sinn Ihrer Teilnahme an dem Meeting oder Seminar, wenn dies regelmäßig der Fall sein sollte (vgl. Prohaska 2014).
> 6. Vermeiden Sie Smartphones auf Feiern und in geselligen Runden: Auf Partys oder in geselligen Runden wird gerne das Smartphone gezückt, um Fotos zu machen oder gemeinsam Videos anzuschauen. Doch nicht jeder findet dies unterhaltsam. Daher ist das Smartphone in geselligen Runden nur dann akzeptabel, wenn alle Teilnehmer damit einverstanden sind.
> 7. Nehmen Sie Rücksicht, wenn Sie im Beisein anderer Musik hören: Viele von uns hören bei der Arbeit oder auf dem Heimweg gerne Musik. Wer sich auf der Fahrt zur Arbeit die Zeit mit Musik vertreiben möchte, kann dies gerne tun. Allerdings sollten Sie dabei unbedingt Kopfhörer aufsetzen (vgl. Botica 2011).
> 8. Wählen Sie ein passendes Mobiltelefon: Im Beruf sollte die Optik des Mobiltelefons zu Ihrer Tätigkeit passen. Arbeiten Sie eher in konventionellen Bereichen, sollte Ihr Mobiltelefon unauffällig wirken, dezent und einfarbig sein. Arbeiten Sie hingegen in kreativen Bereichen, darf es durchaus auffallen (vgl. Cassandra 2014).

14.3.2 Verändertes Telefonverhalten

Das Smartphone hat unser Telefonverhalten grundlegend verändert. E-Mails und SMS haben ihre Vorteile für die Kommunikation, etwa wenn die Nachricht Zahlen, Daten und Fakten übermitteln soll. Alles, was Verständigung erfordert, lässt sich jedoch mit einem Anruf schneller und effizienter erledigen, weil ein Anruf das Nachfragen erleichtert und uns hilft, den Kontext bei Bedarf neu zu definieren. Vor diesem Hintergrund erscheint es mehr als bedenklich, wenn mittlerweile das Verschicken von Nachrichten als höflicher gilt als zu telefonieren. Die Angst vor dem Telefonieren scheint verschiedene Gründe zu haben, etwa Angst vor der Spontaneität oder das Verlernen des Sprechens. Immer mehr Menschen verwalten ihr digitales Image mit viel Liebe zum Detail. Das geht besser mithilfe säuberlich komponierter Textnachrichten. Sie ziehen sich zurück, werden zu „Telefonverweigerern" und „sind auf dem besten Weg, hysterische Einsiedler zu werden" (Weber-Steinhaus 2014).

14.3.3 SMS und Chats

Für das Schreiben einer SMS gelten ähnliche Regeln wie für das Telefonieren. Um respektvoll mit Ihren Mitmenschen zu kommunizieren, sollten Sie beim Schreiben einer SMS oder WhatsApp folgende Regeln beachten:

> **Tipp: Regeln für SMS und WhatsApp**
> - Lesen oder schreiben Sie keine SMS, wenn Sie ein Gespräch führen oder an einem Treffen teilnehmen. Das ist unhöflich und unaufmerksam.
> - In SMS, E-Mails oder Chats ist auch bei förmlichen Kontakten ein knapper Telegrammstil gestattet. Dennoch sollten Sie auf Ihre Rechtschreibung achten.
> - Machen Sie sich klar, wer der Empfänger ist, bevor Sie eine SMS schreiben. Ältere Menschen kennen die gebräuchlichen SMS-Abkürzungen nicht. Fassen Sie sich kurz und formulieren Sie möglichst in ganzen Sätzen.
> - Schreiben Sie keine SMS, wenn Sie eine Verabredung nicht einhalten können, sondern rufen Sie den Betreffenden an. Absagen sollten immer persönlich erfolgen (vgl. Cassandra 2014).
> - Schicken Sie keine Nachrichten, egal, ob E-Mail, SMS oder WhatsApp, an im Raum befindliche Personen (vgl. Prohaska 2014).
> - Einige Menschen erwarten von Ihnen, dass Sie ihre E-Mails unverzüglich lesen und beantworten. Dieses Verhalten fördern Sie noch, wenn Sie unmittelbar auf jede E-Mail reagieren. Es reicht vollkommen aus, alle drei bis vier Stunden seine E-Mails zu prüfen (vgl. Prohaska 2014).
> - Schalten Sie die Tippgeräusche Ihres Mobiltelefons ab - sie haben keinen Nutzen, stören aber Ihre Mitmenschen.

14.4 Digitale Kompetenzen

Aufgrund der für viele Berufe nach wie vor steigenden Bedeutung des Internets, vor allem im Bereich der sozialen Medien, erwarten viele Arbeitgeber von ihren Mitarbeitern „digitale Kompetenzen". Begriff und Konzept der digitalen Kompetenzen („digital skills") wurden 1999 von dem niederländischen Soziologen Jan van Dijk entwickelt und basieren auf mehreren aufeinander aufbauenden Teilkompetenzen (vgl. van Dijk 2013, S. 121–124). Die Grundlage bilden dabei operationale Kompetenzen („operational skills") wie die Fähigkeit zum Umgang mit Hardware und Software. Zudem benennt van Dijk eine Reihe inhaltsbezogener Kompetenzen, die für eine erfolgreiche Nutzung des Internets erforderlich sind.

Bei den inhaltsbezogenen Kompetenzen, die wir für das Arbeiten im Internet benötigen, unterscheidet van Dijk noch einmal zwischen informationsbezogenen Kompetenzen („information skills"), kommunikativen Kompetenzen („communication skills"), strategischen Kompetenzen („strategic skills") und fachlichen Kompetenzen zur Erstellung von Inhalten (vgl. van Dijk 2013, S. 121). Insgesamt unterscheidet van Dijk somit sechs Arten digitaler Kompetenzen (vgl. van Dijk 2013, S. 122):

- medienbezogene Kompetenzen
  - operationale Kompetenzen: Fähigkeit zur Bedienung digitaler Medien (z. B. ein- und ausschalten)
  - formale Kompetenzen: das Medium handhaben (z. B. browsen und navigieren)
- inhaltsbezogene Kompetenzen
  - informationsbezogene Kompetenzen: auswählen und bewerten von Informationen in digitalen Medien (z. B. in Suchmaschinen, Nachrichtenportalen, Online-Enzyklopädien)
  - kommunikative Kompetenzen: im Internet kommunizieren, die eigene Meinung äußern und Aufmerksamkeit erregen (z. B. mailen, posten, kontaktieren)
  - strategische Kompetenzen: das Internet verwenden, um bestimmte berufliche oder persönliche Ziele zu erreichen oder das eigene Image zu verbessern (z. B. Webseiten pflegen, Online-Marketing)
  - fachliche Kompetenzen zur Erstellung von Inhalten (z. B. Webseiten)

Für die berufliche Kommunikation im Internet – via E-Mail oder in sozialen Medien – sind vor allem die kommunikativen und strategischen Kompetenzen von großer Bedeutung.

14.4.1 E-Mail-Kommunikation

E-Mails haben nicht nur die private, sondern auch die innerbetriebliche Kommunikation und die Projektkommunikation stark verändert. Sie haben viele Prozesse vereinfacht und beschleunigt, aber ihre Verfügbarkeit und Schnelligkeit „birgt auch Gefahren für die Verantwortung und die Transparenz der Kommunikation" (Kleinberger 2013, S. 189). Mittlerweile haben sich gewisse Standards und Normen für einen respektvollen Umgang und für Konflikte herausgebildet. Dennoch müssen angemessene Formen immer wieder neu ausgehandelt werden. Dabei gilt es, sowohl den inhaltlichen als auch den funktionalen Kontext einer E-Mail zu beachten. Da die symbolischen Möglichkeiten nicht ausreichen, um Eindeutigkeit herzustellen, verbieten sich Humor und Ironie für die geschäftliche E-Mail-Kommunikation. Auch die „blind copy"-Funktion, sollte mit Bedacht eingesetzt werden. Diese Funktion verhindert es, dass alle Empfänger erkennen können, wer sonst noch die E-Mail empfangen hat Während die Verwendung von „blind copy" bei Massen-E-Mails schon aus datenschutzrechtlichen Gründen verwendet werden sollte, ist bei persönlichen E-Mails davon abzuraten. Vom Grundsatz her ist es eine Frage des Respekts, ob und wenn ja, Gebrauch vom Instrument der „blind copy" gemacht wird (vgl. Kleinberger 2013, S. 188).

Die Diskussion über einen respektvollen Umgang in E-Mails steht erst am Anfang. Auf jeden Fall bedarf E-Mail-Kommunikation in jedem Unternehmen sowohl einer klaren Definition hinsichtlich Zweck und Einsatzmöglichkeiten als auch einer begleitenden Kommunikation auf anderen Kanälen. Eine große Herausforderung besteht darin, zu erkunden, unter welchen Bedingungen Bitten, Anregungen, Kritik, Aufträge und Weisungen als solche wahr- und ernstgenommen werden und welche Strategien Mitarbeiter entwickeln, um sich der Flut an E-Mails zu entledigen.

> **Tipp**
> Verwenden Sie in Ihren E-Mails eine klare und direkte Sprache, damit die Empfänger wissen, wer was von ihnen erwartet bzw. erwarten darf.

14.4.2 Soziale Medien

Das Internet erlaubt direkte und ungefilterte Beziehungen zu unterschiedlichen Personengruppen (Freunde, Kollegen) und wird von vielen als „sozialer Raum wahrgenommen" (Pleil und Zerfaß 2014, S. 742), für den teilweise eigene Regeln gelten. Das Web 2.0 ermöglicht dem Internetnutzer vielfältige Möglichkeiten der Interaktion und zur Erstellung, Bearbeitung und Weitergabe eigener Inhalte. Vor allem soziale Netzwerke bieten ihren Nutzern vielfältige Interaktionsmöglichkeiten. So können sie im Rahmen ihres Profils z. B. eigene Bilder oder persönliche Eigenschaften veröffentlichen und sich mit anderen Nutzern vernetzen. Allerdings sollten Sie auf keinen Fall Bilder, Texte oder Kommentare publizieren, die Ihre Mutter oder Ihr Arbeitgeber nicht sehen sollen. Denken Sie vor dem Drücken des „Senden"-Buttons noch einmal kurz darüber nach, was Sie gerade der ganzen Welt mitteilen möchten.

Mit dem Web 2.0 erfolgte ein Wechsel von der zentralen Größe „Aufmerksamkeit" zur Größe der „Anerkennung". Die neue „Währung" der „Likes" folgt anderen Regeln als die „Währung" Aufmerksamkeit.

Literatur

Aufenanger S (1997) Medienpädagogik und Medienkompetenz – Eine Bestandsaufnahme. In: Deutscher Bundestag (Hrsg) Medienkompetenz im Informationszeitalter. Bonn, S 15–22

Baacke D (1997) Medienpädagogik. Tübingen

Botica M (2011) Benimmregeln für den Handy-Gebrauch: Telefonieren mit Stil. Focus-Online vom 18.12.2011. http://www.focus.de/familie/kinderspiele/medien/benimmregeln-fuer-den-handy-gebrauch-telefonieren-mit-stil_id_2365531.html (Zugriff: 23.09.2016)

Bundesministerium für Bildung und Forschung BMBF (Hrsg) (2010) Kompetenzen in einer digital geprägten Gesellschaft, Bonn. http://www.dlr.de/pt/Portaldata/45/Resources/a_dokumente/bildungsforschung/Medienbildung_Broschuere_2010.pdf (Zugriff: 23.09.2016)

Cassandra B (2014) Handy-Knigge: 9 Benimmregeln beim Telefonieren mit Handys. Philognosie vom 28.10.2014. https://www.philognosie.net/kunst-kultur/handy-knigge-benimmregeln-beim-telefonieren (Zugriff: 23.09.2016)

Deutsches Institut für Erwachsenenbildung (Hrsg) (1999) Lernen für die Zukunft. Nationales Confintea V Follow-up Deutschland. Bonn

Van Dijk J (2013) Digitale Spaltung und digitale Kompetenzen. In: Schüller-Zwierlein A, Zillien N (Hrsg) (2013) Informationsgerechtigkeit - Theorie und Praxis der gesellschaftlichen Informationsversorgung. Göttingen, S 108–133

Europäische Kommission (2005) Vorschlag für eine Empfehlung des Europäischen Parlaments und des Rates zu Schlüsselkompetenzen für lebenslanges Lernen, KOM (2005) 548 endgültig, vom 11.11. 2005.Brüssel. http://www.europarl.europa.eu/meetdocs/2004_2009/documents/com/com_com(2005)0548_/com_com(2005)0548_de.pdf (Zugriff: 23.09.2016)

Glotz P (2001) Medienkompetenz als Schlüsselqualifikation. In: Hamm I (Hrsg) Medienkompetenz. Gütersloh, S 16–37

Hamm I (2001) Einleitung. In: Hamm I (Hrsg) Medienkompetenz. Gütersloh, S 8–15

Kleinberger U (2013) Kontaktmuster: Schreiben für innerbetriebliche Beziehungen und Projekte. In: Stücheli-Herlach P, Perrin D (Hrsg) Schreiben mit System. Wiesbaden, S 189

Mandl H, Krause UM (2001) Lernkompetenz für die Wissensgesellschaft. Forschungsbericht Nr. 145. München

Pleil T, Zerfaß A (2014) Internet und Social Media in der Unternehmenskommunikation. In: Zerfaß A, Piwinger M (Hrsg) Handbuch Unternehmenskommunikation, 2. Aufl. Wiesbaden, S 742

Prohaska S (2014) Smartphone Benimmregeln - Die Business Knigge 2014. http://www.ithelps.at/smartphone-benimmregeln-die-business-knigge-2014 (Zugriff: 23.09.2016)

Schulz von Thun F (1981) Miteinander reden I: Störungen und Klärungen. Psychologie der zwischenmenschlichen Kommunikation. Reinbek

Weber-Steinhaus F (2014) „Nur ein Schwein ruft nicht an!" Neon Magazin 12: 39

Managementkompetenzen

Kapitel 15   **Management Skills – 135**
Sven Pastoors

Kapitel 16   **Werteorientierte Führung – 149**
Sven Pastoors

Kapitel 17   **Teams – 157**
Joachim H. Becker

Kapitel 18   **Teamführung – 167**
Joachim H. Becker

Kapitel 19   **Konflikte – 173**
Joachim H. Becker

Kapitel 20   **Konfliktmanagement – 183**
Joachim H. Becker

Kapitel 21   **Umgang mit Mobbing, sexueller Belästigung und Stalking – 193**
Joachim H. Becker

Kapitel 22   **Umgang mit Diskriminierung und sozialer Ungleichbehandlung – 201**
Joachim H. Becker

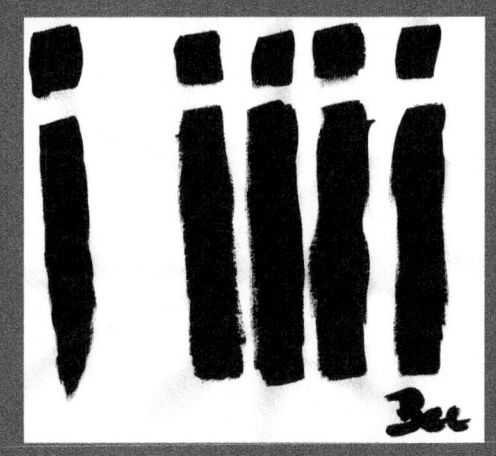

Managementkompetenzen (Acryl, © Joachim Becker 2016)

„Letzten Endes kann man alle wirtschaftlichen Prozesse auf drei Worte reduzieren: Menschen, Produkte und Profite. Die Menschen stehen an erster Stelle. Wenn man kein gutes Team hat, kann man mit den beiden anderen nicht viel anfangen."
Lee Iacocca (*1924), amerikanischer Topmanager

Management Skills

Sven Pastoors

© Springer-Verlag GmbH Deutschland 2018
J.H. Becker, H. Ebert, S. Pastoors, *Praxishandbuch berufliche Schlüsselkompetenzen*,
https://doi.org/10.1007/978-3-662-54925-4_15

15.1 Begrifflichkeiten

Ein wichtiger Faktor für den Erfolg eines Unternehmens sind die Managementfähigkeiten seiner Führungskräfte. Das folgende Kapitel beschäftigt sich deshalb mit den Fach- und Handlungskompetenzen, die zur Führung eines Unternehmens und/oder der Mitarbeiter benötigt werden (Management Skills).

Die Organisationswissenschaftlerin Rosemary Stewart gliedert die zur Durchführung von Managementaufgaben benötigten Fähigkeiten in technische, soziale und analytische Kompetenzen (vgl. Stewart 1982; Staehle und Conrad 1994):
- Beispiele für technische Fähigkeiten sind Kosten- und Investitionsrechnung, Projektplanung oder Qualitätskontrolle. Hierbei handelt es sich vor allem um Fach- und Methodenkompetenzen.
- Zu den sozialen Fähigkeiten zählen unter anderem Führungskompetenz, Teammanagement oder Konfliktmanagement.
- Zudem benötigen Manager analytische Fähigkeiten, wie z. B. Problemlösungstechniken, strategisches Denken oder ein ganzheitliches Verständnis der Funktionsweise eines Unternehmens (vgl. Robbins und De Cenco 2004). Auf diese Kompetenzen wird im Kapitel Methodenkompetenzen eingegangen.

Neben den Managements Skills spielen bei der Leitung eines Unternehmens und der Personalführung ethische Grundsätze und Respekt gegenüber allen Beteiligten eine wichtige Rolle.

Da der Schwerpunkt dieses Buches auf den sozialen Kompetenzen liegt, konzentrieren sich die folgenden Kapitel auf werteorientierte Führung, Teammanagement, Konfliktmanagement sowie auf den Umgang mit Diskriminierung oder Mobbing. Bevor diese Fähigkeiten vertieft werden, werden in diesem Kapitel kurz zentrale Begriffe wie Führung, Motivation, Ethik und Respekt erläutert.

15.2 Führung

Der Wirtschaftspsychologe Lutz von Rosenstiel definiert Führung als „zielbezogene Einflussnahme" (vgl. von Rosenstiel 1991, S. 3). Dabei unterscheidet er zwischen „Führung durch Strukturen" und „Führung durch Menschen". Beispiele für führende Strukturen sind die Hierarchie in einem Unternehmen, eine Stellenbeschreibung oder aber Anreizsysteme, wie Prämien oder Gehaltserhöhungen. Da sich nicht alle Lebenslagen und Situationen im Unternehmen im Voraus planen lassen, bedarf es in jeder Organisation auch der Führung durch Menschen.

Aufgrund der zunehmenden Komplexität vieler Arbeitsprozesse wird Führung durch Menschen zunehmend wichtiger. Selbst dort, wo „Strukturen führen", entscheiden Menschen darüber, inwieweit diese Strukturen befolgt werden: „Das Verhalten des Vorgesetzten, seine Art, Ziele zu verdeutlichen, Aufgaben zu koordinieren, Mitarbeiter durch Gespräche zu motivieren, Ergebnisse zu kontrollieren, wird zum zentralen Bestandteil der Führung, die sich dann als zielbezogene Beeinflussung von Unterstellten durch Vorgesetzte mit Hilfe der Kommunikationsmittel definieren lässt" (von Rosenstiel 1991, S. 4). Bei der Führung kommt es somit immer auf Menschen und die Art und Weise an, wie sie miteinander umgehen und kommunizieren (vgl. von Rosenstiel 1991, S. 4).

Im Duden findet sich ebenfalls eine kurze Definition des Begriffs „Führung": „Das verantwortliche Leiten von etwas" (vgl. Duden 2016). Diese Definition zeigt, dass Verantwortung neben der Leitung eines Teams oder einer Organisation einer der zentralen Aspekte von Führung ist. Im Wort „Verantwortung" steckt der Begriff „Antwort", was auf die soziale und kommunikative Komponente des Führens verweist. So können Mitarbeiter von ihren Vorgesetzten Antworten erwarten, wieso diese ihre Entscheidungen so und nicht anders getroffen haben. Wer Fragen nach dem „Warum" und „Wozu" seines Führungsverhaltens aus dem Weg geht, führt „blind".

15.2.1 Arten der Führung

Der deutsche Soziologe und Politikwissenschaftler Max Weber (1864–1920) hat die Frage untersucht, warum Menschen überhaupt bereit sind, anderen Menschen zu folgen. Diese Frage spielt auch für Unternehmen eine große Rolle, da sie Aufschluss darüber gibt, was eine gute Führungspersönlichkeit ausmacht. Weber unterscheidet dabei drei Arten der Führung, die auf die idealtypischen Formen der Herrschaft zurückgehen (vgl. Weber 1922, S. 124 f.):

- Hierarchische Herrschaft: Wir sind bereit, den Anweisungen einer Person zu folgen, da diese bestimmte Rechte geltend machen kann (z. B. ein gewählter Politiker oder der Eigentümer eines Unternehmens). Diese Form der Herrschaft basiert auf dem Glauben an bestehende Strukturen und die Legitimität der durch sie Berufenen (vgl. Weber 1922, S. 130–132).
- Bürokratische Herrschaft: Wir sind bereit, den Anweisungen einer Person zu folgen, da diese eine Funktion innerhalb einer Organisation innehat. Diese Form der Herrschaft basiert auf dem Glauben an die Regeln und Zuständigkeiten innerhalb eines Unternehmens (z. B. ein Beamter oder ein Vorgesetzter, die aufgrund ihrer Position andere Menschen führen; vgl. Weber 1922, S. 126 f.).
- Charismatische Herrschaft: Wir sind bereit, einer Person zu folgen, da wir ihr vertrauen. Diese Form der Herrschaft beruht auf der Ausstrahlung einer Person und der durch sie geschaffenen Ordnung (z. B. ein charismatischer Mitarbeiter, dem die Kollegen aufgrund seiner Ausstrahlung folgen; vgl. Weber 1922, S. 140–142).

Jede dieser Herrschaftsformen ist wiederum von einer ganz bestimmten Art der Führung geprägt. Diese ist jedoch nicht immer gleich stark ausgeprägt, je nach Persönlichkeit der Führungsperson und der Unternehmenskultur (◘ Tab. 15.1).

Tab. 15.1 Art der Führung und ihre Merkmale

Art der Führung	Merkmale
Hierarchische Führung	alleiniger Führungsanspruch
	Mitarbeiter werden an Entscheidungen nicht beteiligt
	streng hierarchisch
	unbedingter Gehorsam
Bürokratische Führung	Der Führungsanspruch leitet sich aus der Position und den bürokratischen Regeln ab.
	Instrumente sind z. B. Richtlinien, Stellenbeschreibungen, Dienstanweisungen.
Charismatische Führung	starke persönliche Ausstrahlung
	Vorbildcharakter
	charismatische Führungspersönlichkeiten vermitteln Zuversicht und treiben Veränderungen voran

15.2.2 Gängige Führungsstile

Aufbauend auf diesen unterschiedlichen Arten der Herrschaft existiert eine Vielzahl unterschiedlicher Möglichkeiten, ein Team oder eine Organisation zu führen. Doch nicht alle sind gleichermaßen erfolgversprechend. Auch wenn der demokratische Führungsstil langfristig für eine gute Arbeitsatmosphäre und die Motivation der Mitarbeiter am besten geeignet ist, gibt es in jedem Unternehmen Situationen, in denen andere Führungsstile vorübergehend sinnvoller sind. Die folgende Übersicht zeigt drei gängige Stile, die sich auch in der Kommunikationsstruktur niederschlagen.

Führungsstile
Autoritärer Führungsstil
- Kennzeichen:
  - klare Zuständigkeiten und Rollenverteilung
  - beruht auf Befehl und Gehorsam, Positionsmacht des Leitenden
  - strikte Kontrolle durch Weisungserteilung, Zielvorgaben, Durchführungsüberwachung
- Auswirkungen:
  - kurzfristige Steigerung des Leistungsergebnisses
  - distanziertes Verhältnis zwischen Vorgesetzten und Mitarbeitern
  - brüchiger Zusammenhalt zwischen den Gruppenmitgliedern und wachsende Aggressionen
  - Gruppenkonformismus zum Selbstschutz der Mitglieder

Demokratischer Führungsstil (kollegialer Stil)
- Kennzeichen:
  - Mitarbeiter werden in den Entscheidungsprozess mit einbezogen bei weitgehender Beibehaltung von Führung

- die Aufgabe steht im Vordergrund
- Delegation von Aufgaben
- Einfluss durch Lenkung der Diskussion so gering wie möglich, um die Eigenverantwortlichkeit der Mitarbeiter zu fördern
- **Auswirkungen:**
  - Gemeinsamkeit bei Sachanliegen
  - wachsende spontane Aktivität und Bereitschaft zur Mitarbeit und Zusammenarbeit (auch bei Abwesenheit des Leiters)
  - kollegiale Verhaltensweisen und Konfliktlösungen
  - langer Gruppenbestand

Laissez-faire-Stil
- **Kennzeichen:**
  - passive (nachgiebige) Führungshaltung
  - Mitarbeiter haben volle Freiheit
  - Entscheidung und Kontrolle liegen bei der Gruppe
  - Glaube an die Entfaltung freier Kräfte
- **Auswirkungen:**
  - Ratlosigkeit und Unsicherheit
  - Verwahrlosung anstelle von Selbstentfaltung
  - rascher Gruppenzerfall und Vergeltungswünsche
  - Zerstörung moralischer Grundsätze und menschlicher Verbundenheit führen zu Vereinsamung

Die Einteilung in diese drei Führungsstile geht auf den Sozialpsychologen Kurt Lewin (1939) zurück. Lewin untersuchte am Beispiel von Jungengruppen die Wirkung verschiedener Führungsstile auf die Produktivität, die Zufriedenheit und den Zusammenhalt von Gruppen. Dabei zeigte sich, dass jeder dieser drei Führungsstile bestimmte Vor- und Nachteile besitzt (◘ Tab. 15.2).

Die skizzierten Führungsstile sind formale Strukturen. Sie werden jedoch in der Realität kaum eingehalten, da der Erfolg der unterschiedlichen Führungsstile stark situationsabhängig ist. Während sich im Alltag in den meisten Organisationen ein demokratischer Stil empfiehlt, überwiegen z. B. in Krisensituationen die Vorteile eines autoritären Führungsstils. Deshalb existiert im Unternehmensalltag eine Vielzahl von Mischformen, die Elemente aller drei Führungsstile beinhalten.

15.2.3 Werteorientierte Führung

Werteorientierte Führung sieht in Mitarbeitern verantwortliche Menschen. Das schließt Führungstechniken aus, die mehr manipulativ als motivierend sind: „Den Menschen als geistiges Wesen verstehen, heißt, ihm mit Respekt und Wertschätzung zu begegnen, ihn als Partner zu sehen und damit eine tragfähige Beziehung herstellen" (Berschneider 2003, S. 41).

Oft setzt die Bereitschaft, einen anderen Menschen zu respektieren, einen Wechsel der Wahrnehmung voraus. Wer im anderen lediglich ein Mittel zum Erreichen der eigenen Ziele sieht, neigt eher dazu, die Person im anderen und dessen Bedürfnisse zu übersehen. Führung setzt somit Wertschätzung der Mitarbeiter voraus. Das ist aber nur möglich, wenn eine Führungskraft mit sich selbst respektvoll und wertschätzend umgeht. Dies wiederum erfordert

Tab. 15.2 Vor- und Nachteile der „klassischen" Führungsstile (nach Lewin et al. 1939, S. 271–301)

Führungsstil	Vorteile	Nachteile
Autoritärer Führungsstil	schnelle Handlungsfähigkeit Entscheidungen können schnell getroffen werden. klare Verantwortung Die Mitarbeiter sehen nur ihren eigenen Bereich und haben wenig Überblick über den gesamten Arbeitsprozess.	Die Mitarbeiter werden demotiviert und sehen keine Notwendigkeit, selbst die Initiative zu ergreifen. Der Vorgesetzte wird mit der Aufgabe, alles selbst entscheiden zu müssen, überfordert. Dies führt zu Fehlern oder falschen Einschätzungen. Führungsabhängigkeit der Mitarbeiter führt zu Leistungsabfall. mangelnde Spontaneität bei der Zusammenarbeit
Demokratischer Führungsstil	Die Motivation der Mitarbeiter wird gefördert, weil sie selber Ideen und Vorschläge einbringen können. Der Vorgesetzter wird entlastet. Das Arbeitsklima ist angenehm und fördert gute Ergebnisse. Motivation zur aktiven Mitarbeit	Es besteht die Gefahr, dass es zu keinen klaren Entscheidungen kommt. Der Vorgesetzte kann sich im Ernstfall eventuell nicht durchzusetzen. Notwendige Entscheidungen werden auf die lange Bank geschoben.
Laissez-faire-Führungsstil (französisch für „einfach laufen lassen")	Da die Mitarbeiter selbstbestimmt mit einem großen Spielraum handeln, kann sich das motivierend auswirken. Die Mitarbeiter können ihre persönlichen Stärken einbringen.	Nicht jeder Mitarbeiter kann mit dem hohen Maß an Freiheit umgehen. fehlendes Engagement, Fehleinschätzung, Resignation Chaos, Verwahrlosung Verhinderung der Zielerreichung und der Entwicklung der Mitarbeiter Terrorisierung schwächerer Mitarbeiter

Selbsterkenntnis („Wie sehe ich mich selbst?", „Wie werde ich gesehen?", „Von welchem Selbstbild lasse ich mich leiten?").

Neben der Selbsterkenntnis ist Selbstreflexion wichtig: Selbstreflexion ist die Fähigkeit, „zu sich selbst in eine fruchtbare Distanz zu treten und zum Beispiel als geistige Person zu den eigenen Emotionen Stellung zu beziehen. So kann eine Führungskraft in einer Konfliktsituation oder im Falle einer größeren Enttäuschung dennoch den Anstand wahren und einen Kollegen oder Mitarbeiter nicht anbrüllen, obwohl ihr danach zumute ist. Die Emotionen sind da, sie stellen sich ein, das gilt es zu akzeptieren – entscheidend ist, wie ein Mensch damit umgeht" (Berschneider 2003, S. 138).

15.3 Mitarbeitermotivation

Die Motivation der Mitarbeiter spielt für die Erreichung der Unternehmensziele eine wichtige Rolle. Der Begriff „Motivation" bezeichnet in diesem Zusammenhang das Streben und die Bereitschaft eines Menschen, festgelegte Ziele oder wünschenswerte Ergebnisse erreichen zu wollen. Die Gesamtheit der Beweggründe (Motive), die Handlungsbereitschaft erzeugen, wird ebenfalls Motivation genannt (vgl. Bear et al. 2009, S. 571 f.). Dabei wird zwischen intrinsischer und extrinsischer Motivation unterschieden. Intrinsische Motivation bezeichnet das Bestreben, etwas um seiner selbst willen zu tun (weil die Aufgabe uns Freude bereitet, unsere Interessen befriedigt oder für uns eine Herausforderung darstellt). Bei der extrinsischen Motivation steht dagegen der Wunsch im Vordergrund, einen Vorteil (Belohnung) zu erlangen oder Nachteile (Bestrafung) zu vermeiden. Die intrinsische Motivation einer Person kann langfristig durch extrinsische Belohnungen zerstört werden: Wenn ein Verhalten nur durch äußere Anreize (Anweisungen, Boni) gesteuert wird, sinkt die persönliche Anteilnahme. Das Gefühl der Selbstbestimmung wird schrittweise ausgehöhlt: Die Selbstmotivation, die dafür sorgt, dass die Freude an der Arbeit aus der Tätigkeit selbst entsteht (Flow), nimmt immer weiter ab. (vgl. Deci und Ryan 1993, S. 226).

15.3.1 Anwendung in der Praxis

Um ihre Mitarbeiter dauerhaft zu motivieren, muss eine Führungskraft deren Bedürfnisse kennen und bei jedem Mitarbeiter den richtigen Hebel zu finden. Dabei spielen Vertrauen, Respekt und Aufmerksamkeit eine entscheidende Rolle. Um die Leistung ihrer Mitarbeiter zu steigern und ihnen letztlich dabei zu helfen, sich selbst zu motivieren, sollten Vorgesetzte Interesse für die Bedürfnisse ihrer Mitarbeiter zeigen, das richtige Maß an Lob finden und die Freiheit ihrer Mitarbeiter respektieren (intrinsische Motivation) sowie klare Ziele setzen und ein transparentes, gerechtes Belohnungssystem entwickeln (extrinsische Motivation).

15.3.2 Maßnahmen zur Förderung der intrinsischen Motivation

Interesse zeigen

Jeder Mitarbeiter „tickt" anders. Bereitet einem Mitarbeiter seine Arbeit dauerhaft keine Freude, helfen auch Prämien oder andere Belohnungen nicht viel. Benötigt ein Mitarbeiter dagegen Freiraum, um sich bei seiner Arbeit zu entfalten, sollte der Vorgesetzte ihm diesen gewähren und keinesfalls Druck auf ihn ausüben.

Um zu verstehen, was die Mitarbeiter antreibt, sollte eine gute Führungskraft ihre Mitarbeiter gut kennen. Hierzu sollte sie regelmäßig mit ihren Mitarbeitern reden und Interesse an deren persönlichen Situation zeigen. Das schafft nicht nur Vertrauen und ein gutes Betriebsklima, sondern hilft den Vorgesetzten auch dabei, die Mitarbeiter zu motivieren und das Beste aus ihnen „herauszuholen".

Lob

Ein anerkennendes Wort ist für viele Mitarbeiter mehr wert als Geldgeschenke. Führungskräfte sollten deshalb Mitarbeitern, die gute Leistungen erbracht haben, durch lobende Worte die entsprechende Anerkennung und Wertschätzung entgegenbringen. Das gilt besonders bei neuen Mitarbeitern, die noch kein Gespür für die Abläufe im Unternehmen haben.

Der Vorgesetzte sollte seine Mitarbeiter jedoch nur loben, wenn diese ihre Sache wirklich gut gemacht haben. Andernfalls wird sein Lob auf Dauer nicht mehr ernst genommen. Er sollte dabei bedenken, dass manche Mitarbeiter mehr Aufmerksamkeit in Form von Lob und Anerkennung brauchen als andere.

Umgekehrt sollten Führungskräfte ihren Mitarbeitern auch mitteilen, wenn etwas nicht gut läuft, um ihnen die Möglichkeit zu geben, es besser zu machen. Solche Informationen sollten sie – wenn möglich – nur im persönlichen Gespräch mitteilen.

Respektieren der Freiheit der Mitarbeiter

In Organisationen und Unternehmen ändern sich ständig Strukturen, Strategien, Abläufe oder Verhaltensweisen. Damit dies gelingt, müssen Führungskräfte viel Zeit in ihre Fachkräfte investieren. Sie müssen ihre Mitarbeiter kennenlernen und diesen umgekehrt die Gelegenheit geben, ihre Vorgesetzten kennen zu lernen. Zuhören, herausfordern und ermutigen sind wichtige Aufgaben. Es kommt nicht darauf an, die Mitarbeiter zu verändern, sondern sie für die Veränderung zu begeistern. Die oberste Voraussetzung dafür ist es, deren Freiheit zu respektieren. Im Idealfall gelangen die Mitarbeiter aus eigener Erfahrung zu der Einsicht, dass es sich lohnt, Dinge anders zu machen und zu verbessern. Gute Führungskräfte verstehen es, Mitarbeiter ihre eigenen Erfahrungen sammeln zu lassen.

Vorgesetzte sollten in Situationen, die gewisse Freiräume zulassen, lieber Vorschläge machen als Befehle geben. Damit bleibt die Handlungsfreiheit des Mitarbeiters gewahrt, selbst wenn dieser sich in einer Situation befindet, in der er den Vorschlag auf jeden Fall annehmen sollte. Durch einen Vorschlag verletzt der Vorgesetze nicht die Autonomie des Mitarbeiters als Individuum. Der betroffene Mitarbeiter kann sein Gesicht wahren. Wenn Mitarbeitern auf Dauer nichts anderes übrigbleibt, als zu gehorchen, werden sie dies der Führungskraft verübeln. Vorschläge hingegen lassen den Stolz und das Selbstwertgefühl intakt.

15.3.3 Maßnahmen zur Förderung der extrinsischen Motivation

Klare Ziele setzen

Ein Vorgesetzter sollte mit jedem Mitarbeiter klare Jahresziele vereinbaren und ihm sagen, was er von ihm erwartet, welche Punkte er noch für verbesserungsbedürftig hält und womit der Mitarbeiter bei Erfüllung der Ziele rechnen kann. Auf diese Weise hat es jeder Mitarbeiter selbst in der Hand, sich eine Prämie, eine Gehaltserhöhung oder einen sonstigen Leistungsanreiz zu erarbeiten. Die Führungskraft sollte dabei darauf achten, dass die Mitarbeiter die Ziele auch wirklich erreichen, ihre Stärken zum Einsatz bringen und ihre Schwächen ausgleichen können. Auch Herausforderungen sind ein gutes Mittel, um Mitarbeiter zu motivieren. Der Vorgesetzte sollte seinen Mitarbeitern deshalb nach Rücksprache auch schwierigere Projekte anvertrauen, an denen die Mitarbeiter wachsen können und die sie herausfordern.

Löhne und Gehälter

> **Gute Leistung hat ihren Preis**
> „Es ist nicht die Wohltätigkeit des Metzgers, des Brauers oder des Bäckers, die uns unser Abendessen erwarten lässt, sondern dass sie nach ihrem eigenen Vorteil trachten."
> (Adam Smith 1776)

Gute Leistung hat ihren Preis. Wenn die entsprechende Vergütung ausbleibt, wird die Qualität der Leistungen langfristig darunter leiden. Zu niedrige Preise werden dazu führen, dass Unternehmer das Interesse an ihrer Tätigkeit verlieren und entweder schlechtere Qualität abliefern oder ihren Betrieb ganz einstellen. Gleichzeitig führen zu geringe Löhne, Personalabbau, Leiharbeit und Ähnliches dazu, dass Mitarbeiter immer weniger Interesse an ihrer Arbeit haben und das Unternehmen wechseln (vgl. Goleman 1999, S. 351).

Ein weiteres Problem ergibt sich, wenn Gehälter an Bedingungen geknüpft werden, die einer guten Arbeitsleistung im Weg stehen. Goleman beschreibt, wie die Gehälter im Bereich der

Personalvermittlung umgestellt wurden. Zu Beginn war es üblich, dass der Vermittler einen Anteil des späteren Gehalts der von ihm vermittelten Person bekam. Das schuf den Anreiz, den Unternehmen nur Arbeitskräfte zu vermitteln, die ein möglichst hohes Gehalt verlangen konnten. Das neue Vergütungssystem garantierte dagegen jedem Vermittler ein festes Honorar. Dies war zwar manchmal niedriger als das, was sie früher bekommen hätten. Dafür hatten die Unternehmen mehr Vertrauen in die Agenturen und vergaben mehr Aufträge, so dass sich diese Strategie langfristig auszahlte (vgl. Goleman 1999, S. 370).

15.4 Ethik

Sowohl bei der Personalführung als auch beim Einsatz von Kompetenzen spielt Ethik eine wichtige Rolle. Der Begriff „Ethik" kommt von dem altgriechischen Wort „ēthike", was übersetzt „Sitte" bzw. „Gewohnheit" bedeutet. Ethik beschäftigt sich mit der Frage, ob unser Tun und unsere Wünsche „richtig" oder „falsch" sind. Was „richtig" oder „falsch" ist, lässt sich nicht pauschal beantworten, sondern hängt stark von der jeweiligen Situation und dem Kontext unserer Handlung ab. Orientierungshilfen bieten dabei z. B. die Grundwerte einer Gesellschaft oder einer Religion. Die Ethik sucht dabei Antworten auf die Frage, welches Vorgehen in bestimmten Situationen das richtige bzw. moralisch korrekte ist.

Aus Sicht des deutschen Philosophen Günter Fröhlich beschreibt der Begriff „Ethik" weder eine dogmatische Vorgabe noch ein festgelegtes Normensystem (vgl. Fröhlich 2006, S. 13 f.), sondern entsteht im Diskurs und basiert somit auf einem gemeinsamen Verständnis von Werten und Weltanschauungen. Diese Definition macht deutlich, dass es bei Ethik nicht nur um die Ergebnisse einer Diskussion geht, sondern auch die Diskussion selbst und der damit verbundene Prozess des Nachdenkens eine zentrale Rolle spielen (vgl. Fröhlich 2006, S. 13 f.). Entsprechend definiert Fröhlich Ethik als „das philosophische Nachdenken über das richtige Handeln".

Dieses Handeln geschieht in einem bestimmten Kontext und bezieht sich auf ganz unterschiedliche Fragen. Um bei einer Entscheidung behilflich zu sein, muss Ethik diese unterschiedlichen Fragen und ihren jeweiligen Kontext berücksichtigen. Es ist nicht möglich, eine universell gültige Ethik zu bestimmen (vgl. Fröhlich, 2006, S. 10 ff.). Ethik liefert keine allgemeinen und feststehenden Regeln und Gesetze, welche auf das konkrete Handeln bezogen keines Nachdenkens mehr bedürfen: „ … nicht einmal die Kantische Ethik, deren Ergebnisse aus Stahl geschmiedet scheinen, überhebt uns des Nachdenkens über unser Handeln und dessen Grundlagen, über unsere Motivation für unser Tun und darüber, in welcher Welt wir leben wollen" (Fröhlich 2006, S. 14). Fröhlich sieht darin einen großen Vorteil der Ethik.

In der Wissenschaft gilt Ethik als ein Teilgebiet der Philosophie. Im Rahmen der Ethik wird das menschliche Handeln im Allgemeinen und moralisch richtiges Verhalten in bestimmten Situationen reflektiert (vor allem im Zusammenhang mit gesellschaftlich wichtigen Entscheidungen wie z. B. einer Abtreibung oder Tierversuchen zur Entwicklung lebensrettender Medikamente; vgl. Kerres und Seeberger 2001, S. 2). Sie zählt deshalb zusammen mit der Rechts-, der Staats- und der Sozialphilosophie zur „praktischen Philosophie". Auf der anderen Seite steht die „theoretische Philosophie", zu der unter anderem die Logik, die Erkenntnistheorie und die Metaphysik zählen.

In der öffentlichen Diskussion spielt vor allem der Teilbereich der angewandten Ethik eine wichtige Rolle. Diese beschäftigt sich mit wichtigen Fragen des öffentlichen Lebens, unter anderem aus den folgenden Themenbereichen:
- Gesellschaft und Wirtschaft: Dieser Themenbereich beschäftigt sich mit wichtigen Fragen aus den Bereichen der Politik (z. B. Sollen wir syrische Flüchtlinge aufnehmen oder die

Grenzen schließen?), der Gesellschaft (z. B. Sollte es in einem Land wie Deutschland Kinder geben, die in Armut aufwachsen?) oder der Unternehmenspolitik (Sollte es eine Höchstgrenze für Manager-Boni geben?)
- Wissenschaft und Technik (z. B. Rechtfertigt der Nutzen der Atomenergie die damit verbundenen Gefahren?)
- Medizin (z. B. Rechtfertigt die Entwicklung lebensrettender Medikamente Tierversuche?)
- Umwelt und Ernährung (z. B. Sollten wir finanzielle Einbußen in Kauf nehmen, um die Umweltverschmutzung zu senken? Sollten männliche Küken in der Hühnermast getötet werden?)
- Medien und Kommunikation (z. B. Sind Sensationsjournalismus oder Cyber-Mobbing Kavaliers-Delikte oder schwere Verletzungen der persönlichen Freiheitsrechte?)

Die damit verbundenen Diskussionen drehen sich häufig um die Stellung des Individuums in der Gesellschaft, um Werte wie Freiheit, Toleranz, Gerechtigkeit oder Nachhaltigkeit, die Nutzung neuer Technologien, den richtigen Strukturen für gesellschaftliche Institutionen und deren Umsetzung in der Politik.

15.4.1 Anwendung in der Praxis

Ethische Kompetenz beschreibt die Fähigkeit, die ethische Bedeutung eines Sachverhalts bzw. einer Situation zu erkennen und entsprechend kritisch zu hinterfragen. In diesen Situationen sind ethisch kompetente Menschen (allein oder gemeinsam mit anderen) dazu in der Lage, normative Verhaltensregeln zu formulieren und diese zu begründen. Dabei setzen sie sich explizit mit verschiedenen Handlungsalternativen auseinander.

Je höher die ethische Kompetenz bei uns ausgeprägt ist, desto leichter fällt es uns, über normative Handlungsalternativen nachzudenken und unsere Entscheidung zu begründen. Dabei sollten wir aus Sicht der Autoren des Schlüsselkompetenzkompasses der Universität Hamburg in Gedanken folgende Fragen überprüfen (Lange et al. 2016):
- Inwiefern sind die Handlungsüberlegungen und Begründungen passend und dienlich?
- Welches Gewicht ist einzelnen Argumenten beizumessen?
- Wie verbindlich sind die Normen und für welche Bedingungen sollen sie gelten?
- Sind die zur Begründung angeführten Argumente in sich logisch und zusammen widerspruchsfrei?

Durch wiederholtes Nachdenken über das „richtige Handeln" in beruflichen und privaten Situationen lernen wir, Problemlösungen und ethische Urteilsbildungen auf neue, unerwartete Situationen zu übertragen. Diese Fähigkeit hilft uns dabei, in neuen, unerwarteten Situationen selbstständig Entscheidungen zu treffen. Durch implizites Hinterfragen unseres Handelns entsteht somit eine berufsqualifizierende Handlungskompetenz.

Andererseits hilft uns die Kenntnis ethischer Traditionen und Begründungsstränge bei der Lösung konkreter Probleme und der Urteilsbildung (vgl. Lange et al. 2016). Dies ist vor allem dann wichtig, wenn uns eine Führungsperson oder ein Vorgesetzter zu einer Handlung auffordert, die nicht mit unseren eigenen Werten vereinbar ist. Erst die Erfahrung mit dem Durchdenken vergleichbarer Situationen ermöglicht es uns, in diesem Fall alle Argumente gegeneinander abzuwägen und die für uns selbst richtige Entscheidung zu treffen.

15.5 Respekt

Gegenseitiger Respekt ist eine entscheidende Grundlage für eine erfolgreiche Team- oder Personalführung. In der Literatur existiert keine allgemeingültige Definition des Begriffs „Respekt". Für die Forschungsgruppe zum Thema Respekt der Universität Hamburg spielt die berufliche und soziale Stellung eines Menschen dabei nur eine untergeordnete Rolle. Sie definiert Respekt als „Einstellung eines Menschen einem anderen gegenüber, bei welcher er in diesem einen Grund erkennt, der es aus sich heraus rechtfertigt, ihn zu beachten und auf solche Weise zu agieren, dass bei ihm über Resonanz das Gefühl entsteht, in seiner Bedeutung und seinem Wert (an)erkannt zu sein" (RespectResearchGroup 2014). Der deutsche Philosoph Max Scheler bekräftigt, dass sich Respekt auf die ganze Person mit ihren Werten, Zielen, Beziehungen und ihren Lebensentwürfen bezieht: „Wer Personen vergegenständlicht, verfehlt sie" (Max Scheler, zitiert nach: Lützeler 1978, S. 87).

15.5.1 Die vier Ebenen des Respekts

Respekt beschreibt immer die Beziehung zwischen zwei Individuen (einem Subjekt und einem Objekt). Basierend auf den genannten Definitionen umfasst der Respektbegriff in diesem Buch folgende vier Aspekte:

Achtung vor einer anderen Person

Person A (das Subjekt) ist ein vernunftbegabtes Wesen, das bereit und auch dazu in der Lage ist, die Denkweise und die Sinnhaftigkeit der Existenz von Person B (des Objektes) zu erfassen. Beispiel: „Wir behandeln alle Menschen mit demselben Respekt."

Wertschätzung einer anderen Person

Person A (das Subjekt) schätzt Person B (das Objekt) als Ganzes, unabhängig von deren Taten und Leistungen. Dabei kann Person A zwei Personen gleicher Art (Objekte) unterschiedlich großen Respekt entgegenbringen. Beispiel: „Wir haben Respekt vor unseren Eltern, Lehrern etc."

Wertschätzung ist immer auf ein konkretes Objekt gerichtet. Diese Art des Respekts muss verdient werden und kann dementsprechend auch verloren werden. Eine von Respekt geprägte Beziehung bedarf so stets der Aktualisierung, einer kontinuierlichen Überprüfung und Infragestellung.

Anerkennung (Akzeptanz) der Leistungen oder Wünsche einer anderen Person

Person A (das Subjekt) schätzt Person B (das Objekt) und bezieht sie in seine Handlungen ein. Person A gewährt Person B auf diese Weise Einfluss auf ihr Verhalten. Beispiel: „Wir haben Respekt vor Menschen, die offen zu ihren Fehlern stehen."

Die Anerkennung anderer Menschen, Dinge oder Sätze schränkt unsere Handlungsfreiheit ein. Mit ihrer Anerkennung als Menschen gehen wir anderen gegenüber Verpflichtungen ein. Diese reichen von deren Respektierung als Personen über die Zustimmung zu deren Wünschen bis hin zur Würdigung ihrer Leistungen (vgl. Amengual 1999, S. 66–68).

Toleranz gegenüber einer anderen Person

Person A (das Subjekt) erkennt die Position von Person B (dem Objekt) an, die sie ihm gegenüber innehat, und erachtet diese als legitim. Toleranz umfasst das Dulden bzw. Gewähren fremder Überzeugungen, Handlungsweisen und Sitten. Beispiel: „Ich respektiere es, wenn jemand religiöse Symbole trägt."

Weitere Deutungsmöglichkeiten von Respekt sind die Begriffe „Angst" und „Ehrfurcht". Sowohl Angst als auch Ehrfurcht stellen eine Überhöhung des Respekts bzw. des Gegenübers (Objekt) dar. Da Subjekt und Objekt nicht mehr auf Augenhöhe agieren, wird eine langfristige Kooperation durch diese beiden Aspekte erschwert bzw. nahezu unmöglich. Diese beiden Bedeutungsebenen des Respekts spielen deshalb für die weiteren Betrachtungen keine Rolle. Respekt ist zudem nicht mit ritueller Höflichkeit zu verwechseln.

15.5.2 Folgen mangelnden Respekts

Wer nicht respektiert wird, fühlt sich nicht als Mensch, dessen Anwesenheit etwas zählt. Gerade in Führungssituationen spielt Respekt deshalb eine wichtige Rolle. Humane Führung sieht in Mitarbeitern verantwortungsvolle Menschen. Das schließt Führungstechniken aus, die mehr manipulativ als motivierend sind (vgl. Berschneider 2003, S. 41). Ein solcher Umgang ist das Gegenteil zu einem kollegialen Führungsstil: „Bestürzt berichtete mir eine Chefsekretärin, dass zwei Vorstandsmitglieder – ohne mit ihr darüber zu sprechen – übereingekommen sind, sie zu teilen. Die Information hat sie in folgender Form von ihrem bisherigen ‚Alleinherrscher' erhalten: Ab sofort stehen Sie Herrn Meyer und mir zu je 50 Prozent zur Verfügung (Berschneider 2003, S. 142). Die Folgen eines solchen respektlosen Umgangs sind gravierend. Die Mitarbeiter werden demotiviert und sehen keine Notwendigkeit, selbst die Initiative zu ergreifen. Dies führt von mangelnder Spontaneität bei der Zusammenarbeit über innere Kündigung bis hin zu Arbeitsausfällen infolge psychischer Erkrankungen.

15.5.3 Anwendung in der Praxis

Wer selbst respektiert werden will, muss den ersten Schritt tun und anderen aufrichtigen Respekt entgegenbringen. Die reine Inszenierung von Respekt als Mittel zum Zweck wird schnell durchschaut. Die Kommunikationsberater Ebert und Pastoors (2017) haben hierzu zehn Grundregeln zusammengestellt, die uns dabei helfen sollen, respektvoll mit anderen zu kommunizieren und unsere Wertschätzung zum Ausdruck zu bringen.

> **Exkurs**
>
> **10 Regeln für einen respektvollen Umgang (Ebert und Pastoors 2017, S. 144 f.)**
> 1. **Seien Sie aufmerksam.** Wenn Sie Ihrem Gegenüber Ihre volle Aufmerksamkeit schenken, werden Sie aufgrund Ihres Auftretens von anderen als „verstärkt präsent" empfunden. Jemand, der anderen seine Aufmerksamkeit signalisiert, erhält automatisch einen hohen Status zugesprochen, egal ob er andere dabei lobt oder tadelt.
> 2. **Hören Sie aufmerksam zu.** Aufmerksames Zuhören ist gerade in komplexen Situationen wichtig, vor allem wenn persönliche Interessen und dementsprechend auch Emotionen mit im Spiel sind. Wenn Komplexität, Relevanz und Gefühl zusammenkommen, wird

Kommunikation schnell störanfällig. Dann ist aufmerksames Zuhören umso wichtiger. Lassen Sie den Anderen ausreden, und stellen Sie ggf. auch Verständnisfragen. Das ist nicht nur ein Zeichen von Respekt, sondern erhöht auch das Selbstwertgefühl des Anderen.

3. **Kommunizieren Sie ehrlich.** Im Schnitt lügen Menschen pro Tag über 200 Mal. Es gibt Untersuchungen darüber, dass jedes Sozialsystem zusammenbrechen würde, wenn man den Menschen die kleinen Lügen des Alltags verbieten würde. Wahrscheinlich würden viele Ehen zerbrechen, wenn beide Partner von einem Tag auf den anderen „offen und ehrlich" wären. Trotzdem gilt Ehrlichkeit als grundlegende Voraussetzung für einen respektvollen Umgang, denn Ehrlichkeit zeigt, dass Sie Ihr Gegenüber ernst nehmen.
4. **Seien Sie authentisch.** Wertschätzung muss vor allem authentisch sein. Ihre Körpersprache wird Sie verraten, wenn Sie es nicht sind. Ihre Mimik und Gestik werden Ihrem Gegenüber zeigen, was Sie wirklich denken. Nur wenn Sie echte Wertschätzung empfinden, werden Sie diese auch glaubhaft ausdrücken können.
5. **Stehen Sie zu Ihrem Wort.** Kaum etwas belastet eine Beziehung so sehr wie ein nicht gehaltenes Versprechen. Jedes Mal, wenn wir ein Versprechen brechen, setzen wir unsere Glaubwürdigkeit aufs Spiel. Überlegen Sie sich darum im Vorfeld gut, was Sie jemandem versprechen, und halten Sie sich mit leichtfertigen Versprechungen zurück.
6. **Übernehmen Sie Verantwortung für Ihr Handeln.** Im Alltag lässt es sich nicht vermeiden, dass Sie mal einen Fehler machen oder andere vor den Kopf stoßen. Wer seine Mitmenschen mit Respekt behandelt, wird seine Fehler eingestehen und die Verantwortung dafür übernehmen. Vorgesetzte, die ihre Mitarbeiter in einer wichtigen Frage übergangen haben, müssen neu um das Vertrauen ihrer Mitarbeiter werben. Indem sie die Verantwortung für ihre Fehler übernehmen und sich entschuldigen, lassen sie die Anderen wissen, dass sie spüren, was sie ihnen zugefügt haben.
7. **Lassen Sie anderen ihren Freiraum.** Natürlich weiß jeder von uns, was für alle anderen das Beste ist. Deshalb würden wir den Anderen gern sagen, was sie besser machen könnten – aber wir können es auch sein lassen. Wenn wir anderen ihre Freiheit lassen, sie weder bevormunden noch beschämen, zeigen wir, dass wir sie achten. Wir wissen: Je mehr wir andere bedrängen, umso stärker wird ihr Widerstand sein.
8. **Zeigen Sie anderen Ihre Dankbarkeit.** Dank spielt eine wichtige Rolle für das Zusammenleben und Zusammenarbeiten von Menschen. Dank beweist und erneuert die Kooperationsbereitschaft aller Beteiligten. Dank zu empfangen hebt die Stimmung, denn Dank hat positive Auswirkungen auf die Psyche und das soziale Miteinander. Wer Dank empfängt, fühlt sich als Individuum ernst genommen. Er weiß, dass seine Leistung bzw. sein Beitrag wahrgenommen und geschätzt wird.
9. **Achten Sie die Meinungen anderer und überlassen Sie Ihrem Gegenüber auch mal die Bühne.** Die Wertschätzung für eine andere Person bedroht manchmal auch unser eigenes Ego. Wer sich und sein eigenes Ego nicht ab und zu zurücknehmen kann, wird auch keine echte Wertschätzung zeigen können. Überlassen Sie daher eine gute Idee oder die Leitung eines Projekts auch mal anderen. Damit zeigen Sie ihnen, dass Sie sie respektieren und ihnen zutrauen, wichtige Aufgaben zu übernehmen.
10. **Achten Sie sich selbst, wenn Sie wollen, dass andere Sie achten.** Die Hotelkette Ritz-Carlton hat dieses Prinzip einmal als revolutionäre Geschäftsstrategie eingeführt und zwar unter dem Motto: „Ladies and Gentlemen serving Ladies and Gentlemen." Das signalisiert gegenseitige Achtung. Denn wer sich selbst gegenüber nicht respektvoll auftritt, signalisiert den Anderen, dass er nicht respektiert werden will.

Eine zentrale Rolle spielt dabei die Art und Weise, wie wir miteinander kommunizieren. Ob Kommunikation höflich und respektvoll ist, entscheidet sich auf drei Ebenen:
- Ebene der Formulierung unserer Äußerungen
- Ebene der Auswahl einer Sprachhandlung (erklären, rechtfertigen, bitten, bedauern etc.)
- Ebene der Verknüpfung der Sprachhandlungen zu Sequenzen (Wie muss ich einen Text, eine Rede, ein Gespräch planen und aufbauen, um die gewünschte Hörerreaktion wahrscheinlich zu machen und um meine Identität und Vertrauenswürdigkeit zu unterstreichen?)

Die Gesprächsbeiträge sollten zudem (ziel-)klar, prägnant und stimmig sein, um als souveräner Partner wahrgenommen zu werden. Zugleich ist es wichtig, den Zuhörern einen begrenzten Interpretationsspielraum zu lassen, der die eigenen Redebeiträge anschlussfähig für die Vorstellungen des Anderen macht und die gemeinsame Konstruktion von Sinn ermöglicht. Respektvoll sind hierbei sowohl Beiträge, die die Erwartungen und Bedürfnisse der Zuhörer berücksichtigen, als auch Beiträge, die zur Absicherung der Verständigung dienen wie z. B. gemeinsame Klärung wichtiger Begriffe.

Literatur

Amengual G (1999) Anerkennung. In: Sandkühler HJ (Hrsg) Enzyklopädie Philosophie, Bd. 1. Hamburg, S 66–68
Bear M, Connors, B, Paradiso M (2009) Neurowissenschaften, 3. Aufl. Heidelberg
Berschneider W (2003) Sinnzentrierte Unternehmensführung. Lindau
Deci E, Ryan R (1993) Die Selbstbestimmungstheorie der Motivation und ihre Bedeutung für die Pädagogik. Zeitschrift für Pädagogik 39(2): 226
Duden (2016) Führung. http://www.duden.de/rechtschreibung/Fuehrung (Zugriff: 23.09.2016)
Ebert H, Pastoors S (2017) Respekt. Wie wir durch Empathie und wertschätzende Kommunikation im Leben gewinnen. Wiesbaden
Fröhlich G (2006) Nachdenken über das Gute. Ethische Positionen bei Aristoteles, Cicero, Kant, Mill und Scheler. Göttingen
Goleman D (1999) EQ2 – Der Erfolgsquotient. München u. Wien, S 165
Kerres A, Seeberger B (2001) Lehrbuch Pflegemanagement II. Berlin
Lange L et al. (2016) Schlüsselkompetenzkompass, hrsg. im Rahmen des ePUSH-Projekts der Universität Hamburg. Hamburg
Lewin K et al. (1939) Patterns of aggressive behavior in experimentally created social climates. Journal of Social Psychology 10: 271–301
Lützeler H (1978) Persönlichkeiten. Freiburg
RespectResearchGroup (2014) Definition. http://www.respectresearchgroup.org/respekt/definition/ (Zugriff: 23.09.2016)
Robbins SP, De Cenco DA (2004) Fundamentals of Management, 4th ed. Upper Saddle River, NJ
von Rosenstiel L (1991) Grundlagen der Führung. In: von Rosenstiel L, Regnet E, Domsch M (Hrsg) Führung von Mitarbeitern. Handbuch für erfolgreiches Personalmanagement. Stuttgart, S 3
Smith A (1776) An Inquiry into the Nature and Causes of the Wealth of Nations, Book I. London
Staehle W, Conrad P (1994) Management: Eine verhaltenswissenschaftliche Perspektive, 7. Aufl. München
Stewart R (1982) Choices for the manager. London
Weber M (1922) Wirtschaft und Gesellschaft, Grundriss der verstehenden Soziologie, 5. Aufl. Tübingen

Werteorientierte Führung

Sven Pastoors

© Springer-Verlag GmbH Deutschland 2018
J.H. Becker, H. Ebert, S. Pastoors, *Praxishandbuch berufliche Schlüsselkompetenzen*,
https://doi.org/10.1007/978-3-662-54925-4_16

16.1 Begriff der wertorientierten Führung

Werteorientierte Führung bietet viele Vorteile. Lebt das Management die Unternehmenswerte aktiv vor, erhöht dieses Verhalten die Motivation der Mitarbeiter und führt zu einer vertrauensvollen Arbeitsatmosphäre. Dadurch kann das Management z. B. Kosten für Kontrollen oder die Einarbeitung neuer Mitarbeiter senken. Eine von Vertrauen und Anerkennung geprägte Arbeitsatmosphäre steigert zudem die Leistungsbereitschaft und die Loyalität der Mitarbeiter. Beides sind zentrale Faktoren für den nachhaltigen Erfolg eines Unternehmens. Darüber hinaus erhöht werteorientiertes Handeln auch die Reputation und das Image eines Unternehmens. Dadurch wird es für das Unternehmen wiederum leichter, gute und motivierte Mitarbeiter zu gewinnen (vgl. Schröer 2009).

Die Bedeutung einer werteorientierten Mitarbeiterführung belegt eine Befragung der „Wertekommission – Initiative Werte Bewusste Führung e.V.", bei der jährlich mehrere hundert Führungskräfte aus ganz Deutschland befragt werden. Dabei schätzten 2015 über 90 Prozent der befragten Führungskräfte die Bedeutung eines glaubwürdigen Wertesystems für den Unternehmenserfolg als „sehr hoch" ein (vgl. Hattendorf et al. 2015).

Durch das (Vor-)Leben ethischer Werte setzen Führungskräfte sowohl für andere Führungskräfte als auch für die Mitarbeiter Maßstäbe für deren tägliches Handeln. Deshalb ist es wichtig, die vereinbarten Werte konsequent zu vermitteln und (vor-) zu leben. Mitarbeiter erkennen schnell, ob das Management das Unternehmensleitbild und die Unternehmensgrundsätze ernst nimmt oder nicht. Wenn Mitarbeiter täglich einen Widerspruch zwischen den Unternehmenswerten und dem täglichen Handeln erleben, vermindert dies ihre Leistungsbereitschaft und Leistungsfähigkeit (z. B. wenn Mitarbeiter gezwungen sind, zu lügen, um ein Produkt zu verkaufen oder die Qualitätskontrolle ausfallen lassen müssen, um rechtzeitig fertig zu werden). Wenn Mitarbeiter regelmäßig gegen ihre eigenen oder die Unternehmenswerte verstoßen müssen, um ihre Arbeit erledigen zu können, geht dies auf Kosten ihres Verantwortungsgefühls. Der Widerspruch zwischen Anspruch und Wirklichkeit kann dazu führen, dass Mitarbeiter, die formale Vorgaben einhalten, aber ihren Job schlechter machen, besser dastehen als Mitarbeiter, die sich wirklich engagieren (vgl. Goleman 1999, S. 352).

> **Beispiel**
>
> „Da gab es einmal zwei Krankenschwestern in einem Pflegeheim. Die eine hatte eine kalte und brüske Art, mit Patienten umzugehen, die sich gelegentlich bis zur Grausamkeit steigerte. Die andere war ein Vorbild an einfühlsamer Pflege. Die gefühllose Krankenschwester erledigte ihre Aufgaben jedoch immer pünktlich und befolgte Weisungen, die nette Schwester dagegen setzte sich schon mal über Regeln hinweg, um einem Patienten zu helfen, und beendete ihre Arbeit oftmals mit Verspätung, hauptsächlich deshalb, weil sie länger mit den Patienten redete. Die Vorgesetzten gaben der gefühlskalten Krankenschwester Spitzenbeurteilungen, während ihre engagierte Kollegin häufig Schwierigkeiten hatte und viel schlechter beurteilt wurde. Wie ist das möglich? Auf der einen Seite Wertevorstellungen, die die Pflege des Patienten in den Mittelpunkt stellt, auf der anderen ist die Atmosphäre in der Organisation aber nicht so, dass sie entsprechendes Verhalten tatsächlich belohnt. Mitarbeiter werden ermutigt, emotionale Kompetenzen zu erlernen, die in der Alltagspraxis gar nicht umgesetzt werden. Dann sind Mitarbeiter emotional kompetenter, als die Unternehmen es sich wünschen und es geht dann zu Lasten der kompetenten Mitarbeiter, die den Widerspruch natürlich auch spüren. Unternehmen sollten Mitarbeitern also nicht bloß Programme verordnen, sondern diese sozialen oder positiven Verhaltensweisen auch tatsächlich ermöglichen und honorieren" (Goleman 1999, S. 335).

16.2 Führungskräfte im Sinne einer wertorientierten Führung

Um eine werteorientierte Führung in Unternehmen zu etablieren, braucht es Führungskräfte, die ihre Mitarbeiter in einer Atmosphäre gegenseitiger Achtung und Anerkennung führen. Die Etablierung eines werteorientierten Führungsansatzes erfordert zudem eine bewusste Entscheidung der Unternehmensleitung hin zur Beachtung ethischer Werte (vgl. Schröer 2009).

Führungskräfte im Sinne einer werteorientierten Führung sind Personen, die …
- sich ihrer selbst bewusst sind und in ihre eigenen Fähigkeiten sowie die Fähigkeiten ihrer Mitmenschen vertrauen.
- vorbildlich handeln und ihre persönlichen Überzeugungen, Maßstäbe und Wertvorstellungen jeden Tag aufs Neue überprüfen und leben.
- ihren Mitarbeitern offen und ehrlich Feedback geben und kein erzwungenes Lächeln von ihnen erwarten.
- ihr eigenes Verhalten hinterfragen und zuverlässig zu ihrem Wort stehen.
- Verantwortung übernehmen und die Schuld nicht bei anderen suchen.

Gemäß der Befragung der Wertekommission zählten 2015 dabei Vertrauen, Verantwortung, Integrität und Zuverlässigkeit sowie Respekt für die meisten der Befragten zu den wichtigsten Eigenschaften einer werteorientierten Führungspersönlichkeit (vgl. Hattendorf et al. 2015, S. 27).

16.3 Vertrauen signalisieren

Vertrauen spielt eine entscheidende Rolle, wenn es darum geht, Menschen zu motivieren. Vertrauen umfasst dabei aus Sicht der Wertekommission (Hattendorf et al. 2015, S. 26) folgende Aspekte:

- „Verhalten, das dem Gegenüber Sicherheit vermittelt,
- subjektive Überzeugung der Richtigkeit bzw. Wahrheit von Handlungen und Einsichten,
- Vermögen, anderen Spielraum zu ermöglichen."

Wie andere über uns denken, wirkt sich erheblich auf unsere Leistung aus. Dieser Effekt spielt sowohl im Beruf als auch im Studium eine große Rolle. Besitzt ein Vorgesetzter oder Dozent das Vorurteil, ein Mitarbeiter oder Student sei schwächer als andere, wird er diesen anders behandeln als wenn er davon ausgeht, dass dieser besonders begabt ist. Dieser Mechanismus wird als Rosenthal-Effekt bezeichnet. Der amerikanische Psychologe Robert Rosenthal hat ihn in seinen Studien entdeckt. Erfolg basiert nicht nur auf Können, sondern vor allem darauf, was andere Personen einem zutrauen.

Für die Zusammenarbeit, ist es wichtig, anderen Menschen Vertrauen zu signalisieren. „Die Erfahrung zeigt, dass Menschen viel eher bereit sind zu kooperieren, wenn ihnen vertraut wird" (Stahl 2011, S. 126). Vertrauen entsteht, wenn die Erwartungen an eine zwischenmenschliche Beziehung immer wieder erfüllt werden. Dann „wirft die Beziehung im Lauf der Zeit eine ‚Dividende' ab […] Je höher die Beziehungsqualität, desto größer die Dividende" (ebda.). Eine hohe Beziehungsqualität ermöglicht es, Managementfehler zu einem gewissen Grad zu korrigieren. Dies gilt für die unterschiedlichsten Situationen: So werden manchmal wichtige Entscheidungen auf der Basis von Klischees und Vorurteilen getroffen oder „Rückmeldungen ‚von oben' auf Mitteilungen ‚von unten' erfolgen widersprüchlich oder gar nicht […]. Bei einer hohen Beziehungsqualität bleibt die Leistungsbereitschaft dennoch erhalten, und die individuellen Anspruchsniveaus an die eigene Leistung werden nicht sofort zurückgenommen" (ebda.).

16.3.1 In die eigenen Fähigkeiten und die der Mitmenschen vertrauen

Führungskräfte sollten in sich und andere vertrauen, denn wer seinen Mitmenschen vertraut und ihnen etwas zutraut, wird sie eher zu Höchstleistungen motivieren können. Im Gegenzug zu ihrem Vertrauensvorschuss werden die Mitarbeiter solchen Führungskräften eher die Gelegenheit geben, ihre guten Seiten kennenzulernen. Sie werden sich ihnen gegenüber anders verhalten als bei jemandem, der ihnen von vornherein mit Misstrauen begegnet oder ihnen nichts zutraut. Eine misstrauische Einstellung führt dazu, dass Menschen sich in ihrer Umgebung nicht wohl fühlen und nicht entfalten können (vgl. Kluge 1999, S. 46 f.).

16.4 Verantwortung übernehmen

Eine wichtige Voraussetzung für das Führen eines Unternehmens oder eines Teams ist die Bereitschaft, Verantwortung zu übernehmen. Die Führungskräfte müssen bereit sein, für ihre eigenen Ideen einzutreten, die Folgen ihres Handelns zu tragen und Eigennutz hinter das unternehmerische Gesamtinteresse zurückzustellen (vgl. Hattendorf et al. 2015, S. 26). Dies ist besonders wichtig, wenn eine Führungskraft eine Fehlentscheidung getroffen hat. Im Geschäftsalltag ist es unvermeidlich, dass auch gute Führungskräfte Fehler machen oder andere vor den Kopf stoßen. Wer seine Mitmenschen achtet, wird seine Fehler eingestehen, sich entschuldigen und die Verantwortung für sein Handeln übernehmen. Entschuldigungen sind sozial anerkannte Rituale, um Verantwortlichkeit zu übernehmen, abzumildern oder sich von ihr zu befreien, wenn ein Verhalten infrage gestellt wird.

Eigene Fehler einzugestehen kratzt am Selbstbild. Unser guter Ruf steht auf dem Spiel. Die Betroffenen entziehen einem die Anerkennung und das Vertrauen. Auch wenn es heißt „Ich entschuldige mich", können wir uns nicht selbst entschuldigen. Unsere Entschuldigung ist darauf angelegt, dass sie angenommen wird. Nur unser Gegenüber kann die Angelegenheit für erledigt erklären. Deshalb sollten wir uns nach den Befindlichkeiten unseres Gegenübers erkundigen, bevor wir uns entschuldigen. Dadurch signalisieren wir, dass es uns bei der Entschuldigung auch um das Wohlergehen unseres Gegenübers und unser Verhältnis zueinander geht – und nicht (nur) um uns.

Der Chef, der Mitarbeiter in einer wichtigen Frage übergangen hat, muss neu um das Vertrauen seiner Mitarbeiter werben. Indem er sich entschuldigt, lässt er den Anderen wissen, dass er spürt, was er ihm zugefügt hat. Es gibt Situationen, in denen zusätzlich eine Wiedergutmachung auf die Entschuldigung folgen muss. Die Folgen einer ausbleibenden Entschuldigung sind oft gravierend: Der Weg zur Aussprache bleibt versperrt.

16.4.1 Entschuldigungen im Dienste des Image-Managements

Entschuldigungen sind notwendig, um verlorenen Respekt und Vertrauen wiederzugewinnen. Im Zusammenhang mit der Brent Spar-Affäre, bei die Shell AG 1995 eine ausgediente Bohrplattform in der Nordsee versenken wollte, reichte es zur Wiederherstellung des guten Rufes der Shell AG nicht aus, auf die Versenkung der Bohrplattform zu verzichten. Das hätte nur das Sachproblem gelöst. Zur Lösung des Beziehungsproblems war eine Entschuldigung nötig, um die verletzten Gefühle der Öffentlichkeit zu heilen.

Aufrichtige Entschuldigungen sind wertvoll und können historische Bedeutung erlangen. Als Willy Brandt vor mehr als 30 Jahren vor dem Denkmal für die Opfer des Warschauer Ghettos niederkniete, bewegte das Millionen. Wer sich aufrichtig entschuldigt, erkennt seinen Fehler an und steht zu seiner Verantwortung. Bleibt dies aus und werden nur (Schein-)Begründungen vorgeschoben, warum etwas schlecht gelaufen ist und warum der Verantwortliche selbst gar nichts dafür kann, dann ist das keine Entschuldigung, sondern eine Ausrede. Solche Ausreden schaden auf Dauer der Beziehung, da sie der geschädigten Person keine „Wiedergutmachung" anbieten. Sie zielen vielmehr darauf ab, das eigene Ansehen oder Selbstbild zu retten.

16.5 Integrität und Zuverlässigkeit

Als persönliche Integrität wird eine dauerhafte Übereinstimmung des eigenen Handelns mit dem persönlichen Wertesystem bezeichnet. Dies umfasst aus Sicht der Wertekommission (Hattendorf et al. 2015, S. 26) folgende Eigenschaften:
- „Aufrichtigkeit gegenüber sich selbst und anderen,
- konsistente Orientierung an geltenden Gesetzen, Normen und Regeln,
- leben nach Werten, Prinzipien und Selbstverpflichtungen."

Integer lebende Menschen drücken ihre persönlichen Überzeugungen, Maßstäbe und Wertvorstellungen in ihrem Verhalten aus. Grundlage des persönlichen Wertesystems bildet dabei in der Regel eine betrieblich, religiös oder humanistisch begründete Ethik. Persönliche Integrität beschreibt folglich die Treue zu sich selbst und den eigenen Werten (vgl. Hattendorf et al. 2015, S. 26).

Führungskräfte haben dabei eine doppelte Vorbildfunktion. Sie müssen sich bei der Erfüllung ihrer Aufgaben sowohl in der Sache als auch als Menschen vorbildlich verhalten. Wie sie dies tun, bleibt ihnen überlassen. Denn es gibt nachweislich nicht „den" besten Führungsstil. Daraus folgt zwangsläufig, dass Führungskräfte über eine Palette verschiedener Führungsstile verfügen sollten, die sie situativ angemessen einsetzen.

Unabhängig davon, welcher Führungsstil einer Führungskraft am ehesten liegt, ist es wichtig, dass sie sich im Umgang mit ihren Mitarbeitern durch Respekt auszeichnet. Ein Klima des gegenseitigen Respekts wirkt sich auf alle Firmenangehörigen motivierend aus. Wer sich als Mitarbeiter geachtet fühlt, identifiziert sich mit dem Unternehmen und hat mehr Freude an der Arbeit. Nur Mitarbeiter, die selbst ernst genommen werden, nehmen auch ihre Kunden ernst. So beeinflusst ein höflicher Umgangsstil maßgeblich den Erfolg und das Image eines Unternehmens.

Warum diese Strategie so gut funktioniert, hat zwei Gründe. Erstens lassen Vorgesetzte ihren Mitarbeitern ihre Entscheidungsfreiheit und respektieren deren Kompetenz und Persönlichkeit. Niemand bekommt gerne ein anderes Verhalten aufgezwungen. Zweitens gewinnen Menschen, die mit gutem Beispiel vorangehen, an Glaubwürdigkeit. Ihre „Practice-what-you-preach"-Vorgehensweise beweist ihren Mitmenschen, dass sie in ihrem Sprechen und Handeln konsequent sind und dass sie ihren eigenen Ansprüchen entsprechen.

16.5.1 Mit gutem Beispiel vorangehen

Niemand lässt sich gerne ändern. Deshalb sollten Führungskräfte mit gutem Beispiel vorangehen und ihren Mitarbeitern den Sinn ihres Tuns vermitteln, wenn sie möchten, dass diese sich ändern. Auf diese Weise gelingt es ihnen, andere zu inspirieren. Vorgesetzte sollten deshalb den Mitarbeitern ihre Werte vorleben. Sie geben ihnen auf diese Weise ein Beispiel von etwas, was sonst zu abstrakt ist, um es zu begreifen. Wer die Werte, die er von seinen Mitmenschen erwartet, selbst aktiv vorlebt, motiviert sie auf diese Weise, sich ebenso zu verhalten.

> » Alle Studien und Untersuchungen – ganz gleich, ob sie sich auf Wirtschafts- oder Industrieunternehmen beziehen, ob auf Handel oder Verwaltungen – kommen in einem Punkt zum immer gleichen Ergebnis: die Vorbildfunktion der Vorgesetzten reicht ungeheuer weit. So färben nicht nur simple Gepflogenheiten von Chefs ab, auch deren psychische Grundverfassung macht in dem Unternehmen „Schule". So wird sich der Optimismus des/der Chefs/Chefin ebenso durch das ganze Unternehmen beziehungsweise die ganze Abteilung fortsetzen wie auch eine etwaige Übellaunigkeit für die ganze Umgebung prägend wirkt. Und so erstaunt es dann auch nicht, dass sich auch die Manieren und der Umgangston von Vorgesetzten ganz selbstverständlich als prägendes Vorbild auswirken. Niemals wird ein Chef höfliche Mitarbeiter erwarten dürfen, wenn er selbst nicht zu jeder Mitarbeiterin und zu jedem Mitarbeiter höflich ist. (Wrede-Grischkat 2001, S. 74 f.)

16.5.2 Mit gleichem Maß messen

Wer von anderen Leistung einfordert, die er selbst nicht erbringen kann, fordert schnell deren Unmut heraus. Die meisten Menschen überprüfen ständig - bewusst oder unbewusst -, ob es am Arbeitsplatz aus ihrer Sicht gerecht zugeht. Wenn Vorgesetzte von ihren Mitarbeitern ein höheres Tempo verlangen und selbst die Zeit verschwenden, empfinden diese ihre Forderungen als ungerecht und sie selbst werden unglaubwürdig.

Wer seine eigenen Regeln befolgt, gewinnt an natürlicher Autorität. Wer hingegen von anderen erwartet, dass sie seine Regeln befolgen, ohne dass er sich selber daranhält, kann nicht erwarten, dass andere seine Forderungen langfristig ernst nehmen. Außerdem nimmt er durch seine Aussage unbewusst eine Wertung vor: Er stellt seine Interessen und Gefühle über die seiner Mitmenschen. Geht eine Führungskraft nicht mit gutem Beispiel voran, wirkt dies auf die Betroffenen schnell demoralisierend.

16.5.3 Zuverlässigkeit

Glaubwürdigkeit und Zuverlässigkeit sind wichtige Erfolgsfaktoren für eine gute Zusammenarbeit. Dies gilt gleichermaßen für die Zusammenarbeit zwischen Unternehmen und die Kooperation zwischen zwei Menschen. Zu unserem Wort zu stehen, ist die wichtigste Voraussetzung, um als vertrauensvoller Kooperationspartner zu gelten. Wenn wir unser Gegenüber nicht kennen oder ihm misstrauen, setzen wir einen Vertrag auf, bevor wir mit ihm zusammenarbeiten. Bei einer guten Kooperation unter Partnern oder Freunden benötigen wir keinen Vertrag. Es gilt das gesprochene Wort. Wir erwarten, dass der Andere auch ohne einen schriftlichen Vertrag seine Zusagen einhält. Dies setzt jedoch Vertrauen voraus, das sich nur langsam entwickelt. Eine Kooperation ist somit langfristig nur dann erfolgreich, wenn sich beide Seiten an ihre Zusagen halten.

Umgekehrt belastet kaum etwas eine Beziehung so sehr wie ein nicht gehaltenes Versprechen (vgl. Covey 2005, S. 213). Jedes Mal, wenn wir ein Versprechen brechen, setzen wir unsere Glaubwürdigkeit aufs Spiel. Eine Führungskraft sollte sich darum im Vorfeld gut überlegen, was sie einem Mitarbeiter verspricht, und sich mit leichtfertigen Versprechungen zurückhalten. Zudem sollte sie ihrem Gegenüber die Lage ausführlich erklären, falls sie einmal ein Versprechen nicht halten kann. Auf diese Weise gewinnt sie wieder an Zuverlässigkeit. Die Mitarbeiter verstehen, dass sie ihr glauben können, und ihr Wort gewinnt wieder an Gewicht.

16.5.4 Einhalten von Versprechen

Nur wer zu seinem Wort steht, gilt als vertrauenswürdig und ehrlich. Das bedeutet, dass ein Vorgesetzter seine eigenen Versprechen ernst nehmen muss. Indem er sich an seine Versprechen hält, beweist er seinen Mitarbeitern, dass er sie ernst nimmt und sich um sie bemüht. Er kann deshalb erwarten, dass seine Mitarbeiter ihn ebenfalls korrekt behandeln. Wenn das nicht der Fall ist, wirkt sich dies meistens negativ auf die Atmosphäre aus. Darum tut sich eine Führungskraft keinen Gefallen, wenn sie ihre Versprechen bricht - auch dann nicht, wenn sie sich dadurch kurzfristig lästigen Verpflichtungen entziehen kann. Es geht darum, zuverlässig und ein verlässlicher Partner für andere zu sein. Dazu gehört mehr als nur das Einhalten von Versprechen. Ein Vorgesetzter sollte deshalb undeutliche Äußerungen vermeiden, die mehrere Interpretationen zulassen. Seine Entscheidungen sollten für andere nachvollziehbar sein, zumindest soweit diese davon betroffen sind.

16.6 Respekt gegenüber den Mitarbeitern

Ein respektvoller Umgang am Arbeitsplatz ist durch gegenseitige Anerkennung und Wertschätzung gekennzeichnet. Dies umfasst sowohl die Achtung vor den Leistungen unseres Gegenübers als auch den Verzicht auf die Dominanz der eigenen Meinung (vgl. Hattendorf et al. 2015, S. 26). Dabei ist es wichtig, alle mit dem gleichen Respekt zu behandeln. Gleicher Respekt bedeutet, dass für alle die gleichen Maßstäbe und Regeln gelten. Gleicher Respekt heißt, das Verhalten gegenüber einer Person nicht von ihrer Position abhängig zu machen.

Eine Führungskraft sollte deshalb darauf achten, dass sie alle Mitarbeiter gleich behandelt, egal, ob in alltäglichen Interaktionen oder im Unternehmen. Auch bei Gesprächen und Vorträgen sollte sie niemanden bevorzugen und allen die gleiche Aufmerksamkeit zukommen lassen (vgl. Lorenzoni und Bernhard 2001, S. 117). Deshalb sollte sie regelmäßig überprüfen, ob sie mit zweierlei Maß misst oder manche Menschen auf Kosten anderer favorisiert. Gerade am Arbeitsplatz ist die Gefahr groß, dass die Position einer Person deren Verhalten oder die Behandlung durch andere rechtfertigt: Wer oben in der Hierarchie ist, „darf" seinen Frust an Mitarbeitern unter sich auslassen, wer sich weiter unten befindet, muss dieses Verhalten akzeptieren.

Andererseits gibt es aber auch Situationen, in denen es nicht gerecht ist, alle gleich zu behandeln, denn unterschiedliche Menschen bringen unterschiedliche Talente, Eigenschaften und Voraussetzungen mit. Ein guter Vorgesetzter sollte diese Unterschiede erkennen und berücksichtigen, wenn er wirklich fair sein möchte. Er sollte nicht alle Menschen gleich behandeln, aber mit dem gleichen Respekt.

Literatur

Barnes J (2005) John F. Kennedy over Leiderschap. Zaltbommel, S 120, 136
Cohen WA (2013) The Practical Drucker: Applying the Wisdom of the World's Greatest Management Thinker. New York, S 40
Covey S (2005) Die 7 Wege zur Effektivität. Prinzipien für persönlichen und beruflichen Erfolg. Offenbach
Glass L (2005) Sprich doch einfach Klartext! Wie man selbstbewusst kommuniziert und die Initiative ergreift. München
Goleman D (1999) EQ2 – Der Erfolgsquotient. München
Hattendorf K et al. (2015) Führungskräftebefragung 2015. Studie der Wertekommission und des Reinhard Mohn-Institutes der Universität Witten/Herdecke. Bonn
Kluge H (1999) Optimisten leben länger: Die große Macht des kleinen Lächelns. München
Lorenzoni B, Bernhard W (2001) Professional Politeness. Düsseldorf
O. V. (2005) „Fair geht vor". Frankfurter Rundschau vom 05.11. 2005. http://www.fr-online.de/sport/fair-geht-vor,1472784,3093678.html (Zugriff: 18.10.2012)
Schröer S (2009) Ethische Werte als Erfolgsfaktor - der Vorteil. http://www.unternehmer.de/management-people-skills/428-menschliche-werte-als-erfolgsfaktor (Zugriff: 23.09.2016)
Stahl H (2011) Leistungsmotivation in Organisationen. Berlin
Wrede-Grischkat R (2001) Mit Stil zum Erfolg. München

Teams

Joachim H. Becker

© Springer-Verlag GmbH Deutschland 2018
J.H. Becker, H. Ebert, S. Pastoors, *Praxishandbuch berufliche Schlüsselkompetenzen*,
https://doi.org/10.1007/978-3-662-54925-4_17

17.1 Teamarbeit

Teamarbeit hat sich mittlerweile in vielen Unternehmen durchgesetzt. Aus der Zusammenarbeit im Team entstehen viele Vorteile, sowohl für die Mitarbeiter und das Unternehmen als auch für die Kunden. Doch was unterscheidet erfolgreiche Teams von anderen? Die Bildung von Teams und die entsprechende Reorganisation der Arbeitsabläufe allein genügen nicht, um bei der Teamarbeit Synergieeffekte freizusetzen, die mehr Leistung ermöglichen. Wenn Teamarbeit wirklich zum Erfolg aller Beteiligten führen soll, müssen die Teams optimal zusammengesetzt und Arbeitsstile aufeinander abgestimmt werden.

Im Team werden Aufgaben, Verantwortung und Erfolg mit anderen geteilt. Hierzu ist eine Vielzahl von Einzelhandlungen zu einem wirksamen Gesamtprozess zu koordinieren. Teamarbeit erfordert deshalb einen Wechsel im Rollenverständnis aller Beteiligten. Zu den grundlegenden Fragen, die sich im Zusammenhang mit Teamarbeit stellen, zählen:

- Was ist ein Team?
- Was unterscheidet Teamarbeit von Gruppenarbeit oder Arbeiten in Gruppen?
- Welche spezifischen Rollen gibt es innerhalb eines Teams?
- Was ist bei der Teambildung zu beachten?

17.2 Definitionen des Begriffs „Team"

Der Begriff „Team" stammt aus dem Englischen und beschreibt wörtlich eine Gruppe von Personen, die gemeinsam auf ein Ziel hinarbeiten, wie z. B. eine Mannschaft. Umgangssprachlich werden die Begriffe „Gruppe" und „Team" häufig als Synonyme benutzt. Dennoch ist der Gruppenbegriff vom Teambegriff abzugrenzen. Lutz von Rosenstiel definiert die Gruppe als „eine Mehrzahl von Personen, die […] für eine längere Dauer beisammen sind, dabei Rollen ausdifferenzieren, gemeinsame Normen, Werte und Ziele entwickeln sowie Kohäsion in dem Sinne zeigen, dass die Zusammengehörigkeit für die Mitglieder attraktiv ist, woraus sich das Wir-Gefühl ergibt" (von Rosenstiel et al. 2003, S. 350).

Gruppen lassen sich nach unterschiedlichen Kriterien differenzieren:
- nach der Art und Weise ihres Zustandekommens in formelle (z. B. Arbeitsgruppen) und informelle Gruppen (Interessensgemeinschaften)
- nach den Zielen (Interessen- und Freundschaftsgruppen)

- nach der Identifikation mit dem Gruppenziel in primäre und sekundäre Gruppen
- nach der Zusammensetzung in Rang-/Statusgruppen und Funktionsgruppen

Im Unternehmen spielen vor allem formelle und informelle Gruppen eine wichtige Rolle. Eine formelle Gruppe wird im Rahmen der betrieblichen Zielerreichung geplant und bestimmt, während sich informelle Gruppen nach menschlichen Gesichtspunkten spontan und ungeplant bilden (vgl. Schreyögg 2002).

Doch was unterscheidet eine Gruppe von einem Team? Schulz von Thun bietet eine Abgrenzung an, die ein Team als Gruppe mit einer gemeinsamen Aufgabe versteht und deren Leistung von höherer Qualität ist als dies durch die Summe der Einzelbeiträge möglich wäre. Zudem weist Schulz von Thun darauf hin, dass die Mitglieder infolge eines nach und nach entwickelten Zusammengehörigkeitsgefühls das Gemeininteresse höher gewichten als Einzelinteressen (vgl. Schulz von Thun 1998).

Demnach ist ein Team eine spezielle Form einer Gruppe, eine Arbeitsgruppe zusammengesetzt aus Personen unterschiedlicher Fachbereiche und aus unterschiedlichsten Hierarchiestufen, die ein Zusammengehörigkeitsgefühl entwickeln. Jedes Team ist also eine Gruppe, aber nicht jede Gruppe ein Team.

Übung

Einschätzung: Sind Sie ein Teamplayer?
Anhand der folgenden Einschätzungsaufgabe (nach Quinn 2001) überprüfen Sie Ihr Verhalten als Teammitglied in einem organisierten Rahmen. Kreuzen Sie pro Zeile die Stelle an, die am ehesten auf Ihr Verhalten in einer Arbeitsgruppe zutrifft.

	Mir sehr ähnlich	Beide beschreiben mich	Mir sehr ähnlich	
Passt sich fremden Ideen an				Setzt sich für eigene Ideen ein
Ist offen für neue Ideen				Vermeidet neue Ideen
Hört anderen zu				Hört anderen nicht zu
Agiert vertrauensvoll				Ist nicht vertrauensvoll
Zeigt Differenzen auf und diskutiert diese aus				Vermeidet, über Differenzen zu diskutieren
Arbeitet bei Gruppensitzungen mit				Hält sich bei Gruppensitzungen zurück
Ist um das Wohl anderer besorgt				Unbekümmert/teilnahmslos
Setzt sich für Bewältigung von Aufgaben ein				Fühlt sich nicht an Aufgaben gebunden
Ist hilfsbereit				Eigene Aufgabenbewältigung ist wichtiger
Ist bereit, die Leitung der Gruppe aufzuteilen				Wünscht sich Kontrolle über die Gruppe
Ermutigt andere zur Mitarbeit				Erwartet Teilnahme ohne zusätzliche Ermutigung

	Mir sehr ähnlich	Beide beschreiben mich	Mir sehr ähnlich	
Gruppenbedürfnisse kommen vor individuellen Bedürfnissen				Individuelle Bedürfnisse kommen vor Gruppenbedürfnissen

17.3 Gruppenrollen nach Quinn

Innerhalb eines Teams sind verschiedene Rollen zu besetzen. In der Literatur existieren unterschiedliche Modelle und Ansätze bezüglich der unterschiedlichen Rollen in einem Team. Nach Robert Quinn beschreibt die Rolle in einem Team, wie sich ein Individuum in einer bestimmten Situation verhält bzw. zu verhalten hat. Die Rollenzuweisung erfolgt dabei anhand der Kompetenzen und anderer, z. B. sozialer Kriterien. Wichtig ist, sich über die eigene Rolle Klarheit zu verschaffen, da Mehrdeutigkeit (wenn jemand nicht genau weiß, für was er zuständig ist) zu Rollenkonflikten führen kann (vgl. Quinn 2001).

Quinn unterteilt die Rollen innerhalb einer Gruppe in drei Grundtypen (vgl. Quinn 2001):
- Führungsrolle
- Gruppenrolle
- selbstorientierte Rolle

Personen in einer Führungs- oder Gruppenrolle konzentrieren sich auf das Funktionieren und effiziente Arbeiten innerhalb eines Teams. Wer eine Führungsrolle innehat, konzentriert sich dabei auf das, was das Team erreichen muss. Das Handeln in einer Führungsrolle erfordert deshalb eine klare Ziel-/Aufgabenorientierung. Eine Person kann verschiedene Arten von Aktivitäten ausführen, wenn sie sich in einer Führungsrolle befindet. Beispielsweise kann sie die Gruppe durch Ideen und Vorschläge zur Problembewältigung bewegen.

Personen in der Gruppenrolle orientieren sich dagegen eher an der Gruppenerhaltung und dem Gruppenprozess. Sie können dadurch identifiziert werden, dass sie die Teammitglieder unterstützen, Spannungen untereinander abbauen und den anderen Mitgliedern helfen, über Unstimmigkeiten hinwegzusehen.

Die letzte der drei Rollen ist die selbstorientierte Rolle. Die Rolleninhaber ziehen die Aufmerksamkeit von der Gruppe weg hin zu persönlichen Bedürfnissen. Diese stehen häufig nicht in einem kausalen Zusammenhang mit dem Gruppenziel. Indem andere Mitglieder manipuliert oder gestört werden, versuchen Personen in der selbstorientierten Rolle, Ideen und Vorschläge anderer Gruppenmitglieder zu blockieren, die Gruppenarbeit zu behindern oder die Gruppe komplett zu übernehmen (vgl. Quinn 2001).

17.4 Belbins Rollenmodell

Der britische Psychologe Meredith Belbin hat in einer Studie untersucht, welche Faktoren über den Erfolg von Teamarbeit entscheiden. Dabei fand er heraus, dass für den Gruppenerfolg nicht die fachlichen Kompetenzen des Einzelnen ausschlaggebend sind, sondern vielmehr, wie sich die einzelnen Persönlichkeitsprofile, ihre Stärken und Schwächen, im Team ergänzen und gegenseitig beeinflussen (vgl. Belbin 1993).

Belbin (1993) identifizierte dabei neun Typen, die er zu einem Rollenmodell zusammenfasste. Demzufolge arbeiten Teams am effektivsten, wenn sie aus folgenden Rollentypen bestehen:

Handlungsorientierte Rollen

Rolle	Beitrag zur Gruppenarbeit	Stärken/Schwächen
Macher	drängt die anderen zum Handeln, hat den Mut, Hindernisse zu überwinden	dynamisch, pragmatisch, stressresistent, aber auch ungeduldig und provozierend
Umsetzer	setzt Pläne in die Tat um und verfügt über großes Organisationstalent	diszipliniert, pflichtbewusst, effektiv, aber auch häufig unflexibel und eigensinnig
Perfektionist	kümmert sich um die Details und hilft, Fehler zu vermeiden	verliert sich in Details

Kommunikationsorientierte Rollen

Rolle	Beitrag zur Gruppenarbeit	Stärken/Schwächen
Koordinator	ist der ideale Teamleiter und fördert gute Ideen	ruhig, selbstsicher und kontrolliert, verfügt aber nur über durchschnittliche Fähigkeiten
Teamarbeiter	fördert die Kommunikation und baut Reibungsverluste ab	sensibel, kooperativ, diplomatisch, aber selten entscheidungsstark
Weichensteller	bringt nicht nur neue Ideen ein, sondern richtet die Gruppe an den Bedürfnissen anderer Ansprechpartner aus	enthusiastisch, neugierig, kommunikativ, aber verliert schnell Interesse und ist zu unkritisch

Wissensbasierte Rollen

Rolle	Beitrag zur Gruppenarbeit	Stärken/Schwächen
Erfinder	bringt frische Ideen, denkt quer und provokant	unorthodox, individualistisch, wirkt aber oft abgehoben und ignoriert formale Vorgaben
Beobachter	untersucht alle Vorschläge auf ihre Machbarkeit und verliert nie die Bodenhaftung	ausdauernd und nüchtern, aber wenig inspirierend und motivierend, bremst andere schon mal aus
Spezialist	steuert das benötigte, stets aktuelle Fachwissen bei	selbstbezogen und engagiert, verliert sich aber oft in technischen Details

17.4.1 Stärken und Schwächen von Belbins Rollenmodell

Im Alltag kommt es kaum vor, dass Teams aus genau diesen neun Personen gebildet werden. Die Zusammensetzung richtet sich vielmehr nach Hierarchie, nach fachlicher Kompetenz oder aber danach, wer gerade verfügbar ist. Ebenso vernachlässigt Belbin, dass es zwischen Teammitgliedern Konkurrenz und Abneigungen geben kann, was deren gemeinsame Arbeit erheblich stört.

Belbins Rollenmodell ist in der Praxis dennoch nützlich. Unter anderem hilft es uns dabei, die Selbstwahrnehmung zu schärfen und unsere Rolle im Team zu finden:

- Welche Rollen sind im Team schon besetzt?
- Welche Rolle passt am besten zu mir?
- Welche Teamrolle fehlt uns noch?

Wer seine Rolle in der Gruppe erkennt, kann seine Stärken besser nutzen und seine Defizite gezielter ausgleichen. Kreativität und Erfolg können nur in Teams entstehen, in denen Stärken und Schwächen möglichst unterschiedlich verteilt sind. Weisen alle Teammitglieder dieselbe Schwäche auf, wird die Gruppe genau an diesem Punkt scheitern. Verfügen dagegen alle Mitglieder über dieselbe Stärke, wird es zu einem zermürbenden Konkurrenzkampf kommen.

17.5 Die vier Teamrollen nach Haeske

In einem effizienten Team leistet jedes Teammitglied einen Beitrag zur Gesamtlösung. Die Mitglieder tauschen sich dabei miteinander aus und lernen so voneinander. Um gute Teamleistungen zu erzielen, sollten die Aufgaben und Verantwortlichkeiten so unter den einzelnen Teammitgliedern verteilt werden, dass sie den Qualifikationen, aber auch dem Charakter der Teammitglieder entsprechen.

Jeder Mensch hat bestimmte Präferenzen, welche Rolle er im Team einnehmen möchte. Es kann durchaus sein, dass jemand die bevorzugte Rolle je nach Team wechselt oder durch neue Aufgaben oder veränderte Rahmenbedingungen neue Fähigkeiten entstehen. Der Psychologe Udo Haeske unterscheidet vier Rollen, die in einem Team eingenommen werden können (Haeske 2002, S. 12 ff.; Tab. 17.1).

- **Macher**: Pläne zu erstellen und Beschlüsse in die Realität umzusetzen, gehört zu den typischen Handlungen des Machers. Der Macher will Tatsachen schaffen. Er drängt auf Ergebnisse und Vereinbarungen. Wenn etwas getan werden muss, dann geht es ihm darum, zu entscheiden, wer, was, wie und in welcher Zeit zu tun hat. Begonnen wird sofort, damit keine Zeit für das „unnötige" Sammeln von Informationen oder für Träumereien „verschwendet" wird. Sein Realitätssinn sorgt für Ergebnisse im Team. Alles andere erzeugt bei ihm Stress, weil es die Zielerreichung verzögert.
- **Kreativer**: Der Kreative entwickelt immer neue Ideen. Er malt sich aus, was alles möglich ist und was sich prinzipiell umsetzen lässt. Er entwickelt neue Szenarien, mögliche Produkte oder Handlungsalternativen. Der Kreative nutzt seine Fantasie, um Neues zu entwickeln. Er ist der Ideenmotor der Teams. Die Umsetzung der Ideen ist für den Kreativen eher sekundär. Die Auswahl der Alternativen und die Festlegung auf eine finale Alternative missfallen ihm.
- **Sammler**: Informationen, Informationsquellen, Fakten, Statistiken, Theorien sowie die gesammelten und aufbereiteten Erfahrungen sind die Welt des Sammlers. Er will wissen, welche Informationen noch fehlen und welche Informationsquellen noch abzurufen sind. Es bereitet ihm Freude, alles zu erkunden und Informationen zu sammeln.
- **Kontrolleur**: Das Stellen gezielter Fragen, die das Gruppenergebnis hinterfragen, zeichnet den Kontrolleur aus. Hierzu zählen insbesondere die Fragen nach der Funktionalität und

Tab. 17.1 Das Teamrollen-Modell nach Haeske (2002, S. 12 ff.)

Kontrolleur	Macher
ist die kritische Instanz des Teams	setzt Pläne und Beschlüsse in die Tat um
Sammler	Kreativer
versorgt das Team mit Informationen	ist Ideenmotor des Teams

der Umsetzbarkeit der generierten Ideen. Er prüft alles auf Herz und Nieren. Meinungen oder Vorschläge müssen gut durchdacht sein, um den Kontrolleur zu überzeugen. Er ist erst zufrieden, wenn alle Seiten des Problems durchleuchtet worden sind. Sein Verhalten erscheint auf den ersten Blick kontraproduktiv zu sein. Er ist aber die kritische Instanz innerhalb des Teams und verhindert, dass voreilig agiert wird und Arbeiten nur halbfertig ausgeführt werden. Zu seinen Stärken zählen das Erkennen von Schwächen und das Überprüfen neuer Ideen.

Das stark vereinfachte Modell von Haeske hat den Vorteil, dass es leicht verständlich ist. Anhand der vier anschaulichen Charaktere Macher, Kreativer, Sammler und Kontrolleur lassen sich Persönlichkeitsmerkmale gut fassen und Teams bzw. deren Zusammensetzung schnell planen.

Übung

Welche Rollen sind bei Ihnen am stärksten ausgeprägt?
Nun können Sie Ihr persönliches Rollenprofil genauer kennen lernen. Füllen Sie dazu den folgenden Test (vgl. Haeske 2002). Geben Sie bei den aufgeführten Aussagen jeweils Ihre Zustimmung an:
- 0 = wenn Sie der Aussage überhaupt nicht zustimmen
- 1 = bei einer schwachen Zustimmung
- 2 = für eine mittlere Zustimmung
- 3 = für eine starke Zustimmung

Annahme	Wert
Ich informiere mich gerne vielseitig, frage unterschiedliche Personen, recherchiere, habe meine eigene „Bibliothek" und Datenbank.	
Ich schätze es, eine breite Informationsbasis zu haben und lese lieber noch zusätzlich etwas nach, bevor ich mich entscheide.	
Ich liebe und sammle Übersichten, Zusammenfassungen und Charts.	
Ich sammle Informationen, auch wenn ich sie vielleicht irgendwann erst benötige.	
Ich trenne mich schwer von Papieren.	
Routinen fallen mir schwer.	
Ich habe ständig Ideen und mache mir auch Gedanken, was ich/wir anders machen könnte/n.	
Ich liebe es, mich über Projekte und neue Produkte auszutauschen.	
Ich langweile mich schnell, wenn es an die Umsetzung und Verfolgung von Plänen geht.	
Ich werde oft beneidet wegen meiner außergewöhnlichen Einfälle.	
Es gelingt mir gut, Prioritäten zu setzen und Pläne zu machen.	
Ich verfolge eine angefangene Arbeit und in der Regel bis zum Ende.	
Ich halte mich selten mit Ideen auf, die nicht sofort umsetzbar sind.	
Ich habe Organisationstalent.	
Ich bin Realist und orientiere mich am Machbaren.	
Ich erkenne schnell, wo Schwachpunkte einer Idee sind.	

Annahme			Wert	
Ich bin sehr genau und hinterfrage oft das Wie, Warum, Wer, Wo und Was einer Sache.				
Mir fallen häufiger Details auf, die andere übersehen.				
Kontrolle und Überprüfungen bereiten mir Freude.				
Ich halte mich eher an Bewährtes, als voreilig etwas Neues auszuprobieren.				

Auswertung
Zählen Sie die Punkte zusammen und übertragen Sie Ihr Profil

Summe Frage 1–5	Sammler	0	5	10	15
Summe Frage 6–10	Kreativer	0	5	10	15
Summe Frage 11–15	Macher	0	5	10	15
Summe Frage 16–20	Kontrolleur	0	5	10	15

Übung

Überlegen Sie, welche Präferenzen in Ihrem Team bestehen. Jeder kann die einzelnen Rollen übernehmen. Gehen Sie aber zunächst von den Präferenzen aus, die Sie oben ermittelt haben. Ordnen Sie den Präferenzen die einzelnen Personen der Phasen zu.

17.5.1 Interne Rollenkonflikte

Zwischen den einzelnen Rollen kann es im Rahmen der Teamarbeit schnell zu Konflikten kommen. Auf die häufigsten Rollenkonflikte wird hier kurz eingegangen.

- **Sammler ↔ Macher:** Sammler und Macher geraten in Konflikt, da der Macher etwas bewegen will und der Sammler noch weitere Informationen benötigt, um Alternativen abzuwägen. Dem Macher geht der Prozess zu langsam und dem Sammler zu schnell. Er fürchtet das voreilige Handeln.
- **Kreativer ↔ Macher:** Der Kreative und der Macher kommen in Konflikt, weil der Macher Ideen umsetzen und der Kreative Ideen generieren will. Der Kreative fühlt sich gelangweilt, wenn sich der Macher auf einzelne Ideen festlegt und diese verwirklicht. Der Macher neigt dazu, den Kreativen als Phantasten abzustempeln.
- **Kreativer ↔ Kontrolleur:** Der Kreative und der Kontrolleur geraten in Konflikt, weil der Kontrolleur die Ideen des Kreativen hinterfragt, noch bevor sie deutlich gemacht werden können. Der Kontrolleur handelt so, weil ihm viele Ideen des Kreativen unrealistisch erscheinen. Dem Kreativen hingegen kommt das Verhalten des Kontrolleurs destruktiv vor.

◻ **Tab. 17.2** Phasen des Problemlösungsprozesses (nach Haeske 2002)

Phase des Arbeitsprozesses	Am besten geeignete Rolle
Probleme erkennen und beschreiben	alle zusammen (rollenunabhängig)
Problem analysieren und Aufgaben beschreiben	Sammler, Kontrolleur
Lösungen erarbeiten und Alternativen entwickeln	Kreativer
die beste Alternative bestimmen	alle zusammen (rollenunabhängig)
Planung und Verteilung der Aufgaben	Macher
Ausführung und Umsetzung	jeder für sich (rollenunabhängig)
Auswertung der Ergebnisse (Ergebniskontrolle)	Kontrolleur, Sammler

- **Macher ↔ Kontrolleur:** Macher und Kontrolleur geraten in Konflikt, weil der Kontrolleur bei seinem Prüfen, Nachfragen und Vergleichen auf Sicherheit und Einhaltung der Regeln beharrt. Der Macher misst sein Handeln an den realen Gegebenheiten und dem Erreichbaren (vgl. Haeske 2002).

17.5.2 Bedeutung der Teamrollen im Arbeitsprozess

Mithilfe der hier vorgestellten Rollenmodelle, aber auch mit anderen Methoden (wie z. B. dem DISC-Test oder der TMS-Methode) können das Management oder die Teammitglieder selbst die in einem Team vertretenen Rollen bestimmen. Die Teammitglieder erhalten so einen Überblick über ihre Stärken und ihre optimalen Einsatzgebiete im Team. Jeder Rolle kommt im Laufe des Arbeitsprozesses oder beim Lösen von Problemen eine besondere Bedeutung zu. Dies wird in ◻ Tab. 17.2 am Beispiel der vier Teamrollen nach Haeske verdeutlicht:

17.5.3 Praktische Nutzung: Die Sechs-Hüte-Technik

Eine Kreativ- und Entscheidungstechnik, die auf diese vier Teamrollen zurückgreift, ist die so genannte Sechs-Hüte-Technik von Edward de Bono. Die Teilnehmer nehmen dabei gemeinsam oder einzeln unterschiedliche Rollen ein, die durch verschiedenfarbige Hüte symbolisiert werden. Jeder Hut entspricht einer charakteristischen Denkweise bzw. Sichtweise, wodurch eine strukturierte Diskussion bzw. ein sachlicher Austausch über eine wichtige Entscheidung erreicht werden sollen, ohne einen Blickwinkel außer Acht zu lassen. Durch die Verwendung der Hüte erhält die Diskussion eine klare Struktur. Außerdem können kontroverse Gedanken und Ideen geäußert werden, ohne dass die vorschlagende Person sich rechtfertigen muss. Die Teilnehmer können sich immer auf die jeweilige Rolle berufen. Dadurch wird das Konfliktpotenzial gesenkt.

Wenn sie richtig angewendet und durchgeführt wird, liefert die Sechs-Hüte-Methode einen wichtigen Beitrag zur Teambildung, indem sie ein besseres Verständnis für die unterschiedlichen Rollen im Team schafft. Hierzu ist es wichtig, dass die Teilnehmer alle sechs Schritte gemeinsam gehen und nicht einzelne Mitglieder in eine bestimmte Ecke gestellt werden. Auf diese Weise wird eine gute Kommunikationsebene für kreative Problemlösung und gemeinsames Projektmanagement geschaffen. Die Methode eignet sich vor allem für komplexe Fragestellungen wie der Suche nach einer neuen Geschäftsidee.

> **Exkurs**
>
> **Sechs-Hüte-Methode** (mit freundlichen Genehmigung von Benno van Aerrsen, © van Aerrsen 2015)
> Diese Methode eignet sich besonders zur Besprechung komplexerer Aufgabenstellungen und zur Bewertung und Optimierung von bereits erarbeiteten Lösungen oder Ideen. Hierzu werden den Teilnehmern nacheinander, entsprechend der Rolle, die sie bei der Diskussion einnehmen sollen, Hüte (bzw. Armbänder, Tischkärtchen oder Ähnliches) in unterschiedlichen Farben gegeben. Dabei ist darauf zu achten, dass sich die Teilnehmer vor der Diskussion auf die jeweilige Farbe und die damit verbundenen Eigenschaften einstellen und während der Diskussion „in der Farbe" bleiben.
> - **Der weiße Hut (analytisches Denken, objektive Haltung):** Wenn die Teilnehmer den weißen Hut aufsetzen, zählen nur die nackten Fakten und Zahlen. Die Träger des weißen Huts verschaffen sich einen objektiven Überblick über alle verfügbaren Daten und Informationen. Der weiße Hut wird meistens zu Beginn einer Diskussion oder eines Prozesses aufgesetzt, um einen ersten neutralen Überblick zu erhalten.
> - **Der rote Hut (emotionales Denken und Empfinden, subjektive Haltung):** Im Gegensatz zum weißen Hut steht der rote Hut für Emotionen. Die Teilnehmer können alle Gefühle zulassen, die sie bewegen. Dazu zählen sowohl positive als auch negative Gefühle, wie z. B. Ängste, Freude, Zweifel, Hoffnungen oder Frustration.
> - **Der schwarze Hut (kritisches Denken, objektive Haltung):** Beim schwarzen Hut geht es darum, die objektiv negativen Aspekte der Aufgabenstellung zu finden. Dazu gehören Bedenken, Zweifel oder Risiken – also alle sachlichen Argumente, die gegen ein Projekt bzw. eine Entscheidung sprechen oder die eine Fragestellung verneinen, z.B. „Gegen dieses Projekt spricht …", „Die objektiv erkennbaren Gefahren unseres Vorhabens sind …".
> - **Der gelbe Hut (optimistisches Denken, spekulative Haltung):** Der gelbe Hut steht für das Gegenteil des schwarzen Huts: Hier geht es darum, das objektiv Positive zu entdecken. Wer den gelben Hut aufsetzt, hat die Aufgabe, Chancen oder Pluspunkte zu finden, aber auch realistische Hoffnungen und erstrebenswerte Ziele zu formulieren. Auch hier geht es wieder darum, die positiven Aspekte aus einer möglichst objektiven Sicht zu erkennen und nicht aus einer persönlichen Gefühlsstimmung heraus.
> - **Der grüne Hut (kreatives Denken, neue Ideen, konstruktive Haltung):** Dieser Hut steht für die Kreativität, für Wachstum und für neue Ideen. Wer diesen Hut trägt, begibt sich auf die Suche nach allen möglichen Alternativen. Der grüne Hut befähigt die Teilnehmer, über das hinauszudenken, was bereits getan wird oder angedacht ist. Als Träger des grünen Huts dürfen die Teilnehmer alles formulieren, was zu neuen Ideen und Ansätzen führt, unabhängig davon, wie verrückt oder unrealistisch die Ideen sind.
> - **Der blaue Hut (Überblick über die Prozesse, Moderation):** Der blaue Hut steht für Kontrolle und für die Organisation des gesamten Denkprozesses. Wer den blauen Hut trägt, blickt von einem übergeordneten Punkt auf den gesamten Prozess und erlangt so einen Überblick. Die Aufgaben des Trägers des blauen Hutes bestehen z. B. darin, die Ergebnisse zusammenzufassen oder Entscheidungen darüber treffen, welche Hüte im weiteren Prozess überhaupt oder noch einmal aufgesetzt werden müssen. Meistens bzw. sinnvollerweise wird der blaue Hut am Ende einer Sitzung aufgesetzt.

Literatur

van Aerssen B (2015) 6 Hüte Methode – Six Thinking Hats. http://www.ideenfindung.de/6-Hüte-Methode-6-Thinking-Hats-Kreativitätstechnik-Brainstorming-Ideenfindung.html (Zugriff: 23.09.2016)
Belbin M (1993) Team Roles at Work. Oxford
Erpenbeck J, von Rosenstiel L (2007) Handbuch Kompetenzmessung. Erkennen, verstehen und bewerten von Kompetenzen in der betrieblichen, pädagogischen und psychologischen Praxis. Stuttgart
Haeske U (2002) Team- und Konfliktmanagement – Teams erfolgreich leiten, Konflikte konstruktiv lösen. Berlin
Quinn R, Faerman S, Thompson M, McGrath M (2001) Becoming a Master Manager: A Competency Framework, 3. Aufl. New York
von Rosenstiel L, Regnet E, Domsch M (Hrsg) (2003) Führung von Mitarbeitern, 5. Aufl. Stuttgart
Schreyögg G (2002) Organisation. Wiesbaden
Schulz von Thun F (1998) Miteinander reden 3. Das „Innere Team" und situationsgerechte Kommunikation (Grundlagen). Reinbek bei Hamburg

Teamführung

Joachim H. Becker

© Springer-Verlag GmbH Deutschland 2018
J.H. Becker, H. Ebert, S. Pastoors, *Praxishandbuch berufliche Schlüsselkompetenzen*,
https://doi.org/10.1007/978-3-662-54925-4_18

18.1 Teamführung

Eine effektive und effiziente Teamführung genießt in Unternehmen einen immer größeren Stellenwert. Der Teamgedanke ist deshalb Grundlage vieler aktueller Leistungssteigerungskonzepte.

Teamarbeit ist in vielen Bereichen des Unternehmens erforderlich. Die Führungsverantwortlichen im Unternehmen vertrauen dabei auf die Effektivität ihrer Teams. Um ein erfolgreiches Team zu entwickeln, bedarf es vor allem einer kompetenten Teamführung. Diese zeichnet sich durch aktives Führungshandeln aus, das nicht in erster Linie auf die eigene Positionsmacht gerichtet ist, sondern auf die gemeinsam zu erreichenden Ziele. Im Vordergrund stehen dabei das Erreichen gemeinsamer, klar formulierter Ziele und eine vertrauensvolle Zusammenarbeit. Je besser die Ziele innerhalb des Teams abgestimmt und koordiniert werden, desto höher liegen die Chancen für den Erfolg des Teams.

Zwei wichtige Aspekte sind dabei die Wahl des richtigen Führungsstils sowie eine nachhaltige Teambildung. Dazu ist es wichtig, die unterschiedlichen Phasen zu kennen, die ein Team in der Regel durchläuft, und zu wissen, welche Anforderungen damit für die Teamleitung verbunden sind.

18.2 Teamphasen nach Bruce Tuckman

Der US-amerikanische Psychologe und Organisationberater Bruce W. Tuckman unterteilt den Prozess der Teambildung in vier Phasen. Dauer und Ausprägung der einzelnen Phasen können sehr unterschiedlich sein. Abgesehen davon beobachtete Tuckman, dass nahezu jedes Team vom ersten Kennenlernen über das Zusammenraufen bis zum gemeinsamen Arbeiten dieselben Phasen durchlebt (vgl. Tuckman 1965).

18.2.1 Orientierung und Teamfindung (Forming)

In der Anfangsphase der Zusammenarbeit muss sich eine Gruppe erst als Team finden. Jedes Mitglied sucht zunächst seine Rolle und Position im Team. Zu Beginn sind alle in der Regel noch sehr vorsichtig im Umgang miteinander. Die Teammitglieder haben dabei „(…) ihre Antennen ausgefahren und beobachten aufmerksam, was passiert" (Herrmann et al. 2006).

Dabei orientieren sich die Mitglieder an bestehenden Normen und an dominanten Gruppenmitgliedern. Die Forming-Phase ist im Wesentlichen von Unsicherheit und formeller Höflichkeit geprägt.

In dieser Phase hat der Teamleiter darauf zu achten, dass ein Meinungsaustausch möglich ist und jedes Teammitglied seinen Platz in der Gruppe findet. Der Teamleiter übernimmt in dieser Phase unweigerlich eine starke Vorbildfunktion, an dessen Verhalten und Arbeit sich die einzelnen Teammitglieder orientieren. Hierzu sollte der Teamleiter das Ziel, die Richtung, die Struktur und den Nutzen der gemeinsamen Zusammenarbeit klar kommunizieren.

18.2.2 Kampf (Storming)

In der Storming-Phase „(…) werden zum ersten Mal tiefgründige und durchaus auch konfliktreiche Themen bearbeitet" (Herrmann et al. 2006). Optimisten bezeichnen die Storming-Phase auch als Organisations-, Pessimisten als Nahkampf-Phase. „Inhaltliche Auseinandersetzungen, Methoden- und Rollenkonflikte, Streit um den Zugriff auf Ressourcen etc. werden verdeckt oder offen ausgetragen" (Herrmann et al. 2006). Viele Umstände erweisen sich als schwieriger als gedacht. Dadurch brechen Positionskämpfe aus, individuelle Vorstellungen erscheinen unvereinbar und Diskussionen sind ebenso end- wie auswegslos.

In dieser Phase steht der Teamleiter in einer besonderen Verantwortung. Ignoriert der Teamleiter die Probleme oder versucht er, die Konflikte unter den Teppich zu kehren, wird das Team nicht über diese Phase des Stormings hinauskommen und letztlich auseinanderbrechen. Ein kühler Kopf und Ruhe sind wichtige Eigenschaften, die der Teamleiter für die Bewältigung drohender Konflikte mitbringen sollte. Der Teamleiter sorgt dafür, dass das Konfliktpotenzial angesprochen wird und schlägt Möglichkeiten zur Konfliktbearbeitung vor. Er ermutigt die Teammitglieder zur Offenheit und fungiert als Schlichter, aber auch als Antreiber, indem er klare Zielvorgaben macht. Dabei betont der Teamleiter die gemeinsamen Ziele, um eine gemeinsame Basis für die Zusammenarbeit zu schaffen.

18.2.3 Selbst- und Neuorganisation (Norming)

Im Norming sorgt das Team „(…) für seine Funktionsfähigkeit, bildet gemeinsame Werte und Normen aus, gibt sich Spielregeln, definiert Ziele und diskutiert die Qualität der Aufgabenerledigung" (Herrmann et al. 2006). Hierzu arbeiten die Mitglieder gemeinsam am Gruppenzusammenhalt und der Einbindung der einzelnen Teammitglieder. Unterschiedliche Ansichten können offen benannt werden, um kreativ nach Lösungsmöglichkeiten zu suchen. Dadurch werden erst Kompromisse möglich.

Bei der Konkretisierung der Aufgaben- und Rollenverteilung muss der Teamleiter darauf achten, den Interessen, Bedürfnissen und Stärken jedes einzelnen gerecht zu werden. Sein besonderes Augenmerk sollte zudem auf der Einhaltung der gemeinsam vereinbarten Verhaltens- und Kommunikationsregeln liegen. Die Festigung des Teams ermöglicht es dem Teamleiter, zunehmend die Rolle eines Moderators zu übernehmen und die einzelnen Teammitglieder stärker in die Entscheidungsprozesse einzubinden.

In dieser Phase sind Konflikte und Auseinandersetzungen unausweichlich. „Es werden aber mehr und mehr Konfliktbearbeitungsverfahren und konstruktive Konfliktpräventionsstrategien entwickelt" (Herrmann et al. 2006).

18.2.4 Hochleistung (Performing)

Nun kann die intensive Arbeitsphase beginnen, da Aufgabenanforderungen und persönliche Bedürfnisse ausbalanciert sind (vgl. Herrmann et al. 2006). Das Team agiert einvernehmlich und orientiert sich am gemeinsam gesetzten Ziel. Es herrscht eine Atmosphäre von gegenseitiger Akzeptanz und Wertschätzung bei gleichzeitig hoher Produktivität und Leistungsorientierung. Auftretende Probleme werden durch die betreffenden Teammitglieder direkt über den informalen Weg kommuniziert.

Nun kann sich der Teamleiter etwas zurückziehen. „Als Moderator vertraut er seinem Team und führt regelmäßige Besprechungen und Standortbestimmungen durch. Er beschränkt sich auf Zielvorgaben, widmet sich verstärkt der Entwicklung einzelner Teammitglieder und vertritt das Team nach außen hin. In reifen Teams kann die Führungsrolle auch zwischen den einzelnen Teammitgliedern rotieren" (ManagerSeminare 2015).

18.2.5 Stärken und Schwächen des Phasenmodells

Ursprünglich enthielt das Phasenmodell von Bruce W. Tuckman keine Aussagen über das Führungsverhalten. Dennoch hat sich das Modell in Führungs- und Teamentwicklungstrainings als sehr nützlich erwiesen, wie die folgenden Punkte verdeutlichen:
- Führung ist immer mehrdimensional. Sie darf sich nicht ausschließlich auf den einzelnen Mitarbeiter und die ihm zugeteilte Aufgabe konzentrieren, sondern muss auch Gruppendynamik und Gruppenprozesse einbeziehen.
- An jede Teamentwicklungsphase sind verschiedene Führungsherausforderungen und -aufgaben geknüpft. Ein Teamleiter muss daher antizipieren, in welcher Phase sich sein Team befindet. Nur dann kann er seinen Führungsstil situationsgerecht anpassen und damit schneller zum Ziel zu kommen.
- Die konfliktgeladene Phase des „Storming" ist für den Teambildungsprozess unerlässlich und muss zugelassen und offensiv angenommen werden. Andernfalls kann sich das Team nicht produktiv weiterentwickeln und wechselt zwischen Storming und Norming hin und her bis es schließlich zermürbt aufgibt (ManagerSeminare 2015).

18.3 Kommunikationsstrukturen

Neben möglichen Rollenkonflikten existieren innerhalb einer Gruppe viele Konflikte auf der interpersonalen Ebene, die ihre Wurzeln in den sozialen Beziehungen zwischen den einzelnen Gruppenmitgliedern haben. Diese Konflikte entstehen durch eine gestörte Kommunikation oder durch Unterstellungen. Ein Ansatzpunkt, um diese Kommunikationsstörungen zu analysieren, ist die Kommunikationsstruktur. Zu Beginn der Gruppenzusammenstellung einigen sich die Mitglieder des Teams auf eine Gruppenstruktur.

Viele Gruppen einigen sich auf eine demokratische Struktur. Das bedeutet, dass alle Mitglieder ungefähr gleich viel miteinander kommunizieren. Bei einer hierarchischen Struktur ist das anders. In dem Fall hat der Gruppen- oder Teamleiter den größten Kommunikationsanteil zu den anderen Teammitgliedern. Der Kommunikationsanteil der einzelnen Mitglieder untereinander und auch zur Gruppenleitung ist hingegen geringer.

Tab. 18.1 Unterschiede zwischen der Arbeit in klassischen Organisationsstrukturen und Teamarbeit

	Teams	Hierarchische Organisationsstrukturen
Ziele	– Teams stecken sich eigene Ziele – Entscheidungen werden gemeinsam getroffen und von allen vertreten	– den Mitarbeiter werden Ziele vorgegeben – Entscheidungen des Managements sind zu akzeptieren
Motivation	– Teammitglieder bauen ihre besonderen Fähigkeiten gezielt aus – Lob und Kritik erfolgt innerhalb eines Teams – Möglichkeit, sich selbst oder sich gegenseitig zu motivieren	– Vorgesetzte entscheiden über Qualifikationsmaßnahmen – Lob und Kritik erfolgen von den Vorgesetzten – Motivation erfolgt durch die Führungsebene
Vertrauen	– Vertrauen als Voraussetzung für die Zusammenarbeit – Teammitglieder sehen Interessenunterschiede als Chance	– Vertrauen und Kontrolle als Voraussetzungen für die Zusammenarbeit – Führungsebene sieht Interessenunterschiede als Gefahr
Verhalten	– Mitglieder übernehmen Aufgaben, die über die Stellenbeschreibung hinausgehen – Entwicklung gemeinsamer Verhaltensregeln	– Mitarbeiter halten sich strikt an die Stellenbeschreibung – Verhaltensregeln werden vom Management vorgegeben
Erfolge und Misserfolge	– alle sind für den Erfolg des Teams verantwortlich – Teammitglieder stellen den Teamnutzen in den Vordergrund – Sanktionsmechanismen werden im Team vereinbart	– Erfolg kommt zuerst dem Management zugute – jeder sieht in erster Linie seinen eigenen Nutzen – Management entscheidet über Sanktionen

18.3.1 Merkmale der unterschiedlichen Organisationsstrukturen

Ein Hauptmerkmal der Teamarbeit ist es, dass die Aufgabenbereiche unter den Mitarbeitern verteilt werden und jeder für seinen Bereich selbst verantwortlich ist. Dies ist jedoch nicht in allen Bereichen eines Unternehmens möglich. Teamarbeit eignet sich somit nicht für alle Aufgabenbereiche eines Unternehmens. Das Management sollte sich deshalb vorab die Frage stellen, ob die zu erledigende Aufgabe besser, schneller und effizienter von einzelnen Personen bearbeitet werden kann als von einem Team.

Gleichzeitig ist eine gute Führungskraft im klassischen Sinne der Hierarchie nicht automatisch ein guter Teamleiter und umgekehrt. ◘ Tab. 18.1 veranschaulicht die wichtigsten Unterschiede zwischen der Arbeit in klassischen Organisationsstrukturen und Teamarbeit:

18.4 Teamentwicklung

Erfolgreiche Teamarbeit setzt aktive Teambildung seitens des Managements voraus. Hierzu zählen neben der richtigen Zusammensetzung des Teams auch die Förderung der Kooperationsbereitschaft und des Teamgeists der einzelnen Mitglieder. Dabei ist zu beachten, dass nicht nur die effiziente Zusammenarbeit innerhalb des Teams, sondern auch zwischen dem Team und dem Vorgesetzten gefördert wird.

Bei der Teambildung greifen viele Unternehmen auf das Modell der Teamphasen nach Tuckman (1965) zurück. Tuckman geht davon aus, dass die Gruppenbildung unabhängig von der Größe des Teams stets nach dem gleichen Schema abläuft. Außerdem kann ein Team einzelne Phasen mehrfach durchlaufen, etwa wenn ein neues Teammitglied hinzustößt.

Ein Ziel der Teambildung ist es, den Teammitgliedern das Gefühl zu geben, gemeinsam etwas Größeres erreichen zu können. Von einem gut funktionierenden Team wird erwartet, dass die Gruppenleistung die Summe der Einzelleistung aller Mitglieder übersteigt. Durch das Zugehörigkeitsgefühl verbessern sich zudem die Motivation und das Selbstwertgefühl der einzelnen Mitglieder. Dies wirkt sich wiederum positiv auf deren Arbeitsleistung aus.

Vor allem Unternehmen, die über eine werteorientierte Unternehmenskultur verfügen, führen regelmäßig Teamentwicklungsmaßnahmen durch. Wie eine Studie der Wertekommission zeigt, besteht ein Zusammenhang zwischen einer werteorientierten Grundhaltung im Unternehmen und der Anzahl der Aktivitäten im Bereich Teamentwicklung (vgl. Hattendorf et al. 2013, S. 15 f.). Die Effekte einer wertorientierten Unternehmenskultur und einer aktiven Teamentwicklung schlagen sich zudem in der Mitarbeiterzufriedenheit nieder: 92 Prozent der befragten Führungskräfte verspürten eine hohe bis sehr hohe Bindung der Mitarbeiter zum Unternehmen und 85 Prozent bemerkten eine deutliche Motivationssteigerung bei ihren Mitarbeitern (vgl. ebda., S. 16 f.).

Eine gute Zusammenarbeit im Team erhöht nicht nur die Identifikation mit dem Unternehmen, sondern verbessert auch die Kommunikation untereinander und die Leistungsfähigkeit der Mitarbeiter. Besonders zur Steigerung der Mitarbeitermotivation und als Maßnahme gegen eine hohe Mitarbeiterfluktuation ist Teamarbeit wichtig. Teambildende Maßnahmen sind damit wichtige Instrumente des Personalmanagements.

Um den Erfolg teambildender Maßnahmen zu erhöhen, ist es sinnvoll, diese räumlich aus dem Unternehmen zu verlagern und in entspannter Atmosphäre durchzuführen. Die Teammitglieder werden so nicht durch das Alltagsgeschäft „gestört" und können sich besser kennenlernen. Doch nicht nur die Umgebung ist für den Erfolg der Maßnahme entscheidend, sondern auch die Inhalte. So eignen sich unter anderem gemeinsame Fortbildungsmaßnahmen oder Workshops gut zur Teamentwicklung. Aber auch im Büro können einfache Übungen zur Stärkung des Teamgeists durchgeführt werden. Die gewählten Maßnahmen sollten sich dabei stets an der Phase (nach Tuckman 1965) orientieren, in der sich das Team gerade befindet.

Literatur

Ansoff IH (1966). Management-Strategie. München
Belbin M (1993) Team Roles at Work. Oxford
Haeske U (2002) Team- und Konfliktmanagement. Berlin
Hattendorf K et al. (2013) Führungskräftebefragung 2013 der „Wertekommission – Initiative Werte Bewusste Führung e.V.". Studie der Wertekommission und des Reinhard Mohn-Institutes der Universität Witten/Herdecke. Bonn
Herrmann D, Hüneke K, Rohrberg A (2006) Führung auf Distanz - Mit virtuellen Teams zum Erfolg. Wiesbaden
Kress NM (2000) Teamführung: Gemeinsam zum Ziel. Hamburg
o. V. (2015) Teamphasen nach Bruce W. Tuckman. http://www.managerseminare.de/Datenbanken_Lexikon/Teamphasen-nach-Bruce-W-Tuckman,158165
Quinn R, Faerman S, Thompson M, McGrath M (2003) Becoming a Master Manager: A Competency Framework, 3. Aufl. New York
von Rosenstiel L, Regnet E, Domsch M (Hrsg) (2003) Führung von Mitarbeitern, 5. Aufl. Stuttgart, S 350
Schreyögg G (2002) Organisation. Wiesbaden
Schulz von Thun F (1998) Miteinander reden 3. Das „Innere Team" und situationsgerechte Kommunikation (Grundlagen). Reinbek bei Hamburg
Tuckman BW (1965) Developmental sequence in small groups. Psychological Bulletin 63: 384–399

Konflikte

Joachim H. Becker

© Springer-Verlag GmbH Deutschland 2018
J.H. Becker, H. Ebert, S. Pastoors, *Praxishandbuch berufliche Schlüsselkompetenzen*,
https://doi.org/10.1007/978-3-662-54925-4_19

19.1 Grundlagen

Jeder Mensch ist anders und verfolgt andere Werte, Ziele und Interessen. Die Verschiedenartigkeit der Menschen hat ihren Ursprung in unterschiedlichen Ansichten, Vorstellungen und Werten. Dies kann zu Meinungsverschiedenheiten und Missverständnissen führen, die dann in Konflikten münden. Konflikte gehören somit zu normalen Erscheinungen unseres Zusammenlebens - im Alltag wie im Beruf. Grundsätzlich sind Konflikte erst einmal etwas Positives. Wenn die Betroffenen ihre Konflikte offen angehen und bewältigen, können alle Beteiligten davon profitieren (vgl. Fehlau 2002).

Auf der anderen Seite kann niemand auf Dauer vor Konflikten flüchten. Wenn sich die Betroffenen den Konflikten stellen und diese sachlich bewältigen, wirkt sich dies positiv auf die gemeinsame Beziehung aus (vgl. Zimmermann 2006):

- Durch die Beseitigung von Missständen und Problemen: Probleme werden erkannt und behandelt.
- Durch die Entwicklung neuer Ideen: Konflikte erfordern alternative Lösungsansätze und fördern somit unsere Kreativität.
- Das Verständnis für die Denkweise des Anderen wird gefördert: Durch den Austausch von Argumenten lernen wir, andere zu verstehen, und klären die jeweiligen Positionen.
- Das gegenseitige Vertrauen steigt: Erfolgreich bewältigte Konflikte erhöhen die Bindung an eine Gruppe.

Konflikte wecken die Neugier auf die Sichtweise des Anderen und fördern den Wettbewerb und die Kreativität. Die ersten Schritte, um Konflikte positiv zu bewältigen, sind der Austausch von Meinungen und/oder der Beginn von Verhandlungen.

19.1.1 Definition des Begriffs „Konflikt"

Aufgrund einer Vielzahl unterschiedlicher existierender Definitionen konzentrieren wir uns in diesem Buch auf soziale Konflikte. Ein sozialer Konflikt ist eine Spannungssituation zwischen zwei oder mehreren Parteien. Dabei erscheinen deren Interessen, Ziele, Rollen und/oder Auffassungen auf den ersten Blick unvereinbar. Mindestens eine Konfliktpartei ist sich der Tatsache bewusst, dass die andere Partei sie bei der Verwirklichung ihrer Interessen, Ziele und Rollen behindert. Diese Partei hegt Gefühle der Feindseligkeit und hindert deshalb die Gegenpartei an der Verwirklichung deren Ziele (vgl. Hugo-Becker und Becker 2000, S. 101).

Konflikte unterscheiden sich grundlegend von Meinungsverschiedenheiten. Bei Konflikten ist uns die eigene Meinung wichtiger als die Richtigkeit unseres Standpunktes. Bei Meinungsverschiedenheiten können die Standpunkte verschieden bleiben, da die beteiligten Personen ihre unterschiedlichen Meinungen respektieren (vgl. Glasl 1997, S. 15).

Soziale (zwischenmenschliche) Konflikte zeichnen sich nach dem Konfliktforscher Morton Deutsch (1973) durch vier Merkmale aus:

- Irreführende Kommunikation zielt auf eine bewusste Täuschung ab.
- Verfälschte Wahrnehmung, wobei das Trennende deutlicher gesehen wird als das Verbindende.
- Kein Vertrauen, Argwohn und offene Feindseligkeit.
- Jeder arbeitet für sich und/oder versucht, dem Anderen sein Vorgehen aufzuzwingen.

Wenn keine der beteiligten Parteien aktiv wird, werden die restlichen Kriterien nach einiger Zeit folgen, sobald eines dieser Merkmale auftritt (vgl. Deutsch 1973).

19.2 Konfliktarten

19.2.1 Konfliktebenen

Konflikte sind allgegenwärtig und treten auf verschiedenen Ebenen gleichzeitig auf. Dabei wird zwischen folgenden Konfliktebenen unterschieden (vgl. Bonacker 1996):

- **intrapersonale Konflikte** („innere Konflikte"): Konflikte innerhalb einer Person, z. B. ein Konflikt aufgrund unterschiedlicher Rollenerwartungen oder Konflikte zwischen widersprüchlichen Bedürfnissen
- **interpersonelle Konflikte**: Konflikte zwischen einzelnen Personen, z. B. zwischen Ehepartnern oder zwischen Vorgesetzten und Untergebenen
- **Intra-Gruppen-Konflikte**: Konflikte innerhalb einer Gruppe, z. B. Konflikte um Anerkennung oder Positionen innerhalb einer Gruppe (um Macht, Einfluss etc.)
- **Inter-Gruppen-Konflikte**: Konflikte zwischen einzelnen Gruppen, z. B. zwischen zwei Abteilungen (Außendienst/Innendienst) oder einzelnen Cliquen
- **Organisationskonflikte**: Konflikte zwischen einzelnen Organisationen, z. B. zwischen konkurrierenden Unternehmen
- **Intra-System-Konflikte**: Konflikte zwischen einzelnen Subsystemen, z. B. zwischen Arbeitgebern und Arbeitnehmern
- **Inter-System-Konflikte**: Konflikte zwischen einzelnen Systemen, z. B. Ost-West-Konflikt oder Nord-Süd-Konflikt

Je größer die soziale Einheit ist, die von dem Konflikt betroffen ist, desto schwieriger ist der Konflikt zu bewältigen - vor allem aus der Sicht eines Einzelnen.

19.2.2 Intrapersonale Konflikte

Bei persönlichen Konflikten wird in der Konfliktforschung zwischen inneren und äußeren Konflikten (intrapersonale und interpersonelle Ebene) unterschieden. Bei inneren Konflikten (sog. intrapersonale Konflikte) erleben die betroffenen Personen ein inneres Spannungsgefühl, eine

„kognitive Dissonanz". Dabei handelt es sich um Situationen, in denen sich Menschen z. B. zwischen zwei gleichwertigen Alternativen entscheiden müssen, aber nicht können. Um aus dieser Sackgasse herauszukommen, werden neue Informationen gesammelt oder Außenstehende nach ihrer Meinung gefragt. Viele Menschen stellen zu hohe Anforderungen an sich selbst, die sie meistens nicht erfüllen können. Solange das Eingeständnis fehlt, dass die Anforderungen unrealistisch sind, kann es im Verlauf dieses Prozesses wegen des Nichterfüllens der Anforderungen zu innerseelischen Konflikten kommen (vgl. Böhm 2001).

19.2.3 Interpersonaler Konflikte

Bei den interpersonalen Konflikten (auch äußere Konflikte genannt), werden Konflikte zwischen unterschiedlichen Individuen, z. B. Paaren, in Gruppen oder Organisationen ausgetragen. Die Konfliktursachen sind vielfältig. Immer dann, wenn eine der beteiligten Parteien ein Ziel nicht erreicht, kann es zu einem Konflikt kommen. Neben Interessenskonflikten sind Rollen- und Machtkonflikte die häufigsten Konfliktursachen (vgl. Schwarz 1997).

Darüber hinaus werden Konflikte in aufgabenbezogene- und Beziehungskonflikte eingeteilt. Aufgabenbezogene Konflikten sind Konflikte bezüglich Ideen, Aufgaben, Inhalten und aufgabenbezogenen Problemlösungsätzen. Diese Konflikte sind nicht nur unvermeidbar, sondern auch fruchtbar und belebend. Beziehungsbezogene (emotionale) Konflikte beruhen auf persönlichen Unvereinbarkeiten und Antipathien. Sie werden als eher destruktiv angesehen und führen häufig zu unbefriedigenden Lösungen (vgl. Böhm 2001).

- **Aufgabenbezogene Konfliktebenen:**
  - Ziel- und Interessenskonflikte (z. B. Produktivität vs. Arbeitszufriedenheit)
  - Beurteilungs- und Wahrnehmungskonflikte (z. B. unterschiedliche Meinungen zu Realisierbarkeit)
  - Rollen- und Machtkonflikte (z. B. Häuptling vs. Indianer)
  - Verteilungskonflikte (z. B. Verteilung von Prämien oder Arbeitsaufgaben)
- **Beziehungsbezogene Konfliktebenen:**
  - Beziehungskonflikte (z. B. aufgrund von Antipathien oder vorausgegangenen Konflikten)

In der Regel findet ein Konflikt nicht nur auf einer, sondern gleichzeitig auf mehreren Ebenen statt. Ebenso überlagern sich häufig mehrere unterschiedliche Konfliktarten während ein- und desselben Konfliktes. Häufig fließen z. B. bei einem Konflikt über die Arbeitsverteilung in einem Team auch persönliche und Wahrnehmungsdifferenzen mit ein. Somit finden gleichzeitig mehrere Konflikte statt: ein Ziel-, ein Wahrnehmungs-, ein Verteilungs- und ein Beziehungskonflikt. Je mehr Konfliktarten sich überlagern, desto größer ist die Gefahr, dass der Konflikt eskaliert und desto schwieriger wird es, den Konflikt friedlich zu bewältigen. Um den ursprünglichen Konflikt bewältigen zu können, ist es deshalb wichtig, genau hinzuschauen, auf welcher Ebene sich der Konflikt abspielt und welche Konfliktarten vorliegen. Hinter jeder Konfliktart verbirgt sich ein (oder mehrere) eigener Konflikt, den es zu lösen gilt.

19.3 Konflikteskalation

Die Kosten von unbewältigten Konflikten sind außerordentlich hoch. Wenn Unternehmen oder Individuen nicht dazu in der Lage sind, ihre Konflikte zu bewältigen, können Konflikte schwerwiegende Folgen haben (vgl. Glasl 2009):

- Die Kommunikation innerhalb der Gruppe nimmt ab.
- Eine erfolgreiche Zusammenarbeit ist kaum noch möglich.
- Die Spannung steigt und zieht hohe Abwesenheitsraten und Fluktuation nach sich.
- Die Produktivität sinkt.

Der österreichische Konfliktforscher Friedrich Glasl unterteilt den Prozess der Konflikteskalation in neun Phasen, von denen er jeweils drei einer gemeinsamen Ebene zuteilt (vgl. Phasenmodell der Konflikteskalation nach Glasl 1997). In der ersten Ebene können beide Konfliktparteien noch gewinnen (Win-Win). In der zweiten Ebene verliert eine Partei, während die andere gewinnt (Win-Lose) und in der dritten Ebene verlieren beide Parteien (Lose-Lose).

19.3.1 1. Ebene: Konflikte, die zu Win-Win-Situationen führen können

Stufe 1: Verhärtung

Konflikte beginnen mit Spannungen, z. B. durch gelegentliches Aufeinanderprallen von Meinungen. Dies ist alltäglich und wird von den Beteiligten nicht als Beginn eines Konflikts wahrgenommen. Wenn daraus doch ein Konflikt entsteht, werden die Meinungen fundamentaler. Vor allem wenn der Konflikt tiefere Ursachen hat, kommt es öfter zu verbalen Auseinandersetzungen: Bei der Zusammenarbeit zeigen sich immer häufiger gegensätzliche Standpunkte, die jeweiligen Positionen verhärten sich (vgl. Glasl 1997):

- Standpunkte verhärten sich gelegentlich und prallen aufeinander.
- Zeitweilige Ausrutscher und Verkrampfung: Das Bewusstsein über bestehende Spannungen erzeugt Verkrampfungen.
- Spannungen lassen sich durch Gespräche lösen.
- Es existieren noch keine starren Parteien oder Lager.

Stufe 2: Polarisation und Debatte

Die Gegensätze werden im Stil der Debatte ausgetragen. Die Konfliktparteien überlegen sich Strategien, um die andere Partei von ihren Argumenten zu überzeugen. Meinungsverschiedenheiten führen gelegentlich zu einem Streit. Beide Seiten versuchen, die andere Partei unter Druck zu setzen. Es geht darum, dem Anderen die eigene Überlegenheit zu beweisen (vgl. Glasl 1997).

- Polarisierung des Denkens, Fühlens und Wollens: Entstehung vorübergehender Subgruppen aufgrund unterschiedlicher Standpunkte
- Taktiken und Argumente sind quasi-rational: Anwendung manipulativer Techniken
- Versuch, bei Dritten zu „punkten": Debatten und Diskussionen werden als Tribüne für die Darstellung der eigenen Position verwendet
- Diskrepanz zwischen „Oberton und Unterton": Spiel mit Doppeldeutigkeiten
- Debatte fördert den Diskurs in der Gruppe und kann somit zur Lösung von Problemen beitragen

Stufe 3: Taten statt Worte

Die Konfliktparteien erhöhen den Druck auf die jeweils andere Partei, um sich oder die eigene Meinung durchzusetzen. Gespräche werden abgebrochen und es findet kaum noch sachliche Kommunikation statt. Der Konflikt verschärft sich und das Mitgefühl für die andere Partei (den

„Anderen") geht verloren. Die Gegenseite wird vor vollendete Tatsachen gestellt. Die jeweiligen Rollen erstarren, das Misstrauen nimmt weiter zu und scheint nicht mehr durchbrochen werden zu können (vgl. Glasl 1997).
- Strategie der vollendeten Tatsachen: Die Beteiligten versuchen, Tatsachen zu schaffen.
- Gefahr der Fehlinterpretation: Das Missverhältnis zwischen verbalem und nonverbalem Verhalten nimmt zu.
- Das gegenseitige Misstrauen steigt und Empathie für den Anderen geht verloren.
- Die Auseinandersetzung kann Klarheit über die jeweiligen Positionen schaffen und den Wettbewerb in der Gruppe fördern. Noch besteht die Möglichkeit, den Konflikt zum Nutzen aller Beteiligten zu bewältigen.

19.3.2 2. Ebene: Konflikte, die zu Win-Lose-Situationen führen

Stufe 4: Bildung von Koalitionen
Der Konflikt verschärft sich weiter. Beide Konfliktparteien suchen Sympathisanten für ihre Sache. Jeder glaubt sich im Recht und beginnt damit, den Gegner zu öffentlich zu kritisieren. Es geht nicht mehr um die Sache, sondern darum, den Konflikt zu gewinnen, damit der Gegner verliert. Die Konfliktparteien führen einen Kampf um ihr Ansehen, versuchen Anhänger zu werben, schwärzen sich gegenseitig an und drängen einander in Rollen, die sie gleichzeitig bekämpfen (vgl. Glasl 1997).
- Die Beteiligten denken und kommunizieren in Stereotypen und Klischees, führen Image-Kampagnen und streuen Gerüchte.
- Die beteiligten Parteien manövrieren einander in negative Rollen.
- Sie werben um Anhänger und schließen Zweckbündnisse („Die Feinde meines Gegners sind meine Freunde").
- Die voreingenommene Haltung und Wahrnehmung führen zu „Self-fulfilling-Prophecies" bezüglich des Verhaltens des Anderen.

Stufe 5: Verlust der Reputation
Beide Seiten versuchen, die persönliche Integrität und die Reputation des Anderen zu zerstören. Die Reputation des Gegners soll durch Unterstellungen oder Ähnliches vernichtet werden. Der Reputationsverlust führt wiederum zum Verlust der moralischen Glaubwürdigkeit. Infolge dessen wird die Integrität des Gegners grundlegend in Zweifel gezogen. Das gegenseitige Vertrauen ist mittlerweile vollständig verlorengegangen (vgl. Glasl 1997).
- Öffentliche und direkte Angriffe auf die Integrität des Anderen: Die Konflikte werden ideologisiert und immer radikaler ausgetragen
- Inszenierte „Demaskierungsaktion" und zur Schau gestellte Enttäuschung
- Ziele: ausstoßen, verbannen, isolieren der Gegenseite
- Es geht nicht mehr um die Sache, sondern um Ideologien, Werte und Prinzipien
- Letzte Möglichkeit zur gegenseitigen Rehabilitierung

Stufe 6: Drohstrategien
Die Konfliktparteien versuchen, die Situation mithilfe von Drohungen zu kontrollieren. Sie beabsichtigen, so die eigene Macht zu demonstrieren. Beide Seiten stellen Forderungen und Ultimaten, die durch Sanktionen verschärft und durch Zur-Schau-Stellung des eigenen Sanktionspotenzials

untermauert werden. Dabei entscheiden die Proportionen über die Glaubwürdigkeit der Drohung (vgl. Glasl 1997).
- Alles wird von massiven Drohungen und Gegendrohungen beherrscht und die Konfliktparteien manövrieren sich selbst in Positionen, aus denen sie nicht mehr herauskommen können Unbeteiligte werden miteinbezogen, es entstehen Hektik und eine allgemeine Existenzangst
- Stress, Drohung und Gegendrohung
- Glaubwürdigkeit und Proportionalität der gewählten Sanktionen schwinden
- Weitere Eskalation durch gegenseitige Ultimaten

19.3.3 3. Ebene: Konflikte, die zwangsläufig zu Lose-Lose-Situationen führen

Stufe 7: Begrenzte Vernichtungsschläge

Der gegnerischen Partei soll mit allen Tricks empfindlich geschadet werden. Der Gegner wird nicht mehr als Mensch wahrgenommen. Ab hier wird auch ein eigener Schaden als Gewinn erachtet, wenn der Schaden für den Gegner größer ist als der eigene. Die Parteien führen begrenzte Vernichtungsschläge durch. Der Schaden für alle wird größer als eventuelle Gewinne, irrationale Elemente nehmen überhand (vgl. Glasl 1997).
- Verbissenheit und Schadenfreude
- Keine menschliche Qualität mehr: Denken in „Dingkategorien"
- Begrenzte Vernichtungsschläge als „passende Antwort"
- Umkehren der Werte ins Gegenteil: relativ kleiner eigener Schaden = Gewinn

Stufe 8: Vernichtung der gemeinsamen Existenzgrundlage

Der Gegner soll mit Vernichtungsaktionen zerstört werden. Die Parteien beginnen, einander systematisch zu zerstören. Die gemeinsame Existenzgrundlage wird vernichtet, es gibt keinen Weg zurück (vgl. Glasl 1997).
- Versuch, das „feindliche" System zu desintegrieren
- Versuch der Exponenten, die andere Partei von der Gruppe oder den Kollegen zu isolieren
- Vitale Systemfaktoren werden zerstört; dadurch wird das System bzw. die Organisation unbeherrschbar und zerfällt gänzlich

Stufe 9: Gemeinsam in den Abgrund

Ab diesem Punkt kalkulieren beide Seiten die eigene Vernichtung mit ein, um den Gegner zu besiegen. Vernichtung und Selbstvernichtung: Die Parteien sind bereit, ihren eigenen Untergang in Kauf zu nehmen, wenn der Gegner ebenfalls zugrunde geht (vgl. Glasl 1997).
- Es gibt keinen Weg zurück!
- Totale Konfrontation
- Vernichtung zum Preis der Selbstvernichtung: Lust am Selbstmord, wenn auch der Feind zugrunde geht!

19.4 Konfliktkommunikation

Überall dort, wo Menschen miteinander kommunizieren, kann es zu Konflikten kommen. Diese sind überwiegend von Gefühlen gesteuert, was auch erklärt, warum Konflikte oft aus dem Ruder laufen und eine Lösung des Konflikts unmöglich erscheint. Der Kommunikationswissenschaftler Bernd LeMar beschreibt in seinem Buch „Kommunikative Kompetenz" die Bedeutung einer gelungenen Kommunikation für das gegenseitige Vertrauen und somit für die Vermeidung von Konflikten. Er unterscheidet dabei vier Konfliktstufen der Kommunikation:

19.4.1 Stufe 1: Fließende Kommunikation – Vertrauen

Die Beteiligten vertrauen einander und sind bereit, Verantwortung für die eigene Kommunikation zu übernehmen. Das schließt die Fähigkeit mit ein, angemessen „Nein" sagen zu können. Das Klima ist geprägt von Offenheit und gegenseitiger Wertschätzung.

19.4.2 Stufe 2: Stockende Kommunikation – Skepsis

In der Sacharbeit kommt es immer wieder zu „Beziehungsspitzen". Bestehende Standpunkte verhärten sich. Wir hören dem Anderen zwar noch zu, nehmen aber nicht mehr wahr, was er sagt. Aussagen werden vorsichtiger, die Emotionen gedrosselt. Die Angst, Fehler zu machen oder etwas Falsches zu sagen, lähmt den Alltag und die Kreativität. Es kommt immer wieder zu Phasen des betretenen Schweigens. Floskelhafte Aussagen ersetzen persönliche und ehrliche Mitteilungen. Auf dieser Stufe besteht noch die Möglichkeit, mithilfe klärender Gespräche die Dinge ins Lot zu bringen. Bleibt der Impuls aus, so besteht die Gefahr, dass der Konflikt weiter eskaliert.

19.4.3 Stufe 3: Erstarrte Kommunikation – Ablehnung

Die Konfliktparteien bestehen auf ihrem jeweiligen Standpunkt. Sie schädigen sich selbst, indem sie sich zunehmend den eigenen Handlungsspielraum einschränken. Aus dieser Position heraus wird dem Anderen unterstellt, dass er taktiert. Die gegenseitige Abwertung nimmt zu. Auf dieser Stufe findet kein echter Dialog mehr statt. Es gibt zwei „Sender", die monologisieren. Das gegenseitige Verstehen ist schon lange nicht mehr das primäre Ziel. Bei einem Konfliktfall auf dieser Stufe ist es fast unmöglich, dass die Beteiligten über ihre eigenen Gefühle, Rollen, Erwartungen etc. sprechen können. Die Gefahr ist groß, dass sich der Konflikt verschärft, wenn es nicht gelingt, den Konflikt metakommunikativ auf der Beziehungsebene anzusprechen.

19.4.4 Stufe 4: Abgebrochene Kommunikation – Resignation

Resignation und Rückzug kennzeichnen diese Phase. Die Konfliktparteien gehen sich aus dem Weg. Das Schaffen vollendeter Tatsachen ersetzt den sprachlichen Austausch. Es herrscht Sprachlosigkeit. Nonverbale Druckmittel erzeugen Panik, Angst und Gegendruck (vgl. LeMar 1997, S. 178 ff.).

19.4.5 Voraussetzungen für eine gute Konfliktkommunikation

Wenn wir uns mit Konflikten nicht auseinandersetzen, bindet dies Energien und lähmt uns bei der Zusammenarbeit. Bei der Konfliktkommunikation geht es nicht um das Beseitigen aller Konflikte, sondern darum, mit unserem Gegenüber über die Konfliktursachen zu kommunizieren, um wieder eine erfolgreiche Kooperation zu ermöglichen. Beim Umgang mit Konflikten sollten deshalb folgende Überlegungen beachtet werden (vgl. Seifert 2009):

- **Konfliktbewusstsein:** Stehen Sie zu Ihren Konflikten mit sich oder anderen Personen, ohne diese zu beschönigen oder zu leugnen. Machen Sie sich dabei bewusst, dass es kaum eine Tätigkeit gibt, die nicht gleichzeitig mit Konflikten verbunden ist.
- **Konfliktursachen erkennen:** Werden Sie sich über eigene und fremde Ziele, Wünsche, Bedürfnisse und Interessen klar, um die wahren Ursachen eines Konfliktes erkennen zu können.
- **Feedback suchen:** Bitten Sie andere, Ihre Handlungen und Ansichten kritisch zu reflektieren.
- **Die unterschiedlichen Konfliktebenen erkennen:** Ordnen Sie die Konflikte den unterschiedlichen Ebenen zu. Um einen Konflikt bewältigen zu können, müssen Sie wissen, auf welcher Ebene (bzw. welchen Ebenen) der Konflikt stattfindet.
- **Bereitschaft, sich mit anderen auseinanderzusetzen:** Suchen Sie das direkte Gespräch mit den anderen Beteiligten, um den Konflikt gemeinsam zu bewältigen. Signalisieren Sie dabei die Bereitschaft, einen Kompromiss zu schließen, um das beste Ergebnis für sich und die Sache zu erzielen.
- **Gegenseitiger Respekt, wertschätzende Akzeptanz und friedliche Koexistenz:** Kommunizieren Sie respektvoll miteinander und akzeptieren Sie in aussichtslosen Konfliktsituationen den Status Quo.
- **Aus Konflikten lernen:** Lernen Sie aus Ihren Konflikten und teilen Sie das daraus gewonnen Wissen mit anderen.

> **Übung**
>
> Simulieren Sie einen Konflikt, den Sie aus einen Ihrer Projektarbeiten kennen. Protokollieren Sie den Verlauf des Konfliktes anhand der folgenden Checkliste:
> **Checkliste „erfolgreiche Konfliktkommunikation"**
> - Ist für eine angenehme Gesprächsatmosphäre gesorgt? - Wenn ja, wie?
> - Stimmen Körpersprache und Aussage überein? - Wenn ja, woran bemerken Sie das?
> - Bauen Sie Barrieren ab? - Wenn ja, wie?
> - Vermeiden Sie demotivierende Bemerkungen? - Wenn nicht, was hindert Sie daran?
> - Führen Sie einen Monolog oder sind Sie an einem ehrlichen Meinungsaustausch (Dialog) interessiert?
> - Stellen Sie Fragen und versuchen Sie, wichtige Themen in Ihren eigenen Worten zusammen zu fassen? - Wenn nicht, was hindert Sie daran?
> - Führen Sie das Gespräch zielbewusst? - Wenn ja, was ist das Ziel?
> - Suchen Sie einen Kompromiss? - Wenn nicht, was hindert Sie daran?
> - Halten Sie sich an Ihre Vereinbarungen und Versprechungen? - Wenn ja, wie?

Literatur

Böhm R (2001) Supervision als humane, professionelle und kritisch-emanzipatorische Dienstleistung für Einzelpersonen und Gruppen in komplexen beruflichen Situationen. Diplomarbeit. Wien
Bonacker T (1996) Konflikttheorien. Eine sozialwissenschaftliche Einführung mit Quellen. Opladen
Deutsch M (1973) The Resolution of Conflict: Constructive and Destructive Processes. Binghampton, New York
Fehlau EG (2002) Konflikte im Beruf: Erkennen, lösen, vorbeugen. München
Glasl F (1997) Konfliktmanagement. Handbuch für Führungskräfte. Berlin
Glasl F (2009) Konfliktmanagement. Ein Handbuch für Führungskräfte, Beraterinnen und Berater, 18. Aufl. Bonn
Haeske U (2002) Team- und Konfliktmanagement. Berlin
Hugo-Becker A, Becker H (2000) Psychologisches Konfliktmanagement. München
Königswieser R (1987) Konflikthandhabung. In: Kieser A, Reber G, Wunderer R (Hrsg) Handwörterbuch der Führung. Stuttgart, S 1240–1246
LeMar B (1997) Kommunikative Kompetenz. Der Weg zum innovativen Unternehmen. Berlin
Scheffer P (2007) Het land van aankomst. Amsterdam
Schwarz G (1997) Konfliktmanagement. Sechs Grundmodelle der Konfliktlösung. Wiesbaden
Seifert JW (2009) Moderation und Konfliktklärung: Leitfaden zur Konfliktmoderation. Offenbach
Zimmermann G (2006) Konflikt, sozialer. In: Schäfers B, Kopp J (Hrsg) Grundbegriffe der Soziologie. 9. Aufl. Wiesbaden, S 148–141

Konfliktmanagement

Joachim H. Becker

© Springer-Verlag GmbH Deutschland 2018
J.H. Becker, H. Ebert, S. Pastoors, *Praxishandbuch berufliche Schlüsselkompetenzen*,
https://doi.org/10.1007/978-3-662-54925-4_20

20.1 Modelle zur Konfliktbewältigung

Konfliktmanagement umfasst sämtliche Maßnahmen zur Vermeidung oder Bewältigung eines Konfliktes bzw. Verhinderung einer weiteren Eskalation. Dies beinhaltet das Erkennen von Interessengegensätzen, die individuelle Bereitschaft zur Konfliktbearbeitung sowie die Toleranz, Meinungen anderer zuzulassen, wenn sie der eigenen Vorstellung widersprechen.

Die Konfliktparteien können im Rahmen des Konfliktmanagements unterschiedliche Strategien anwenden, um die entstandenen Interessensgegensätze zu handhaben. Diese Strategien bzw. Arten des Konfliktverhaltens wurden bereits vielfach empirisch untersucht und haben in vielen Konflikten Verwendung gefunden. Im Folgenden werden vier unterschiedliche, in der Praxis gebräuchliche Modelle vorgestellt:

- Grundmodelle zur Konfliktbewältigung nach Schwarz
- „Konflikt Modell" von Thomas und Kilmann
- Konfliktbewältigung nach Königswieser
- Sechs-Phasen-Modell der Konfliktbewältigung nach Haeske

20.2 Grundmodelle zur Konfliktbewältigung nach Schwarz

Der österreichische Sozialwissenschaftler Gerhard Schwarz unterscheidet sechs unterschiedliche Ansätze, wie wir mit Konflikten umgehen können: Flucht, Vernichtung des Gegners, Unterordnung, Delegation an eine dritte Instanz, Kompromiss und Konsens (vgl. Schwarz 1997). Diese werden im Folgenden kurz vorgestellt (Übersicht s. ◘ Tab. 20.1).

20.2.1 Flucht

Flucht ist die meistgenutzte Strategie, um Konflikte zu „bearbeiten". Bei Flucht handelt es sich jedoch nicht um eine Lösung, sondern lediglich um eine vorübergehende Vermeidung eines Konfliktes. Durch Flucht können ein Beteiligter oder alle Beteiligten einem Konflikt für eine Zeit lang entkommen und die Gefahr vorerst von sich abwenden.

Tab. 20.1 Übersicht über die Vor- und Nachteile der sechs Konfliktlösungsarten

	Vorteile	Nachteile
Flucht	schnell, einfach, schmerzlos, kein Verlierer	keine Lösung, unbefriedigend, keine Weiterentwicklung, Probleme kommen immer wieder
Vernichtung	dauerhafte Lösung, einmalig, gründlich, geistig anspruchslos, wenigstens einer überlebt	inhuman, nicht korrigierbar, verbreitet Schrecken, nur einer überlebt, Weiterentwicklung gefährdet
Unterwerfung	umkehrbar, relativ schnell, Sicherheit, wiederholbar, entwicklungsfähig, klare Verantwortung, Unterworfener weiter verwendbar	oft nicht beste Lösung, riskant, nur einer setzt sich durch, unbeständig, starre Rollenverteilung, neue Konflikte, Abhängigkeit
Delegation	gemeinsame Rechtsverbindlichkeit, Objektivität, Sachlichkeit, Kompetenz, unparteiisch, Sieg/Niederlage überwunden, neutral	keine Identifikation mit Ergebnis möglich, Beteiligte werden inkompetent, dauert lang, revidierbar, Parteien desinteressiert
Kompromiss	Teileinigung, Gesichtswahrung, Teilverantwortung der Betroffenen	Teilzufriedenheit
Konsens	effektive Lösung des Problems	langwieriger Prozess

Die Vorteile einer Flucht liegen darin, dass es keine Verlierer gibt und die Flucht schmerzlos und einfach erscheint. Die Gefahr ist aber, dass sich die beiden Konfliktparteien beim erneuten Aufeinandertreffen in einem (Vernichtungs-)Kampf wiederfinden können. Konflikte durch Flucht zu unterdrücken oder zu verleugnen, führt bei beiden Konfliktparteien zu Frust und Unzufriedenheit. Jeder wird seine eigenen Interessen weiterverfolgen, ohne dass eine echte Kommunikation über diese Interessen zustande käme. Unterschwellig schwelt der Konflikt weiter und verhindert gemeinsames Arbeiten. Fluchtverhalten wirkt sich somit eher negativ auf eine Situation aus und stellt keine wirkliche Lösung eines Konflikts dar (vgl. Schwarz 1997).

20.2.2 Vernichtung des Gegners

Wenn eine Flucht nicht mehr möglich ist, kann es zwischen den Beteiligten zu einem Vernichtungskampf kommen. In unserer Gesellschaft nimmt dieser Vernichtungskampf unterschiedliche Formen an: gesellschaftliche Ausgrenzung, Mobbing, Kündigung, Mord, Krieg zwischen Nationen. Die Nachteile dieses Verhaltensmusters sind offensichtlich. Mit dem Verlust des Gegners verschwindet auch eine Alternative für eine künftige Zusammenarbeit. Dieser Verlust kann nicht mehr geändert werden. Mögliche Fehler lassen sich nicht korrigieren (vgl. Schwarz 1997).

20.2.3 Unterordnung

Unterordnung erfolgt, wenn eine der Konfliktparteien für sich mehr Vorteile als Nachteile sieht, wenn sie sich der anderen Partei unterordnet. Die sich unterordnende Partei verliert zwar ein Stück ihrer Selbstbestimmung, gewinnt dafür aber (Planungs-)Sicherheit. Bei diesem Mittel zur Konfliktlösung wird zwar niemand vernichtet, der Sieger ist jedoch meistens der Stärkere und nicht zwingend derjenige mit den besseren Argumenten. Bei dieser hierarchischen

Lösung ist die Gefahr von erneuten Spannungen oder eines Aufstandes permanent gegeben (vgl. Schwarz 1997).

20.2.4 Delegation an eine dritte Instanz

In diesem Fall einigen sich die Konfliktparteien darauf, die Entscheidung an einen Dritten zu übertragen, der von ihnen gemeinsam bestimmt („delegiert") wird. Die Entscheidung des „Schiedsrichters" ist für beide Parteien bindend. Die dritte Person (Bekannter, Richter, Schlichter), die in einem Konflikt zur Hilfe hinzugezogen wird, sollte unbeteiligt sein und keine eigenen Vorteile aus dem Konflikt ziehen können. Nur dann kann eine objektive Abwägung der Streitpunkte erfolgen. Auf diese Weise wird eine Entscheidung getroffen, die beiden Seiten ein zumindest ansatzweise befriedigendes Weiterarbeiten ermöglicht.

Die Delegation an Dritte hat sich in der Vergangenheit als sehr erfolgreich erwiesen, da es zu einer Weiterentwicklung des Konfliktes kommt. Der Nachteil für die beiden Konfliktparteien durch Hinzuziehen eines Dritten besteht darin, dass sie nur begrenzt an der Bewältigung und Lösung des Konfliktes beteiligt sind. Sie haben keine Möglichkeit, sich selbst aktiv bei der Entscheidungsfindung einzubringen und verzichten auf eine gemeinsame Verständigung (vgl. Schwarz 1997).

20.2.5 Kompromiss

Der Kompromiss stellt eine fortgeschrittene Form der Konfliktbearbeitung dar. Dabei verzichten alle Beteiligten auf die Durchsetzungen eines Teiles ihrer Einzelinteressen und finden so zu einer für alle annehmbaren Entscheidung. Diese Entscheidung sollte von allen gleichermaßen akzeptiert werden. Auf diese Weise wird eine Teileinigung zwischen den Konfliktparteien erzielt. Kompromisse stellen deshalb eine gute Basis für kooperatives Handeln dar. Allerdings einigen sich die Konfliktparteien auch bei dieser Form der Konfliktbearbeitung nicht auf gemeinsame Interessen.

Je nach Ergebnis wird zwischen guten und „faulen" Kompromissen unterschieden. Um gute Kompromisse handelt es sich, wenn wichtige oder große Teile des kontroversen Inhaltes betroffen sind und behandelt wurden. Als nachteilig kann erwähnt werden, dass bei dieser Lösung keine volle Zufriedenheit erreicht wird. Bei „faulen" Kompromissen besteht zudem das Risiko, dass es einen „Sieger" und einen „Besiegten" gibt. Die Abstriche des Einen müssen nicht so groß sein wie die des Anderen und damit wird wieder der Grundstein für Unzufriedenheit gelegt. Deshalb kann der Konflikt immer wieder „aufflammen" (vgl. Schwarz 1997).

20.2.6 Konsens

Wenn die Konfliktparteien einsehen, dass sich das Kosten- und Nutzenverhältnis der vorangegangenen Lösungsmethoden nicht rechnet, beginnen sie mit der Konsenssuche. Dabei werden die früheren Streitpunkte aus einer neuen Sicht betrachtet und die Parteien entwickeln einen gemeinsamen Lageplan. Im oft sehr langen Verlauf der Konfliktbewältigung findet eine intensive Auseinandersetzung mit den Interessen des Konfliktgegners statt. Konsens ist deshalb die ausgereifteste Form der Konfliktbearbeitung. Nur bei Erreichen eines Konsenses kann von einer echten Lösung des Konflikts gesprochen werden.

Konsensfindung ist ein Prozess, in dessen Verlauf sich die Konfliktparteien mit den Interessen des Anderen identifizieren und durch einen oft langwierigen Prozess zu einer Lösung auf einer neuen Stufe finden. Auf dieser neuen Stufe werden die Interessen beider Parteien maximal berücksichtigt. Beide Seiten erkennen die Beschränktheit ihres Eigeninteresses und finden so eine Lösung, bei der ihre Interessen ineinander verschmelzen und beide Seiten einen Beitrag zur effektiven Lösung des Problems leisten.

Einvernehmliche Konfliktlösung ist die optimale Voraussetzung für eine langfristige Zusammenarbeit, da jeder motiviert an der Bearbeitung der jeweiligen Aufgabe bzw. an der Erreichung des gemeinsamen Zieles mitarbeitet (vgl. Schwarz 1997).

20.3 Das „Konflikt Modell" von Thomas und Kilmann

Das „Konflikt Modell" von Thomas und Kilmann dient dazu, das Verhalten einer Person in „Konfliktsituationen" zu beurteilen. Dabei handelt es sich um Situationen, in denen die Belange zweier Menschen miteinander unvereinbar zu sein scheinen. Thomas und Kilmann unterscheiden das Verhalten einer Person in solchen Situationen anhand zweier grundlegender Dimensionen (vgl. Thomas und Kilmann 2008):
- Grad der Selbstbehauptung: das Maß, in dem eine Person versucht, ihren eigenen Belangen Geltung zu verschaffen
- Bereitschaft zu kooperativem Verhalten: das Maß, in dem eine Person auf die Belange anderer Personen Rücksicht nimmt

Diese zwei grundsätzlichen Verhaltensweisen werden genutzt, um fünf unterschiedliche Ansätze zur Konfliktbewältigung zu beschreiben:
1. konkurrierende Verhaltensweise (sich durchsetzen)
2. entgegenkommende Verhaltensweise (anderen nachgeben)
3. vermeidende Verhaltensweise (Konflikte vermeiden)
4. kooperierende Verhaltensweise (gemeinsam Konsens erarbeiten)
5. Kompromissbereitschaft (Kompromisse eingehen)

20.3.1 Konkurrierende Vorgehensweise

Bei konkurrierendem Verhalten handelt es sich um eine machtorientierte Verhaltensweise, bei der eine Person jedes ihr zweckmäßig erscheinende Machtmittel einsetzt, um die eigene Position durchzusetzen. Konkurrierend handelnde Personen machen sich für die eigenen Rechte stark, verteidigen die eigene für richtig angesehene Position oder versuchen einfach nur, sich durchzusetzen. Konkurrierendes Verhalten ist durch eine geringe Kooperationsbereitschaft gekennzeichnet (vgl. Thomas und Kilmann 2008).

Anwendungsmöglichkeiten
- Dringende Entscheidungen: Wenn Sie eine schnelle Entscheidung treffen müssen und keine Zeit zum Debattieren bleibt, wie in einem Notfall.
- Unpopuläre Entscheidungen: Wenn Sie eine schwierige oder unpopuläre Vorgehensweise durchzusetzen wollen.
- Selbstschutz: Wenn Sie sich selbst in Situationen, in denen ein Vorteil aus nicht-konkurrierendem Verhalten gezogen werden könnte, schützen möchten.

20.3.2 Entgegenkommende Vorgehensweise

Wenn eine Person entgegenkommend ist, vernachlässigt sie die eigenen Belange, um die Belange anderer Personen besser berücksichtigen zu können. Dieses Verhalten beinhaltet einen gewissen Grad an Selbstaufopferung, geringe Selbstbehauptung und hohe Kooperationsbereitschaft. Entgegenkommendes Verhalten kann die Form selbstloser Großzügigkeit bzw. Menschenfreundlichkeit annehmen, aber auch blinden Gehorsam beinhalten. Eine entgegenkommende Person handelt gegen den eigenen Willen und folgt den Anweisungen anderer Personen oder gibt die eigenen Standpunkte zugunsten anderer Personen auf (vgl. Thomas und Kilmann 2008).

> **Anwendungsmöglichkeiten**
> - Vernunft signalisieren: Wenn Sie einsehen, dass Sie auf dem falschen Weg sind oder wenn Sie wollen, dass ein anderer Standpunkt auch gehört wird. Sie zeigen, dass Sie vernünftig und fair sind, indem Sie Ihre eigenen Anliegen zur Seite legen.
> - Schaffen von Kooperationsbereitschaft: Indem Sie einer anderen Person den Vorrang geben, schaffen Sie Kooperationsbereitschaft, die sich später auszahlt, wenn eine andere, wichtigere Frage zu klären ist.
> - Fragen von geringer Bedeutung: Wenn das Problem für Ihr Gegenüber wichtiger ist als für Sie, lohnt es sich nicht, auf Ihrem Standpunkt zu bestehen. Warum sollten Sie die Beziehung unnötig strapazieren?

20.3.3 Vermeidende Vorgehensweise

Ein vermeidender Stil ist dadurch gekennzeichnet, dass eine Person versucht, einen möglichen Konflikt komplett zu vermeiden. Vermeidendes Verhalten kann z. B. in Form eines diplomatischen Umgangs mit dem Problem, bei dem die Person die Problembewältigung in der Hoffnung auf einen günstigeren Zeitpunkt verschiebt, oder in Form der Flucht vor einer bedrohlichen Situation auftreten. Kennzeichen eines vermeidenden Verhaltens sind geringe Selbstbehauptung und geringe Kooperation (vgl. Thomas und Kilmann 2008).

> **Anwendungsmöglichkeiten**
> - Spannungen abbauen: Manchmal sind die Spannungen so groß, dass die Vorteile kleiner sind als die Gefahr, in den Konflikt zu geraten.
> - Zeit gewinnen: Vielleicht verzögern Sie eine Entscheidung, bis Sie genug Zeit haben, ausreichend Informationen zu sammeln. Sie reduzieren die Gefahr einer Fehlentscheidung, indem Sie die Situation momentan so belassen.
> - Symptome: Manchmal ist das Problem Teil eines viel größeren Konfliktes. Wenn dies der Fall ist, ist es sinnvoll, Ihre Energie dafür zu verwenden, am Grundproblem zu arbeiten, statt an den Symptomen.

20.3.4 Kooperierende Vorgehensweise

Kooperierendes Verhalten beinhaltet den Versuch, mit anderen Personen zusammenzuarbeiten, um eine Lösung zu finden, die die Belange aller Beteiligten berücksichtigt. Hierzu ist es erforderlich, dem Problem auf den Grund zu gehen, um eine Alternative zu finden, die den unterschiedlichen Interessen gerecht wird. Kooperation zwischen Personen schließt auch die Reflexion einer Meinungsverschiedenheit und den Versuch, eine kreative Lösung für ein zwischenmenschliches Problem zu finden, mit ein. Eine kooperierende Vorgehensweise zeichnet sich gleichermaßen durch eine hohe Selbstbehauptung und hohe Kooperationsbereitschaft aus (vgl. Thomas und Kilmann 2008).

> **Anwendungsmöglichkeiten**
> - Voraussetzung für innovative Lösungen: Durch das Zusammenführen von Perspektiven verschaffen Sie sich ein breiteres Spektrum an Wissen und Erfahrung.
> - Mitwirkung anderer gewinnen: Bei wichtigen Entscheidungen unterstützen die Betroffenen am liebsten Lösungen, bei deren Erarbeitung sie mitgewirkt haben.
> - Verbesserung der Beziehungen: Indem Sie Ihre Bereitschaft zur Zusammenarbeit mit anderen Personen zeigen, gewinnen Sie ihr Vertrauen und ihre Unterstützung.

20.3.5 Kompromissbereitschaft

Ziel von Kompromissen ist es, eine zweckdienliche, für beide Seiten akzeptable Lösung zu finden, die beide Parteien – zumindest teilweise – zufrieden stellt. Kompromissbereitschaft beinhaltet, Meinungsverschiedenheiten im Rahmen einer Win-Win-Lösung zu beseitigen, gegenseitig Zugeständnisse zu machen oder zu versuchen, schnell eine mittlere Position zu finden. Beim Schließen von Kompromissen geht es darum, einen Mittelweg zu finden, bei dem alle einen Teil ihrer Anliegen aufgeben und mit dem gleichzeitig alle Beteiligten leben können (vgl. Thomas und Kilmann 2008).

> **Anwendungsmöglichkeiten**
> - Ausgeglichene Machtverhältnisse: Wenn beide Parteien gleich mächtig sind und gleich stark hinter den gegensätzlichen Meinungen stehen.
> - Vorläufige Lösungen: Manchmal müssen wir eine vorläufige Lösung für ein komplexes Problem finden, um Zeit für die Auswahl der bestmöglichen Lösung zu finden.
> - Vorstufe für eine Kooperation: In einigen Fällen ist es besser, Kompromisse zu schließen anstatt anderen Ihre Denkweise aufzuzwingen oder ewig an einem Konsens zu arbeiten.

20.4 Konfliktbewältigung nach Königswieser

Keine zwischenmenschliche Beziehung kommt dauerhaft ohne Konflikte und Auseinandersetzungen aus. Für die endgültige Lösung eines Konfliktes ist es förderlich, wenn dieser von den Parteien direkt angesprochen und nicht durch eine Flucht bewältigt wird. Dazu kann im Extremfall auch ein eskalierendes Einschreiten, das die Konfliktparteien aus dem „kalten Krieg" herausholt, von großem Nutzen sein. Hierzu werden z. B. die gegenseitigen Störungen und Probleme in der Beziehung verstärkt, damit die Konfliktparteien ihre Probleme ansprechen und bearbeiten können (vgl. Glasl 1997).

Ein Vorteil solcher Konfliktgespräche besteht darin, dass wir im Streit Dinge sagen, die wir sonst nie ansprechen würden. Solche Gespräche helfen uns auf diese Weise, Positionen klar zu legen und die Ursachen für Unzufriedenheit zu finden. Dies gilt vor allem dann, wenn wir uns nicht an den im Streit geäußerten Worten festklammern, sondern uns mit den unterschiedlichen Positionen beschäftigen und nach den Ursachen für den Konflikt suchen.

Die Organisationberaterin Roswita Königswieser beschreibt in einem Aufsatz zur Konflikthandhabung, wie solche Konfliktsituationen konstruktiv gelöst werden können. Ihr Ansatz beruht auf der Erkenntnis, dass im Konfliktfall alle konstruktiven Lösungsmethoden in drei Phasen ablaufen.

> **Konflikthandhabung in Phasen (nach Königswieser 1987)**
> **1. Phase: Erkennen des Konflikts durch die Konfliktparteien**
> - Bewusstmachung der unterschiedlichen Sichtweisen
> - Aufzeigen und Diagnostizieren der verschiedenen Interpretationen der Konfliktparteien
>
> **2. Phase: Erkennen der verschiedenen Einstellungen und Denkstrukturen**
> - Einsicht in die personen- und situationsbezogenen Faktoren und deren Zusammenhänge gewinnen
> - Problemformulierung und neue Orientierung durch die Wahrnehmung anderer Sichtweisen
> - Aufbau von wechselseitigem Verständnis und Vertrauen
>
> **3. Phase: Kooperatives Problemlösen, Festlegen von Regelungen, Klärung zukünftiger Erwartungen**
> - Setzen von Präventivmaßnahmen
> - Überlegungen, wie mit zukünftigen Differenzen umgegangen werden könnte

20.5 Sechs Phasen der Konfliktbewältigung nach Haeske

Nicht immer führt eine gezielte Eskalation schwelender Konflikte zu deren Bewältigung. In den meisten Fällen würde sie eher das Gegenteil bewirken. Dies hat zwei Gründe:
- Sowohl ein Konflikt als auch dessen Bewältigung setzen in uns kognitive und emotionale Prozesse in Gang. Sämtliche rationalen Überlegungen sind aber nur dann konstruktiv und erfolgreich, wenn es uns gelingt, unsere Emotionen vorübergehend zu beherrschen. Da Konflikte uns in der Regel emotional belasten und aufwühlen, ist es sinnvoll, bei der Konfliktbewältigung bei den Emotionen zu beginnen und am Ende des Prozesses auch damit abzuschließen.
- Zwischenmenschliche Konflikte und deren Bewältigung spielen sich in der Regel nicht nur zwischen, sondern auch innerhalb der beteiligten Personen ab. Neben der Auseinandersetzung mit der anderen Konfliktpartei ringen die meisten Menschen auch mit sich selber, wie weit sie dem Anderen entgegenkommen sollen.

Damit die Konfliktparteien miteinander ins Gespräch kommen und anschließend wieder reibungslos zusammenarbeiten können, sind bei der Bewältigung von Konflikten bestimmte Regeln einzuhalten. Haeske (2002) teilt diese Regeln in sechs Phasen der Konfliktbewältigung ein (◘ Abb. 20.1).

Abb. 20.1 Sechs-Phasen-Modell der Konfliktbewältigung (nach Haeske 2002)

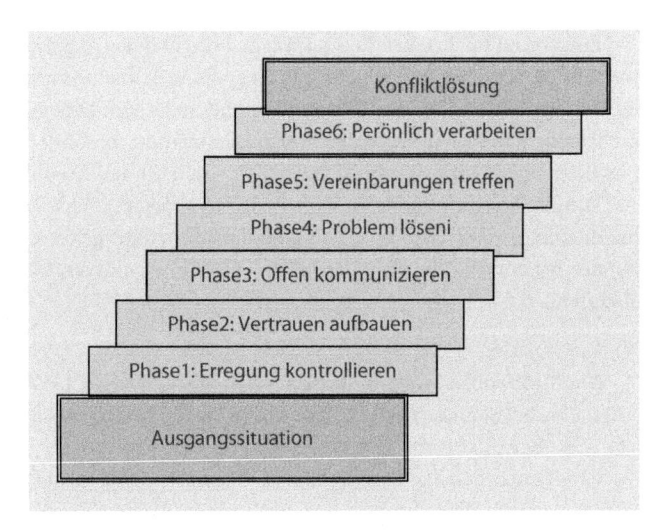

- Konfliktlösung
- Phase 6: Perönlich verarbeiten
- Phase 5: Vereinbarungen treffen
- Phase 4: Problem löseni
- Phase 3: Offen kommunizieren
- Phase 2: Vertrauen aufbauen
- Phase 1: Erregung kontrollieren
- Ausgangssituation

Sechs Phasen der Konfliktbewältigung (nach Haeske 2002)

1. Erregung kontrollieren
Eine Person erlebt ein behinderndes Ereignis und kontrolliert ihre Erregung; der Konflikt spielt sich vorwiegend in ihr selbst ab.
— eigene körperliche Warnsignale beachten
— Vorwürfe bewusst übergehen und sich nicht aus dem Gleichgewicht bringen lassen
— zwischen eigener Rolle und fremder Rolle unterscheiden

2. Vertrauen aufbauen
Eine Person wendet sich der anderen Konfliktpartei zu und versucht, Vertrauen und Transparenz herzustellen.
— eigene Vorstellungen und Gefühle mitteilen
— realistische Vorstellungen formulieren
— eigene Motive und Absichten offen ansprechen

3. Offen kommunizieren
Eine Person kommuniziert offen mit der anderen Konfliktpartei über die Konfliktpunkte (Auslösefaktoren des Konflikts).
— sorgfältiges Zuhören und Nachfragen
— Ergebnisse immer wieder zusammenfassen (aktives Zuhören)
— Gesprächsstil mit Humor auflockern

4. Problem lösen
Eine Person erarbeitet kooperativ mit der anderen Konfliktpartei eine Lösung zur Konfliktbewältigung.
— Nutzen und Vorteile für jede Seite hervorheben
— Risiken bei keiner Einigung ansprechen
— aufeinander zugehen

5. Vereinbarung treffen
Eine Person trifft mit der anderen Konfliktpartei eine Regelung bzw. eine Vereinbarung.
- Erfolge auch bei kleinen Ergebnissen betonen
- keine vorschnellen Entscheidungen akzeptieren
- erzielte Vereinbarung klar und verständlich formulieren

6. Persönlich verarbeiten
Der Kreis schließt sich aber erst, wenn die Personen auch für sich mit der Angelegenheit fertig geworden sind und den Konflikt verarbeiten konnten.
- Rachegefühle verbannen
- Enttäuschungen innerlich verarbeiten
- erzielte Vereinbarung innerlich bejahen

Literatur

Bonacker T (1996) Konflikttheorien. Eine sozialwissenschaftliche Einführung mit Quellen. Opladen
Deutsch M (1973) The Resolution of Conflict: Constructive and Destructive Processes. Binghampton, New York
Fehlau EG (2002) Konflikte im Beruf: Erkennen, lösen, vorbeugen. München
Glasl F (1997) Konfliktmanagement. Handbuch für Führungskräfte. Berlin
Haeske U (2002) Team- und Konfliktmanagement. Berlin
Hugo-Becker A, Becker H (2000) Psychologisches Konfliktmanagement. München
Kaiser K (2008) Konfliktbearbeitung. http://arbeitsblaetter.stangl-taller.at/KOMMUNIKATION/Konfliktloesung.shtml
Königswieser R (1987) Konflikthandhabung. In: Kieser A, Reber G, Wunderer R (Hrsg) Handwörterbuch der Führung. Stuttgart, S 1240–1246
Schwarz G (1997) Konfliktmanagement. Sechs Grundmodelle der Konfliktlösung. Wiesbaden
Seifert JW (2009) Moderation und Konfliktklärung: Leitfaden zur Konfliktmoderation. Offenbach
Thomas K, Kilmann R (2008) Thomas-Kilmann Conflict Mode Instrument. Chicago
Zimmermann G (2006) Konflikt, sozialer. In: Schäfers B, Kopp J (Hrsg) Grundbegriffe der Soziologie. 9. Aufl. Wiesbaden, S 148–141

Umgang mit Mobbing, sexueller Belästigung und Stalking

Joachim H. Becker

© Springer-Verlag GmbH Deutschland 2018
J.H. Becker, H. Ebert, S. Pastoors, *Praxishandbuch berufliche Schlüsselkompetenzen*,
https://doi.org/10.1007/978-3-662-54925-4_21

21.1 Grundlagen

Exzellente Arbeitsergebnisse, effiziente Produktivität und niedrige Abwesenheitsraten lassen sich nur durch ein angenehmes und positives Betriebsklima erreichen. Unternehmen und der Gesetzgeber sehen sich deshalb in der Pflicht, die richtigen Weichen zu stellen und aktiv gegen Diskriminierung, Mobbing, soziale Ungleichbehandlung, sexuelle Belästigung und Stalking vorzugehen. Viele Unternehmen haben erkannt, dass die Konsequenzen aus dem persönlichen Fehlverhalten einzelner hohe Kosten nach sich ziehen können (z. B. durch Krankheitstage, Kündigungen etc.). Die Vorfälle belasten nicht nur das Arbeitsklima, sondern können auch schwerwiegende persönliche Folgen für die Betroffenen haben. Diskriminierung, Mobbing, soziale Ungleichbehandlung, sexuelle Belästigung, Stalking sowie eskalierende Konflikte sind häufig schwer voneinander abzugrenzen. Viele Unternehmen treffen deshalb Betriebsvereinbarungen, die den Umgang mit diesen Themenbereichen beinhalten (vgl. Hockling 2012).

Die gesetzlichen Grundlagen hierfür finden sich unter anderem im Grundgesetz, Allgemeinen Gleichstellungsgesetz, Gesetz zum Schutz der Beschäftigten, Jugendarbeitsschutzgesetz, Berufsbildungsgesetz, Betriebsverfassungsgesetz oder in der Gewerbeordnung.

21.2 Mobbing

Die Grenzen zwischen alltäglichen Konflikten und Mobbing sind fließend. Mobbing ist mehr als ein schlechtes Betriebsklima, schlimmer als gelegentlich ungerechte Vorgesetzte und belastender als der übliche Büroklatsch. In der Bundesrepublik Deutschland ist bereits einer von 20 Erwerbstätigen von Mobbing betroffen (vgl. TUM 2009, S. 12). Viele dieser Betroffenen, aber auch Vorgesetzte und Kollegen, stehen Mobbing oftmals hilflos gegenüber. Betroffene werden gekündigt oder werden durch die langen Quälereien am Arbeitsplatz arbeitsunfähig.

Mobbing ist in der Arbeitswelt bereits seit langer Zeit ein bekanntes Phänomen. Der Begriff „Mobbing" wird jedoch erst seit Ende der 70er-, Anfang der 80er-Jahre für Übergriffe am Arbeitsplatz verwendet. Das Thema Mobbing gewinnt in Deutschland seit Jahren immer mehr an Aktualität. So wird sowohl in den Medien sowie in öffentlichen und wissenschaftlichen Diskussionen (z. B. zum Thema Cyber-Mobbing) als auch in Gesprächen zwischen Verwandten und Freunden zunehmend über Mobbinghandlungen am Arbeitsplatz berichtet. Der Begriff „Mobbing" hat zwar an Popularität gewonnen, jedoch zeigt sich in der Praxis, dass ein einheitliches Verständnis über die Bedeutung dieses Begriffes fehlt. Daraus resultiert, dass die Bezeichnung „Mobbing" oftmals im falschen Kontext verwendet wird.

21.2.1 Versuch einer Definition

In den 90er-Jahren hat der Begriff „Mobbing" den Einzug in den deutschen Sprachgebrauch gefunden. Populär wird Mobbing in den Medien mit „Psychoterror am Arbeitsplatz" übersetzt. Der Begriff „Mobbing" hat seinen Ursprung im englischen Verb „to mob" und bedeutet übersetzt „anpöbeln" bzw. „angreifen". Im Duden wird der Begriff folgendermaßen definiert: „Arbeitskolleg(inn)en ständig schikanieren mit der Absicht, sie von ihrem Arbeitsplatz zu vertreiben" (vgl. Duden 2014, S. 498). Diese allgemeingültige Definition ist jedoch relativ kurzgehalten und deckt die Bandbreite der Bedeutung von Mobbing nicht ab.

Eine allgemeine Definition geht auf den Mobbingforscher und Arbeitspsychologen Heinz Leymann zurück. Er beschreibt das Phänomen Mobbing als „eine konfliktbelastete Kommunikation am Arbeitsplatz unter Kollegen oder zwischen Vorgesetzten und Untergebenen [...], bei der die angegriffene Person unterlegen ist (1) und von einer oder einigen Personen systematisch, oft (2) und während längerer Zeit (3) mit dem Ziel und/oder dem Effekt des Ausstoßes aus dem Arbeitsverhältnis (4) direkt oder indirekt angegriffen wird und dies als Diskriminierung empfindet" (Leymann 1993, S. 21).

21.2.2 Mobbinghandlungen

Leymann (1993) hat in seinen Forschungen insgesamt 45 verschiedene solcher Handlungen gefunden und sie in fünf Bereiche aufgeteilt:
1. **Angriffe auf die Möglichkeiten, sich mitzuteilen**
    - der Vorgesetzte schränkt die Möglichkeiten ein, sich zu äußern
    - der Betroffene wird ständig unterbrochen
    - Kollegen schränken die Möglichkeiten ein, sich zu äußern
    - Anschreien oder lautes Schimpfen
    - ständige Kritik an der Arbeit
    - ständige Kritik am Privatleben
    - Telefonterror, mündliche Drohungen, schriftliche Drohungen
    - Kontaktverweigerung durch abwertende Blicke oder Gesten
    - Kontaktverweigerung durch Andeutungen, ohne dass etwas direkt ausgesprochen wird
2. **Angriffe auf die sozialen Beziehungen**
    - mit dem Betroffenen wird nicht mehr gesprochen
    - Versetzung in einen Raum weitab von den Kollegen
    - den Arbeitskollegen wird verboten, den Betroffenen anzusprechen
    - der Betroffene wird „wie Luft" behandelt
3. **Auswirkungen auf das soziale Ansehen**
    - hinter dem Rücken des Betroffenen wird schlecht über ihn gesprochen
    - es werden Gerüchte verbreitet
    - der Betroffene wird lächerlich gemacht
    - der Betroffene wird verdächtigt, psychisch krank zu sein
    - Gang, Stimme oder Gesten des Betroffenen werden imitiert
    - die politische oder religiöse Einstellung des Betroffenen wird angegriffen

- über das Privatleben des Betroffenen wird sich lustig gemacht
- über die Nationalität des Betroffenen wird sich lustig gemacht
- der Betroffene wird gezwungen, Arbeiten auszuführen, die das Selbstbewusstsein verletzen
- die Entscheidungen des Betroffenen werden infrage gestellt
- dem Betroffenen werden obszöne Schimpfworte oder andere entwürdigende Ausdrücke nachgerufen
- sexuelle Annäherungen oder verbale sexuelle Angebote

4. **Angriffe auf die Qualität der Berufs- und Lebenssituation**
   - dem Betroffenen werden keine Arbeitsaufgaben zugewiesen
   - dem Betroffenen werden sinnlose Arbeitsaufgaben gegeben
   - dem Betroffenen werden Aufgaben weit unter seinem eigentlichen Können gegeben
   - dem Betroffenen werden ständig neue Aufgaben gegeben
   - dem Betroffenen werden Arbeitsaufgaben gegeben, die seine Qualifikation übersteigen

5. **Angriffe auf die Gesundheit**
   - Zwang zu gesundheitsschädlichen Arbeiten
   - Androhung körperlicher Gewalt
   - Anwendung leichter Gewalt (z. B. um einen „Denkzettel" zu verpassen)
   - körperliche Misshandlung
   - im Heim oder am Arbeitsplatz des Betroffenen wird physischer Schaden angerichtet
   - sexuelle Handgreiflichkeiten

21.2.3 Evolution des Mobbings

Mobbing entsteht nicht mit dem Wunsch oder aus einem bewussten Willen heraus, jemanden zu „mobben". Mobbing ist ein evolutionärer Prozess, der meist mit einem Konflikt entsteht (vgl. Arbeitskammer 2013). Er besteht aus folgenden Phasen und hat für den Betroffenen folgende Auswirkungen:
- **Phase 1 – ungelöster Konflikt**: erste persönliche Schuldzuweisungen, erste Stresssymptome, Anpassung, Versöhnungsangebote
- **Phase 2 – beginnender Psychoterror**: Konflikt im Hintergrund, Schikanen, Angst, Selbstzweifel
- **Phase 3 – arbeitsrechtliche Sanktionen**: Eskalation, Fehler häufen sich, Abmahnungen, innere Kündigung, Burn-Out, Erschöpfungssymptome
- **Phase 4 – Abwehrversuche**: Isolation, Verzweiflung, Misstrauen, psychosomatische Erkrankungen, ärztliche/therapeutische Fehldiagnosen, vergebliche juristische Schritte
- **Phase 5 – Ausschluss**: Kündigung, langfristige Krankschreibung (Posttraumatisches Stresssyndrom, Depression), Frühverrentung, Suizid

21.2.4 Betriebliche Ursachen des Mobbings

Die Entstehung von Mobbing wird dadurch begünstigt, dass die Organisation reibungslose Arbeitsabläufe verhindert oder dass ungelöste Konflikte einen reibungslosen Arbeitsablauf behindern. Wenn das Betriebsklima belastet wird, dann ist dies ein Nährboden für Mobbing (vgl. TUM 2009, S. 12).

Mobbing beruht immer auf einem Managementversagen, z. B. bei der Konstruktion, Planung oder Verwaltung von Betriebsabläufen bzw. -bedingungen. Vor knapp 100 Jahren wurde während der aufkommenden Industrialisierung die Theorie des „Scientific Management" (vgl. Taylor 1910) diskutiert. Dieses führte zu einer atomistischen Arbeitsteilung, d. h., dass der Arbeitsvorgang in so kleine Schritte unterteilt wurde, dass jeder ungelernte Mitarbeiter in einem Betrieb einsetzbar war. Die Trennung von „Kopf und Hand", von Planung und Ausführung, wurde bald zum Standard in der wirtschaftlichen Betriebsführung. In Betrieben, in denen heute noch Auswirkungen dieser Art zu finden sind (z. B. in Form einer geistigen Unterforderung der Mitarbeiter), kann es zu einem „Langeweile-Mobbing" (Leymann 1993) kommen.

Ein fehlendes soziales „Coaching" der Führungspositionen ist ein weiterer Faktor zur Begünstigung des Mobbings (vgl. Leymann 1993). Das Ignorieren und Tabuisieren des Problems und die daraus resultierende Passivität machen Personalverantwortliche angreifbar. „Eine Führungskraft hat nicht versagt, weil in ihrem Verantwortungsbereich ein Mobbingfall aufgetreten ist, sondern erst dann, wenn sie ihn nicht zur Kenntnis nehmen will und nicht interveniert" (Meschkutat et al. 2002, S. 9). Die Technische Universität München (TUM) zählt undurchschaubare und/oder konfliktbelastete betriebliche Regeln zu den Hauptursachen für Mobbing: „Schlechte Auswahl, fehlende Ressourcen oder problematisches Verhalten von Führungskräften, ... ungenügende Arbeitsmittel, soziale Dichte (Raumnot) ... " (TUM 2009, S. 12). Weitere Ursachen sind eine ungerechte Entlohnung bei gleicher Arbeitsleistung sowie fehlende oder automatische Aufstiegsmöglichkeiten, die zur dauerhaften Frustration führen. Es gibt keinen Bereich, der als mobbingfreie Zone gelten könnte. Niemand kann sich vor Mobbing schützen. Das Phänomen zieht sich quer durch alle Berufsgruppen, Branchen und Betriebsgrößen sowie Hierarchiestufen und Tätigkeitsniveaus (vgl. Meschkutat et al. 2002, S. 3).

21.2.5 Präventionsmöglichkeiten

Es gibt bestimmte Merkmale, die die Gefahr, gemobbt zu werden, erhöhen. Statistiken zeigen, dass das Mobbingrisiko bei Frauen 75 Prozent höher ist als bei Männern. Die am stärksten betroffene Altersgruppe sind die unter 25-Jährigen, gefolgt von den 55-Jährigen und älteren Mitarbeitern und Mitarbeiterinnen (vgl. Meschkutat et al. 2002, S. 2).

Es liegt kaum in der Verantwortung des potenziellen Betroffenen, sich gegen Mobbing zu schützen. Leymann macht jeweils unterschiedliche Arbeitssituationen für die Entwicklung von Mobbing verantwortlich. Die Grundvoraussetzung für die Entwicklung von Mobbing sieht er in deren Organisationsablauf. „Ein Betrieb oder eine Verwaltung strebt nach *normalen* Produktions- oder Arbeitsverhältnissen. Abweichungen davon können als *Probleme* bezeichnet werden. Können diese nicht gelöst werden, können *Konflikte* entstehen, die in eine *Krise* übergehen können (Leymann 1993, S. 131).

Auf der arbeitsorganisatorischen Ebene können Stressfaktoren sowohl als Ursache für psychosomatische Erkrankungen als auch als Konfliktpotenzial gewertet werden, die dann zu Mobbing führen. Die Vorgesetzten sollten deshalb bei der Bewältigung von Konflikten stets eine Vorbildfunktion einnehmen: „Die Organisation, die Gestaltung und die Leitung der Arbeit beeinflussen unweigerlich die sozialen Prozesse in der Arbeitsgruppe. Werden bei diesen Faktoren moderne Erkenntnisse über die biologischen und psychischen Eigenschaften des Menschen berücksichtigt, dann wird sich das in der Zusammenarbeit in der Gruppe positiv widerspiegeln. Belastet man diese menschlichen Eigenschaften übermäßig, dann verändert man damit menschliches Verhalten in den meisten Fällen ins Negative. Arbeitsgruppen unter Druck neigen zu Konflikten, was das Risiko für Mobbingverläufe erhöht" (Leymann, 1993, S. 139).

Was ist also zu tun? Wie weiter oben schon angedeutet, sind gegensteuernde Maßnahmen auf verschiedenen Ebenen durchzuführen. Zunächst wäre es wünschenswert und notwendig, das Thema in den betrieblichen Alltag einzubringen, um dadurch der Entstehung von Mobbing vorzubeugen. Eine große Chance, Mobbing zu reduzieren, liegt demnach in der Vorsorge, Vorbeugung oder Risikominimierung. Der erste Schritt ist folglich eine rationale und realistische Sichtweise des Problems. „Für originäre Präventionsmaßnahmen bieten sich die Reduzierung der mobbingbegünstigenden betrieblichen Faktoren, Sensibilisierung und Aufklärung über die Problematik sowie der institutionalisierte Umgang mit Mobbing" (Meschkutat et al. 2002, S. 9).

21.3 Sexuelle Belästigung

Zur sexuellen Belästigung zählen verbale, bildliche, schriftliche und/oder körperliche Übergriffe mit sexuellem Bezug. Sexuelle Belästigung wird häufig mit sexueller Diskriminierung und sexueller Gewalt gleichgesetzt. Auch wenn die drei Phänomene häufig gemeinsam auftreten, ist es wichtig, die Begriffe klar voneinander abzugrenzen: Sexuelle Diskriminierung meint die persönliche, geschlechtsbezogene Herabsetzung. Mit sexueller Gewalt ist dagegen Nötigung und Vergewaltigung gemeint (vgl. TUM 2009, S. 15).

Gemäß einer „ … Studie von 2004 haben 22 Prozent aller befragten Frauen Situationen sexueller Belästigung in Arbeit, Schule oder Ausbildung seit dem 16. Lebensjahr mindestens einmal erlebt - überwiegend durch Männer" (BMFSFJ 2014). Hierunter fallen beispielsweise:
- das Herumzeigen oder Aufhängen von Fotos oder Zeichnungen von wenig oder gar nicht bekleideten Personen oder sexuellem Inhalt, pornografische oder sexistische Darstellungen
- sexuell herabwürdigender Sprachgebrauch sowie Bemerkungen oder Witze über Personen, ihren Körper, ihr Verhalten oder Sexualleben
- Gesten und nonverbale Kommentare mit sexuellem Bezug

Das Kopieren, Anwenden oder Nutzen von entsprechenden Computerprogrammen auf beruflichen EDV-Anlagen zählt genauso dazu wie unerwünschte Berührungen oder körperliche Übergriffe. Auch Handlungs- und Verhaltensweisen, die von den Betroffenen als entwürdigend, verletzend oder unerwünscht interpretiert werden, gelten als Belästigung und Diskriminierung. „Besonders verwerflich und schwerwiegend ist sexuelle Belästigung dann, wenn ein Abhängigkeitsverhältnis am Arbeitsplatz oder im Studium ausgenutzt wird, indem persönliche oder berufliche Vorteile versprochen oder Nachteile angedroht werden" (Albert-Ludwigs-Universität Freiburg 2012, S. 6).

Dabei ist jedoch zu beachten, dass sexuelle Belästigung und die damit verbundenen Handlungen und Gesten von jedem anders empfunden werden. So kann z. B. ein aufmunternd gemeintes Schulterklopfen vom Empfänger als sexuelle Belästigung wahrgenommen werden. Der „Täter" ist sich in diesem Fall gar nicht bewusst, wie sein Verhalten empfunden wird und was er mit seinem Verhalten anrichtet. Die Betroffenen sollten sich deshalb bei der Einschätzung Hilfe eines unbeteiligten Kollegen suchen. Dieser kann als Zeuge dienen und bei der Einschätzung helfen, ob sich das direkte Gespräch mit dem Täter lohnt. Gerade wenn Betroffene an den eigenen Gefühlen zweifeln, ist die Rückversicherung bei einem Dritten sinnvoll: War das schon eine Belästigung? Oder nur ein dummer Witz oder eine unbeholfene Geste?

Dies gilt insbesondere für die Kommunikation zwischen Personen aus unterschiedlichen Kulturkreisen. Deswegen ist es wichtig, der betreffenden Person im Falle einer als sexuelle Belästigung empfundenen Handlung direkt deutlich klarzumachen, dass dieses Verhalten als sexuelle Belästigung wahrgenommen wird. Dies ist allerdings nicht immer möglich, da sexuelle Belästigungen in den meisten Fällen von Mitarbeitern ausgehen, die in der Unternehmenshierarchie über den Betroffenen stehen. Deshalb kann bei den Betroffenen die Angst um den Job mitschwingen.

21.3.1 Schutz vor sexueller Belästigung

Unternehmen sind gesetzlich dazu verpflichtet, die Beschäftigten vor sexueller Belästigung am Arbeitsplatz zu schützen. Diese Verpflichtung beinhaltet nicht nur Präventivmaßnahmen, sondern auch die Ahndung von sexuellen Belästigungen und Übergriffen.

Vorfälle im Unternehmen sollten mit Führungskräften besprochen werden. Im Falle von Beschwerden müssen diese auch ernst genommen werden (vgl. Stadt Ulm 2002, S. 23). Verleugnen oder Verdrängen hilft den Betroffenen nicht. Jeder Vorfall sollte mit Angaben über die jeweilige Situation, das Datum und den genauen Zeitpunkt dokumentiert werden. Dem Belästigten sollten Gespräche mit einer Vertrauensperson im Unternehmen, mit der Personalstelle oder externen Fachkräften angeboten werden.

Der Täter muss je nach Schwere der Belästigung unmittelbar sanktioniert werden. Im Firmenleitbild sollte verankert sein, dass jede Form von Mobbing, Diskriminierung und sexuelle Belästigung untersagt ist. Zudem sollten, je nach Firmengröße, Mentoren und Vertrauenspersonen implementiert werden, an die sich Betroffene jederzeit wenden können: „Belästigte Frauen [und Männer] brauchen Signale, dass ihre Beschwerden ernst genommen werden. Sie benötigen kompetente Beratung und Unterstützung durch einfühlsame Gesprächs-Partner und -Partnerinnen" (Stadt Ulm 2002, S. 23). Das Allgemeine Gleichbehandlungsgesetz (AGG) bietet auch arbeitsrechtliche Maßnahmen nach § 12 Abs. 3 an wie:

- Abmahnung
- Umsetzung
- Versetzung
- Kündigung

21.4 Stalking

Der Begriff „Stalking" kommt aus dem Englischen und bedeutet übersetzt „anpirschen" oder „belauern". Das deutet darauf hin, dass das Opfer gegen seinen Willen auf wiederholte unzumutbare Art beobachtet, verfolgt oder belästigt wird (vgl. Albert-Ludwigs-Universität Freiburg 2012, S. 7). Gemäß den deutschen Psychologen Fiedler und Fydrich wird entsprechend von Stalking gesprochen, „wenn ein Täter sein Opfer über Wochen oder Jahre verfolgt, belästigt oder sogar bedroht und attackiert. Durch die ständigen Verfolgungen fühlen sich die Opfer zumeist extrem verunsichert, gelegentlich in Angst und Schrecken versetzt; im Extremfall kann Stalking Anlass oder gar Ursache der Entwicklung einer psychischen Störung sein" (Fiedler und Fydrich 2007, S. 26–30).

In der deutschen Rechtsprechung wird nicht der Begriff „Stalking", sondern „Nachstellung" verwendet. Nachstellung ist das willentliche und wiederholte beharrliche Verfolgen oder Belästigen einer Person, deren physische oder psychische Unversehrtheit dadurch unmittelbar, mittelbar oder langfristig geschädigt werden kann (vgl. TUM 2009, S. 15). § 238 Abs. 1 Strafgesetzbuch besagt, dass jede Form der unbefugten, beharrlichen Nachstellung ein Straftatbestand ist und mit einer Freiheitsstrafe bis zu drei Jahren oder mit einer Geldstrafe geahndet wird.

Die Stalking-Handlungen sind vielfältig und spiegeln sich unter anderem in Verhalten wie dem penetranten Aufenthalt in der Nähe des Opfers und der Verfolgung durch Hinterherlaufen oder -fahren wieder. Zudem kann sich das „Stalken" auch in häufigen Telefonanrufen zu jeder Tages- und Nachtzeit und/oder in häufigem Schriftkontakt via E-Mail oder Brief zeigen (vgl. TUM 2009, S. 16). Sogar das Aufgeben von Bestellungen von Waren und Dienstleistungen unter Missbrauch persönlicher Daten sind zu den Handlungen zu zählen.

21.4.1 Schutzmaßnahmen bei Stalking

Jeder von uns kann zum Opfer von Stalking werden. Doch wie sollte sich jemand verhalten, wenn er Opfer eines Stalkers geworden ist? Die Beratung der Polizei gibt folgende Tipps, was wir bei Stalking tun sollten (Polizeiberatung 2015):

„Zum Schutz vor Stalkern sollten Sie nachfolgende Ratschläge beherzigen:
- Machen Sie dem Stalker sofort und unmissverständlich klar, dass Sie keinerlei Kontakt mehr wünschen. Bleiben Sie konsequent!
- Öffentlichkeit kann Sie schützen: Informieren Sie Ihr gesamtes Umfeld (z. B. Ihre Familie, Freunde, Arbeitskollegen und Nachbarn), wenn Sie Opfer eines Stalkers geworden sind.
- Bei einer akuten Bedrohung (z. B. wenn der Stalker Sie verfolgt, in Ihre Wohnung eindringt, ein Angriff bevorsteht) alarmieren Sie die Polizei über den Notruf 110.
- Verfolgt Sie ein Stalker im Auto, fahren Sie zur nächsten Polizeidienststelle.
- Dokumentieren Sie alles, was der Stalker schickt, mitteilt oder unternimmt in einem Kalender, damit Sie, falls erforderlich, Fakten und Beweismittel haben.
- Persönliche Daten gehören nicht in den Hausmüll! Gehen Sie sorgsam mit Unterlagen um, auf denen sich Ihre persönlichen Daten befinden (z. B. Briefpost, Katalogsendungen, Werbebroschüren, Zeitschriften-Abonnements).
- Lassen Sie sich bei Telefonterror und anderen Stalking- Handlungen, z. B. via PC (sog. Cyber-Stalking), über technische Schutzmöglichkeiten (geheime Rufnummern, Fangschaltung, Anrufbeantworter, Handy, Zweitanschlüsse, E-Mail-Adresse etc.) beraten.
- Wenden Sie sich an eine Opferhilfeeinrichtung.
- Teilen Sie Personen Ihres Vertrauens Ihre Sorgen und Ängste mit. Scheuen Sie sich nicht, bei Gesundheitsproblemen ärztliche und/oder psychotherapeutische Hilfseinrichtungen aufzusuchen.
- Es hilft, Anzeige bei der Polizei zu erstatten! Von wenigen Ausnahmen abgesehen, hat sich gezeigt, dass vor allem schnelles und konsequentes Einschreiten der Polizei gegen den Stalker Wirkung zeigt und die Belästigungen nach einer Anzeige häufig aufhören.
- Um sich vor Stalking zu schützen, können Sie beim Familiengericht eine ‚Einstweilige Verfügung/Schutzanordnung' nach dem Gewaltschutzgesetz beantragen."

Literatur

Albert-Ludwigs-Universität Freiburg (Hrsg) (2012) Gegen Sexuelle Belästigung und Stalking. Freiburg. https://www.zuv.uni-freiburg.de/formulare/sexuelle_belaestigung_broschuere.pdf (Zugriff: 24.09.2016)

Antidiskriminierungsstelle des Bundes (Hrsg) (2014) Anonymisierte Bewerbungen. Berlin. http://www.antidiskriminierungsstelle.de/SharedDocs/Downloads/DE/publikationen/AnonymBewerbung/Leitfaden-anonymisierte-bewerbungsverfahren.pdf?__blob=publicationFile (Zugriff: 24.09.2016)

Arbeitskammer des Saarlandes (2013) Mobbing und psychosoziale Belastungen am Arbeitsplatz. https://www.arbeitskammer.de/publikationen/info-faltblaetter/gesundheits-und-arbeitsschutz/mobbing-und-psychosoziale-belastungen-am-arbeitsplatz.html

Bundesministerium für Familie, Senioren, Frauen und Jugend (Hrsg) (2014) Sexuelle Belästigung. https://www.bmfsfj.de/bmfsfj/themen/gleichstellung/frauen-vor-gewalt-schuetzen/sexuelle-belaestigung/sexuelle-belaestigung/80644?view=DEFAULT (Zugriff: 24.09.2016)

Duden (2014) Die deutsche Rechtschreibung. Mobbing. 26. Aufl. Mannheim.

Fiedler P, Fydrich T (2007) Stalking: Prävention und psychotherapeutische Intervention. Psychotherapeut 52(2): 26–30

Hockling S (2012) Das können Führungskräfte gegen Mobbing tun. Artikel vom 03.02.2012. http://www.zeit.de/karriere/beruf/2012-02/chefsache-mobbing (Zugriff: 24.09.2016)

Kosian H (2012) Sexuelle Belästigung am Arbeitsplatz. http://www.business-wissen.de/artikel/sexuelle-belaestigung-am-arbeitsplatz (Zugriff: 24.11.2015)

Leymann H (1993) Mobbing. Psychoterror am Arbeitsplatz und wie man sich dagegen wehren kann. Reinbek bei Hamburg

Meschkutat B, Stackelbeck M, Langenhoff G (2002) Der Mobbing-Report - Eine Repräsentativstudie für die Bundesrepublik Deutschland. Bremerhaven

Polizeiberatung (2015) Stalking. http://www.polizei-beratung.de/opferinformationen/stalking.html (Zugriff: 24.09.2016)

Stadt Ulm (Hrsg) (2002) Sexuelle Belästigung am Arbeitsplatz ist kein individuelles Problem. Ulm

Taylor FW (1910) The Principles of Scientific Management. Norwood (MA)

Technische Universität München, TUM (Hrsg) (2009) Dienstvereinbarung 2009. München

Wichert J (2015) Sexuelle Belästigung. http://wirtschaftslexikon.gabler.de/Definition/sexuelle-belaestigung.html (Zugriff: 24.11.2015)

Umgang mit Diskriminierung und sozialer Ungleichbehandlung

Joachim H. Becker

© Springer-Verlag GmbH Deutschland 2018
J.H. Becker, H. Ebert, S. Pastoors, *Praxishandbuch berufliche Schlüsselkompetenzen*,
https://doi.org/10.1007/978-3-662-54925-4_22

22.1 Grundlagen des respektvollen Umgangs

» Im täglichen Leben lautet der wichtigste Rat für Führungskräfte, nicht Bauern wie Bauern zu behandeln, oder Prinzen wie Prinzen, sondern alle Menschen wie Menschen. (Burns, zit. nach Cohen 2013, S. 40)

Eine wichtige Voraussetzung für den Erfolg einer Kooperation ist es, alle Beteiligten mit dem gleichen Respekt zu behandeln. Gleicher Respekt bedeutet in diesem Zusammenhang, dass für alle die gleichen Maßstäbe und Regeln gelten. Wir dürfen unser Verhalten gegenüber einer Person nicht von ihrer Position oder einer bestimmten Situation abhängig machen. Dies beinhaltet sowohl Chancengleichheit als auch Fairness gegenüber Rivalen oder im Angesicht einer Niederlage.

Gerade am Arbeitsplatz ist die Gefahr groß, dass Menschen glauben, ihre Position würde ihr Verhalten anderen gegenüber rechtfertigen: Wer oben in der Hierarchie ist, „darf" seinen Frust an Mitarbeitern unter sich auslassen, wer sich weiter unten befindet, muss dieses Verhalten „schlucken". Ein guter Chef zeichnet sich dadurch aus, dass er seine Mitarbeiter nicht nur fair behandelt, sondern auch ein Auge für die unterschiedlichen Talente hat (vgl. Goleman 2000, S. 16). Dazu gehört es, sich nicht von persönlichen „Macken" ablenken zu lassen, wenn die Person ansonsten kompetent ist (vgl. Barnes 2005, S. 120 und 136).

22.2 Diskriminierung

Diskriminierung hat viele unterschiedliche Gesichter (◘ Abb. 22.1). Während sich Mobbing in der Regel gegen einzelne Personen richtet und aus nicht-bewältigten Konflikten resultiert, steht bei der Diskriminierung einzelner Personen oder ganzer Gruppen deren Gruppenzugehörigkeit im Vordergrund. Der Begriff „Diskriminierung" stammt aus dem Lateinischen und bedeutet übersetzt „Unterscheidung". Das Wort beschreibt folglich alle Handlungen, bei denen einzelne Menschen oder Gruppen aufgrund äußerer Merkmale (andere Hautfarbe, Aussehen, Behinderung etc.) oder ihrer Gruppenzugehörigkeit (Religion, Nationalität etc.) benachteiligt werden.

Aus Sicht der deutschen Sozialpsychologinnen Mummendey und Otten gilt dies vor allem für Situationen, in denen Individuen oder Gruppen der Wunsch nach Gleichbehandlung verwehrt bleibt. Diskriminierung läge somit nur dann vor, wenn die betroffene Person nicht nur

Abb. 22.1 Mögliche Arten der Diskriminierung (Fotolia #64531826 © leremy/stock.adobe.com)

benachteiligt, sondern auch ihr Wunsch nach Gleichbehandlung verletzt würde. Ohne den Wunsch nach Gleichbehandlung sei eine Ungleichbehandlung aufgrund unterschiedlicher Gruppenzugehörigkeiten zwar differenzierend, aber nicht diskriminierend (vgl. Mummendey und Otten 2003, S. 112–132). Diese Sichtweise ist in der Literatur jedoch sehr umstritten.

In der Praxis lassen sich Mobbing und Diskriminierung häufig nicht klar voneinander trennen. Die zuvor genannten Mobbinghandlungen weisen schon darauf hin, dass Mobbing durch viele Verstöße, auch gegen geltendes Recht, gekennzeichnet ist. Einige Handlungen erfüllen hierbei auch den Tatbestand der Diskriminierung.

Es dürfen keine Benachteiligungen aus Gründen der ethnischen Herkunft, äußerlicher Erscheinungsmerkmale (Hautfarbe), des Geschlechts, der Weltanschauung oder Religion, einer Behinderung, des Alters oder der sexuellen Identität entstehen. Diese Punkte werden beispielsweise im Allgemeinen Gleichbehandlungsgesetz (AGG) in den § 8 ff. näher erläutert:

- Unter ethnischer Herkunft ist die Zuordnung zu einer Gemeinschaft durch sprachliche und/oder kulturelle Merkmale gemeint, die nicht vererbbar sind.
- Unter das Merkmal Geschlecht fallen Männer und Frauen. Im betrieblichen Alltag wird mittlerweile auch das Geschlechtsmerkmal Transgender verwendet. Dazu zählen Cross

Dresser, Transsexuelle, Bi-Gender und Pangender. „Manche wollen sich nicht in starre Geschlechtermuster … einordnen lassen, andere wollen endlich ihre wahre Identität leben und öffentlich zeigen" (Lesbischwules Zentrum Siegen 2015, S. 3).
- Religion ist ein verankertes System von Vorstellungen über die Existenz und die Gegebenheiten außerhalb des sinnlich Erfahrbaren.
- Mit Behinderung ist im Sinne des SGB IX Menschen gemeint, deren körperliche Funktion, geistige Fähigkeiten oder seelischer Gesundheit länger als sechs Monate vom alterstypischen Zustand abweicht und die Teilnahme am Leben innerhalb der Gesellschaft beeinträchtigt. Die zeitliche Abgrenzung zeigt die Differenz zum Begriff Krankheit.
- Eine Benachteiligung aufgrund des biologischen Alters ist untersagt.
- Sexuelle Identität meint homosexuelle Männer und Frauen sowie bisexuelle und transsexuelle Menschen. Ausgenommen sind hier sexuelle Ausrichtungen, die strafrechtlich sanktioniert werden wie zum Beispiel Pädophilie.

22.2.1 Stereotypisierung als Vorstufe zur Diskriminierung

Jeder Mensch neigt dazu, von Zeit zu Zeit Dinge zu verallgemeinern. Dabei werden häufig allen Mitgliedern einer Gruppe (z. B. alle Deutschen, alle Niederländer etc.) dieselben Eigenschaften zugeschrieben. Eine solche Stereotypisierung geschieht häufig ohne böse Absichten. Doch gerade das macht sie so gefährlich. Sie findet oft statt, ohne dass derjenige, der andere stereotypiert, sich dessen bewusst ist. Manchmal glaubt er sogar, in guter Absicht zu handeln oder Stereotypen zu kontern, trägt aber dennoch zu ihrer Verbreitung bei. Der US-amerikanische Wissenschaftler Daniel Goleman (1999, S. 189) erklärt Stereotypisierung mithilfe folgender Geschichte:

„Ich erzähle oft von meiner Begegnung mit einem extrovertierten Busfahrer in New York, der es fertigbrachte, seine Fahrgäste bei guter Laune zu halten, während er durch die Straßen der Stadt steuerte. Wenn die Leute ausstiegen, war ihre schlechte Laune verflogen, weil sie von seiner übersprudelnden Fröhlichkeit mitgerissen wurden. (…) Ich habe den Busfahrer als ‚einen Schwarzen um die sechzig' beschrieben. Doch nach einem Vortrag meldete sich eine Afroamerikanerin zu Wort und fragte mich: ‚Weshalb erwähnen Sie, dass er Schwarzer war? Hätten Sie es auch erwähnt, wenn er Jude oder Japaner gewesen wäre?'

Ihre Frage verblüffte mich. Als ich darüber nachdachte, wurde mir klar, dass die Erwähnung der Rasse (…) für mich unausgesprochener Bestandteil einer Erwiderung auf das Buch *The Bell Curve* war, in dem behauptet wurde, der IQ sei entscheidend für den Lebenserfolg, und in diesem Bereich seien Afroamerikaner (…) benachteiligt. (…)

Ich wollte unterstreichen, dass der Afroamerikaner auf diesem Gebiet begabt war. Die Frau hielt mir jedoch entgegen, dass ich das nicht deutlich ausgesprochen hätte und es ihr so vorkam, als hätte ich jemanden beschrieben, der vorankommt, weil er allzu beflissen Weißen gefällig ist. Seine Hautfarbe spiele jedenfalls keine Rolle, meinte sie. Und sie hatte Recht."

22.2.2 Vermeidung von Stereotypen

Eine aufmerksame Wahrnehmung hilft uns dabei, uns auf die Persönlichkeit unseres Gegenübers zu konzentrieren und auf diese Weise Stereotype zu vermeiden. Durch die Reduzierung auf ein bestimmtes Merkmal wird die Person nur noch als Mitglied einer Gruppe wahrgenommen und nicht mehr als eigenständiges Individuum mit allen Schwächen, Stärken, Fähigkeiten, Träumen und Ängsten, die das „Mensch-Sein" ausmachen. Der Hinweis auf die Gruppenzugehörigkeit ruft bei den Zuhörern Stereotype wach, die sie über „solche" Menschen kennen. Je negativer und tiefer verwurzelt die Stereotype über eine Gruppe sind, desto nachteiliger sind die Konsequenzen für die „Opfer" (vgl. Goleman 1999, S. 190). So eine Erfahrung ist für jede Person verletzend. Besonders dramatisch fallen die Konsequenzen aus, wenn diese Stereotypisierung historisch unterdrückte oder benachteiligte Gruppen betrifft. In diesem Fall können die Vorurteile einen nachhaltigen, negativen Effekt auf das Leben der Betroffenen haben.

Wissenschaftliche Studien belegen, dass Stereotype unter anderem dazu führen können, dass die Betroffenen bei Tests schlechter abschneiden oder schlechtere Arbeitsleistungen erbringen: „Studenten und Studentinnen, die gut in Mathematik waren, sollten Aufgaben lösen, die zur Zulassungsprüfung für die höheren Semester gehörten. Einer von den zwei Testgruppen wurde gesagt, dass bei den Tests gewöhnlich unterschiedliche Befähigungen von Männern und Frauen deutlich werde, während der anderen nichts gesagt wurde. Die Frauen schnitten bei dem Test erheblich schlechter ab, als die Männer, aber nur, wenn ihnen vorhergesagt wurde, der Test offenbare Geschlechtsunterschiede. Wurden Geschlechterfragen überhaupt nicht angesprochen, schnitten Frauen genauso gut ab wie Männer!" (Goleman 1999, S. 191).

Die schlechtere Leistung hat also nichts mit den eigentlichen Fähigkeiten zu tun, aber die Stereotypisierung schafft eine feindliche Atmosphäre, in der die Betroffenen ihre optimale Leistung nicht mehr erbringen können. Um wirklich gut arbeiten zu können, müssen wir von unseren Fähigkeiten überzeugt sein. Dieses Vertrauen in die eigene Kompetenz wird durch Vorurteile systematisch untergraben. Wer stereotypisiert wird, beginnt an den eigenen Fähigkeiten zu zweifeln und das eigene Wissen und Können infrage zu stellen. Die Ängste, die so ausgelöst werden, schränken die kognitive Leistungsfähigkeit ein. Außerdem bedrohen sie das Gefühl der Zugehörigkeit, was sich wiederum negativ auf das Lebensgefühl und die Leistungsfähigkeit auswirkt: Nur wer sich akzeptiert fühlt, fühlt sich in seiner Haut wohl und kann optimal arbeiten (vgl. Goleman 1999, S. 190 ff.).

Wenn sich die Personen in einer Prüfungssituation befinden oder eine schwierige Aufgabe lösen müssen, sind Versagensängste bis zu einem gewissen Grad durchaus normal (und nicht schädlich, weil es einen dazu anspornen kann, sich gut vorzubereiten), aber wenn solche Befürchtungen durch Stereotypisierung verstärkt werden, werden sie zu großen Hindernissen. Besonders betroffen sind Pioniere, z. B. Beispiel die ersten Jetpilotinnen, da sie sich in einem besonders feindlichen Umfeld bewegten, in dem sie als „Eindringlinge" betrachtet wurden (vgl. Goleman 1999, S. 191).

Jemanden auf der Basis von Stereotypen zu beurteilen, ist für alle Beteiligten mit Nachteilen verbunden. Unternehmen, die solche Verhaltensweisen zulassen, sabotieren sich auf lange Sicht selbst. Goleman weist darauf hin, dass sich exzellente Manager dadurch auszeichnen, dass sie Menschen anhand ihrer Leistungen einschätzen und sich nicht von Vorurteilen blenden lassen (vgl. Goleman 1999, S. 193). Nur so kann Vielfalt genutzt werden. Wenn sie genutzt und gefördert wird, kann sie zu einer wesentlichen Quelle von Stärke werden, die ein Unternehmen oder eine Organisation entscheidend voranbringt.

22.2.3 Schutz vor Diskriminierung

Viele Unternehmen sind hinsichtlich der Vielfalt ihrer Mitarbeiter bereits gut aufgestellt. Gründe hierfür sind nicht nur der demografische Wandel, sondern auch das Bewusstsein in vielen Betrieben, dass Vielfalt ein entscheidender Faktor für den unternehmerischen Erfolg ist. Die Ergebnisse der Zusammenarbeit in Teams, in denen Männer und Frauen, Ältere und Jüngere, Einheimische und Zugewanderte oder andere Gruppen zusammen arbeiten, sind nachweislich besser geworden.

Dennoch gibt es zahlreiche Belege dafür, dass auf dem deutschen Arbeitsmarkt immer noch Diskriminierung stattfindet. Ein häufiger Grund sind Vorurteile und Stereotype. Als Vorurteile gelten „herabsetzende Einstellungen gegenüber sozialen Gruppen oder ihren Mitgliedern, die auf wirklichen oder zugeschriebenen Merkmalen von Mitgliedern dieser Gruppen beruhen" (vgl. Nelson 2002, S. 3). Das bedeutet, dass an einigen Stellen noch Handlungsbedarf besteht (vgl. Antidiskriminierungsstelle des Bundes 2014).

Das Thema sollte im betrieblichen Alltag angesprochen werden, um Diskriminierung aktiv vorzubeugen. Es wird deshalb in Betriebsvereinbarungen in Bezug auf Nichtdiskriminierung und Gleichbehandlung der Beschäftigten des Betriebes und im Umgang mit Beschäftigten von Fremdfirmen und Kunden mit eingebunden.

Der Deutsche Gewerkschaftsbund (DGB) empfiehlt folgende Maßnahmen zur Prävention (vgl. DGB Bundesvorstand 2012, S. 16):
- Einrichtung von Beschwerdestellen: Abteilungs- und betriebsbezogene Anlaufstellen
- Definition, was die Vorgesetzten und Mitarbeiter des Unternehmens als Diskriminierung empfinden
- unmittelbare Sanktionen bei Verstößen
- gezielte Fördermaßnahmen für betroffene Gruppen
- Abgrenzung des sachlichen Geltungsbereichs: Einstellungen, Arbeitsbedingungen, soziale Leistungen, berufliche Aus- und Weiterbildung
- Einrichtung von Beschwerdemöglichkeiten: Einrichtung einer Kommission, Beweislastumkehr

22.3 Soziale Ungleichbehandlung

Egal, ob in der Schule, dem Studium oder im Beruf – die meisten Menschen sind schon Zeugen sozialer Ungleichbehandlungen geworden. Im Gegensatz zum Mobbing oder zur Diskriminierung werden hierbei einzelne oder Untergruppen aufgrund sachlich nicht nachvollziehbarer Gründe gegenüber dem Rest der Gruppe bevorzugt. Soziale Ungleichbehandlung äußert sich somit nicht wie beim Mobbing oder der Diskriminierung in Form von persönlichen Angriffen (Sanktionen, Beleidigungen etc.), sondern durch den Ausschluss von Belohnungen (Lohnerhöhungen, Lob etc.). Ein Beispiel für die soziale Ungleichbehandlung ohne Sanktion ist die Tatsache, dass Frauen im Durchschnitt 22 Prozent weniger verdienen als Männer bei gleicher Qualifikation und Position (vgl. Statistisches Bundesamt 2014).

Wenn Personen nicht mit dem gleichen Respekt behandelt werden, zieht das unweigerlich negative soziale, psychische und sogar gesundheitliche Konsequenzen nach sich. Es bringt wenig, am Arbeitsplatz Konkurrenzsituationen zu kreieren, um Mitarbeiter zu motivieren. Denn wenn Kollegen gegeneinander arbeiten, führt das zu schlechteren Leistungen. Werden einem Kollegen Sonderrechte oder Privilegien gewährt, weckt das Neid und Missgunst der anderen und zerstört so eine produktive Arbeitsatmosphäre (vgl. Glass 2005, S. 176–181). Bevorzugung und Ungerechtigkeit erzeugen Unmut. Dabei spielt es keine Rolle, ob diese sich am Arbeitsplatz, in der Familie, in der Schule oder irgendwo anders ereignen und ob sie sich auf Bezahlung, Anerkennung, Aufmerksamkeit oder etwas anderes beziehen. Die langfristigen Effekte sind Verbitterung und Entfremdung sowie nachlassendes Engagement für die Firma, die Familie und alle anderen Bereiche, die betroffen sind (vgl. Goleman 1997, S. 194). Länger anhaltende Benachteiligung kann dazu führen, dass eine Person irgendwann ihren Glauben an Gerechtigkeit vollständig verliert.

Neben den sozialen und psychologischen Folgen kann Ungerechtigkeit aber auch die Gesundheit beeinträchtigen. Eine finnische Langzeitstudie hat den Zusammenhang zwischen gerechter

Behandlung am Arbeitsplatz und Herzinfarktrisiko untersucht. Dazu wurden über 6.000 Angestellte des englischen Staatsdienstes befragt, ob sie die Behandlung am Arbeitsplatz als gerecht beurteilen. Die Angestellten wurden dann auf Basis ihrer Antworten in drei Gruppen eingeteilt, je nachdem, ob sie ihre Behandlung als „sehr gerecht", „mittelmäßig gerecht" oder „wenig gerecht" beschrieben. In der folgenden Zeit (die Gruppe wurde über neun Jahre hinweg beobachtet) stellte sich heraus, dass die Angestellten, die eine sehr gerechte Behandlung erfuhren, ein 30 Prozent geringeres Herzinfarktrisiko hatten (vgl. Frankfurter Rundschau 2005).

22.3.1 Arbeitsrechtlicher Gleichbehandlungsgrundsatz

Die Gleichbehandlung am Arbeitsplatz ist gesetzlich geregelt (arbeitsrechtlicher Gleichbehandlungsgrundsatz). Inhaltlich wird er durch den allgemeinen Gleichheitssatz des Art. 3 Abs. 1 GG bestimmt. Zu seinem wesentlichen Inhalt gehört die Verpflichtung des Arbeitgebers zur prinzipiellen Gleichbehandlung der beschäftigten Arbeitnehmer. Dem Arbeitgeber ist hierbei nicht nur verboten, Arbeitnehmer desselben Betriebs, sondern auch Arbeitnehmer verschiedener Betriebe des Unternehmens ungleich zu behandeln. Sachliche Gründe für eine Ungleichbehandlung könnten sich nur aus dem unterschiedlichen Betriebszweck oder der unterschiedlichen wirtschaftlichen Situation der einzelnen Betriebe ergeben.

Dies bedeutet jedoch nicht, dass alle Arbeitnehmer automatisch gleichgestellt sind. Der Arbeitgeber ist vielmehr berechtigt, bei Vorliegen sachlicher Differenzierungsgründe einzelne Arbeitnehmer oder Arbeitnehmergruppen ungünstiger zu behandeln als den Rest der Belegschaft. Dagegen ist es ihm verwehrt, einzelne Arbeitnehmer oder einzelne Arbeitnehmergruppen ohne vernünftigen sachlichen Grund, d. h. aus reiner Willkür gegenüber anderen in vergleichbarer Lage befindlichen Arbeitnehmern, schlechter zu behandeln.

Als sachliche Gründe für die unterschiedliche Behandlung einzelner Arbeitnehmer(-gruppen) kommen beispielsweise folgende Merkmale in Betracht:
- Dauer der Betriebszugehörigkeit
- Lebensalter
- eine mögliche Behinderung
- Familienstand
- Umfang der Arbeitszeit
- berufliche Qualifikation
- Arbeitsleistung und Aufgabenstellung im Betrieb

Literatur

Allgemeine Gleichbehandlungsgesetz (AGG) vom 14.08.2006 in der aktuellen Fassung von August 2013. http://www.antidiskriminierungsstelle.de/SharedDocs/Downloads/DE/publikationen/AGG/agg_gleichbehandlungsgesetz.pdf?__blob=publicationFile (Zugriff: 25.09.2016)

Antidiskriminierungsstelle des Bundes (2014) Anonymisierte Bewerbungen. http://www.antidiskriminierungsstelle.de/DE/ThemenUndForschung/anonymisierte_bewerbungen/das_pilotprojekt/anonymisierte_bewerbungen_node.html (Zugriff: 25.09.2016)

Barnes J (2005) John F. Kennedy over Leiderschap. Zaltbommel

DGB Bundesvorstand (Hrsg) (2012) Diskriminierung am Arbeitsplatz – aktiv werden für Gleichbehandlung. http://www.projekt-be-online.de/ergebnisse/Diskriminierung_arbeitsplatz_2002.pdf (Zugriff: 25.09.2016)

Glass L (2005) Sprich doch einfach Klartext! Wie man selbstbewusst kommuniziert und die Initiative ergreift. München

Goleman D (1997) Emotionale Intelligenz. München

Literatur

Goleman D (1999) EQ2 – Der Erfolgsquotient. München
Goleman D (2000) Durch flexibles Führen mehr erreichen. Harvard Business Manager 5: 16
Lesbischwules Zentrum Siegen (2015) andersRoom: Transphobie, Diskriminierung und Gewalt in der Öffentlichkeit. https://www.facebook.com/events/375432235978998/ (Zugriff: 25.09.2016)
Mummendey A, Otten S (2003) Aversive Discrimination. In: Brewer M, Hewstone M (eds) Emotion and Motivation. Oxford, S 112–132
Nelson T (2002) The psychology of prejudice. Needham Heights (MA)
O. V. (2005) „Fair geht vor". Frankfurter Rundschau vom 05.11.2005. http://www.fr-online.de/sport/fair-geht-vor,1472784,3093678.html (Zugriff: 18.10.2012)
Statistisches Bundesamt (2014) Gender Pay Gap. https://www.destatis.de/DE/ZahlenFakten/Indikatoren/QualitaetArbeit/Dimension1/1_5_GenderPayGap.html (Zugriff: 25.09.2016)

Interkulturelle Kompetenz

Kapitel 23 Kulturelle Identität – 211
Helmut Ebert, Sven Pastoors

Kapitel 24 Interkulturelle Kompetenz – 219
Helmut Ebert, Sven Pastoors

Kapitel 25 Interkulturelles Lernen – 225
Helmut Ebert, Sven Pastoors

Interkulturelle Kompetenz (Acryl, © Joachim Becker 2016)

„Es gibt keine menschliche Natur ohne kulturelles Lernen und ohne die Grundlage aller Kultur […]: die Sprache."
Fernando Savater, spanischer Philosoph, 2007

Kulturelle Identität

Helmut Ebert, Sven Pastoors

© Springer-Verlag GmbH Deutschland 2018
J.H. Becker, H. Ebert, S. Pastoors, *Praxishandbuch berufliche Schlüsselkompetenzen*,
https://doi.org/10.1007/978-3-662-54925-4_23

23.1 Der Kulturbegriff: Was ist Kultur?

Seit Jahren prägen die Begriffe „Interkulturalität", „Multikulturalität" und „Leitkultur" die gesellschaftliche Diskussion über die Folgen der Globalisierung, egal, ob es dabei um die zunehmende wirtschaftliche Vernetzung, die grenzüberschreitende Zusammenarbeit oder das Thema Einwanderung geht. Doch was verbirgt sich hinter diesen Begriffen?

Bei der Interkulturalität steht aus Sicht des Instituts für Inter-Kultur und Didaktik (IKUD) die Begegnung zwischen Mitgliedern unterschiedlicher Kulturen im Vordergrund: „Unter Interkulturalität versteht man das Aufeinandertreffen von zwei oder mehr Kulturen, bei dem es trotz kultureller Unterschiede zur gegenseitigen Beeinflussung kommt" (IKUD Seminare 2016). Im Gegensatz dazu fokussiert der Begriff „Multikulturalität" gesellschaftliche Prozesse: „Multikulturalität bezieht sich auf die sozialen Strukturen einer Organisation oder Gesellschaft. Im Sinne der Multikulturalität wird davon ausgegangen, dass es nicht zur Verschmelzung der verschiedenen Kulturen kommt, sondern, dass sie nebeneinander bestehen" (IKUD Seminare 2016). Ein Konzept, das häufig als ein Gegenentwurf zur Multikulturalität gesehen wird, ist die Leitkultur: „Wie jeder Mensch eine personale Identität hat, so besitzt auch jede Großgruppe eine kollektive Identität" (Tibi 2001, S. 23). Der deutsch-syrische Professor und Entwickler dieses Konzepts, Bassam Tibi, beabsichtigte mit dem Konzept „einer europäischen (nicht deutschen) Leitkultur als demokratischer, laizistischer sowie an der zivilisatorischen Identität Europas orientierter Wertekonsens […], eine Diskussion über Rahmenbedingungen von Migration und Integration auszulösen" (Tibi 2001, S. 23).

Entscheidend für die Deutung dieser Begriffe ist neben dem Kontext, in dem sie benutzt werden, vor allem das Verständnis von Kultur, das dabei zugrunde liegt. Bevor wir uns mit interkulturellen Kompetenzen beschäftigen können, gilt es deshalb, zuerst den Begriff der Kultur zu klären. In der Literatur findet sich eine Vielzahl unterschiedlicher Definitionen des Begriffs „Kultur". Das Wort „Kultur" stammt von dem lateinischen Wort „cultura" (Anbau, Bearbeitung, Pflege, Bebauung) ab. „Im weitesten Sinne meint ‚Kultur' […] die vom Menschen durch die Bearbeitung der Natur mithilfe von planmäßigen Techniken selbst geschaffene Welt der geistigen Güter, materiellen Kunstprodukte und sozialen Einrichtungen. Dieser weite Begriff der Kultur umfasst die Gesamtheit der vom Menschen selbst hervorgebrachten und im Zuge der Sozialisation erworbenen Voraussetzungen sozialen Handelns, d. h. die typischen Arbeits- und Lebensformen, Denk- und Handlungsweisen, Wertvorstellungen und geistigen Lebensäußerungen einer Gemeinschaft" (Nünning 2009). Sämtliche Kulturbegriffe beschreiben folglich auf unterschiedliche Weise „das ‚vom Menschen Gemachte' bzw. ‚gestaltend Hervorgebrachte' – im Gegensatz zu dem, was nicht vom Menschen geschaffen wurde, sondern von Natur aus vorhanden ist" (Nünning 2009). Dies bedeutet jedoch nicht, dass die Natur keinen Einfluss auf unsere Kultur hat. So prägen z. B. klimatische Bedingungen unser Essverhalten und unseren Kleidungsstil.

Als Ausgangspunkt für die Bestimmung interkultureller Kompetenzen und die Verbesserung der Zusammenarbeit zwischen Menschen aus unterschiedlichen Kulturen eignet sich am besten eine anwendungsbezogene Definition des Kulturbegriffs, wie der deutsche Psychologe Alexander Thomas sie bietet. Thomas berücksichtigt in seiner Definition von Kultur die aktive Rolle der Menschen bei der Entstehung von Kultur: „Kultur ist ein universelles, für eine Gesellschaft, Organisation und Gruppe […] typisches Orientierungssystem. Dieses Orientierungssystem wird aus spezifischen Symbolen gebildet und in der jeweiligen Gesellschaft usw. von Generation zu Generation weitergegeben. Es beeinflusst das Wahrnehmen, Denken, Werten und Handeln aller ihrer Mitglieder und definiert somit deren Zugehörigkeit zur Gesellschaft" (mit freundlicher Genehmigung von Alexander Thomas © Thomas 1993, S. 380). Durch die Definition von Kultur als Orientierungssystem, erklärt sich aus Sicht von Thomas auch deren Entstehung, Aufrechterhaltung und Weitergabe. Bei dem Bedürfnis nach Orientierung handele es sich um ein zentrales menschliches Bedürfnis. Deshalb entstehe Kultur nicht nur auf nationaler Ebene, sondern in allen Formen des menschlichen Zusammenlebens (vgl. Thomas und Utler 2013, S. 41).

Dieser Definition liegt der Kulturbegriff der britischen Sozialanthropologin Mary Douglas zugrunde, die Kultur als eine „wertende Haltung" definiert (vgl. Douglas 1982, S. 183 ff.). Aus Sicht von Douglas ist Kultur die Summe aller (Wert-)Konzepte, die das Zusammenleben von Menschen in Gemeinschaften regeln. Kultur ist somit alles das, was einer Gruppe wichtig ist (vgl. ebda.). Kulturen funktionieren dabei jedoch nicht wie ein Gefäß, das bestimmte Werte und Merkmale beinhaltet. In der Realität fransen Kulturen – im Rahmen ihrer Vernetzung - an den Rändern aus. Sie lassen sich deshalb nicht immer klar voneinander abgrenzen.

23.2 Begriff der kulturellen Identität

Jeder Mensch hat seine eigenen Erfahrungen und Erinnerungen und daher auch seine eigene Kultur (geografischer, ethnischer, moralischer, ethischer, religiöser, politischer oder historischer Natur) bzw. kulturelle Identität. Dies gilt auch für Gruppen und betrifft Gemeinsamkeiten und Unterschiede sowohl zwischen Nationen, Ländern und Regionen als auch zwischen Unternehmen und ihren Abteilungen, unterschiedlichen Geschlechtern oder unterschiedlichen Klassen und sozialen Schichten.

23.2.1 Sprache und Kommunikation

So unterschiedlich die Lebensentwürfe und der Alltag der Mitglieder einer Kultur auch sein mögen, bestehen zwischen ihnen gewisse Gemeinsamkeiten, die sie als Mitglieder ein- und derselben Kultur kennzeichnen. Zu diesen Gemeinsamkeiten gehören vor allem die gemeinsam gesprochene Sprache und eine gemeinsam erlebte bzw. im Kollektiv überlieferte Geschichte (Hansen 1995, S. 179). Dies bedeutet, dass es ohne Kommunikation auch keine Kultur(en) gäbe. Nur durch Kommunikation können Werte, Regeln und Normen Verbindlichkeit erlangen. Traditionen, Interpretationsvorräte und Wissensbestände werden erst auf der Grundlage von Sprache und Kommunikation erzeugt. Da die meisten Konventionen, Regeln, Rituale und alles andere, was als Wissensvorrat unser Handeln bestimmt, über Jahrhunderte hinweg kommunikativ ausgehandelt worden sind, bildet die dabei verwendete Sprache gleichzeitig die Grundlage dieser kommunikativ erzeugten Lebenswelt. Kommunikationsprozesse vollziehen sich nicht nur im Sinne eines Informationsaustausches, sondern sind grundlegend dafür, dass Kulturen überhaupt entstehen können. Wo keine Kommunikation stattfindet, kann sich keine Kultur entwickeln (vgl. Bolten 2012, S. 41–43).

Die Sprache dient jedoch nicht nur als Kommunikationsmedium, sondern sie prägt auch unsere Form der Wahrnehmung. Durch Sprache werden Dinge nicht nur benannt, sondern auch mit einer Bedeutung und einem Bild versehen (Hansen 1995, S. 62). Sprache und die dazugehörigen Kulturen sind somit eng miteinander verbunden. Menschen unterschiedlicher Sprachräume und Kulturen nehmen deshalb die gleichen Dinge unterschiedlich wahr. Die Interpretation, wie wir etwas wahrnehmen, ist kulturbedingt. So gilt z. B. in Shanghai ein Hundegericht als eine besondere Delikatesse, die europäische Wahrnehmung ist in der Regel eine andere.

Das Elternhaus, die Schule und die Gesellschaft prägen Menschen in ihrer Wahrnehmung. So ist z. B. die staatliche Kinderbetreuung sowohl in den skandinavischen Ländern als auch in Frankreich sehr gut organisiert. Allerdings sind der Grund und die Interpretation unterschiedlicher Natur. Die meisten Franzosen sind der Ansicht, dass Kinderbetreuung eine Aufgabe des Staates sei. In den skandinavischen Ländern befürwortet eine Mehrheit der Einwohner, dass Männer und Frauen die gleichen Rechte in der Gesellschaft haben. Eine gute Kinderbetreuung zu organisieren, ist eine wichtige Bedingung, um dies wirklich leben zu können. Die Wahrnehmung ist somit kulturbedingt anders, weshalb die staatliche Kinderbetreuung in diesem Beispiel von den Menschen unterschiedlich interpretiert wird.

23.2.2 Das Eisberg-Modell nach Bolten

Im Jahr 1982 veröffentlichte der Sozialpsychologe Henri Tajfel einen Aufsatz über die Theorie der sozialen Identität (Social Identity Theory; vgl. Abrams und Hogg 1995). Dieses Konzept beschreibt die individuellen Prozesse von Wahrnehmung, wie z. B. der Selbstwahrnehmung oder der Wahrnehmung anderer Menschen und der Umwelt.

Anhand des Beispiels eines Eisbergs (◘ Abb. 23.1) verdeutlicht Bolten, dass nur einzelne Aspekte von Kultur im Bereich unserer Wahrnehmung liegen (ca. 10 Prozent), also leicht sichtbar und hörbar sind. Der Fokus liegt dabei auf der Sachebene („perceptas"), dem „Was" einer Kultur (z. B. Sprache, Bräuche, Kleidung, Essen). Der überwiegende Teil einer Kultur (wie z. B. Normen, Werte, Glaube, Philosophie) äußert sich jedoch auf der Beziehungsebene („konceptas"). Er bleibt deshalb unter der Wasseroberfläche verborgen (vgl. Bolten 2007, S. 20–21). Die Bereiche, die unterhalb der Wasseroberfläche liegen, sind für Menschen, die mit der Kultur nicht vertraut sind, nicht direkt sichtbar. Sie beeinflussen jedoch die sichtbaren Bereiche der Kultur sehr stark. Erst durch das Wissen über diese verborgenen Merkmale sind wir in der Lage, eine fremde Kultur zu verstehen. Im Gegensatz zur „perceptas"- „(…) ermöglicht die *konceptas*-Ebene in einem zweiten Schritt Erklärungen des *Warum* bestimmter Eigenarten und Funktionszusammenhänge einer Kultur" (Bolten 2007, S. 21).

Tajfel nimmt an, dass Menschen mithilfe von Stereotypisierung Kategorien bilden, um ihre Umwelt zu strukturieren und systematisieren. Die Bildung von Stereotypen dient den Menschen dazu, soziale Kontexte besser einschätzen und zuordnen zu können (vgl. Abrams und Hogg 1999, S. 9) oder um Orientierung zu kreieren. Dies ermöglicht eine eindeutige Unterscheidung zwischen Mitgliedern und Nicht-Mitgliedern einer Kategorie bzw. einer Gruppe. Dabei klassifizieren wir andere nicht nur als Mitglieder einer bestimmten Kategorie, sondern weisen sie gleichzeitig auch anderen Kategorien zu.

◘ Abb. 23.1 Eisberg-Modell (Fotolia #90055007 © shuruev/stock.adobe.com)

23.2.3 Identität und Identifikation

Eine besondere Form der sozialen Identität ist die kulturelle Identität. Diese ist immer wertbezogen und stellt die Identifikation mit einer Gruppe dar, die diese Werte teilt. Kulturelle Identität beschreibt somit die Identifikation mit bestimmten Werten und die Zugehörigkeit zu den Gruppen, die diese Werte vertreten (positive Identifikation). Umgekehrt kann kulturelle Identität auch durch Nicht-Identifizierung bzw. Negation anderer Werte aufgebaut werden (negative Identifikation). Kulturelle Identität kann somit sowohl zur Integration als auch zur Ab- und Ausgrenzung von Zugehörigkeit dienen. Folglich kann jedes Individuum mehreren Wertegemeinschaften (Gruppen) gleichzeitig (bzw. im Laufe seines Lebens nacheinander) angehören.

Jede dieser Gruppen handelt durch Kommunikation eigene spezifische Standards aus. Diese Standards prägen nach Hansen unsere Kommunikation, unser Denken, unser Empfinden, unser Verhalten und unser Handeln (vgl. Hansen 1995, S. 139). Um den Zusammenhalt der Gruppe und alles Wichtige, was über Werte hinausgeht, auf Dauer sicher zu stellen und eine gemeinsame (kulturelle) Identität zu schaffen, ist es deshalb erforderlich, das Denken, Fühlen und Verhalten der Gruppenmitglieder zu standardisieren und zu normieren. Diesem Zweck dienen verschiedene Verfahren:

- **Institutionalisierung**: Damit das, was einer Wertegemeinschaft wichtig ist, für alle Mitglieder der Gruppe ersichtlich und verbindlich ist, ist es erforderlich, Institutionen zu schaffen bzw. bestehende Institutionen im Sinne der gemeinsamen Werte zu verändern. Institutionen können in diesem Zusammenhang z. B. Organe, Gremien, veränderte Belohnungs-, Einstellungs- und Beförderungssysteme oder eine Instanz sein, an die einzelne Mitglieder appellieren können, wenn in der Gruppe gegen Werte und Normen verstoßen wird (Schiedsfrau/Schiedsmann, Betriebsrat etc.).

- **Symbolisierung**: Das, was wichtig ist, muss symbolisch zum Ausdruck gebracht werden. Dies geschieht mithilfe von Logos und anderen Erkennungszeichen, in Form von „heiligen" Texten (Bibel, Koran, Verfassung, Grundgesetz, Unternehmensleitbild) oder mithilfe von Geschichten oder Legenden, deren Helden und Heldinnen die zentralen Werte und idealen Verhaltensweisen verkörpern.
- **Stereotypisierungen** dienen dazu, die Gruppe von anderen Gruppen abzugrenzen, was nicht selten durch bewusste Abwertung der fremden und Aufwertung der eigenen Gruppe geschieht.
- **Ritualisierung und Normierung**: Um sich der Zugehörigkeit zur eigenen Gruppe zu vergewissern, werden Rituale wie beispielsweise Ehrungen und Begrüßungen durchgeführt und Institutionen, wie z. B. Gerichte, Schulen und Hochschulen, gegründet.

> **Tipp**
> Die Umgangsformen, Rituale und Normen sind von Kultur zu Kultur verschieden. In allen sozialen Gruppen, Gesellschaften und Ländern gelten andere Regeln und Maßstäbe, was als höflich gilt und was nicht. Daher kann es zu Missverständnissen kommen, wenn unterschiedliche Kulturen aufeinandertreffen. Beachten Sie deshalb die Unterschiede in der Denkweise Ihrer Partner. Falls Sie diese nicht rechtzeitig erkennen, entstehen Missverständnisse, die letztendlich bis zum Scheitern der (Geschäfts-)Beziehungen führen können. Übertragen Sie deshalb nicht die Normen, Codes oder Regeln einer Person, Gruppe oder Gesellschaft bedenkenlos auf eine andere.
> Andererseits können Sie andere Menschen nur kennenlernen, wenn Sie offen auf sie zugehen. Dazu gehört die Bereitschaft, kommunikative Risiken (des Scheiterns) einzugehen. Nur wenn es uns gelingt, einander zu verstehen, sind wir in der Lage, Gemeinsamkeiten zu schaffen.

23.3 Kulturdimensionen nach Hofstede

Ein Versuch, um unterschiedliche Kulturen miteinander vergleichen zu können, sind die Konzepte der Kulturdimensionen. Diese Konzepte basieren auf der Idee, dass es universelle Kategorien oder Themen gibt, die alle (nationalen) Kulturen dieser Welt gleichermaßen beschäftigen. Sie gehen von der Annahme aus, dass alle Kulturen miteinander vergleichbar sind, sobald wir deren Antworten und Positionen auf die richtigen (Wert-)Fragen kennen.

Das wohl bekannteste Konzept der Kulturdimensionen entwickelte der niederländische Kulturwissenschaftler Geert Hofstede. Die Grundlage des Konzepts bildet eine Umfrage unter 116.000 IBM-Mitarbeitern, in deren Rahmen zwischen 1967 und 1972 Mitarbeiter aus über 40 Ländern befragt wurden. Hofstede identifizierte dabei vier „Kulturdimensionen", die helfen sollen, das Verhalten von Individuen in unterschiedlichen Kulturkreisen zu beschreiben:
- Umgang mit sozialer Ungleichheit (Machtdistanz)
- Umgang mit Stress angesichts einer ungewissen Zukunft (Unsicherheitsvermeidung)
- Integration des Individuums in Gruppen (Individualismus vs. Kollektivismus)
- Rollenverteilung zwischen den Geschlechtern (Maskulinität vs. Femininität)

Aufgrund der Ausweitung der Forschungen auf dem asiatischen Raum erweiterte Hofstede das Konzept später noch um eine fünfte Dimension, die zeitliche Orientierung (vgl. Hofstede 2001).

> **Kulturdimensionen nach Hofstede (2001)**
> **Individualismus vs. Kollektivismus**
> Die Kulturdimension „Individualismus" bezieht sich auf die Intensität der Beziehungen zwischen Individuen und ihrer Kulturgruppe (Nation). Ein hoher Grad an Individualismus beschreibt eine starke Fokussierung des Individuums auf sich selbst und den engsten Familienkreis. Die Beziehungen zum Rest der Gesellschaft sind eher lose. In kollektivistischen Kulturen herrscht dagegen eine hohe Loyalität gegenüber der Gruppe. Ihre Mitglieder pflegen enge soziale Beziehungen mit den anderen Mitgliedern der Gruppe.
> **Machtdistanz**
> Die Kulturdimension der „Machtdistanz" gibt wieder, inwieweit die Mitglieder einer Gesellschaft dazu bereit sind, Ungleichheiten zwischen unterschiedlichen Klassen oder Hierarchiestufen zu akzeptieren. In Nationen mit einer hohen Ausprägung der Machtdistanz akzeptiert die Mehrheit der Bevölkerung hierarchische Strukturen. In Ländern mit einer niedrigen Ausprägung wird dagegen eine weitgehend ausgeglichene Machtverteilung angestrebt.
> **Unsicherheitsvermeidung**
> Die Kulturdurdimension der „Unsicherheitsvermeidung" identifiziert die Toleranz und Flexibilität einer Gruppe hinsichtlich möglicher Unwägbarkeiten. Dabei steht die Frage im Mittelpunkt, wie eine Gesellschaft mit unvorhersehbaren Situationen und Risiken umgeht. Kulturen mit einer hohen Unsicherheitsvermeidung versuchen, möglichen Unsicherheiten mithilfe von Regeln und Gesetzen entgegenzuwirken. In Nationen, in denen diese Dimension weniger stark ausgeprägt ist, zählt dagegen mehr die Leistung als die Prinzipientreue der einzelnen Mitglieder.
> **Maskulinität vs. Femininität**
> Ein weiteres Unterscheidungskriterium ist die Frage, ob eine Gesellschaft eher von maskulinen oder femininen Attributen geprägt ist. Die Dimension der „Maskulinität" beschreibt somit, ob und inwieweit eine Kultur maskuline Werte und eine traditionelle Rollenverteilung zwischen Mann und Frau lebt. Maskuline Kulturen erwarten von ihren Mitgliedern Stärke, Leistung und Erfolg. Im Gegensatz dazu zählen ein ausgewogenes Verhältnis zwischen Arbeits- und Privatleben, Kooperationsbereitschaft und Bescheidenheit zu den typischen Merkmalen feminin-geprägter Kulturkreise.
> **Zeitliche Orientierung**
> Als Reaktion auf die breite Kritik an dem ursprünglichen Modell entwickelte Hofstede 1991 zusammen mit chinesischen Forschern eine weitere Kulturdimension: die zeitliche Orientierung. Langfristig-orientierte Kulturen zeigen hohen Respekt gegenüber Traditionen. Sie sind von Loyalität und Commitment geprägt. Kurzfristig-orientierte Kulturen streben dagegen nach Individualität und Kreativität. Ihre Mitglieder handeln eher normativ.

23.3.1 Kritik an Hofstedes Modell der Kulturdimensionen

Das Modell der Kulturdimensionen von Hofstede erfreut sich trotz breiter Kritik (vgl. z. B. Gooderham und Nordhaug 2003) immer noch großer Beliebtheit. Das Konzept ist leicht verständlich und gut nachvollziehbar. Allerdings weist das Modell von Hofstede mehrere Schwachstellen auf: Die Kritik richtet sich im Wesentlichen gegen den stark eingeschränkten Kulturbegriff. Hofstede betrachtet fast ausschließlich nationale Unterschiede. Dabei ignoriert Hofstedes Ansatz

Unterschiede innerhalb einer Nation. Das Modell behandelt eine Nation wie ein homogenes Gebilde von Individuen, die alle dieselbe Wertestruktur teilen. Auf die unterschiedlichen Kulturkreise und Subkulturen innerhalb einer Nation geht Hofstede nicht weiter ein. Bolten hält die auf Hofstedes Ansatz basierenden kulturellen Trainings für irreführend, da sie die Vielfalt einer Kultur „nivellieren, indem sie versuchen, Landeskulturen auf der Grundlage empirisch ermittelter Durchschnittswerte als homogene Einheiten darzustellen" (vgl. Bolten 2012, S. 138–144): „Auch wenn Hofstede sein Kategoriensystem bis 2011 noch um zwei weitere Dimensionen ergänzt hat und wenn vergleichbare Untersuchungen wie die Arbeiten von F. Trompenaars oder die Globe Studie inzwischen auf erweiterte und aktuellere Daten zurückgreifen lassen: Die Ergebnisse verleiten zu unzulässigen Generalisierungen. Die damit verbundene Komplexitätsreduktion mag für Trainer und Trainees angenehm sein, weil sie den ersten Kontakt mit einer Kultur ‚vereinfacht'. Hinweise darauf, dass ‚in Wirklichkeit' alles viel differenzierter aussieht, bergen allerdings ein erhebliches Maß an Hilflosigkeit: Denn nichts prägt sich so schnell (und nachhaltig) ein wie ‚einfache' Modelle, und jeder Trainer, der auf diese Weise vorgeht, muss sich der Tatsache bewusst sein, dass er gegebenenfalls Stereotype schafft, wo bislang noch keine waren."

Zudem bildet Hofstede mit der Fokussierung auf die Mitarbeiter eines multinational agierenden Computerunternehmens eine Firmenkultur ab. Dies lässt eine Generalisierung der Erkenntnisse auf alle Lebensbereiche, wie Hofstede sie vornimmt, nicht zu. Darüber hinaus stützen sich seine Untersuchungen auf beinahe 50 Jahre alte Daten. Aber auch Hofstedes Maskulinitätsdimension wird von vielen Wissenschaftlern kritisiert, da dabei konventionelle Geschlechterrollen überbetont werden (vgl. Emrich 2007).

23.4 Kulturelle Dilemmata

Im Gegensatz zu Hofstede betonen andere Kulturwissenschaftler wie z. B. Fons Trompenaars den Prozesscharakter von Kultur. Sie verstehen Kultur als einen dynamischen Prozess des Lösens menschlicher Dilemmata. Dabei spielen unter anderem folgende kulturellen Dilemmata eine wichtige Rolle für unsere Wahrnehmung und unser Wertebild (vgl. Sumadirana und Uhlmann 2015, S. 127):

- **Gruppe vs. Individuum:** Können wir uns als Individuum selbst verwirklichen, oder gilt es, sich einer Gruppe unterzuordnen?
- **Regeln vs. Flexibilität:** Sind die gegebenen Regeln wichtig und herrschen Struktur und Prozesse vor oder ist eher Flexibilität angebracht?
- **Hierarchie vs. Partizipation:** Können sich die Mitarbeiter bzw. Bürger aktiv an Entscheidungsprozessen beteiligen oder trifft das Management (bzw. die Machthaber) alle Entscheidungen alleine?
- **Wettbewerb vs. Solidarität und Fürsorge:** Kümmert sich das Unternehmen (bzw. der Staat) um seine Mitarbeiter (bzw. Bürger) oder zählt die reine Leistung der Individuen?
- **Pragmatische Lösungen vs. theoretische Perfektion:** Ist der theoretische Ansatz von A bis Z durchdacht, um Probleme zu vermeiden, oder wird beim Auftreten von Problemen eher nach pragmatischen Lösungen gesucht?
- **Konflikte austragen vs. Harmonie erhalten:** Werden Konflikte offen angesprochen oder werden eher die Harmonie bewahrt und Konflikte vermieden?
- **Implizit/direkt vs. explizit/indirekt kommunizieren:** Muss zwischen den Zeilen gelesen werden, um die tatsächliche Botschaft zu verstehen, oder wird alles klar und deutlich kommuniziert?

- **Aufgabe vs. Beziehung:** Werden freundschaftliche Bedingungen gepflegt und ist dies eine Bedingung, um erfolgreich zu sein, oder stehen die Aufgaben/Ziele an sich im Vordergrund, unabhängig vom persönlichen Verhältnis?

Die unterschiedlichen Modelle und Definitionen von Kultur zeigen, wie schwer es ist, sich auf einen gemeinsamen Kulturbegriff zu einigen. Dies hängt nicht zuletzt mit den unterschiedlichen kulturellen Hintergründen und der damit verbundenen Wahrnehmung der unterschiedlichen Wissenschaftler zusammen.

Literatur

Abrams D, Hogg MA (1995) Social Identity and Social Cognition: Historical Background and Current Trends. In: Abrams D, Hogg MA (Hrsg) Social Identity and Social Cognition. Oxford, S 1–25

Bolten J (2007) Interkulturelle Kompetenz. Jena

Bolten J (2012) Interkulturelle Kompetenz. Jena

Douglas M (1982) Cultural Bias. In: Douglas M (Hrsg) In the Active Voice. London, S 183–254

Emrich C (2007) Interkulturelles Marketing-Management: Erfolgsstrategien – Konzepte – Analysen. Hamburg

Gooderham P, Nordhaug O (2003) International Management: Cross- Boundary Challenges. Bergen

Hansen KP (1995) Kultur und Kulturwissenschaft: Eine Einführung. Stuttgart

Hofstede G (2001) Lokales Denken, globales Handeln. Interkulturelle Zusammenarbeit und globales Management. München

IKUD Seminare (2016) Glossar. http://www.ikud.de/glossar/ multikulturalitaet-interkulturalitaet-transkulturalitaet-und-plurikulturalitaet.html (Zugriff: 23.09.2016)

Lüddemann S (2010) Kultur. Eine Einführung. Wiesbaden

Nünning A (2009) Vielfalt der Kulturbegriffe. Bundeszentrale für Politische Bildung: Dossier kulturelle Bildung. http://www.bpb.de/gesellschaft/kultur/ kulturelle-bildung/59917/kulturbegriffe?p=all#fr-footnodeid_5 (Zugriff: 23.09.2016)

Schreiner K (2013) Würde, Respekt, Ehre. Werte als Schlüssel zum Verständnis anderer Kulturen. München

Sumadirana S, Uhlmann A (2015) Culture Cases Indonesien. Sich im Spiegel der Anderen fremd werden, Bonn/Eschborn

Thomas A (1993) Psychologie interkulturellen Lernens und Handelns. In: Thomas A (Hrsg) Kulturvergleichende Psychologie. Eine Einführung. Göttingen, S 377–424

Thomas A, Utler A (2013) Kultur, Kulturdimensionen und Kulturstandards. In: Genkova P, Ringeisen T, Leong F (Hrsg) Handbuch Stress und Kultur. Interkulturelle und kulturvergleichende Perspektiven. Heidelberg, S 41–58

Tibi B (2001) Leitkultur als Wertekonsens. Bilanz einer missglückten deutschen Debatte. Aus Politik und Zeitgeschichte, Beilage zur Wochenzeitung das Parlament vom 26.05.2002. http://www.bpb.de/apuz/26535/leitkultur-als-wertekonsens?p=all (Zugriff: 23.09.2016)

Interkulturelle Kompetenz

Helmut Ebert, Sven Pastoors

© Springer-Verlag GmbH Deutschland 2018
J.H. Becker, H. Ebert, S. Pastoors, *Praxishandbuch berufliche Schlüsselkompetenzen*,
https://doi.org/10.1007/978-3-662-54925-4_24

24.1 Begriff der interkulturellen Kompetenz

Wie die Methodenkompetenz zählt auch die interkulturelle Kompetenz zu den Querschnittskompetenzen. Interkulturelle Kompetenz umfasst somit viele verschiedenen Fähigkeiten auf individueller und sozialer Ebene (vgl. Straub 2010, S. 31). Der Kulturwissenschaftler Jürgen Bolten definiert interkulturelle Handlungskompetenz deshalb als „übergreifende internationale Handlungskompetenz, die sich aus den interdependenten Bereichen der individuellen, sozialen, fachlichen und strategischen Kompetenz konstituiert und interkulturelle Kompetenz dabei gleichsam als Bezugsrahmen versteht" (Bolten 2001, S. 915). In der Praxis äußert sich interkulturelle Kompetenz seines Erachtens auf drei unterschiedlichen Ebenen (vgl. Bolten 2001, S. 915 f.):

- kognitive Ebene: Wissen, Kenntnisse, Erfahrungen, Verstehen
- affektive Ebene: Werte, Einstellungen, Empfindungen
- verhaltensbezogene Ebene: Fähigkeiten, Fertigkeiten, Handeln

Der Begriff der interkulturellen Kompetenz beschreibt somit mehr als die Fähigkeit, mit Individuen und Gruppen anderer Kulturen erfolgreich zu interagieren. Eine Person gilt als interkulturell kompetent, wenn sie bei der Zusammenarbeit mit Menschen aus fremden Kulturen deren spezifische Konzepte der Wahrnehmung, des Denkens, Fühlens und Handelns erfasst und begreift. Dabei werden frühere Erfahrungen möglichst frei von Vorurteilen berücksichtigt und erweitert.

24.2 Bedeutung interkultureller Handlungskompetenz

Aufgrund der immer engeren Verknüpfung zwischen unterschiedlichen Ländern und Kulturen gewinnt interkulturelle Handlungskompetenz weiter an Bedeutung. Jeder Mensch hat seine eigenen Erfahrungen und Erinnerungen und daher auch seine eigene kulturelle Identität. Das Verständnis für die Denk- und Handlungsmuster unseres Gegenübers ist deshalb ein entscheidender Faktor für das Gelingen von Kommunikation. Aus Boltens Sicht zeichnen sich interkulturell kompetente Menschen dadurch aus, dass es ihnen „gelingt, diese Regeln nicht nur zu verstehen, sondern gemeinsam mit ihren Handlungspartnern Regeln auszuhandeln, die allen Beteiligten plausibel erscheinen" (Bolten 2012, S. 130). Um erfolgreich kommunizieren zu können, müssen wir uns deshalb unserer eigenen Kultur und den Unterschieden zur Kultur des Anderen bewusst sein.

Dies erfordert unter anderem Einfühlungsvermögen und Selbstvertrauen, das Verständnis für andere Verhaltensweisen und Denkmuster sowie die Fähigkeit, den eigenen Standpunkt transparent zu vermitteln.

Interkulturelle Kompetenz erfordert deshalb entsprechend der jeweiligen Situation unterschiedliche Eigenschaften und Fähigkeiten:
- Neugierde, Offenheit und Interesse, sich auf Menschen aus anderen Kulturen einzulassen
- Empathie für die Interessen und Bedürfnisse anderer
- Kenntnisse und Erfahrungen betreffend anderer Kulturen, Personen, Verhaltensweisen etc.
- Selbstbewusstsein (die Person macht sich ihr eigenes Verhalten bewusst und reflektiert eigene kulturelle Prägungen)
- Selbstflexion sowie Kenntnis der eigenen Stärken, Schwächen und Bedürfnisse
- kritischer Umgang mit eigenen Vorurteilen bzw. Stereotypen gegenüber anderen Kulturen, Personen, Verhaltensweisen etc.
- überlegtes Handeln (die Person trifft überlegt Entscheidungen und lässt sich durch Widersprüche nicht verunsichern)
- Flexibilität (die Person kann sich gut auf neue Situationen einstellen und ist nicht auf bestimmte Reaktionsmuster festgelegt)

Diese Fähigkeiten (Empathie, Selbstreflexion, Flexibilität) haben gleichzeitig auch Einfluss auf den Erfolg unserer Handlungen in anderen Lebensbereichen. Es handelt sich bei ihnen somit nicht um spezifisch interkulturelle Fähigkeiten. So würden Mitarbeiter ohne Einfühlungsvermögen, Selbstreflexion oder Flexibilität auch in gewohnten Handlungsumgebungen schnell anecken (Bolten 2012, S. 126–130).

„Zu Recht stellt sich damit die Frage, ob es überhaupt eine eigenständige ‚interkulturelle Kompetenz' geben kann. […] Gehen wir von der üblichen, beispielsweise bei der Erstellung von Lehrplänen verwendeten Einteilung einer Handlungskompetenz in (a) individuelle, (b) soziale, (c) fachliche und (d) strategische Teilkompetenzen aus, so lassen sich die Fertigkeiten und Fähigkeiten, die oben als Basis für erfolgreiches interkulturelles Handeln genannt wurden, fast alle problemlos einordnen. Übrig bleiben allenfalls Fremdsprachenkenntnisse, kulturspezifisches Wissen sowie die Fähigkeit, eigen-, fremd- und interkulturelle Prozesse sich selbst und anderen plausibel beschreiben und erklären zu können. Die Instrumente einer solchen Transferleistung (Empathie, Metakommunikationsfähigkeit, Fachkenntnisse etc.) sind allerdings wiederum in jenen Kompetenzbereichen zu finden, die erfolgreiches Handeln generell prägen. Vor diesem Hintergrund erscheint es in der Tat sinnvoll, interkulturelle Kompetenz nicht als einen eigenständigen Kompetenzbereich zu verstehen, sondern – in der Bedeutung von lat. competere: ‚zusammenbringen' – als Fähigkeit, individuelle, soziale, fachliche und strategische Teilkompetenzen in ihrer bestmöglichen Verknüpfung auf interkulturelle Handlungskontexte beziehen zu können" (mit freundlicher Genehmigung von Jürgen Bolten © Bolten 2012, S. 127).

Dennoch kommen diesen Fähigkeiten bei der interkulturellen Kommunikation eine noch größere Bedeutung zu als bei der alltäglichen Kommunikation in eigenen Kulturkreis. Warum gerade diese Fähigkeiten für den Erfolg einer interkulturellen Kommunikation so entscheidend sind, verdeutlicht Bolten anhand des folgenden Beispiels:

> **Beispiel**
>
> „Um die Verbindungen zum Präsidenten einer ausländischen Partnerfirma auf eine freundschaftliche, dauerhafte Basis zu stellen, beschloss ein junger Firmenrepräsentant, die Barriere der Förmlichkeit einzureißen, die noch nach vielen Monaten zwischen ihm und diesem einschüchternd würdevollen, älteren Herrn bestand. Auf einer Cocktailparty der Partnerfirma näherte er sich also dem Präsidenten, klopfte ihm jovial auf die Schulter, raffte seine spärlichen Fremdsprachenkenntnisse zusammen und sagte, für jedermann vernehmbar, so etwas wie: „Hey, schön Sie hier zu sehen, alter Bock." Der Präsident wurde aschfahl, verließ grußlos die Party und kündigte innerhalb der nächsten Tage die Zusammenarbeit mit der Firma auf. Das Versagen des jungen Firmenrepräsentanten ist eindeutig: Es mangelt ihm offenkundig an Einfühlungsvermögen und Kommunikationsfähigkeit in Bezug auf den ‚Normalitätsrahmen' der ihm augenscheinlich unbekannten Handlungszusammenhänge des Gastlandes. Dies spricht nicht generell gegen seine soziale Handlungskompetenz, da sein Verhalten innerhalb seiner eigenen Lebenswelt vielleicht sogar als angemessen bewertet werden könnte. Es zeigt allerdings, dass ihm der Transfer seiner (eigenkulturellen) sozialen Handlungskompetenz auf interkulturelle Situationen nicht gelingt" (mit freundlicher Genehmigung von Jürgen Bolten © Bolten 2012, S. 128).

24.3 Interkulturelle Kommunikation

Der Begriff „interkulturelle Kommunikation" bezeichnet die Verständigung zwischen Menschen, die verschiedenen Kulturen angehören. Bereits als Kinder erlernen wir die unterschiedlichen Verhaltensmuster unserer eigenen Kulturkreise (Familie, Freundeskreis, Nation). Die Regeln für die Kommunikation mit Angehörigen der gleichen kulturellen Prägung sind uns bekannt. Der Prozess der Kommunikation läuft deshalb weitgehend unbewusst ab. Bei der Kommunikation mit Angehörigen anderer Kulturen ist dies nicht der Fall (vgl. Broszinsky-Schwabe 2011, S. 15–20). Interkulturelle Kommunikation ist deshalb mehr als die übliche Kommunikation dem „Risiko des Nichtverstehens, Missverstehens und völligen Scheiterns ausgesetzt" (Knapp und Knapp-Potthoff 1990, S. 68). Zur Unkenntnis über die jeweiligen verbalen und nonverbalen Kulturstandards kommt als weitere Hürde hinzu, dass die meisten Menschen glauben, alle anderen würden so kommunizieren wie sie selbst. Sie projizieren deshalb in Gesprächen oder bei Verhandlungen ihre eigenen Standards auf ihr Gegenüber.

24.3.1 Ansätze, um ein Scheitern interkultureller Kommunikation zu verhindern

Wichtige Voraussetzungen, um Missverständnisse oder ein Scheitern interkultureller Kommunikation zu vermeiden, sind Aufmerksamkeit und ein respektvoller Umgang (vgl. Heringer 2004; Hofstede 2001). Offene Missverständnisse können korrigiert werden, aber verdeckte Missverständnisse können fatale Folgen haben. Da wir diese in der Regel nicht oder erst sehr spät bemerken, sind sie schwer zu kontrollieren und zu korrigieren. Der koreanische Sprachwissenschaftler Yongkil Cho weist in diesem Zusammenhang auf eine Reihe kulturspezifischer Prinzipien hin, deren Beachtung uns hilft, Missverständnisse zu vermeiden. Hierzu zählen unter anderem

Distanzwahrung, gegenseitiger Respekt, Bescheidenheit, Konfliktvermeidung, Solidarität und Relativierung des Gesagten durch den Kontext (vgl. Cho 2005).

Wer diese Prinzipien beachtet, entwickelt auch ein Verständnis für den dazu passenden Code. Dann fällt uns die Kommunikation auch mit Angehörigen anderer Kulturkreise leicht, wie folgende Beispiele zeigen: Bei Angehörigen westlicher Kulturen ist beim Gefühl der Scham eher das Selbstwertgefühl betroffen ist. Anders in asiatischen Ländern: Hier steht die Anpassung an die Gruppe im Vordergrund, wenn die Stellung in der Gruppe bedroht ist (vgl. Schreiner 2013, S. 51–61).

> **Tipp**
> Wenn ein chinesischer Mitarbeiter Sie beim Gespräch nicht anschaut, obwohl Sie sein Vorgesetzter sind, bekundet er Ihnen gegenüber nicht Desinteresse, sondern Respekt durch schamhaftes Wegsehen. Auch die Unbeweglichkeit des Gesichtsausdrucks (Mimik) gehört in Kulturen des Gesicht-Wahrens zum guten Stil, wohingegen die Zurschaustellung von Gefühlen, also das Zeigen eines „privaten Gesichts", als peinlich gilt. Schamhaftigkeit hat „einen positiven Stellenwert. Sie gehört zum guten Ton, ist Zeichen guter Erziehung. Schamhaftigkeit zeigt sich daher auch im Respekt und vor allem in respektvollem Verhalten gegenüber Älteren und höher gestellten Personen. Durch Schamhaftigkeit, die sich in einer zurückhaltenden Körperhaltung und Sprechweise äußert, vermittelt man Anerkennung für das höhere Ansehen einer älteren Person" (Schreiner 2013, S. 55).

Anlässe zum Scheitern eines Gesprächs gibt es in der interkulturellen Kommunikation viele. So stört die „artificial friendliness" der US-Amerikaner die meisten Europäer (vgl. de Mooij 2010, S. 174). Umgekehrt herrscht in deutschen Gesprächen und Diskussionen ein direkter und offener Ton. Diese deutsche Art zu diskutieren kann auf Amerikaner beleidigend wirken, während sie von Griechen noch als harmlos und wenig temperamentvoll empfunden wird.

Jede Kultur besitzt somit eine eigene Tradition des Sprechens. Wer sich dessen nicht bewusst ist, riskiert, missverstanden zu werden. Gerade im Fall von Höflichkeit und Takt können Missverständnisse schnell zu Konflikten führen, wenn verschiedene kulturelle Vorstellungen aufeinandertreffen. Um solche Missverständnisse zu vermeiden, sollten die Gesprächspartner bei der interkulturellen Kommunikation folgende Regeln beachten:

> **Tipp**
> - Hören Sie Ihrem Gesprächspartner aufmerksam zu. Fassen Sie das Gesagte zusammen, um Missverständnisse zu vermeiden. Wenn Sie etwas nicht verstehen, fragen Sie einfach nach.
> - Je sachlicher Sie bleiben, desto einfacher ist das Gespräch. Am besten sprechen Sie nur über Dinge, von denen Sie etwas verstehen.
> - Packen Sie nicht mehrere Fragen in eine, wenn Sie Fragen stellen. Stellen Sie Ihre Fragen der Reihe nach und lassen Sie diese auch einzeln beantworten.
> - Verzichten Sie auf negative Fragestellungen wie „Kommst du nicht … ?", die zu Verwirrungen führen, weil ein „Ja" ebenso für „Ja, ich komme" oder „Ja, ich komme nicht" stehen kann.
> - Ermutigen Sie andere Leute, in Fremdsprachen zu sprechen. Auch wenn ihre Kenntnisse gering sind, erhalten diese dadurch mehr Selbstvertrauen.
> - Wenn Sie einige Brocken in deren Sprache kennen, lassen Sie diese in die Gespräche einfließen. Die Worte „Danke", „Hallo" oder „Auf Wiedersehen" in der anderen Sprache kann sich jeder aneignen.

- Benutzen Sie bei Personen, die nur über geringe Sprachkenntnisse verfügen, möglichst nur einfache Wörter.
- Drosseln Sie Ihr Sprechtempo, ohne dabei demonstrativ langsam zu sprechen. Es sollte natürlich wirken.
- Verzichten Sie möglichst auf Dialekte, umgangssprachliche Ausdrücke und Slang. Selbst Personen mit den besten Kenntnissen Ihrer Sprache sind nicht alle Dialekte und Redewendungen geläufig.

24.3.2 Kommunikation in Kulturen des Gesicht-Wahrens

Eine Studie der niederländischen Kulturwissenschaftlerin Marijke de Mooij zeigt, dass Mitglieder kollektivistischer Kulturen sich nicht als Individuen definieren, sondern über die Gruppe, der sie angehören (vgl. de Mooij 2010, S. 95). Die Mitglieder dieser Kulturen bemühen sich deshalb, in einer Kommunikation nicht nur das eigene, sondern auch das Gesicht ihrer Gesprächspartner um jeden Preis zu wahren. Die asiatischen Kulturen des Gesicht-Wahrens sind deshalb durch komplexe Beziehungsmuster aus Verpflichtungen und Rollenerwartungen gekennzeichnet. Sie folgen dabei subtilen Regeln von ständigem Geben und Nehmen. Das Erzeugen von Scham und drohender Gesichtsverlust sind Mittel der Erziehung, damit Kinder in diesem System „funktionieren". Im Alltag und Beruf sind es Höflichkeitsrituale, die den Beteiligten helfen, das Gesicht zu wahren, und die sich „in Ausreden, Konfliktvermeidung oder Lächeln äußern" (Schreiner 2013, S. 72).

> **Beispiel**
>
> „Herr Zollau ist mit einer Delegation deutscher Unternehmer in China […] „Unter anderem haben wir ein Halbleiterinstitut besucht. […] In diesem Institut zeigten uns die Chinesen ihre wirklich modernen Maschinen, die jedoch nicht in Betrieb waren. Wir fragten, warum die denn nicht laufen würden, worauf ein Herr sagte, dass heute Stromausfall sei. […] Allerdings bekamen wir […] den Eindruck, dass an diesen Geräten überhaupt nie gearbeitet wurde, weshalb wir einen zweiten Mitarbeiter fragten, der dann meinte, dass heute die Filter ausgewechselt würden, und ein Dritter behauptete […], dass aufgrund einer […] Sitzung der Betrieb ruhen würde. Über diese offensichtlichen Lügen waren wir sehr erstaunt, denn welchen Grund hätte es gegeben, vor uns etwas zu verschweigen" (zitiert nach Schreiner 2013, S. 72).

Der Text gibt keine Auskunft darüber, weshalb die Maschinen nicht genutzt wurden. Dies spielt an dieser Stelle auch keine Rolle. Die Antwort, dass im Unternehmen niemand dazu in der Lage war, die Maschinen zu bedienen, wäre für alle Beteiligten peinlich gewesen. Den chinesischen Mitarbeitern war es wichtiger, das eigene Gesicht bzw. das Gesicht ihrer Vorgesetzten zu schützen als die wahren Gründe dafür zu nennen, warum die neuen Maschinen nicht genutzt wurden.

In China und in anderen Kulturen des Gesicht-Wahrens ist es nicht so wichtig, möglichst ehrlich zu sein. „Viel bedeutender sind die Beziehungen untereinander, die Wahrung des Gesichts, und dass eben die Harmonie erhalten bleibt" (Schreiner 2013, S. 72). Deshalb kommt es in kollektiven Kulturen darauf an, Anspielungen richtig zu interpretieren. In individualistischen Kulturen ist die Kommunikation dagegen direkter und (scheinbar) klarer. Entsprechend ist in kollektivistischen Kulturen Vagheit eine Höflichkeitsstrategie (vgl. Cohen et al. 1996, S. 324).

24.3.3 Interkulturelle Tagungen

Kulturübergreifende Treffen und Tagungen gehören in vielen Unternehmen zum beruflichen Alltag. Sie können die Integration und damit das Kennenlernen der Fach- und Führungskräfte verschiedener Nationalitäten fördern – oder behindern. Die meisten Tagungsteilnehmer neigen dazu, sich in den Pausen nur mit Teilnehmern zusammenzusetzen, die derselben Kultur entstammen. Dies ist eine Art Rückzug in die Schutzzone der vertrauten Sprache und Rituale. Unternehmen sollten interkulturelle Tagungen deshalb gründlich vorbereiten, um eine vertrauensvolle Atmosphäre zu schaffen und mögliche Störfaktoren im Vorfeld zu beseitigen.

Auch die Erwartungen an Besprechungen sind von Kultur zu Kultur anders und können deshalb zu Missverständnissen führen. Amerikanische Besprechungen dienen der Entscheidungsfindung. In japanischen Besprechungen geht es dagegen eher um die rituelle Anerkennung von bereits getroffenen Entscheidungen. Der Prozess der Konsensfindung (einschließlich der Austragung von Konflikten) findet in Japan in Vier-Augen-Gesprächen im Vorfeld der Besprechungen statt und wird im Gegensatz zum europäischen Raum nicht negativ bewertet.

Literatur

Bolten J (2001) Interkulturelles Coaching. Mediation, Training und Consulting als Aufgaben des Personalmanagements internationaler Unternehmen. In: Clermont A, Schmeisser W, Krimphove D (Hrsg) Strategisches Personalmanagement in globalen Unternehmen. München, S 909–926

Bolten J (2012) Interkulturelle Kompetenz. Jena

Broszinsky-Schwabe E (2011) Interkulturelle Kommunikation, Missverständnisse – Verständigung. Wiesbaden

Cho Y (2005) Grammatik und Höflichkeit im Sprachvergleich. Tübingen

Cohen AR, Fink SL, Gadon H, Willits RD (1996) Wirkungsvolles Verhalten in Organisationen, 6. Aufl. Stuttgart

de Mooij M (2010) Global Marketing and Advertising. Understanding Cultural Paradoxes. Los Angeles

Heringer HJ (2004) Interkulturelle Kommunikation. Tübingen

Hofstede G (2001) Lokales Denken, globales Handeln. Interkulturelle Zusammenarbeit und globales Management. München

Knapp K, Knapp-Potthoff A (1990) Interkulturelle Kommunikation: Zeitschrift für Fremdsprachenforschung 1: 62–93

Savater F (2007) Tu, was du willst. Frankfurt, S 64

Schreiner K (2013) Würde, Respekt, Ehre. Werte als Schlüssel zum Verständnis anderer Kulturen. München

Straub J (2010) Lerntheoretische Grundlagen. In: Wiedemann A, Straub J, Nothnagel S (Hrsg) Wie lehrt man interkulturelle Kompetenz? Theorien, Methoden und Praxis in der Hochschulausbildung – Ein Handbuch. Bielefeld, S 31–98

Interkulturelles Lernen

Helmut Ebert, Sven Pastoors

© Springer-Verlag GmbH Deutschland 2018
J.H. Becker, H. Ebert, S. Pastoors, *Praxishandbuch berufliche Schlüsselkompetenzen*,
https://doi.org/10.1007/978-3-662-54925-4_25

25.1 Definition interkulturelles Lernen

Interkulturelles Lernen gewinnt aufgrund grenzüberschreitender sozialer und wirtschaftlicher Netzwerke und der damit zunehmenden internationalen Verflechtungen immer mehr an Bedeutung. Da die meisten Mitarbeiter über wenig Erfahrung im Umgang mit anderen Kulturen verfügen, bieten viele Unternehmen (z. B. internationale Konzerne oder mittelständische Betriebe in Grenznähe) Austauschprogramme, Kurse, Schulungen und Trainings in diesem Bereich an. Der Erwerb interkultureller Kompetenz mithilfe von Seminaren, praktischen Erfahrungen und dem Austausch im Rahmen von interkulturellen Begegnungen wird auch als interkulturelles Lernen bezeichnet.

Das zentrale Ziel interkulturellen Lernens ist folglich die Entwicklung persönlicher und betrieblicher interkultureller Kompetenz: „Interkulturelle Kompetenz setzt somit interkulturelles Lernen voraus" (IKUD Seminare 2011). Als Teilziele interkulturellen Lernens bzw. Komponenten des Erwerbs interkultureller Kompetenz gelten dabei:

- **Überwindung von Ethnozentrismus:** Die meisten Menschen gehen bewusst oder unbewusst davon aus, dass die Menschen in anderen Kulturen ihre Umwelt genauso wahrnehmen wie sie selbst und dass die eigene Kultur anderen Kulturen überlegen ist. Diese Annahme fördert einerseits zwar die Herausbildung einer eigenen Identität, führt aber gleichzeitig auch zu einer Abgrenzung gegenüber anderen Kulturen. Sie fördert somit zwar das Zusammengehörigkeitsgefühl innerhalb einer Gruppe, kann im Extremfall aber auch zu Ausgrenzung und Fremdenhass führen.
- **Verständnis der eigenen Kulturverhaftung und Enkulturation:** Um den Ethnozentrismus zu überwinden und einen persönlichen Veränderungsprozess in Gang zu setzen, ist es erforderlich, die eigene Kultur zu reflektieren und zu hinterfragen.
- **Größere Akzeptanz für andere Kulturen:** Durch interkulturelle Schulungen soll eine Basis für die Akzeptanz anderer Kulturen und deren Mitglieder als gleichberechtigte Partner geschaffen werden.
- **Ein kritischer Umgang mit Stereotypen:** Mögliche Vorurteile und Stereotype sollen „bewusst" wahrgenommen und entlarvt werden. Ziel ist es, fremde Kulturen als „anders" wahrzunehmen, ohne sie und alle ihre Mitglieder zu bewerten – egal, ob positiv oder negativ.

- **Fremdsein verstehen:** Die Teilnehmer setzen sich mit Elementen anderer Kulturen auseinander. Dadurch soll Interesse an anderen Kulturen geweckt werden, um Offenheit, Verständnis und Respekt für andere Kulturen und das „Fremde" zu entwickeln.
- **Erfolgreiche Kommunikation und Zusammenarbeit mit Menschen aus anderen Kulturen:** Hierzu ist es wichtig, Konflikte friedlich zu lösen und Spannungen, die sich zwischen unterschiedlichen Kulturen ergeben, aushalten zu können. Außerdem erwerben die Teilnehmer Kenntnisse und Erfahrungen hinsichtlich der Grundwerte, Regeln und Sichtweisen anderer Kulturen, die sie anschließend in ihrem beruflichen Alltag berücksichtigen können.

25.2 Inhalte des interkulturellen Lernens

Was im Rahmen interkultureller Schulungen gelehrt wird, hängt stark von den jeweiligen Teilzielen, der Definition und den gewählten Modellen interkultureller Kompetenz ab. Jürgen Straub hat eine Liste unterschiedlicher Schwerpunkte interkulturellen Lernens zusammengestellt. Hierzu zählen unter anderem folgende Punkte (nach Straub 2010, S. 37):

- das Erlernen einer Fremdsprache
- der Erwerb von Kenntnissen über interkulturelle Zusammenhänge
- der Erwerb der benötigten sozialen Kompetenzen
- der Abbau von Ängsten bei der Interaktion mit den Mitgliedern fremder Kulturen
- das Entwickeln eines Bewusstseins für die kulturelle Dimension sozialer Handlungen
- das Entwickeln der Fähigkeit, sich in fremden Kulturen schnell zu orientieren
- eine aufmerksame Haltung und Informationsverarbeitung (mindfulness)
- eine höhere Flexibilität und Anpassungsfähigkeit

25.3 Formen des interkulturellen Lernens

Wie andere Lernprozesse auch lässt sich interkulturelles Lernen in informelles und formelles Lernen unterteilen.

25.3.1 Informelle Formen interkulturellen Lernens

Informelles interkulturelles Lernen umfasst alle zufälligen kulturellen Erfahrungen, die Menschen – gewollt oder ungewollt – in ihrer privaten oder beruflichen Umgebung machen. Diese Erfahrungen führen nicht zwangsläufig zum Erwerb interkultureller Kompetenz, da sie häufig nicht bewusst geschehen und deshalb nicht reflektiert werden können.

Zu den wichtigsten Formen informellen interkulturellen Lernens zählen internationalen Begegnungen und längere Auslandsaufenthalte (z. B. im Rahmen von Entsendung oder Austauschprogrammen). Doch obwohl die Bedeutung interkultureller Erfahrungen und Kenntnisse in Unternehmen immer weiter zunimmt, ist der Anteil der Mitarbeiter, die für eine längere Zeit ins Ausland entsandt werden (mit Auslandswohnsitz), seit der Jahrtausendwende deutlich gesunken:

„Bei den 50 größten deutschen Unternehmen beträgt er [der Anteil der Mitarbeiter] gegenwärtig nur noch 0,5 Prozent bis maximal 1 Prozent, so dass internationale Kontakte in deutlich größerem Ausmaß als früher ‚ambulant' stattfinden – sei es virtuell oder im Rahmen von Kurzzeitentsendungen. Wesentliche Ursachen liegen im steigenden Anteil von Direktinvestitionen, in der raschen Entwicklung von Transport- und Kommunikationstechnologien sowie in der zunehmenden Bedeutung virtueller Kooperationen. Dies bestätigt das Ergebnis einer aktuellen Umfrage der „Wirtschaftswoche" unter 193 börsennotierten deutschen Unternehmen. Demzufolge gilt z. B. für DAX-Unternehmen, dass sie durchschnittlich nur noch 26 Prozent ihres Umsatzes in Deutschland erwirtschaften und lediglich 47 Prozent ihrer Mitarbeiter in Deutschland beschäftigen. Die Auslandsbeschäftigten stammen überwiegend aus dem Ziel- oder einem Drittland. Im Zusammenhang mit dieser Entwicklung lässt sich eine insgesamt wachsende Abneigung von Nachwuchsführungskräften gegenüber langfristigen Auslandseinsätzen feststellen" (mit freundlicher Genehmigung von Jürgen Bolten © Bolten 2012, S. 153–158).

25.3.2 Formelle Formen interkulturellen Lernens

Die Entsendung von Mitarbeitern ist in der Regel mit hohen Kosten verbunden ist. Zudem geht die Bereitschaft zu länger andauernden Auslandseinsätzen in den meisten Unternehmen stark zurück. Deshalb greifen immer mehr Unternehmen auf formelle Formen interkulturellen Lernens (z. B. Seminare, Schulungen) zurück, um ihre Mitarbeiter auf kurzfristige Auslandseinsätze vorzubereiten. Im Gegensatz zu den informellen Formen beschreibt formelles interkulturelles Lernen bewusst geplante interkulturelle Lernprozesse. Geplantes interkulturelles Lernen findet meistens in Form interkultureller Schulungen und Trainings statt (vgl. Straub 2010, S. 39).

Ziel interkultureller Schulungen und Trainings ist es, die Fähigkeit der Teilnehmer zur Kommunikation und Interaktion mit Angehörigen anderer Kulturen zu verbessern. Wie in ◘ Tab. 25.1 gezeigt, wird bei diesen Bildungsmaßnahmen (1) entsprechend ihres Inhalts zwischen kultur-allgemeinen und kultur-spezifischen Maßnahmen und (2) in Bezug auf den Prozess zwischen didaktischen und erfahrungsbezogenen Maßnahmen unterschieden (vgl. Gudykunst und Hammer 1983).

◘ Tab. 25.1 Arten interkultureller Schulungen

	kulturspezifische Maßnahmen	kulturallgemeine Maßnahmen
didaktisch-orientierte Maßnahmen	landes- bzw. kulturspezifische Seminare	interkulturelle Seminare (mit dem Ziel, Grundlagen des interkulturellen Handelns zu vermitteln)
erfahrungsbezogene Maßnahmen	landes- bzw. kulturspezifische Trainings	kultursensibilisierende Trainings (mit dem Ziel, Cultural-Awareness zu schaffen)

25.3.3 Länderspezifische Trainings und Seminare

Im Rahmen länderspezifischer Trainings finden praktische Auseinandersetzungen mit der Zielkultur statt (erfahrungsbasiertes Lernen). Sie eignen sich vor allem für Mitarbeiter, die auf eine Entsendung in ein bestimmtes Land oder auf die Arbeit in einem internationalen Team vorbereitet werden sollen.

Länderspezifische Trainings erfreuen sich in vielen Unternehmen einer großen Beliebtheit. Sie konzentrieren sich vorwiegend auf die Darstellung der Alltagskultur, des beruflichen Alltags, der Werte oder der Geschichte eines bestimmten Landes oder auf einen Vergleich ausgewählter Merkmale der eigenen Kultur mit der des Ziellandes. Als Lehrformen eignen sich z. B. Seminare, Workshops oder Vortragsveranstaltungen. Ziel ist es, den Teilnehmern einen ersten Eindruck von einem Land oder einer Region als künftigem Arbeitsort zu vermitteln. Dazu empfiehlt es sich, die kulturelle Vielfalt der Zielregion darzustellen, ohne den Blick für das Ganze zu verlieren.

Jeder Kultur werden bestimmte Merkmale (Stereotype) zugeschrieben, die in der Regel jedoch leicht widerlegt werden können. Spätestens beim Aufenthalt vor Ort werden die betreffenden Mitarbeiter feststellen, dass generalisierende Aussagen über die Landeskultur nur bedingt zutreffen. Es bietet sich deshalb an, den Blick auf Gemeinsamkeiten und Verbindendes innerhalb einer Kultur zu lenken, um aufgrund der Vielzahl unterschiedlicher Teilaspekte einer Kultur nicht den Überblick zu verlieren (vgl. Bolten 2012, S. 138 f.). Zur Orientierung dient hierbei das Sandberg-Modell, bei dem sich die Regeln einer Gesellschaft wie der Sand in einer Düne nach unten hin immer weiter verdichten (◘ Abb. 25.1).

Beim Sandberg-Modell wird zwischen den Muss-, Soll- und Kann-Regeln einer Kultur unterschieden (vgl. Bolten 2012, S. 141 f.):

- **Kann-Regeln** zeichnen sich durch eine große Vielfalt und geringe Verbindlichkeit aus: Hierzu zählen beispielsweise Redewendungen oder Modetrends, die kontextspezifisch genutzt werden und zum Teil bereits nach kurzer Zeit überholt sind. Sie können mit dem Flugsand auf einer Sanddüne verglichen werden, der sich ständig in Bewegung befindet.
- **Soll-Regeln** begründen einen Handlungsrahmen, der die unterschiedlichen Gruppen einer Kultur eint (z. B. gruppenübergreifend akzeptierte Kommunikationsregeln, soziale Konventionen oder Unternehmensrichtlinien). Sie werden von den unterschiedlichen Gruppen über einen langen Zeitraum hinweg als „normal" und „sinnvoll" erachtet und ermöglichen Routinehandlungen mit den Mitgliedern anderer Gruppen innerhalb der

◘ **Abb. 25.1** Sanddüne (Fotolia #96004780 © yavuzsariyildiz / stock.adobe.com)

Kultur. Soll-Regeln verkörpern die Oberfläche der Sanddüne, die sich im Laufe der Zeit immer wieder verändern kann.
- **Muss-Regeln** sind für alle Mitglieder einer Kultur verbindlich. Hierzu zählen vor allem Gesetze und verpflichtend geltende Regeln. Je länger sie praktiziert werden, desto größer ist ihre Bedeutung für den Erhalt einer Organisation oder Kultur. Muss-Regeln bilden somit den Kern und das Fundament einer Sanddüne, das auch von einem schweren Sandsturm nicht berührt wird.

Entscheidend für den Erfolg interkultureller Kommunikation ist es, die Regeln zu erkennen, die die Grundlage einer Kultur bilden. Hierzu zählen nicht nur Muss-Regeln, sondern zum Teil auch Soll-Regeln. Dabei handelt es sich jedoch nicht um „Do's" und „Dont's", wie sie gerne in landeskundlichen Seminaren vermittelt werden, sondern über lange Zeit hinweg tradierte moralische Normen oder Gesetze (vgl. Bolten 2012, S. 142).

25.3.4 Interkulturelle Trainings und Seminare

Ziel interkultureller Trainings ist es, die Mitarbeiter für den Umgang und die Zusammenarbeit mit Menschen aus anderen Kulturen zu sensibilieren. Zu den gängigsten Methoden zur allgemeinen Kultursensibilisierung zählen interaktive Methoden wie z. B. Simulationen und Rollenspiele. Ziel dieser Übungen ist es, den Zustand des Fremdseins oder den Unterschied zwischen Kulturen für die Teilnehmer erfahrbar zu machen. Hierzu werden Situationen simuliert, die den Teilnehmern nicht vertraut sind. Dabei werden die Teilnehmer unterschiedlichen Kulturen zugewiesen, in die sie sich hineinversetzen sollen. Die Teilnehmer erhalten hierzu Rollenkarten, auf denen die Interessen und Merkmale der Kultur, die sie während des Rollenspiels vertreten, detailliert erläutert werden. Über die Kultur der anderen Gruppe erfahren die Teilnehmer dagegen nur wenig. Anschließend erhält eine Gruppe der Teilnehmer den Auftrag, einer anderen Gruppe etwas zu verkaufen, sie vom eigenen Standpunkt zu überzeugen oder sie zu einer bestimmten Handlung zu veranlassen (vgl. Bolten 2012, S. 135 f.). Aufgrund der entgegengesetzten Rollenvorgaben sind Missverständnisse und Konflikte zwischen den Gruppen vorprogrammiert. Die Hauptaufgabe der Teilnehmer besteht darin, die Besonderheiten der anderen Kultur zu erkennen, sich in deren Mitglieder hineinzuversetzen, einen gemeinsamen Handlungsrahmen auszuhandeln und gegebenenfalls auftretende Missverständnisse zu klären.

Um den Teilnehmern möglichst konkret Feedback geben zu können, bietet es sich an, diese während des Rollenspiels zu filmen. Die gemeinsame Analyse dieser Aufnahmen hilft den Beteiligten zusätzlich, ihr Verhalten in solchen Situationen zu reflektieren und sich die Voraussetzungen für erfolgreiches interkulturelles Handeln bewusst zu machen (vgl. Bolten 2012, S. 136 f.).

25.3.5 Interkulturelle Coachings

Im Gegensatz zu Dozenten interkultureller Trainings besteht die Aufgabe eines Coaches darin, internationale Teams bei der alltäglichen Arbeit im Unternehmen zu begleiten. Dabei helfen Coaches den Mitarbeitern dabei, ihr persönliches Auftreten und die gemeinsame Zusammenarbeit zu verbessern. Das Spektrum interkulturellen Coachings reicht dabei von der individuellen Betreuung einzelner Mitarbeiter, die an interkulturellen Prozessen oder Projekten beteiligt sind, bis hin zur interkulturellen Beratung, Begleitung und Entwicklung kulturübergreifender

Teams. Im Gegensatz zu interkulturellen Trainings konzentriert sich das Coaching somit auf berufs- oder projektbezogene Prozesse (vgl. Bolten 2012, S. 156 f.).

Aufgrund der Dynamik dieser Prozesse gestaltet sich die Vorbereitung eines Coachings schwieriger als die Planung eines in seinem Verlauf weitgehend vorhersehbaren und damit planbaren Trainings. Der Coach ist daher darauf angewiesen, das Verhalten und die konkreten Handlungen seiner Klienten oder eines internationalen Teams genau zu beobachten und zu analysieren, um auf dieser Grundlage mit den Teammitgliedern Lösungsansätze für künftige Situationen zu entwickeln. Zudem kann er gemeinsam mit seinen Klienten Ideen für weiterführende Maßnahmen zur Entwicklung interkultureller Kompetenz (z. B. Teilnahme an interkulturellen Trainings) entwickeln. Dabei sollte er als Moderator fungieren, ohne eigene Wertungen vorzunehmen oder sich auf einen einzigen Lösungsweg festzulegen (vgl. Bolten 2012, S. 156 ff.).

Literatur

Bolten J (2012) Interkulturelle Kompetenz. Jena
Gudykunst W, Hammer M (1983) Handbook of Intercultural Training. Thousand Oaks
Gudykunst W, Kim YY (2003) Communicating with Strangers, 2. Aufl. Boston
IKUD Seminare (2011) Interkulturelles Lernen. http://www.ikud-seminare.de/veroeffentlichungen/interkulturelles-lernen.html (Zugriff: 23.09.2016)
Straub J (2010) Lerntheoretische Grundlagen. In: Wiedemann A, Straub J, Nothnagel S (Hrsg) Wie lehrt man interkulturelle Kompetenz? Theorien, Methoden und Praxis in der Hochschulausbildung – Ein Handbuch. Bielefeld, S 31–98

Serviceteil

Stichwortverzeichnis – 232

© Springer-Verlag GmbH Deutschland 2018
J.H. Becker, H. Ebert, S. Pastoors, *Praxishandbuch berufliche Schlüsselkompetenzen*,
https://doi.org/10.1007/978-3-662-54925-4

Stichwortverzeichnis

10-20-30-Regel 66

A

Abhängigkeitsverhältnis 197
Ablehnung 179
Achtung 144
Adressat 21, 60
Affinity Grouping 98
Akzeptanz, wertschätzende 180
Alter 202
Altruismus, reziproker 10
Analogietechniken 92
Anerkennung 144
Angstabbau 226
Anpassungsfähigkeit 55
Arbeiten, effizientes 121
Artikulation 37
Assoziationstechniken 91
Aufbau einer Präsentation 60
Aufmerksamkeit 13
Aufrichtigkeit 152
Auftreten, selbstbewusstes 60
Ausdrucksmodell 26
Ausdrucksvermögen 52
Axiome der Kommunikation 27

B

Begegnung, interkulturelle 225
Beharrlichkeit 108
Behinderung 202
Belästigung, sexuelle 197
Belohnung 122
Beurteilungskonflikt 175
Beziehungsarbeit 27
Beziehungskonflikt 175
Blickkontakt 38
Brainstorming 91
Brainwriting 91

C

Chat 129
Coaching 196
Coaching, interkulturelles 229
Computerkompetenz 126
Crawford-Slip-Technik 92
Cultural-Awareness 227

D

Delegation an eine dritte Instanz 185
Delegieren 121
Denken, analytisches 60
Denken, kreatives 82
Denken, laterales 97
Denken, strukturiertes 60
Denken, systematisch-methodisches 78
Denkvermögen, analytisches 76
Dilemmata, kulturelle 217
Diskriminierung 197, 201
Diskriminierung, sexuelle 197
Diskriminierungsarten 202
Drohstrategie 177
Durchsetzungsvermögen 53

E

E-Mail-Kommunikation 130
Egoismus 10
Eigeninitiative 43
Eindrucksmodell 26
Einfühlungsvermögen 51
Einsatzbereitschaft 48
Eisberg-Modell 213
Eisenhower-Prinzip 121
Emotion 28
Empathie 16, 51, 220
Empfänger 21
Entscheidungsbaum 101
Entscheidungsmatrix 100
Entschuldigung 152
Erscheinungsmerkmal, äußerliches 202
Ethik 142
Ethnozentrismus 225
Existenzgrundlage 178
Experimentierfreudigkeit 86

F

Fachkompetenzen 2
Feedback 57, 150, 180
Feedback-Regeln 57
Femininität 216
Flexibilität 43, 220
Flucht 183
Folgen mangelnden Respekts 145

Forming-Phase 167
Fortbildungsmaßnahmen 171
Fragenkatalog 75
Führung 16, 135, 169
Führung, werteorientierte 138, 149
Führungskräfte 135, 150
Führungsrolle 159
Führungsstile 137

G

Geschlecht 202
Gestik 33, 64
Gewalt, sexuelle 197
Gleichbehandlungsgrundsatz, arbeitsrechtlicher 206
Gruppe 159
Gruppenarbeit 159
Gruppenrollen 159

H

Handeln, eigenständiges 114
Handeln, eigenverantwortliches 115
Handeln, wertorientiertes 43
Handlungskompetenz, interkulturelle 219
Handlungskompetenzen, berufliche 1
Handout 67
Herkunft, ethnische 202
Herrschaft 136
Hochleistung 169

I

Ideenauswahl 72, 98
Ideenbewertung 98
Ideenbündelung 98
Ideenfindung 72
Ideenmanagement 87
Identifikation 214
Identität 213
Identität, kulturelle 212
Identität, sexuelle 202
Individualismus 216
Informations- und Kommunikationstechnologien, klassische 125
Innovationsfähigkeit 84
Innovationskultur 87

Stichwortverzeichnis

Institutionalisierung 214
Integrationsfähigkeit 55
Integrität 152
Intelligenz, emotionale 14
Inter-Gruppen-Konflikt 174
Inter-System-Konflikt 174
Interaktion 19
Interessenskonflikt 175
Interkulturalität 211
Intra-Gruppen-Konflikt 174
Intra-System-Konflikt 174
Intuition, semantische 94

K

Kampf 168
Kasten, morphologischer 96
Kleidung 33
Koalitionsbildung 177
Koexistenz, friedliche 180
Kollektivismus 216
Komfortzone 48
Kommunikation 9, 19, 25, 51, 160, 169, 212, 220, 226
Kommunikation, extraverbale 40
Kommunikation, interkulturelle 221
Kommunikation, nonverbale 40
Kommunikation, paraverbale 33
Kommunikation, verbale 34
Kommunikationserfolg 33
Kommunikationsfähigkeit 52
Kommunikationsform 34
Kommunikationskanal 22
Kommunikationsmedien, moderne 126
Kommunikationsmodell 30, 35
Kommunikationsmodell, lineares 21
Kommunikationspyramide 33
Kommunikationsstruktur 169
Kompetenz 1
Kompetenz, interkulturelle 4, 219
Kompetenz, kommunikative 2, 9, 35
Kompetenz, kulturelle 3
Kompetenz, persönliche 2, 9
Kompetenz, soziale 2, 9
Kompetenzen, digitale 129
Kompetenzen, fachliche 2
Kompetenzen, methodische 3
Kompetenzen, sozial-kommunikative 2, 51
Kompetenzmessung 4
Kompromiss 185
Kompromissbereitschaft 188
Konflikt 163, 169, 174, 222
Konflikt Modell 186

Konflikt, intrapersonaler 174
Konflikt, ungelöster 195
Konfliktarten 174
Konfliktbewältigung 188
Konfliktbewältigungsmodelle 183
Konfliktebene, aufgaben bezogene 175
Konfliktebene, beziehungs bezogene 175
Konfliktebenen 174
Konflikteskalation 175
Konfliktfähigkeit 54
Konflikthandhabung 189
Konfliktkommunikation 179
Konfliktmanagement 71
Konfliktursache 180
Konkflikt, interpersoneller 174
Konsens 185
Kontrolleur 161
Kooperation 9, 29, 51
Kooperationsfähigkeit 71, 108
Kooperationsgewinn 10
Kooperationsprinzip 29
Körperhaltung 37
Körpersprache 40
Kreativer 161
Kreativität 81
Kreativitätsarten 81
Kreativitätstechniken 71, 89
Kritikfähigkeit 56
Kultur 211, 219
Kulturbegriff 211
Kulturdimensionen 215
Kulturen des Gesicht-Wahrens 223

L

Lernbereitschaft 105
Lernen 103
Lernen, effektives 109
Lernen, erfahrungsbasiertes 227
Lernen, interkulturelles 225
Lernerfolg 108, 122
Lernfähigkeit 106
Lernkompetenz 103
Lernmöglichkeiten 109
Lernprozessplanung 106
Lernprozesssteuerung 107
Lernstrategie 103
Lerntechniken 107
Lernumgebung 109
Lob 140
Lose-Lose-Situation 178

M

Macher 161
Machtdistanz 216
Machtkonflikt 175
Management 170
Management Skills 135
Managementkompetenz 3
Maskulinität 216
Medien zur Visualisierung 65
Medien, neue 126
Medien, soziale 131
Mediengestaltung 126
Medienkompetenz 59, 104, 125
Medienkritik 125
Medienkunde 126
Mediennutzung 126
Methode 6-3-5 92
Methoden der schöpferischen Konfrontation 92
Methoden, kreativ-intuitive 90
Methoden, systematische-analytische 95
Methodenkompetenzen 3, 71, 113
Mimik 38, 64
Missbrauch 198
Missverständnis 23, 224
Mitarbeitermotivation 139
Mobbing 193
Mobbinghandlungen 194
Mobbingrisiko 196
Mobiltelefon 127
Modellentwicklung 97
Motivation 170
Motivation, extrinsische 139
Motivation, intrinsische 140
Multikulturalität 211

N

Nationalität 201
Neugierde 82
Neuorganisation 168
Normierung 215
Norming-Phase 168

O

Offenheit 85, 220
Opfer 198
Organisationsfähigkeit 78
Organisationskonflikt 174
Organisationsstruktur 170
Orientierung 167

Orientierung, zeitliche 215
Osborn-Methode 95

P

Pareto-Prinzip 123
Pause 122
Performing-Phase 169
Personalführung 142
Persönlichkeit 4, 43
Persönlichkeitskompetenzen 2
Plus-Minus-Interesting 99
PowerPoint-Präsentation 66
Präsentation 66
Präventionsmöglichkeit 196
Prioritäten 113
Problemanalyse 74
Problembeschreibung 75
Problemidentifikation 76
Problemlösungsprozess 72
Problemlösungstechniken 71
Projektmanagement 71
Psychoterror 195
Punktebewertung 98

R

Rede 63
Religion 202
Reputationsverlust 177
Resignation 179
Respekt 144, 154, 201
Respekt, gegenseitiger 180
Rhetorik 60
Ritual 224
Ritualisierung 215
Rollen, handlungsorientierte 160
Rollen, kommunikationsorientierte 160
Rollen, selbstorientierte 159
Rollen, wissensbasierte 160
Rollenkonflikt 168, 175
Rollenkonflikte, interne 163
Rollenmodell 160
Rollenspiel 229

S

Sammler 161
Sandberg-Modell 228
Schutz 198, 204
Schutzmaßnahme 199
Sechs-Hüte-Technik 164
Selbstbewusstsein 52, 83
Selbstdisziplin 48, 107

Selbstkompetenzen 2
Selbstmanagement 113
Selbstorganisation 168
Selbstreflexion 43, 220
Selbstregulation 15
Selbststeuerung 71, 113
Selbstvertrauen 11
Selbstwahrnehmung 15
Sender 21
Sender-Empfänger-Modell 21
Simulation 229
Skepsis 179
SMART-Methode 116
Smartphone 127
SMS 129
Sprache 212
Sprachhandlungsmodell 27
Stalking 198
Standardisierung 214
Stereotypen 203, 220, 225
Stereotypisierung 203, 215
Storming-Phase 168
Störung 21
Symbolisierung 215
Sympathie 28, 33
Synektik 93
System, soziales 31
Systemtheorie 30
Szenarien-Technik 97

T

Tagesablauf 123
Tagungen, interkulturelle 224
Täter 197
Team 157
Teamarbeit 157, 167
Teamentwicklung 170
Teamfähigkeit 55
Teamfindung 167
Teamführung 167
Teamphasen 167
Teamplayer 158
Teamrollen 161
Telefonverhalten 129
Thesenpapier 67
TILMAG-Methode 94
Toleranz 145
Training, interkulturelles 229
Training, kultursensibilisierendes 227
Training, länderspezifisches 228

U

Überzeugungskraft 53
Ungleichbehandlung, soziale 205

Unsicherheitsvermeidung 215
Unterordnung 184

V

Veränderungsbereitschaft 43, 85
Veränderungsfähigkeit 86
Veränderungsmöglichkeiten 86
Verantwortung 46, 151
Verantwortungsbewusstsein 46
Verhandlungen 53
Verhandlungsgeschick 53
Verhärtung 176
Vermeidung 203
Vernichtung 178
Verteilungskonflikt 175
Vertrauen 11, 150, 170, 179
Vier-Ohren-Modell 23
Visualisierung 65
Vorbereitung einer Präsentation 60
Vorgehensweise, entgegenkommende 187
Vorgehensweise, konkurrierende 186
Vorgehensweise, kooperierende 187
Vorgehensweise, vermeidende 187
Vortrag 59

W

Wahrnehmung eigener Interessen 54
Wahrnehmungskonflikt 175
Weltanschauung 202
Werte 44, 150, 212, 219
Wertebewusstsein 44
Wertekompetenz, persönliche 44
Wertschätzung 144
WhatsApp 129
Win-Lose-Situation 177
Win-Win-Situation 176
Wissbegierde 106
Wochenplanung 120
Workshops 171

Z

Zeitmanagement 71, 117
Zeitplanung 116
Zielkonflikt 175
Zielorientierung 43
Zuhören, aktives 41
Zuverlässigkeit 154

Printed by Printforce, the Netherlands